insel taschenbuch 4912

Gabriela Jaskulla

Niki de Saint Phalle und

Die Pracht der Frauen

Gabriela Jaskulla

NIKI DE SAINT PHALLE UND DIE PRACHT DER FRAUEN

Romanbiografie

INSEL VERLAG

Erste Auflage 2022
insel taschenbuch 4912
Originalausgabe

Umschlaggestaltung: Designbüro Lübbeke, Naumann, Thoben, Köln
Umschlagabbildung: Niki de Saint Phalle, 1949,
Foto: Arnold Newman/Getty Images, München
Satz: Dörlemann Satz, Lemförde
Druck: C. H. Beck, Nördlingen
Dieses Buch wurde klimaneutral produziert:
climatepartner.com/14438-2110-1001
Printed in Germany
ISBN 978-3-458-68212-7

www.insel-verlag.de

NIKI DE SAINT PHALLE

Für die unterschätzten Städte

GEGEN ENDE

Gegen Ende liegt Niki de Saint Phalle erschöpft auf der Seite. Die Atemmaske behindert sie bei jeder Bewegung, aber bald wird es vorbei sein. Vor ihr liegen kleine Steine, Kiesel, glatt poliert die einen, unbearbeitet und rau die anderen. Braun, lapislazuliblau, weiß gesprenkelt. Auf manche haben Künstler mit jüngeren Fingern winzige Muster aufgemalt, blau auf weiß, wie holländische Kacheln im Miniaturformat. Gute Mitarbeiterinnen! Niki denkt voller Zärtlichkeit an sie. Niki hält eine Glasscherbe in der Hand. Sie hat die Form eines langgezogenen Dreiecks und ist sehr scharfkantig. Niki dreht und dreht die Glasscherbe, sie versucht, das Licht einzufangen, das durch das Fenster des Hospitalzimmers eindringt. Warmes Sonnenlicht, kalifornisches. Sie denkt an die Figuren, die sie auf den spiegelnden Wänden einer Grotte angebracht hat. Ein Raum der Grotte ist mit silbernen Spiegeln ausgestaltet. Ein weiterer Raum leuchtet mehrfarbig, der dritte strahlt im tiefen Blau des nächtlichen Himmels. Die Figuren scheinen sich über den Himmel aus Mosaikscherben zu schieben, sie streben nach oben, sie scheinen zu schwimmen. Himmelsschwimmerinnen. Es sind weibliche Figuren, Frauen, Engel – nicht alle sind vollständig, manche lösen sich auf, sind nur noch Hände, Beine, sind Korpus, Kopf und wehende Haare. Keine Bräute mehr, keine Engel. So wird es auch ihr bald gehen. Sie wird sich auflösen im Blau der Nacht.

Niki fasst die Scherbe fester. Sie wendet sie hin und her, ganz langsam. Da erwischt sie endlich einen Sonnenstrahl, der sich ins Tief des Krankenzimmers verirrt hat. Komm her, du! Niki atmet tief. Keine Kämpfe mehr, nur noch Scheinen und Weichen und Leuchten.

1.

Sie altert nicht gut. Das konnte man schon aus der Entfernung erkennen. Und nun aus der Nähe? Ganz so schlimm hatte sie sich den Zustand nicht vorgestellt. Martha Grünhold seufzte – eine unangemessene Äußerung, zu emotional. Schließlich war das hier ein Job, nicht mehr. Ein großer Job, zugegeben, aber dass er so herausfordernd werden würde? Sie sah wieder hin. Ziemlich mitgenommen, die Frau. Vorsichtig strich Martha mit der rechten Hand über die Flanke, über die Seite, dort entlang, wo bei einer schlankeren Statur Rippen zu erkennen gewesen wären. Hier gab es keine Rippen, hier gab es kein Schlüsselbein, ebenso wenig, wie sich auf dem Rücken die Wirbelsäule abgezeichnet hätte. Keine Knochen, nirgends; alles war rund und üppig und geschwungen – und so bunt, dass man schier die Augen abwenden wollte.

Nicht ihr Ding. Aber egal. Jede Figur verdiente Respekt. Auch eine solche Explosion von Weiblichkeit.

Schon wieder unangemessen. Wen interessierte ihr Urteil? Nicht einmal sie selbst. Urteile sind Abschlüsse. Ein Restaurator lebt aber vom Prozess. Grünhold, bleib sachlich, sonst siehst du nichts. Die alte Mahnung ihres Meisters. Schön langsam, schön objektiv bleiben, um der Sache nahezukommen. Einer der vielen Widersprüche im Restauratorenberuf. Fünf Jahre lang hatte sie das gehört; so lange hatte die Ausbildung gedauert. Dabei hatte sie bereits eine Ausbildung und einen Beruf. Aber die Restauratoren stellten alles auf den Prüfstand, hinterfragten jeden Kenntnisstand, checkten das Wissen. Fünf Jahre Konservierung und Technologie in Dresden und beinharte Prüfungen. Zweihundert hatten sich auf den Studienplatz beworben, fünf wurden genommen. Nichts war je genau genug. Ein Beruf für Perfektionisten und für passionierte Zweifler. Gleichzeitig musste man hinlangen können.

Sie versuchte, sich einen Überblick zu verschaffen über die

Plastik, die da vor ihr lag, nein, die in acht Metern Höhe vor ihr schwebte: aufgehängt an Stahlseilen, mitten im Zürcher Hauptbahnhof, ein weißgrundiges Wesen mit Stummelflügeln, viel zu kurz für die Riesenfigur, wie eine Riesenhummel, ein Himmelsbrummer. Warum reizte sie die Figur zu Kalauern?

Elf Meter totale Frauenpracht, so hätte man das Desaster freundlicher beschreiben können, wenn, ja wenn man die Figur hier mögen würde, vielleicht sogar eine Beziehung zu ihr aufbauen wollte. Martha Grünhold wollte nicht. Ihr war der Wirbel um diese Stadt- oder Staatskünstlerin, diese Niki de Saint Phalle, vollkommen gleichgültig. Niki de Saint Phalle – unwillkürlich näselte sie den Namen mit einem künstlich übertriebenen Akzent vor sich hin. Eigentlich: Cathérine Marie-Agnès Fal de Saint Phalle, geboren 1930 im französischen Neuilly-sur-Seine, gestorben 2002 in San Diego, Kalifornien. Der Name halb obszön, halb monumental – wie es sich vermutlich für alten, französischen Adel gehörte. Was scherte sie das? Was verstand sie davon? Martha Grünholds Vater war Dreher gewesen – Zentralwerkstatt Zeche Nikolaus, so fügte er immer hinzu; die Mutter half in einem Betrieb nebenan bei der Buchführung. Adel kam nur in Zeitschriften vor, die die Mutter beim Friseur angestrengt nicht las – wenn sie denn mal zum Friseur ging. Zur Sache, Grünhold! Martha Grünhold, obwohl erst fünfunddreißig, redete gelegentlich mit sich selbst, halblaut immer und immer ironisch, und immer nannte sie sich beim Nachnamen. Das Gerede brachte vermutlich ihr Beruf mit sich. Ziemlich einsam war der, und man konnte nicht immerzu Musik hören, die Musik erinnerte einen ja erst recht daran, dass da keiner war. Viel Musik dennoch, laut am liebsten, Rap, Metal oder Punk Jazz. Jaco Pastorius.

Martha Grünhold war eine einigermaßen erfolgreiche Restauratorin, trotz ihres Quereinstiegs in den Beruf, der sie ein wenig zur Außenseiterin machte, trotz der Probleme mit den Fingern. Dieses Plastik-Teil hier würde es nicht besser machen, denn sie würde wahrscheinlich mit Feuchtigkeit arbeiten müssen, wie sonst sollten die Farben gereinigt werden? Wer kam überhaupt auf die Idee, solch eine Figur ausgerechnet in einer zugigen Bahnhofshalle aufzuhängen? Martha Grünhold schnupperte: Der Geruch von Dönern und Bratwürsten machte ihr keinesfalls Appetit, er beunruhigte sie vielmehr. Wo Würste waren, stieg fettiger Dunst auf – Gift für Plastiken aller Art. Martha Grünhold bewegte die kräftigen, ein wenig krummen Finger an den Nähten entlang, die Teile der Riesenfigur beieinanderhielten. Das hier waren die kritischsten Stellen!

Sie konzentrierte sich. Schaute sich die Nähte genauer an, die Übergänge der Farben. Sie sah an die Decke der Halle, folgte den vier stählernen Aufhängungen nach oben und dann wieder nach unten, wo sie in Kardangelenken an der Figur endeten, und runzelte die Stirn. Das war nicht gut, das war gar nicht gut!

Der *L'ange protecteur* von Niki de Saint Phalle, der Schutzengel der Reisenden, hing an vier Befestigungen, vier Kardangelenken, und da, wo sich die T-Eisen mit dem Plastik der Figur verbanden, gab es ziemlich viele Schadstellen. Noch schlimmer waren die schmalen Wasserläufe, die sich über das Becken, die Oberschenkel, die Kniekehlen der Figur zogen. Kondenswasser! Der Engel hielt zwei Krüge in den Händen, aus denen sich scheinbar Flüssigkeit ergoss, vom einen Krug in den anderen. Die Flüssigkeit wurde hier durch eine Neonröhre simuliert – das elektrische Licht war aus Sicherheitsgründen aber schon lange abgeschaltet worden; hier glitzerte kein elektrifizierter Rotwein mehr.

Martha Grünhold hätte im Schlaf aufsagen können, woraus dieser Engel ansonsten und hauptsächlich bestand: aus Draht und Styropor und einem Überzug aus Lacken. In einem ersten Schritt war die Figur aus Drahtgitter geformt worden. Eine garstige Arbeit, bei der man sich leicht die Hände zerschnitt, mühselig, langsam. Das Ganze war dann in Styropor gebaut und mit Farbe überzogen worden. Zunächst weiß grundiert und dann mit farbenfrohen Schnörkeln und Kreisen, abstrakten Flächen und Ornamenten verziert, allerlei Symbole waren dabei. Die Farben selbst jedoch waren eine Katastrophe! Was hatte sich Saint Phalle dabei gedacht?! Das Grün und Rot mochten noch angehen, aber dieses Königsblau, das von Ferne an Matisse erinnerte, vielleicht an Yves Klein, dieses sanfte, eher stumpfe Blau war eindeutig für Innenräume gedacht und nicht für dieses Drinnendraußen einer Bahnhofshalle. Acrylfarben statt haltbarem Polyesterüberzug. Die Künstlerin wusste doch, wo die Figur platziert werden sollte, es war schließlich eine Auftragsarbeit gewesen. Hatte sie das nicht interessiert? Oder war Saint Phalle zu unbedarft gewesen, war es ihr womöglich egal gewesen, so nach dem Motto: Der Prozess ist alles? Na, vielen Dank auch! Und sie hatte nun den Salat. Martha Grünhold schnaubte. »Niki, die größte Künstlerin des 20. Jahrhunderts«? – Das hatte Jean Tinguely geschrieben, ihr Lebensgefährte, ein, wenn man den Fotos glaubte, recht selbstbewusster, offenbar leicht wahnsinniger Kerl, der Riesenfiguren zusammengeschweißt hatte, die sich drehten und in den Himmel schraubten. So einer stand eigentlich immer in Reihe eins und trat dann noch einen Schritt vor – trotzdem hatte er Niki de Saint Phalle in den Vordergrund gerückt, auf den Fotos jedenfalls, die im Netz herumvagabundierten und die Martha Grünhold studierte wie andere die Instagram-Accounts von Prominenten.

Bei ihren ruhelosen Streifzügen durchs Netz war Martha auf einen Film gestoßen. *Study for an End of the World No. 2*. Das Ganze spielte in Las Vegas oder in der Wüste bei Las Vegas. Ein amerikanischer Fernsehsender hatte Tinguely auf die Idee gebracht, an einem Ort eine Aktion zu machen, an dem vierzig Jahre zuvor Atombombentests durchgeführt worden waren. Na bitte! Große Geschichte und großer Knall, das war etwas für Tinguely, so viel hatte Martha schon begriffen. Eine dramatische große *Bumm-Skulptur* sollte entstehen, so nannte Tinguely das selbst, und tatsächlich: Einen Sinn für Drama hatte Tinguely, hatten die beiden, denn schnell war klar, dass Tinguely mit Saint Phalle arbeiten wollte. Die beiden kauften Schrott, schleppten ausrangierte Maschinenteile, Eisen, Draht, Kühlschränke und Koffer herbei und bauten alles zunächst in der Stadt auf: Fünf Meter hoch, sieben Meter breit, wie Tinguely penibel vermerkte. Es ist nicht überliefert, was die Bewohner von Las Vegas darüber dachten. Das Zeug wurde dann in die Wüste verfrachtet und dort erneut aufgebaut. Martha konnte es kaum glauben: Im Film sah man einen Tinguely, der gekleidet war wie ein Pilot – mit Käppi, das schon damals, im Jahr 1962, modisch nach hinten gedreht war, Pilotenbrille, Blouson und weißem Hemd, und dazu Saint Phalle in modisch karierter Hose, feinen Stiefelchen, mit einer Sonnenbrille – und einem Pelzkragen über der Jacke. Martha hielt den Film an, schaute genauer hin. Das war wohl mal ein Fuchs gewesen. Der lange Schwanz der Beute baumelte Saint Phalle über der Schulter. Im Hintergrund sah man die Berge der Wüste Nevada, vorn die Gerätschaften des Künstlerteams, die Steuerungstafeln, die Schaltpläne. Man hantierte mit TNT. Wussten die beiden, was sie taten? Unwillkürlich hielt Martha den Atem an, noch jetzt, fast sechzig Jahre später. Tinguely mit einem Megaphon. Überall wurden jetzt Kabel gezogen, das Fernsehteam war nicht sichtbar, Bonnie und Clyde vertauschten Kappen und Hut mit Sicherheitshelmen. Und dann sah dieses kinderlose Elternpaar zu, wie ihre Brut in die Luft gejagt wurde. Kra-wumm! Martha flüsterte mit, als man auf dem Film sah, wie sich erst eine der beiden Schrott-Skulpturen, dann die zweite in einer gewaltigen schwarzen Wolke in Nichts auflöste. Kra-wumm. Wo Tinguely und Saint Phalle waren, war immer *action*. Kein Wunder, dass sie in einen halblauten Comic-Sprech fiel. *Study for an End of the World*. Drunter machten sie es nicht. Wollten auf die Risiken der atomaren Rüstung hinweisen. Wollten mit Feuer und Rauch protestieren gegen den Kalten Krieg, mit hitziger Kunst und großen Worten gegen die Politik der Herrschenden. Im Film verzog sich der Rauch rasch, gab den Blick frei auf das kunstvoll angerichtete Desaster. Allerdings: Auf dem Boden der Wüste lag immer noch genug herum; es sah ganz so aus, als habe sich der Schrott nicht auflösen lassen, als habe sich die Plastik wohl verkleinert und gehörig verformt – weg war sie aber nicht. Im Grunde genommen ein schöner, opernhafter Reinfall.

Martha musste lächeln. Sie lächelte, obwohl ihr solche Aktionen nicht geheuer waren: zu viel Effekt, zu viel große Geste für ihren Geschmack. Ein Paar wie aus einem Spielfilm der Zeit. Die melodramatischen Schwarz-Weiß-Szenen kamen ihr heute schon historisch vor, eine Zeitreise in die 1960er Jahre. Die elegante Italienerin Sophia Loren, die ungebärdige Monica Vitti und natürlich Richard Burton und Liz Taylor und ihre für alle Welt anstrengende On-off-Beziehung – die hätten auch ganz gut in die Wüste gepasst. Vermutlich hätten sie den einen oder anderen Whiskey gekippt, Burton hätte seinen perfekt sitzenden einreihigen Mantel zurechtgezupft, die Taylor hätte sich im kunstvoll gewundenen Kopftuch in ein sündteures Cabriolet geklemmt, und dann wären sie davongebraust. Und Tinguely und Saint Phalle? Wie waren die in die Wüste gekommen? Wie waren sie abgereist? Wo begann die Inszenierung und wo hörte sie auf? Hatten Saint Phalle und Tinguely wirklich politischen Protest inszeniert – oder ihre eigene Beziehung nach außen gekehrt? Und konnte man das, konnten sie das trennen?

Schon von Berufs wegen musste Martha Grünhold gegen Risiken sein, und diese beiden waren immer Risiko gegangen, volles Risiko.

Die Künstlerin konnte von Glück sagen, dass sie ihr nicht mehr unter die Augen treten konnte. Saint Phalle war vor zwanzig Jahren gestorben, mit einundsiebzig, an einem Ort, den sie erst spät entdeckt hatte. Warum war sie zurück in die USA gegangen? Martha Grünhold wusste es nicht. Vielleicht eine der vielen Allüren von Saint Phalle? Denn Allüren musste man das doch nennen, diese *actions*, diese wechselnden Kostümierungen, immer in Samt und Seide oder gar mit Pelzen. Eine solche Frau brauchte keine Feinde. Moment mal, Grünhold: Wiederholte sie da nicht einen typischen Männerspruch? Und die alte Dichotomie übernehmen – Freunde und Feinde –, war das nicht längst überholt? Warum machte sie diese Saint Phalle so wütend? Wut war schlecht, fand Grünhold, Wut riss zu Handlungen hin, mit denen man vor allem sich selbst verletzte, Wut war abzulehnen. Wut sollte wie andere eruptive Emotionen im Leben einer Restauratorin keinen Platz finden. Ihr Ausbilder. Ausgeglichenheit, Mäßigung. Sie machte eine Handbewegung, als wollte sie etwas wegwischen. Aber: Wo gehörte sie denn nun hin, diese Niki de Saint Phalle? Wie war sie zu fassen? Musste sie zu fassen sein? Grünhold fand: Ja. Grünhold hielt nichts vom Herumgeheimnissen – so nannte sie das. Man hätte nicht sagen können, wo Saint Phalle überhaupt zu Hause gewesen war. Eine Kosmopolitin, so nannte man das wohlwollend. Heimatlos, so hieß das bei ihr zu Hause. Mensch ohne Ruhe.

Martha Grünhold weigerte sich, die Künstlerin »Niki« zu nennen, wie es anbiedernd und abstandslos anscheinend die ganze Welt tat. Ja, zugegeben, ein paar Artikel hatte sie gelesen. Redete denn irgendwer von »Pablo«, wenn er Picasso meinte, oder von »Auguste«, wenn es um Rodin ging? Eben. Eine Frage des Respekts, Gräfin hin oder her. Von edlen Abstammungen ließ sie sich sowieso nicht beeindrucken. War ihr völlig gleichgültig. Wumpe!, hätte ihr Vater gesagt. Kommt drauf an, was du aus deinem Leben machst, hätte er gesagt. Einerseits, hatte seine Tochter gedacht. Andererseits erlebte sie täglich, wie es zählte, woher man kam. Und ob man ein Mann war oder eine Frau. Auch deshalb: Grünhold. Punkt. Und Saint Phalle. Doppelpunkt: Ob das was werden würde?

Nun tätschelte sie die Figur doch ein wenig. Sah ja keiner. Sie war allein hier oben, Gott sei Dank. Schwatzende Kollegen oder schlimmer noch, die Arbeiter von gestern, die ihr mit der Hebebühne geholfen hatten, das hätte gerade noch gefehlt. Trotzdem: Einfach so anfassen, das ging eigentlich nicht. Martha tat nichts Unnötiges, nichts Überflüssiges. Wenn sie Hand anlegte, dann mit Sinn und Verstand, zu einem bestimmten Zweck, mit einer bestimmten, lange geübten Technik. Sie musste sich besser konzentrieren. Der Ort war schon etwas Besonderes.

Der Wannerbau in Zürich hatte hundertfünfzig Jahre auf dem Buckel. Seine eisernen Fachwerkstreben waren in einer Zeit errichtet worden, in der die Eisenbahn gerade erst auf Touren kam. Und dann diese Höhe! Und diese Weite! Den Erbauern war nichts prächtig genug gewesen. Der Bau aus Sandstein war eine riesige Burg der technischen Möglichkeiten – ein schnöder Kopfbahnhof eigentlich, aber mit Triumphbogen über dem Eingang, kolossalen Pilastern an den Seiten und waschechten, nachgebauten korinthischen Kapitellen. Logisch, dass auch noch eine Helvetia, in Zink gegossen, über dem Eingang thronte. Martha Grünhold staunte, dass sie in einem Verkehrspalast der Neorenaissance arbeiten sollte. Und sie staunte, dass die traditionsversessenen Schweizer Behörden ausgerechnet der schrägen Saint Phalle vor über zwanzig Jahren den Auftrag zu einer monumentalen Plastik erteilt hatten.

Vorsichtig! Martha Grünhold balancierte auf der Arbeitsbühne. Immer wackelte und schwankte hier irgendwas. Unangenehm in acht Metern Arbeitshöhe. Nicht nur, dass sie sich den Hals brechen konnte, da hielt es Martha mit dem alten Spruch »Unkraut vergeht nicht!« – aber der Figur konnte etwas passieren. Nicht auszudenken, wenn sie sich abrupt auf ihr hätte abstützen müssen, weil sie das Gleichgewicht verlöre oder, schlimmer noch, auf sie stürzen würde!

Ein Schutzengel als Patient. Nein, als Patientin. Eigentlich ganz nett, dass bei Niki de Saint Phalle die Engel weiblich waren. Und nicht bloß die Mütter. Obwohl diesem Engel einige Kinder zuzutrauen gewesen wären. Geschlechtslos war die Dicke nicht.

Sie war eine Verwandte der *Nanas*, jenen knallbunten Erfolgsfiguren, die bei den meisten Leuten eingebrannt waren wie bestimmte Marken, die sie immer wieder kauften. *Nana* wie *Nivea* oder *Nutella*. – Niki de Saint Phalle und die *Nanas*. Langweilig, wie alles, was sich wiederholte. Immerhin: An den Frauen kam bei Saint Phalle keiner vorbei. Alles, was Geborgenheit bot, alles Gebende, alles Großzügige bei ihr war weiblich, und so zweifellos auch der Himmel mit diesen etwas aus der Art geschlagenen Boten. Schon ein Statement. War das einer Künstlerin vor oder nach ihr gelungen? Martha fiel keine ein.

Der Vertreter der Schweizerischen Bundesbahn war mächtig nervös gewesen beim Vorgespräch, das Martha Grünhold nur widerwillig mit ihm geführt hatte.

»Lueget Sie«, hatte er in diesem sich ewig dehnenden angestrengten Hochdeutsch der Zürcher gesagt, und dann, eine kleine Variation einbauend: »Verstönnt Sie: Der *L' ange protecteur* ist eines der Wahrzeichen der Stadt Zürich. Dem dörf nüt passiere, keinesfalls! Das können wir gar nicht versichern, so wertvoll ist er.«

Er? Der Engel.

Sie. Die Engel, müsste es bei Saint Phalle heißen. Die Engelin.

Gut, dass das bald vorbei sein würde mit den ewigen Geschlechtsbezeichnungen. Hatten das die Engel nicht eigentlich sowieso schon hinter sich? Nicht bei Saint Phalle. Die schrie das Weibliche in die Welt, sie trompetete es. Wird schon ihre Gründe gehabt haben, dachte sich Martha Grünhold. Der Engel oder besser: die Engelin war übrigens Amerikanerin, die Figur war in Kalifornien gefertigt und in Einzelteilen hierhergeliefert worden. Warum Kalifornien? War es schicker, da zu wohnen?

Per Schiff war die Engelin von La Jolla aus über den Panamakanal nach Europa transportiert worden bis Rotterdam. Dann den Rhein hinauf bis nach Basel, und von dort ging es per Tieflader weiter nach Zürich. Und zum Empfang der dann vollständigen, zusammengesetzten und vergoldeten Figur war Franz Liszt gespielt worden, *L'album d'un voyageur*, wie passend! Das hatte in den Unterlagen der Bahngesellschaft gestanden, die sich das ganze Unternehmen etliche Zehntausend Franken hatten kosten lassen. Ein ziemlich aufwändiger Umzug. Was hatte wohl auf den Containern gestanden? *Angel on Tour*?

Er lachte mit, als habe es eine entsprechende Dienstanweisung gegeben. Martha ärgerte sich. Solche Beamtentypen machten sie immer albern. Albern-Sein hatte so was Anbiederndes. Lieber gleich voll auf die Zwölf.

»Haben wir sonst noch was zu besprechen?«

»Allerdings.«

Der Mann von der Eisenbahngesellschaft strahlte die Ruhe des Auftraggebers aus. Er rechnete, er rekapitulierte den Prozess. Seine Finger knackten, als er vor Grünhold die einzelnen Stationen beschrieb, die dazu geführt hatten, dass der Zürcher Hauptbahnhof nun neben einem Werk von Mario Merz auch die Riesenplastik des Engels besaß. Den springenden Hirsch von Merz sah allerdings kein Mensch mehr, seit die Engelin hier regierte. Ja, die Engelin war eine Herrscherfigur auf eine seltsam entspannte, selbstironische Art. Saint Phalle hatte die Engel befördert, aus dem Service auf den Thron.

Jahre hatte es gedauert, bis aus dem Auftrag der Schweizerischen Bundesbahn ein leibhaftiger Repräsentant des Himmels wurde, der nun die Haupthalle des Bahnhofs schmückte, zwischen Gleis 13 und dem südlichen Ausgang, wie der Mann korrekt anführte. Martha fand es originell und ein wenig bedenklich, dass eine Eisenbahngesellschaft es für nötig befand, den Reisenden einen Schutzengel zur Seite zu stellen, aber das sagte sie nicht und ebenso wenig, wie passend es war, dass ausgerechnet eine Versicherungsgesellschaft das Ganze finanziert hatte.

Der Herr von der Eisenbahngesellschaft hatte ihr den Vertrag feierlich in einer überdimensionierten Mappe überreicht, sieben Blätter hatte sie unterzeichnen und zurücksenden und zusagen müssen, alle paar Tage Zwischenberichte zu liefern über den Bearbeitungsprozess. Bitte schön!

»Wann treffen denn die Herren Assistenten ein?«

Der Mann wollte munter klingen, hatte aber etwas Lauerndes. Woher wusste er oder wollte er wissen, dass es Assistenten waren und keine Assistentinnen? Martha Grünhold nervte es, dass die Norm für alle immer noch das Männliche war.

»Übernächste Woche«, sagte sie trocken.

Man fand kaum Frauen für den Job, leider. Nicht für die großen Sachen. Eher für Papier, für Keramik, für Stoff. Das lag daran, dass selbst die tüchtigsten Kolleginnen von vorherein nicht die großen Aufträge bekamen, nicht die Panoramen, die Deckengemälde, die Riesenfresken. Also bildeten Frauen keine Frauen aus – und alles blieb, wie es war.

»Ach, Mädels«, hatte ihr Ausbilder in Dresden achselzuckend gemeint, als sie wieder einmal über die schlechten finanziellen Aussichten sprachen, »ihr habt so einen schönen Job und bekommt sogar noch Geld dafür.«

»Denken Sie daran«, sagte der Mann von der Eisenbahngesellschaft, »die Halle soll wieder mit etwas bespielt werden. Dazu braucht es den Engel.«

Ja, es brauchte den Engel, aber verdammt noch mal, warum war diese Hebebühne so kipplig? Hatten die Burschen gestern die Bremsen nicht korrekt festgestellt? Natürlich konnte Martha Grünhold Hebebühne fahren, das heißt: Sie war berechtigt, eine solche zu führen, sie hatte eine 1-A-Bedienerschulung mitgemacht, konnte die Geräte aufbauen, Hubarbeitsbühnen aller vier Kategorien lenken und sichern. Hatte sie eine Stange Geld gekostet, dieser Lehrgang. Aber deutsche Dokumente waren den eidgenössischen Behörden nicht geheuer. Und so war Martha genötigt worden, die Dienste eines einheimischen Unternehmens in Anspruch zu nehmen. Sie hatte schon nichts Gutes geahnt, als die Typen, ihre Vierschrötigkeit im Anschlag wie eine Waffe, mit dem tonnenschweren Spezialgefährt vor dem Bahnhof vorfuhren. Und hinein! Ein Wunder, dass nichts passiert war, selbst die große Halle wurde plötzlich zu klein, als die vier mit ihrem Riesenspielzeug da herumfuhrwerkten. Dann die Figur! Jedes Kind wusste, dass man sich solchen Plastiken mit äußerster Vorsicht nähern musste. Jeden Meter, den man vorankommt, gilt es, mit noch größerer Vorsicht, mit doppelter Vorsicht, zurückzulegen. Aber nein! Schwungvoll drauflosgekurvt, abrupt gebremst – und beim Hin- und Hermanövrieren hatte die Bande den Schutzengel prompt mehrmals touchiert.

»Ja, seid ihr denn völlig meschugge?«

Reisende blieben abrupt stehen, als seien sie gemeint, Rollkoffer zuckten, Kinder zerrten, selbst die Männer von A-Z *Hebi* fuhren zusammen, als Martha Grünhold durch die Halle brüllte. Sie konnte brüllen. Wie ein Mann, so sagt man wohl. Martha Grünhold brüllte aber eher wie fünf Männer, mit einer Stimme, von der ihre Mutter behauptete, sie sei schon gleich nach der Geburt genau so gewesen: heiser, herrisch, eine Stimme, die immerzu mit dem Fuß aufstampfte, auch wenn sie ausnahmsweise einmal »bitte« sagte.

»Jetzt lasst mich mal machen!«

Martha schob den Maschinenführer von seinem Platz und übernahm das Kommando. Vorwärts, rückwärts, langsam. Und stand. Genau an der vorgesehenen Stelle. Sie half noch, die rot-weißen Absperrbänder zu ziehen, dann trieb sie die Männer davon. Sie brauchte ihren Raum. Für sich und ihre Arbeit. Da störten solche Typen nur.

»Danke ja, ich komme klar.«

Hieß: Haut schon ab.

Das taten sie.

Martha wischte sich die Hände am Overall ab. Dann packte sie aus. Sie stellte zusammen, was sie oben, auf der Hebebühne, brauchen würde. Handwerklich gute Arbeit beginnt damit, dass man so tut, als ob man alle Zeit der Welt hätte. Dabei hatte sie nur sechs Wochen. Verdammt knapp. Aber dann würde man den Engel brauchen. Nicht als Schutz. Sondern als Zierrat für den Bahnhofs-Weihnachtsmarkt. Gleich wieder der erste Härtetest nach der Reha: Bratwurstgestank, Rauch, Dämpfe, die Ausdünstungen von Tausenden von Menschen.

Martha seufzte. Nicht dran denken!

Zug um Zug brachte sie die Sachen nach oben zur Figur. Sie sah sich nicht um, noch nicht. Da war sie abergläubisch. Erst alles parat haben, erst alles bereitstellen.

Sie kletterte wieder hinunter und bat einen bärtigen Polizisten, kurz auf die Baustelle achtzugeben. Lästig, dass sich der Waschraum eine Etage tiefer befand in diesem riesigen, undurchdringlichen Gemäuer. Der Bahnhof, eine Parallelwelt. Man hatte ihr erlaubt, die Aufenthaltsräume der Bahnbediensteten mitzubenutzen, ihre Waschräume, sogar die kleine, rundherum verglaste Kantine. Und dahin eilte Martha nun, ohne auf die vielen Reisenden zu achten, die rollenden Koffer, die geschobenen Paletten, die gewuchteten Kisten. Sie trottete mit ihrem schweren Arbeitsgang die Rolltreppe hinab, ohne einen Blick auf die Imbisse zu werfen, die Fahrkartenschalter, den Chocolatier, die Barbiere, ohne auf die Tür zur Kapelle zu achten, die sich tatsächlich fast unter dem Engel befand. Sie nahm aus dem Augenwinkel für eine Sekunde einen Mann wahr, der gerade die Kapelle betrat, zu hochgewachsen für die niedrigen Decken hier unten, vielleicht fiel er deshalb gleich auf die Knie oder ließ sich jedenfalls irgendwie nieder. Weiter, keine Zeit für den Betrieb, für das Allerlei des Alltags, sie schob eigentlich nur ihren Körper hinunter in die unterirdischen Gänge des Bahnhofs, zielstrebig, noch einmal linksherum, rechtsherum, da war das Restaurant, da lagen die Waschräume der Bahnbediensteten, sie eilte nun, um sich selbst, aber vor allem ihre Hände vom Reisestaub, vom Alltag, von den banalen Beschäftigungen zu reinigen. Im Kopf blieb sie oben beim Engel.

Sie ließ sich viel Zeit. Sie seifte die Hände und die gemarterten Finger erst sanft, dann mit immer kräftigen Kreisen ein, schrubbte und spülte sie ab. Sie begann immer mit einer gründlichen Reinigung. Wie ein Arzt, bevor er den OP betritt. Vorsichtig das Handgel aufgetragen – rückfettend, aber nicht fettig, das Einzige, was möglich war. Heilung hatte es bisher nicht gebracht. Die Finger glänzten rot und an den Rändern leicht entzündet. Noch ein kurzer Blick in den Spiegel.

Dann war es so weit. Sie setzte den Helm auf. Die Ohrenschützer schoben den Lärm der Welt in eine erträgliche Ferne. Sie entriegelte die Sicherung der Hebebühne, der Greifarm fuhr aus, sie stoppte ihn, er nickte noch einmal nach. Sie schwebte nun auf der größten Hebebühne der Schweiz in der größten freitragenden Halle des Landes. Es war schon ... irgendwie erhaben. So, wie auf dem Dach eines Berges zu stehen. Vorsicht, Grünhold: Schon wieder so ein emotionaler Ausschlag! Das Gegenüber der Erhabenheit ist die Peinlichkeit! Sie besann sich, nickte und winkte nach unten: Alles klar. Der Polizist, der achtgegeben hatte, verschwand mit einem Gruß. Sie richtete sich auf, griff nach ihrem Klemmbrett, zeichnete. Machte Handyfotos, vergrößerte den Bildausschnitt mit zwei Fingern, runzelte die Stirn. Schaute, wartete. Spürte die Wärme des Oktobertages durch das Hallendach, schwitzte, schob sich den Stirnschweiß unter den Helm. Machte keine Pause, spürte, wie sich das Licht in der Halle veränderte. Schaute zur Decke, ließ den Blick schweifen, noch einmal, wie um Maß zu nehmen. Diktierte schließlich:

»Bericht zum Zustand der Figur *Schutzengel der Reisenden* in Zürich. Höhe: circa elf Meter. Zurzeit hängt der Engel im vorderen Hallenteil, nahe beim Querdurchgang. Hier herrscht starke Luftzirkulation, insofern muss von einer schnell fortschreitenden Verschmutzung ausgegangen werden, insbesondere durch Staubablagerung. Das Dach der Halle ist nicht vollständig dicht konstruiert, sodass bei starkem Regen und Wind Wasser eindringen kann. Über rostige Eisenträger und die Taubenschutzgitter tropft Kondenswasser auf die Figur und hinterlässt Laufspuren und dunkle Flecken.« Martha Grünhold hielt kurz inne, atmete durch, dann wandte sie den Blick zur Decke: »Trotz der Schutzgitter, die in einiger Höhe, direkt unter den Eisenträgern, über der Figur angebracht sind, können Tauben und andere Vögel die Figur überfliegen und entsprechend Kot hinterlassen.«

Der Engel musste hier weg. Eigentlich gehörte er gar nicht hierher. Vor allem von seiner Fassung her gesehen handelte es sich um ein Objekt, das für einen geschlossenen Innenraum entworfen worden war. Und hier war weder drinnen noch draußen, ein Zwischenbereich, in dem mit der frischen Luft von draußen auch Feuchtigkeit eindrang. Von unten stieg der Dunst von Gebackenem und Gesottenem herauf. Martha Grünhold schloss die Augen. Sie sah den kommenden Weihnachtsmarkt vor sich, roch die gebrannten Mandeln, das Fett der ausgebackenen Pilze, die Pommes frites, die Würstchen, hörte das Schreien der Kinder, das Gerede der Paare, sah aufsteigende Atemwolken, Niesen, Pusten und den Dampf – ein restauratorischer Albtraum. Aber der Engel musste hier ausharren. Ihre Aufgabe war es, ihn zu ertüchtigen, so gut es eben ging. Und dazu musste er zunächst, um an ihm zu arbeiten, in den hinteren Teil der Halle gebracht werden – schwebend, so wie er war. Die Dicke würde lernen zu fliegen. Grünhold, reiß dich zusammen. Es ist ein Objekt.

Alles klar. Für heute war ihr Tagwerk getan. Das Licht in der Halle war jetzt milder. Es fiel durch das Glasdach, das von Eisenstreben durchzogen war. Die Halle wirkte wie ein großer, edler Gartenpavillon, in dem aber leider keine Blumen wuchsen. Die Halle war leer, ein Festsaal, in dem niemand feierte. Doch, da hinten! Im goldenen Licht des späten Nachmittags entdeckte Martha Grünhold eine Figur – es war eine Frau, die mitten in der riesigen Halle ihre Tasche abstellte. Nun zog sie ihren Mantel aus, kramte in der Tasche. Martha konnte nicht sehen, was sie hervorzog. Sie trat ein paar Schritte zur Seite, wartete. Marthas Aufmerksamkeit war geweckt. Sie hielt sich an der Strebe fest, die die Arbeitsbühne begrenzte, um die Situation entspannter zu beobachten. Die Frau begann sich zu drehen – die Frau tanzte, mit fließenden, zögerlichen Bewegungen, als müsste sie sich erst einfinden in ihren einsamen Ball. Da trat eine zweite Person hinzu, begrüßte sie – man kannte sich offenbar. Die beiden berührten sich nicht, tanzten aber miteinander auf eine Weise, die Vertrautheit verriet und Entzücken an der Bewegung. War die zweite Person ein Mann? Eine Frau? Aus der Entfernung war es nicht zu erkennen – wohl aber die Harmonie zwischen den beiden, wie sie improvisierten, manchmal stockten, sich dann aber wieder fanden. Mitunter bewegten sie sich voneinander fort, kehrten ohne Eile zurück, kreiselten, steppten, sprangen bisweilen. Martha Grünhold zwang sich, nicht an den Schweiß der beiden zu denken, an die aufsteigende Hitze der Menschen in der Halle, sie wollte einfach dabei sein, genießen. Sie setzte den Helm ab, nahm den Kopfhörer ab. Sie hörte es seltsam gedämpft: Mozart. Natürlich. Immer, wenn die Leute etwas Festliches brauchten, nahmen sie Mozart zu Hilfe. Trotzdem ganz schön, diese federleichte Musik unter ihrer tonnenschweren Engelin. In diesem Licht sah der Schutzengel nicht aus wie einer, der selbst Schutz benötigte, sondern eher wie einer, der gleich abheben würde, sanft, trotz seines Volumens schwerelos, frei.

Wovon die Künstlerin wohl geträumt hatte? Was hatte ihr Leben leicht gemacht – was schwer?

Martha Grünhold setzte den Helm wieder auf, setzte ihn ab. Zu früh eigentlich, die Arbeitsschutzverordnung sah etwas anderes vor. Aber es war ungewöhnlich heiß für diese Jahreszeit, selbst jetzt noch, um fünf. Sie wischte sich endlich das Gesicht ab, mit dem alten Stofftaschentuch des Vaters. Sie hatte immer seine Taschentücher dabei. »Glück auf!« stand auf dem einen, auf dem anderen war der Doppelbock abgebildet, das Wahrzeichen der Zeche *Sankt Nikolaus*. Die Kumpels hatten sie nicht unter Tage benutzt; sie hatten sie zum Abschied produzieren lassen, als *Pluto* und die anderen Zechen geschlossen wurden.

»Glück auf!« färbte sich einen Ton dunkler vom Schweiß. Wie hielten es die beiden da unten aus zu tanzen?

Genug geträumt! Sie zog den Hebel, der die ausgefahrene Bühne wieder in die Startposition bringen sollte. Nichts. Sie zog erneut. Der Hebel stieß auf keinerlei Widerstand. Sie wartete. Versuchte es erneut. Nichts. Hier oben gab es einen Notknopf für die Stromversorgung. Aus. An. Nichts. Offenbar hatte es einen Kurzschluss gegeben. Verdammt. Martha überlegte. Noch einmal! Zwecklos. Sie versuchte, sich bemerkbar zu machen, aber die wenigen Menschen, die durch die Halle eilten, ignorierten ihre Rufe oder hörten sie nicht. Und die Tänzer hatten gerade zusammengepackt und schickten sich an zu gehen. Hallo? Niemand reagierte. Sie konnte doch brüllen, das wusste doch jeder! Aber nicht, wenn es um die eigene Sache ging, nicht, wenn sie Hilfe brauchte. Ihre hilferufende Stimme klang anders als ihre Befehlsstimme, sie klang kleinlaut, unsicher, fast zittrig ... Das Handy! Verdammt! Es lag unten im Aufenthaltsraum der Bahnleute, gut gesichert im Schließfach.

Sie schaute nach unten. Die Hebebühne war über den langen Greifarm mit dem eigentlichen Fahrwerk verbunden – viel zu schmal, um hinüberzuklettern – und außerdem in der Mitte nach oben geknickt. Daran entlanghangeln? Martha Grünhold sah nach unten. Gut und gern neun Meter über Stein.

So ein Mist! Die Restauratorin betrachtete die Figur unter sich, die Flanke, die sie vorhin eigentlich ganz gelungen fand mit ihrem barocken Schwung, ihren leuchtenden Farben. Das Biest bringt mir kein Glück. Ich hätte es lassen sollen.

Und Martha Grünhold war selbst nicht klar, wen sie damit meinte: die Figur des Schutzengels – oder seine Schöpferin, jene berühmte und gleichzeitig völlig unbekannte Aristokratin aus Frankreich, die der Stadt Zürich einen kalifornischen Engel beschert hatte. Sie war, wie es aussah, seine Gefangene. Oder ihre. Jedenfalls für eine Weile.

2.

»So viel zum Thema Erhabenheit.«

Am nächsten Abend hatte sich Martha Grünhold wieder beruhigt. Drei Stunden hatte es gedauert, bis man sie befreit hatte. Ein Mann von der Security hatte sie endlich entdeckt, ihr etwas zugerufen, das sie nicht verstand, und war eine quälend lange Zeit verschwunden. Zurückgekehrt war er mit zwei Kollegen und einer Schiebeleiter mit zwei Eskalationsstufen. Ewig lang, so schien es hier, war mit der Leiter herumgefuhrwerkt, war das Stecksystem verstellt worden, um die exakte Höhe zu ihr zu überwinden – aber schließlich war es geschafft. Der Typ von der Security verschwand erst unter ihr, dann tauchte sein bärtiges Gesicht vor ihr auf, als er zur Plattform hinaufgestiegen war. Er reichte ihr die Hand. Bloß nicht! Sie kletterte vor ihm die Sprossen hinab, rang sich ein knappes »Danke« ab und sah zu, dass sie die Baustelle gesichert bekam. Und nun saß sie mit Marie in der *Barfußbar* und schaute auf die träge dahinfließende Limmat.

»So viel zum Thema Erhabenheit.«

Sie musste selbst darüber lachen. Und nach dem zweiten Likörchen erst recht. Likör war ein Laster, das wusste sie selbst. Kein Mensch trank heutzutage noch so ein süßes, klebriges Zeug. Außer Martha Grünhold. Vor allem, wenn sie an Zuhause dachte. An die gemütlichen Sonntage mit den Tanten und ihrem Heidelbeerlikör. Starke Frauen waren das. Sie quetschten sich in das ausladende Sofa, machten nicht viel Federlesens und redeten und tranken. Kaffee angeblich, aber vor allem ging es um den *Mirtillo*, den Likör aus Beeren und Kräutern. Den gab es hier nicht, aber immerhin ein feines Orangenstöffchen für die Gäste. Nur Frauen. *Die Barfußbar* gehörte zur *Frauenbadi*, einem Refugium mitten in der Stadt. Auf den weißen Lamellenstühlen – nur Frauen. Auf den Stegen – nur Frauen. Sie hielten ihre Beine ins Wasser, sie schwatzten, sie lachten, sie waren schön und gewöhnlich, dick und herrlich, heiter und still – je nachdem. Warum fielen ihr jetzt schon wieder die *Nanas* von Saint Phalle ein? Martha Grünhold musste zugeben, dass sie gut hierhergepasst hätten, in diese Frauenwelt. Dass diese Niki de Saint Phalle also womöglich eine Welt im Sinne gehabt hätte, die eine Welt der Frauen gewesen wäre.

»Hatte sie ja auch«, sagte Marie ungefragt. »Sie hat diese *Nanas* gemacht, weil sie den Frauen ein Denkmal setzen wollte. Frauen, die normal aussehen oder eben ziemlich rund. Dabei aber vielfarbig und voller Schwung.«

Vielfarbig. Marie war wie Martha Restauratorin, und niemals hätte sie »bunt« gesagt. Bunt war ein Begriff, den man, wenn überhaupt, abfällig benutzte. Bunt im Sinne von zu vielfarbig, von unausgewogen, von aufdringlich oder vulgär. Restauratoren hielten aufs Maß, auf die möglichst optimale Gewichtung von Farbe. Eine ziemlich elitäre Zunft! Und Marie war eine der besten. Eine, die sich zu Martha Grünholds Kummer auf das traditionell weiblichste Teilgebiet konzentriert hatte, die Papierrestaurierung. Und dabei war sie so schnell so gut geworden, dass sie nun in den Wiener Kunstmuseen eine Festanstellung bekommen hatte. Eine Teilzeitstelle zwar, trotzdem sensationell für eine Frau Anfang dreißig. Sonst zogen die wenigen Männer, kaum dass sie ihr Diplom oder ihren Master in der Tasche hatten, seelenruhig an den ehemaligen Kommilitoninnen vorbei. Der *Gender Gap* lähmte auch ihre Zunft, er machte, dass aus verheißungsvollen Studentinnen binnen weniger Jahre müde, ausgelaugte Assistentinnen wurden. Nicht so Marie. Sie hatte die Konkurrenz locker hinter sich gelassen, sicher nicht zuletzt mit ihrem heiteren, selbstbewussten Auftreten, mit ihrer Weltgewandtheit und ihrem Charme, den sie jederzeit unter ihren brandroten langen Haaren hervorschütteln konnte. Martha musste achtgeben, dass sie nicht missmutig wurde bei so viel offenkundigem Erfolg. Was war schon Erfolg? Wer bemaß ihn, wer bewertete ihn?

»Die *Nanas* stehen ja gar nicht am Anfang von Nikis Werk«, sagte Marie.

»Saint Phalle.«

»Wie?«

»Nenn sie Saint Phalle. Die Frau hat ein Recht auf ihren Nachnamen.«

Marie lachte. »Wenn du darauf bestehst ...«

»Tu ich.«

Marie ließ sich nicht irritieren. Sie erzählte von den Figuren, die seit Ende der siebziger Jahre entstanden waren. Dass sie eine Reaktion auf andere, viel harschere Figuren gewesen waren. Dass Niki – Saint Phalle – erst durch einen langen, schmerzhaften Prozess in die Lage gekommen war, diese Figuren zu erschaffen, die so viel Heiterkeit, so viel Lebensfreude verströmten.

»Lass mich mal überlegen«, sagte Marie. »Ich weiß, dass Saint Phalle in Frankreich geboren wurde. Sie hatte drei oder vier Geschwister. Und mit vier oder fünf Jahren ist sie zu ihren Eltern nach New York gekommen.« Sie zögerte. »Aber wo waren die Eltern vorher? Sind die gleich nach der Geburt von Niki weg?«

»Saint Phalle.«

»Ja, ja ... Oder haben sie das nur bei ihr so gemacht? Und warum? Soweit ich weiß, waren sie vermögend, der Vater Banker oder so was.« Marie hielt wieder inne. »Weißt du was, ich suche dir was raus und schicke es dir.«

»Googeln kann ich selbst«, sagte Martha unwirsch. »Und ich weiß auch nicht, inwieweit die Biografie weiterhelfen soll bei der Arbeit. Wäre nur wichtig zu wissen, warum sie mit welchen Mitteln gearbeitet hat.«

»Komm schon!«, sagte Marie. »Du hast doch schon angebissen. Du willst wissen, woher diese *Nanas* eigentlich kommen. Woher also eine, die erst mal die halbe Welt in die Luft sprengen will, plötzlich diese Heiterkeit nimmt.«

»Der Engel ist aber keine *Nana*«, sagte Martha schließlich langsam. »Er ist ein Engel. Und er steht für etwas anderes. Das habe ich nachgelesen. Es ist nur dasselbe ... dasselbe Prinzip Körperlichkeit. Dasselbe Prinzip Weiblichkeit.«

Sie sagte das fast mit schlechtem Gewissen. Da, wo sie herkam, gab man nicht mit Bücherwissen an. Man las nicht, man machte. Und wenn man schon las, dann nur, um sich zu vergewissern, dass das, was man tat, nicht noch besser zu bewerkstelligen wäre. Bücher wurden nicht einmal geringgeschätzt – sie spielten einfach keine Rolle. Zu viel Arbeit, zu viel Gemache und Getue. Das war im Studium anders geworden. Restauratoren lesen ununterbrochen. Studien, Fachartikel, Bücher, in denen die Jahrhunderte der Kunst ausgebreitet werden wie riesige, kunstvoll gewebte Teppiche. Martha, die Frau, die ganz woandersher kam, die nach der Schule erst einmal eine Lehre gemacht hatte, staunte. Watt all jibt!, hätten ihre Tanten zweifellos gesagt, die es schon großartig fanden, dass Martha Mechanikerin geworden war. Mechanikerin, das war doch was! Verfahrensmechanikerin für Kunststofftechnik, sagte Martha dann rau. Eine Berufsbezeichnung, die so kompliziert war, dass fast jedes Gespräch auf der Stelle versandete. Arbeiten mit polymeren Werkstoffen. Das machte es nicht besser. Martha hatte ein paar Jahre bei *Reis Polytechnik* gearbeitet, *auf der Reis*, wie die Leute sagten, dann hatte sie gemerkt, dass sie weitermusste, mehr lernen, anderes, selbständiger sein vor allem. Das ungeliebte Abitur sorgte dafür, dass sie studieren konnte. Restaurierung. Sie bestand die harte Aufnahmeprüfung, sie setzte sich durch. Martha hielt mit den anderen Schritt. Mit denen, die aus wohlhabenderen Elternhäusern kamen, die schon als Kinder die *Art Basel* oder die *documenta* kennengelernt hatten, die so geläufig mit Künstlernamen umgingen wie ihre Tanten mit den Liedtiteln aus den Kirchengesangbüchern. Wenn Martha unsicher wurde, erinnerte sie sich an die Tanten. Und der Tag heute hatte sie sehr verunsichert, das musste sie zugeben.

»Wofür steht der Engel?«, fragte Marie neugierig. Sie bestellte einen weiteren Cappuccino.

»Ich weiß nicht genau«, erwiderte Martha. »Er sieht nur einer anderen Figur sehr ähnlich, aus einer Art Kartenspiel.«

»Niki de Saint Phalle hat Karten gespielt?« Marie lachte.

»Keine Ahnung«, erwiderte Martha trocken. »Es gibt Fotos, auf denen man sie und ihre Leute mit Spielkarten in der Hand sieht. Es sind Fotos aus der Schweiz, man könnte also denken, dass sie ...«

»... Jass spielen?« Marie lachte wieder. Aus irgendeinem Grund begeisterte sie die Vorstellung einer kartendreschenden Künstlerin.

»Warum nicht!«, sagte Martha missmutig. »Es müssen ja nicht alle spitzenklöppeln, nur weil sie eine Frau und Künstlerin sind.«

Sie schlug mit der Hand auf den Tisch. Die anderen Frauen drehten sich um. Aus den Augenwinkeln sah Martha, dass sich von der Straße her ein Mann näherte, der eingelassen wurde: Abends ab einer bestimmten Uhrzeit öffnete *die Frauenbadi* anscheinend für alle, denn jetzt bummelten auch einige Paare herbei. Der hochgewachsene, düstere Flaneur mit seinem Bart kam Martha irgendwie bekannt vor.

»Schon gut ... der Engel?«

Martha besann sich. »Okay. Der Engel sieht einer Figur ähnlich, die nicht zu einem normalen Kartensatz gehört, sondern zum Tarot. Saint Phalle hat mal eines entworfen.«

»Tarot? War sie denn so esoterisch?«

»Weiß ich nicht«, sagte Martha und ärgerte sich sofort. Wenn sie mit dem Schutzengel arbeitete, sollte sie schon wissen, in welcher Beziehung dieses Objekt zu anderen stand. Das konnte helfen, etwa bei der Frage, ob das tiefe Blau, das Saint Phalle verwendete, absichtlich stumpfer war als das sakrale Blau von Madonnen auf älteren Skulpturen – oder ob die Farbe schlicht falsch ausgewählt worden war. Viel hielt Martha Grünhold darauf, dass sie eine Macherin war – aber um zu machen, musste man wissen. Sie hatte etwas versäumt. Auch das mit dem Tarot hatte sie eher zufällig entdeckt. Sie hatte abends gedaddelt, hatte im Netz herumgestöbert, um zu sehen, was von Saint Phalle im Handel war. Zu ihrem Ärger hatte sie Plunder entdeckt – Parfumflakons etwa und sündteure Seidenschals – und dann irgendwann das Tarotspiel.

»*If life is a game of cards, we are born without knowing the rules*«, hatte Saint Phalle ihrem Kartensatz vorangestellt. »Wenn das Leben ein Kartenspiel ist, dann sind wir geboren worden, ohne die Regeln zu kennen.« Das hatte Marthas Aufmerksamkeit erregt. Warum beschäftigte sie sich mit dem Tarot, dieser uralten Kartentechnik unklaren Ursprungs, die manche Leute als ein Gesellschaftsspiel, manche zum Wahrsagen benutzten und andere für eine philosophische Gedankenspielerei hielten, eine kreative Technik? Für Martha war das nur Kram.

»Ich glaube eigentlich nicht, dass Niki eine religiöse Träumerin war«, sagte Marie jetzt. »Sie hat ja keine Kirchen gebaut oder so was. Sie hat nur Elemente aus dem sakralen Raum benutzt, wenn es ihr gerade gefiel. War sie nicht so eine radikale Macherin? Eine, die immer gleich alles ausprobierte und dabei ihre ganze Umgebung in Atem hielt? Ich kann sie mir, ehrlich gesagt, nicht meditierend auf einem Kissen vorstellen! Wusstest du, dass sie …« Sie plauderte weiter.

Saint Phalle – eine Macherin? Wie sie selbst, wie Martha Grünhold? Es kam Martha gänzlich unwahrscheinlich vor. Und doch, so musste sie zugeben, freute sie der Gedanke.

Abends in ihrem schmalen Hotelbett aus falschem Nussbaum dachte sie über Niki de Saint Phalle nach, die französische Aristokratin mit ihren gewichtigen Engeln, die eine Macherin gewesen sein sollte, eine, die unverblümt herausfordernde, riesige Werke schuf – und über sich selbst, die versuchte, ihnen auf die Schliche zu kommen. Vorbeifahrende Autos ließen ihr Scheinwerferlicht durch die Vorhänge hindurch über die Decke des billigen Zimmers huschen. Das ergab schöne, bewegliche Muster: Blumen, Ranken, Herzen, seltsam verformte Hände,

Fragezeichen und etwas, das man mit viel Fantasie für kleine Krebse halten konnte; das alles wanderte über die Zimmerdecke – und drumherum Ornamente, die züngelten wie Flammen. Ein anmutiges Schattenmobile.

Wer weiß: Vielleicht hatte auch die junge Niki de Saint Phalle so wachgelegen und den wandernden Schatten an der Zimmerdecke zugesehen? Wo hatten sich deren Träume entwickelt?

Nach einem kurzen Intermezzo zu Hause war Martha Grünhold wenig später schon wieder in Zürich, wieder im Hotel in der Nähe des Schutzengels, in Bahnhofsnähe, wie sie lieber sagte. Die Schweizer Eisenbahngesellschaft und der Versicherer hatten ihrem Plan zur Restaurierung des Schutzengels zugestimmt. Sechs Wochen. Nur sechs Wochen würde sie Zeit haben, die Figur zu reinigen. Wasser kam dabei nicht in Frage. Damit hatte das Clean-Team schon Unheil angerichtet: Die Bahnhofsleute sollten den Engel eigentlich nur zweimal im Jahr absaugen, er war ihnen aber so schmutzig vorgekommen, dass sie es doch einmal mit einem feuchten Lappen versucht hatten. Prompt war die berühmte blaue Farbe an einigen Stellen verwischt. Erschrocken hatte das Clean-Team innegehalten – und nun war es an Martha Grünhold, Alternativen zu finden. Elf Meter schiere, weißgrundige Fläche. Mit Flecken, Wasserläufen, Kotspuren.

Martha hatte, zurückgekehrt nach Deutschland, gegrübelt und gegrübelt. Sie hatte hier und dort eine Probe genommen. Mit Lupe und Skalpell rückte Martha dem Engel zu Leibe. Gelb und weiß – das mochte noch feucht angehen. Das Blattgold auf den Stummelflügelchen ließ sich vorsichtig abtupfen, ohne dass etwas abfärbte oder gar abblätterte, Gott sei Dank. Das Gold war schweizerisch. Der Engel war in Teilen aus den USA geliefert worden. Ein Mordsaufwand. Martha stellte sich den zerlegten Engel vor wie einen Käfer, der auf dem Rücken liegt. Aber in Einzelteilen. Also eher ein Huhn, ein Himmelshuhn, tranchiert für den Transport. Vergoldet worden war er erst hier, im Lager einer Möbeltransportfirma. Immerhin, das hielt. Gute Arbeit! Das Gold war nicht das Problem.

Martha zwackte noch etwas von der Substanz ab, die sie in Zürich als Probe abgenommen hatte. Untersuchte sie nass-chemisch – wie reagierte die Farbe auf Wasser und Lösungsmittel? Dann bettete sie die Probe in Kunstharz und betrachtete den Querschliff unter dem Mikroskop. Sie stellte eine Reagenz her. War das wirklich Acryl? Sie fertigte eine Art Probenjournal an, ein Schachbrett, auf dem die Reaktionen von Farbe A auf Reagenz A, dann B und so weiter festgehalten wurden. Tatsächlich verbanden sich Feuchtigkeit und Fett mit der Oberfläche.

Wischte man darüber, gab die Korpusoberfläche Farbe ab. Schwierig! Alles trockenreinigen würde nicht ausreichen. Und dann erst die Verätzungen durch den Kot der Tauben! Martha ging noch einen Schritt weiter. Ein Freund in Köln besaß ein größeres Labor. Er war der Einzige ihrer Bekannten, der ein echtes FTIR besaß, ein *Fourier-Transformations-Infrarotspektrometer*. Gold wert! Dahin wandte sie sich. Er wunderte sich über ihr extremes Interesse, aber so war sie, die Martha, der keine Technik zu ausgefallen, kein Spezialwissen zu abseitig war – so lange es um Konkretes, um Handhabbares ging. Sie begrüßte den Freund flüchtig, besuchte das Labor, schloss sich zwei Tage ein. Es wunderte den Freund nicht, dass sie nur ein paar Sätze für ihn übrig hatte – und noch weniger wunderte es ihn, dass sie mit einem Interferometer umgehen konnte. Das war ihre Technikerinnenvergangenheit. Martha Grünhold war einfach ein verflixt guter Profi! So hatten sie schon während des Studiums über sie gesprochen. Ganz schön grober Klotz – aber nur, solange es um die Kommilitonen ging. Mit den Kunstwerken hingegen feinfühlig, präzise –und eben technisch absolut top. Wenn sie nur ein bisschen verbindlicher wäre ...

Martha im Labor schoss mit Infrarot auf die Probe. Sie nutzte

Referenzmaterialien. Sie operierte wie ein Chemiker, den man mit einem Verfahrenstechniker gekreuzt hatte. Und dann hatte sie es. Dann wusste sie, wie sie den Engel reinigen könnte.

Eigentlich hatte Marie sie darauf gebracht, Marie mit ihren filigranen Zeichnungen, den zarten Aquarellen, Marie, denen die harten Bleistifte nie spitz genug, die Radiergummis nie sauber genug waren ... das war es!

Martha Grünhold fiel die Kollegin in Dresden ein, Quereinsteigerin wie sie, Kunststoff-Fachfrau wie sie. Die hatte sich auf Gummi und Kautschuk spezialisiert, sie benutzte spezielle, professionelle Radiergummis. Das war es! Sie würde den Engel abradieren, die ganze riesige, weißgrundige Fläche. Und nur dort mit Feuchtigkeit operieren, wo es sich nicht vermeiden ließ.

Zurück in Zürich bezog Martha wieder das Hotel Garni am Bahnhof, räumte ihre Siebensachen ein, den Arbeitsoverall, den es gleich in zweifacher Ausfertigung gab, die schweren Sicherheitsschuhe, ein bisschen Wäsche, die Salbe für die malträtierten Hände. Schnell erledigt. Sie machte wieder den *Toblerone-Test*: Wenn sie in der Minibar eines Hotels einen Riegel der Schokolade vorfände, würde der Auftrag gutgehen. Sie riss die Tür des eingebauten Schränkchens auf – und hätte fast den ganzen Schrank mitgerissen. Wasser, Bier, sogar eine beruhigende Menge kleiner Fläschchen mit Spirituosen, Wein, Limonaden und da oben ... Erdnusskerne, Salzstangen – und die begehrte Schokolade. Sie richtete sich ein.

Abends las sie eine Mail von Marie. Die hatte sich Mühe gegeben, ihr die Biografie von Saint Phalle so aufzubereiten, dass sie erträglich wurde für eine wie Martha Grünhold.

»1930 wird sie geboren. Catherine Marie-Agnès de Saint Phalle. In Neuilly-sur-Seine. Sie ist das zweite von fünf Kindern.« Hier hielt Martha schon mit Lesen inne. Fünf Kinder! 1930? In Frankreich?

Sie kramte ihr Handy heraus, suchte »1930«, suchte »Frankreich«. Das Land war, anders als Deutschland, nicht so sehr von der Weltwirtschaftskrise betroffen gewesen, so viel stand fest. Im Ersten Weltkrieg war jeder siebte französische Soldat gefallen, aber wechselnde Regierungen hatten sich darin übertroffen, Zuwanderer ins Land zu holen. Dass die Zeiten unsicherer würden, war gewiss schon vor 1930 spürbar gewesen – aber wo in Europa war das nicht der Fall gewesen?

Martha las die Mail weiter, die Marie ihr geschickt hatte, legte das Handy beiseite. Die Mutter: Jeanne Jacqueline, geborene Harper. Aha, daher der Bezug zu den USA. Der Vater: André Marie Fal de Saint Phalle. Ein Mann mit sieben Brüdern, ein Banker. Die Börsenkrise machte seinem Geschäft den Garaus. Er war 1929 pleitegegangen. Nun ja, nicht ganz: Die Brüder, die die Geschäfte gemeinsam betrieben, hatten sich wieder berappeln können – und dann war noch Yvar Kruger eingestiegen, ein Investor, dessen Engagement hochwillkommen war. Naiv allerdings, nicht damit zu rechnen, dass der Streichholzkönig von New York die Geschäfte lieber selbst übernehmen würde. Er drängte die Brüder aus der Firma, nur zwei ließ er weiterhin für sich arbeiten. André Saint Phalle stand endgültig auf der Straße. Eine Familie im Absturz. Alles im Jahr von Niki de Saint Phalles Geburt. Sie ist ein Kind der Depression, der Wirtschaftskrise, der Unsicherheit. Als Niki geboren wird, liegt die Pleite ein Jahr zurück. Oder ist ein Jahr alt, denn so etwas ist ja eine Krise, die andauert. Trotzdem störte es Martha, dass Marie schrieb: »Also wurde Niki aufs Land geschickt, zu den Großeltern väterlicherseits.« Wieso also, wieso diese Zwangsläufigkeit? Hätte sie denn bei den Eltern Hunger leiden müssen? Und wieso das kleine Mädchen und nicht das erstgeborene Kind? Martha setzte sich in ihrem schmalen Hotelbett auf, schob die Kissen zurecht. Kinder wegschicken, weil man gerade selbst in einer Krise war? Und was waren das für Großeltern, diese alten Adeligen? War das Kind mit offenen Armen aufgenommen worden – oder war es eher lästig? Was war mit dem älteren Kind? Aha, da stand es: ein Bruder, ein Bruder mit dem amerikanischen Namen John, dadurch gleich näher an die Mutter gerückt, und tatsächlich: Der durfte bleiben. Nur die Tochter, die Zweitgeborene, wurde weggeschickt. Martha spürte, wie mühsam es sein würde, die Geschichte von Niki de Saint Phalle zu erfahren, die wirklichen Zusammenhänge hinter der großen *action* und den knallbunten *Nanas*, Leitfiguren vielleicht, die den Weg aber eher verstellten, als dass sie ihn gewiesen hätten. Was hatte Niki de Saint Phalle wirklich bewegt, was hatte ihren Weg bestimmt – außer dem offensichtlichen künstlerischen Talent und einem offenbar festen, entschiedenen Willen?

1933, schon drei Jahre später, war die Familie erneut umgezogen – halt, nein – nur die kleine Cathérine Marie-Agnès, damals noch nicht Niki. Sie war, so hieß es in den Quellen, endlich bei der Familie in Greenwich, Connecticut, gelandet, verbrachte als Schulkind aber ihre Ferien immer wieder in Frankreich auf dem Château der Großeltern. Inzwischen gab es einen weiteren Bruder, Richard. *Ritschard* oder französisch *Risch-ar*? Und dann zwei Schwestern, Claire und Elizabeth. Knappes Bedauern in dem Text, den die Künstlerin selbst geschrieben hat: Sie seien jung gestorben. Wie?

Entschlossen schwang Martha die Füße aus dem Bett. Jetzt musste die Schokolade daran glauben. Und ein Bier dazu. Die Mischung aus Bier und Süßem war absonderlich, aber für Martha Grünhold unwiderstehlich.

Was für eine Familie – reich und doch arm. Verheißungsvoll – und voller Enttäuschungen. Kinderreich – aber nichts von alledem hatte Bestand, war verlässlich oder blieb. Der Vater hatte wohl sein Teil dazu beigetragen, auf und ab, Erfolg und Pleite, hochfahrende Pläne und Katzenjammer. Dazu die Zeiten. Martha schüttelte sich. Das alles war ihr so fremd. Fremd wie ein Château, ein Wehrhaus in Gottes Namen – und nach dem Wehrhaus in der französischen Provinz auch noch Greenwich, der

New Yorker Vorort der Banker! Es gehörte wohl schon einiges an Selbstvertrauen dazu, ausgerechnet dorthin zu ziehen, wenn man gerade pleitegegangen war. Greenwich zog solche Leute an, bis heute. Amüsiert las Martha, dass die Stadt um 2010 den Spitznamen *Upper Hedgistan* bekommen hatte wegen der vielen Hedgefond-Manager, die sich dort niederließen. Bis heute eine Gegend für Hasardeure. Und 1933 mittendrin die französisch-amerikanische Familie aus Neuilly-sur-Seine. Aber nur für vier Jahre. Dann ein erneuter Umzug, nach New York City. Da war die kleine Cathérine sieben. Also wurde sie vermutlich in New York eingeschult.

Martha erinnerte sich an ihre eigene Schulzeit. An die kleine Grundschule, deren Klassenzimmer-Geruch sie sofort wieder in der Nase hatte, an die kostenlose Schulmilch, an die Tische, in die sie, kaum dass sie schreiben konnten, ihre Namen ritzten. Sie schrieb »Marta«, noch ohne H, das H musste sie sich erst erobern, sie wusste nicht sofort, wohin damit, und setzte es mal hier und mal dort ein, je nachdem, wo sie es schöner fand. Sie konnte aber nur das große H, das ging ziemlich lange so. Der Tisch mit den vielen Versuchs-Hs aber war ihrer, wenn man sie im Klassenraum umgesetzt hätte, hätte der Tisch mit umziehen müssen, das war ihr Terrain, ihre Sicherheit, genau wie Jacqueline ihre Sicherheit war und Randa, Amran und Said. Eine kunterbunte Klasse, chaotisch, laut, lernbegierig: ihr Zuhause. Auch wenn sie sich über die Mitschüler oder die Lehrer ärgerte und zu Hause beklagte – doch sobald die Mutter ernsthaft alarmiert war und deutlicher nachfragte, offenkundig in der Absicht, bald einzugreifen, verteidigte sie die Schule wieder, sagte, alles sei nicht so schlimm, keine Ahnung, warum sie sich gerade so aufgeregt hatte, nein, nein, Mama, es wird schon wieder. Später lernte sie, sich auf die Zunge zu beißen, nicht zu erklären, warum der Riemen ihrer Tasche abgerissen war, die Hose ein Loch hatte. Schulsachen, ihre Sache, nicht Elternsache.

Und bei Cathérine in den USA? Lapidar vermerkte Maries Kurzbiografie, dass Niki de Saint Phalle mit elf der Schule verwiesen wird und wieder umzieht, diesmal allein: Sie wird nach Princeton, New Jersey geschickt, wo die Eltern der Mutter leben. Sie sind wegen des Zweiten Weltkriegs aus Frankreich in die USA gekommen. Niki besucht dort die örtliche Schule, aber wieder nur für ein Jahr. Es geht zurück nach New York, an die *Brearley School*, in einem Alter, in dem man die Literatur entdecken kann oder die Kunst, in dem Kinder, die vorher ans Klavier gezwungen wurden, plötzlich die eigene Leidenschaft dafür entdecken oder für immer aufhören. Cathérine entdeckt das Theater. Das Mädchen macht aus seiner pompösen adeligen Vornamensgirlande ein knappes Niki. Niki ist schick, ist modern – und obendrein unisex, obwohl es den Begriff damals noch nicht gibt. So wie Robin, Cameron, Blake. Der Trend ist amerikanisch, wer hat Cathérine-Niki wohl dazu gebracht? Niki jedenfalls könnte ein Junge sein, bei Niki weiß man nicht, woran man ist, man soll sich ihrer nicht sicher sein können, niemals.

Sie begeistert sich, liest Martha weiter, für Shakespeare, für die gruseligen Geschichten von Edgar Allan Poe und für die griechische Tragödie.

Wie bitte?!? Sophokles und Co. mit zwölf? Martha erinnert sich an ihre eigene Schulzeit, grübelt: Hat man ihnen Theater beigebracht? Sie kann sich nicht erinnern. Wohl aber an Bücher. An Bücher, die sie gut fand, weil man etwas in der Hand hatte, etwas, das wog und schwer war, das man unters Bett legen konnte, und am nächsten Morgen war es immer noch da, und dieselben Geschichten standen an derselben Stelle.

Die Stadtbibliothek von Herne, vormals Wanne-Eickel, ein schmuckloser Bau, der eher einem Tresor glich als einer Bücherherberge, war ziemlich weit entfernt von zu Hause, aber es gab einen Bücherbus, der sich nach undurchschaubaren Regeln durchs Quartier quälte. Er fuhr an der Siedlung *Teutoburgia* vorbei und hielt am Nordfriedhof (wer brauchte da Bücher?), parkte länger an der Gesamtschule, schlug einen Riesenbogen vorbei an der *Chemopur* und dem Abholmarkt, und gelegentlich geschah es, dass er in ihrer Straße hielt. Eine Aufregung! Was für die Erwachsenen der Bäckerbus war oder für die Frauen die fliegende Kosmetikhändlerin, das war für die Kinder der Bücherbus. Später hatte Martha ein Antiquariat entdeckt, in dem man Bücher nach Gewicht kaufen konnte. Der Inhaber hatte ein kompliziertes Bezahlsystem entwickelt, sodass die dicken, schweren Bücher, die Atlanten und historischen Schinken am Ende doch, relativ gesehen, preisgünstiger waren. Noch immer liebte Martha dicke Bücher. Sie erschienen ihr solider, irgendwie überzeugender – in ihrer Ausbildung hatte sie alles darangesetzt, den *Wehrle* und den *Krist* möglichst bald zu kaufen, obgleich ihr eine gut bestückte Bibliothek zur Verfügung gestanden hatte. Aber Bücher, das waren sozusagen die Aktien für ihre Zukunft gewesen, die musste man besitzen, darauf ließ sich bauen. Warum dachte sie eigentlich »der« *Krist*? Der Herausgeber war schließlich eine Frau, Gabi Krist? Die Krist! Es hatte sich so eingebürgert, wie so oft. Ihre Gedanken schweiften ab – noch ein Stück Schokolade, ein Schokoladen-Gipfelchen nur! Das half, sich zu konzentrieren.

Saint Phalle mit zwölf und die griechische Tragödie? War das nicht etwas, das man später in sein Leben hineinerfand, weil es gut klang? Vielleicht hatte man irgendwann einen biografischen Fragebogen ausfüllen müssen, für irgendein Publikumsmagazin – und da machte sich so was besser als ein paar Comics?

Martha nahm sich vor, die Angaben genauer anzuschauen. Die Künstlerin hatte viel geschrieben – so viel, dass es Martha eigentlich die Lust genommen hatte, sich damit zu beschäftigen. Die meisten Künstler schrieben nicht. Es waren allenfalls Briefe von ihnen überliefert, selbst Tagebücher waren nicht die Regel. Und die, die dann doch schrieben, hätten es meistens besser bleiben lassen sollen: zu geschwätzig, zu bemüht, zu defensiv. Was war ein bildender Künstler, der sich erklären musste?

Der hatte es doch offenkundig in seinen Werken nicht geschafft, das zu sagen, was zu sagen war.

Niki de Saint Phalle aber legte offenbar großen Wert darauf, mit ihrem Publikum in Kontakt zu kommen. Das rührte Martha auf eine unbestimmte Art und Weise. Und: Die Sache mit den toten Schwestern nagte an ihr. Das Weggeschicktwerden. Das Überflüssigsein, bestenfalls. Ein Kind der Unruhe. So viel Wechsel in dem noch jungen Leben. Das Unsichere bei so viel Geschichte im Rücken. Martha spürte, dass sie selbst dagegen geradezu breitbeinig im Leben stand. Niki de Saint Phalles Kindheit machte sie ganz nervös. Oder lag das am Biografischen an sich? War Biografie nicht überhaupt ein unsicheres Terrain? Sie wollte lieber zu den Werken zurückkehren, zu den handfesten Ausweisen der Tat!

Ihre Werkzeugkoffer wogen diesmal deutlich schwerer als beim letzten Mal. Das lag gewiss nicht am Tarotspiel, das sie dabei hatte. Irgendwie musste sie ja der Bedeutung ihrer seltsamen Engelsfrau auf den Grund kommen. Also hatte sie widerwillig für viel Geld bei eBay einen Siebdruck ersteigert, der die Tarot-Motive von Saint Phalle darstellte. Sie hatte die Motive ausgeschnitten und einzeln kaschiert. Das Motiv mit dem Engel, die Nummer XIV, trug sie mit sich. Sah ja niemand, dass sie sich jetzt mit solchem Zeug beschäftigte.

Weitaus mehr aber wogen die Dosen mit dem gereinigten Wasser, das sie brauchen würde, die weichen, gerundeten Seile, um die Figur zu halten, die Pinsel und Bürsten, die Berge von Tüchern und Lappen, die Maßbänder, Schrauben, die Papierrollen und das viele Werkzeug obendrein.

Zufrieden stand sie am frühen Morgen in der Halle. Das Licht fiel von Osten in den imposanten Raum. Da war das Gleis, da wuselte es, jetzt schon, am frühen Morgen – aber der Engel hatte sich zurückgezogen, so sah es jedenfalls aus. In Wirklichkeit hatte ihn natürlich die Eisenbahngesellschaft auftragsgemäß umgezogen, nach weiter hinten, in eine geschütztere Ecke der Halle. Die Arbeitsbühne war schon da. Unfallfrei, so schien es jedenfalls, war sie dicht an das Objekt herangefahren worden. Alles paletti.

Martha Grünhold näherte sich ihrer Baustelle, umrundete sie, schaute dabei nach oben, prüfte die Absicherungen. Sie holte sich den Schlüssel zum Aufenthaltsraum, gönnte sich noch einen Kaffee, grüßte knapp die Männer mit den Reinigungswagen, die ihre Runden aufnahmen. Die Rolltreppen fuhren an, beförderten aber um diese Zeit kaum Menschen nach oben.

In der Halle aber herrschte schon Geschäftigkeit. Leute spurteten zur Arbeit. Männer in Business-Anzügen, wie auf Verabredung alle zu zweit, die Aktenmappen wie übergroße Brieftaschen. Eilige Frauen auf harten Absätzen, Schülergruppen, bedrückt schleichende Alte. Sie standen am Wurststand an, eine Semmel mit Geselchtem, die hier Bürli mit Cervelat hießen, das musste reichen für den Tag. Mit der Zeit erkannte Martha Grünhold verwundert ein Muster: Offenbar alle zwanzig Minuten gab irgendjemand außerhalb der Halle ein Signal. Dann stürzten neue Gruppen von Reisenden von den Osttoren her in die Halle, durchquerten sie auf einer unsichtbaren, diagonalen Linie von links hinten nach rechts vorn, zum westlichen Gleis. Für ein paar Minuten schwoll der Lärm an, zog eine Linie, verdichtete sich, verflüchtigte sich – verschwand. Und mit ihm der Strom der Reisenden. Es war still – bis dreißig Minuten später die schweren Türen erneut aufflogen.

An die Arbeit, Grünhold! Hinauf! Und dann ging es los. Zuerst die größeren Flächen. Hier würde es mit Airbrush gehen. Vorsichtig sprühte Martha Grünhold destilliertes Wasser auf die prallen Schenkel der Engelin – und wischte nach. Nichts. Das war zu früh gewesen. Sie musste länger warten – aber nicht zu lange, sonst würde sie mit dem Schmutz auch Farbe abwischen. Es war ein Vorangehen und Warten, Zupacken und Innehalten. Mit der Zeit fand sie ihren Rhythmus. Es war der Rhythmus der Farbe, der Rhythmus der Figur. Es war ihr Job, sich anzupassen. Martha Grünhold arbeitete gebeugt, den Helm auf dem Kopf, eine Lampe daran. Der Lärm des Kompressors war trotz des Helms ohrenbetäubend. Sie beugte sich noch weiter vor, war den trübweißen Beinen der Figur so nah, dass sie die Schmutzpartikel einzeln betrachten konnte. Die Halle mit ihrer morgendlichen Geschäftigkeit und ihrem Lärm rückte in die Ferne. Martha Grünhold wurde eins mit ihrem Objekt, sie spürte unter dem Acrylrot, dem Lapislazuliblau, dem warmen Gold die Grundierung den Gips, den Styropor, den Draht, dachte an andere Plastiken, die sie unter ihren Händen gehabt hatte, schöne Plastiken, wertvolle, solche aus Marmor oder aus dem fragilen Sandstein, dachte an die anderen Engel, die so verschieden waren von diesem hier, sie dachte an die Putten und an die schwerterdrohenden Engel der Gerechtigkeit, an die verhungerten Gestalten von Ernst Barlach. Das waren alles eindeutig männliche Engel gewesen. Männliche Engel, von männlichen Künstlern ersonnen. Aber es gab auch die anderen, die mitgenommenen und daher anrührenden Engel, die zerrupften, himmlischen Bauhaus-Boten einer ziemlich unbekannten Künstlerin in Dresden, zum Beispiel, die einmal in Marthas Werkstatt gelandet waren. Li Loebell hatte ihre Engel aus Resten gemacht, die Gesichter aus Kronkorken, die Leiber aus Getränkedosen, die Extremitäten aus Abfalldraht. Denen war alles Himmlische, alles Heilige ausgetrieben worden. Die Bauhaus-Engel konzentrierten in sich alles, was der Mensch loswerden wollte. Begeistert hatte Martha die filigranen Blech- und Drahtwesen gerade gezogen, vorsichtig die schlimmsten Schäden beseitigt, sich dafür eingesetzt, dass die himmlischen Recycling-Figuren ausgestellt wurden.

Und dieser hier? Frau Engelin, dachte Martha, mittlerweile durchaus liebevoll. Frau Engelin verströmte etwas Sakrales. Sie war so … ganz, so intakt. Die Nummer XIV der Tarot-Trümpfe, der Großen Arkana, wie sie im Insider-Sprech genannt wurden. Die XIV stand für einen Wert, für Mäßigung. Na toll! Das passte weder zu ihr noch zu Niki de Saint Phalle. Martha wischte und sprühte, sprühte und wischte. Der Schweiß trat ihr auf die Stirn, aber sie wollte im Rhythmus bleiben. Doch nicht nur sakral war der Engel, wahrscheinlich wirkte er vor allem hier in der Bahnhofshalle so, die lud er auf mit seiner Energie – in einer Kirche hätte er provoziert mit seiner Farbigkeit, seiner übertriebenen Opulenz, die trotzdem nichts Manieriertes hatte. Die Üppigkeit der Engelin kam woanders her, von archaischen Figuren. Die Engelin, das wurde Martha allmählich klar, war mit den Urmüttern der Vorzeiten verwandt, mit der *Venus von Willendorf* zum Beispiel. Die Steinzeit-Figur hatte es ihr schon zu Schulzeiten angetan: elf Zentimeter – und so ausdrucksstark. Der Leib der Figur war so üppig, die Hüfte so ausladend, die Brüste waren so schwer, dass eine Schwangerschaft unterstellt worden war. Fett war in der Steinzeit, so viel wusste man, der pure Luxus gewesen. War die Frau eine Herrscherin gewesen, ein Luxusweib? Oder stellte sie mit ihren extremen Maßen ein Körperideal dar – in einer Zeit, in der es plötzlich wieder kälter auf der Erde wurde und gerade diese übertrieben üppigen Frauen ideal ausgestattet schienen? Die Venus war jedenfalls für extreme Wetterlagen geeignet, eine Figur, die man offenbar über Generationen weitergereicht hatte, denn sie war abgegriffen. Mehr wusste man nicht, und selbst bei dieser Interpretation, bei der moderne Klimaforscher geholfen hatte, blieb manches Spekulation. So detailliert ihre Arme, das Gesäß, ja selbst die Scham dargestellt worden waren, so rätselhaft blieb ihr Gesicht: Es war mit einer Art Tuch verhüllt. Elf Zentimeter Weltenrätsel. Martha hielt plötzlich inne: Elf Zentimeter – und die Schutzengelin hier war ziemlich genau elf Meter groß! Ein Zufall? Martha ließ die Sprühflasche sinken. Sie musste herausfinden, ob Saint Phalle sich um steinzeitliche Darstellungen gekümmert hatte, überhaupt musste sie herausfinden, wie sich die Künstlerin zur Tradition verhalten hatte. Das Kreuz tat ihr weh. Ja, das Kreuz. Wieder ein Tantenwort.

Am Wochenende machte sie einen Ausflug mit Marie. Konnte sie sich das leisten? Sie stieg ungern aus der Arbeit aus, wenn sie mittendrin war. Aber Marie überredete sie: »Komm, nur eine kleine Reise. Die Bewegung wird dir guttun – und zur Belohnung fahren wir nach Fribourg.«

In Fribourg gab es einen weiteren Engel, einen engen Verwandten des Zürcher Engels, den wollten sie sehen, dazu den ganzen Ausstellungsraum, den *Espace* von Jean Tinguely und Niki de Saint Phalle.

Schlangen, Krebse, Kakteen, Sterne, Sonnen, und sogar so etwas wie eine stark vereinfachte Burg … da war es wieder, das Inventar der nächtlichen Schattenspiele aus ihrem Hotel! Allerdings bestand dieses Inventar hier aus Keramik und Polyester. Verblüfft stand Martha Grünhold vor der Wand im *Espace*, dem Museum, das eigentlich Jean Tinguelys Werken gewidmet sein sollte. Eigentlich! Nach und nach hatte Saint Phalle dem Museum immer mehr ihrer eigenen Werke geschenkt, nach und nach waren immer mehr *Nanas* und Traumfiguren in das edle Gebäude in Fribourg eingezogen, hatten sich breitgemacht, hatten die Riesengestalten Tinguelys freundlich, aber bestimmt zur Seite geschoben. Tinguely war jetzt ein Begleiter. Saint Phalle war die Solistin. So sah es aus. Im Leben waren sie Partner gewesen, einander ebenbürtig in ihrem Eigensinn, in ihrer überbordenden Schaffensfreude. Aber waren das hier wirklich Traumfiguren? Martha erinnerte sich: die Burg, dieses Château … Es konnte eine Erinnerung an das Château der Großeltern in Frankreich sein, eine Reminiszenz. Wie viel Autobiografisches fand sich in den Werken von Niki de Saint Phalle? Wie viel persönliche Geschichte verbarg sich in den Zeichen, die alle Welt zu lesen können glaubte? Wie viel hatte Saint Phalle von sich preisgegeben, wie viel kunstvoll verkleidet? War der Tanz der Ornamente möglicherweise … ein Totentanz? Und die alte Frage: Wer gab den Ton vor – die Künstlerin oder die Betrachter?

Tief in Gedanken schlenderten Martha und Marie durch das Haus, das einmal ein Straßenbahndepot gewesen war. Aber was für eines! Schon beim Näherkommen war Martha beeindruckt gewesen: Das Gebäude hatte eine imposante Fassade aus Molasse und neobarocke Säulen und Giebel dazu. So passte es sich auf vollkommene Weise in den Raum zwischen den beiden Kirchen rechts und links ein. Es setzte die sakrale Fassade einfach fort. Und amüsiert las Martha wenig später, dass das Straßenbahndepot mit der Zeit gegangen war: Nach dem Ort für die Tram war es zur *Burggarage* umfunktioniert worden – damals huldigte man dem aufkommenden neuen Fetisch, dem Auto. Und dann Auftritt Niki. Aus dem Tram- und Autodepot wurde ein Kunstdepot, ein Museum. Es war eine Wonne. Marthas Begeisterung war nicht so offensichtlich wie die von Marie, die alle naselang »Nein!« und »Schau mal!« rief, aber ihre Freude wuchs. Das war ein bezauberndes Zusammenspiel zweier Künstler, es war einnehmend, reizend – aber nicht überwältigend, nicht … gewalttätig. Es hatte alles das richtige Maß. Beglückt schlenderten die beiden Frauen durch die Ausstellung, durch den Garten. Und hier stand er ganz plötzlich: der zweite Engel. Er schien selbst einen Spaziergang zu machen mit einem Freund, einer monumentalen Vogelfigur ein paar Meter hinter ihm. Nein, hinter ihr. Und auch der Riesenvogel war eine Frau, eine Vogelfrau, *Der verliebte Vogel*, so wollte ihn Saint Phalle genannt wissen, mit rotem Schnabel, einer Sonne auf den Flügeln, die wie Segel wirkten oder wie riesige Ohren – und der Vogel hatte Brüste und einen Schnabel so rot, als sei er mit einem überdimensionalen Lippenstift bearbeitet worden. Und der Engel? Diese Freiburger Engelin hier schwebte nicht, sie stand. Allerdings mit auswärts gedrehten Beinen, sie stand nur auf einem Bein, das andere angehoben. Dieser Engel tanzte! Und seine Flügel waren genauso durchbrochen, schimmerten genauso golden wie die des Engels in Zürich. Wie dort war auch hier das Gesicht nicht ausgearbeitet, ähnelte also der verhüllten Venusfigur. Hier wie dort wie bei der Venus war der Kopf gegenüber dem Körper auffallend klein, wie beim Zürcher Engel waren die Brüste bunt bemalt, schimmerten Arme und Beine sanft in diesem besonderen Blau. Freilich war der Freiburger Korpus filigraner bemalt, mit Blumen und Ranken in der Art von flämischen Kacheln.

Dazu trug die Figur, wie die Zürcher, zwei Krüge, und wo in Zürich eine Neonröhre bewegte Flüssigkeit simulierte, ergoss sich hier eine in Polyester erstarrte Flüssigkeit vom einen Krug in den anderen – ein schöner Widerspruch. So, wie die Figur scheinbar tanzte ...

»Womöglich ist sie genauso verliebt wie der Vogel da hinten«, mutmaßte Marie, offenbar ganz in Ferienstimmung.

»Verliebt, verliebt ...«, brummte Martha, der es allmählich doch zu bunt wurde. »Was will das schon sagen – verliebt? Ich meine: Nicht für uns beide, da kann ich es mir schon denken – aber für Saint Phalle?«

»Die Figur heißt *La Tempérance*«, sagte Marie. »Mäßigung. Mäßigkeit. Das Maßvolle.«

Martha stutzte. Wieder die Karte Nr. XIV des Tarot. Wie ihr Engel in Zürich. Bislang hatte sie den Titel nicht ernst genommen. Es passte so gar nicht zusammen! Mäßigkeit! Das antike Ideal. Und dann Üppigkeit, diese Verschwendung an Körperlichkeit. Martha hatte Marie nichts vom Kartenspiel in ihrem Koffer verraten, vom zerschnittenen Siebdruck, dem Gefühl, das er Botschaften barg. Es war ihr unangenehm. Sie beschäftigte sich nicht gern mit Esoterischem. »Dazu musste Zeit haben!«, hatte ihre Mutter gesagt, wenn der Vater sich, durchaus neugierig, über das Horoskop im Wochenblatt beugte. Martha sagte also:

»Ach ja, Tarot? Ich habe für diesen Kram nicht so viel übrig.«

»Kann ich verstehen«, erwiderte Marie nun ernster. »Das Spiel hat ja wirklich eine komische Geschichte.«

»Komisch?«

»Na ja, seltsam. Zweifelhaft.«

»Ach ja?«

»Na ja, Wahrsagerei. Okkulte Praktiken, so ganz allgemein. Unklarer Ursprung. Vielleicht ein höfisches Spiel, vielleicht auch nicht. Andere sagen, schon aus dem alten Ägypten. Ist aber nicht belegt ...«

»Na, du kennst dich ja aus!«

»Ist mir schon mal untergekommen zum Restaurieren.«

»O Gott, ein ganzes Kartenspiel? Das ist aufwändig und langweilig zugleich.«

»Könnte es sein. Aber die meisten Tarot-Sets haben nur ausgearbeitete Große Arkana.«

»Große – was?«

»Die Großen Arkana«, sagte Marie geduldig. »Zweiundzwanzig Trumpfkarten bei achtundsiebzig Karten insgesamt. Dass sie besonders sind, zeigt schon das Visconti-Tarot.«

»Visconti? Komm, lass dir nicht alles aus der Nase ziehen!«

»Genau genommen: Visconti-Sforza-Tarot. 15. Jahrhundert. Italien. Also feinste Renaissance. Da trugen die Karten noch keine Nummern, das kam erst später, mit dem Marseiller Tarot. Spätestens ab da hat man mit dem Tarot tatsächlich gespielt.«

Mäßigung. Mäßigkeit im Spiel des Lebens. Eine Himmelsfigur, allerdings mit verstümmelten Flügeln. Martha hatte es plötzlich eilig, zu ihrer Engelsfrau zurückzukommen. Sie barg so viel Geschichte in sich: das Heilige und das Profane, das Urzeitliche und das Okkulte, etwas Feministisches offenkundig, aber schwebend, tänzerisch – und von ausladendem Großmut.

»Bei Crowley übrigens heißt die Figur nicht *Mäßigung*«, sagte Marie jetzt.

»Bei wem?«

»Crowley. Aleister Crowley. Der war wirklich schräg drauf. Ein echter Esoteriker. Aber kreativ. Bei ihm heißt die Karte nicht Arkana der *Mäßigung*, sondern einfach – *Kunst*. Sie symbolisiert die Kunst.«

Martha hatte kein Auge mehr für die Stadt; sie hörte kaum zu, als Marie, die sich einigermaßen auskannte, von der Nikolauskirche schwärmte – eine mittelalterliche Kirche mit Jugendstilfenstern *at its best*, als sie von der Stadt, die auf einem Plateau lag, als einer *Felseninsel* sprach und ihr amüsiert das *Maison de Ville* zeigte:

»Schau mal, sie haben überall in der Schweiz exakt die gleiche Uhr an den Rathäusern und Kirchen! Als hätte es die irgendwo mal im Dutzend günstiger gegeben ...«

Eine Figur für die Kunst. Hatte Niki de Saint Phalle das auch gewusst? Und was hatten Kunst und Mäßigung miteinander zu tun? War denn *Tempérance* das gleiche? Hatte das nicht mehr mit Ausgleich zu tun, mit Balance als mit der langweiligen Vorstellung von Gleichmut und Gleichmaß, die Martha mit dem Begriff der Mäßigung verband? Und was schließlich hatte Niki de Saint Phalle damit im Sinn gehabt? War die Mäßigung ein Ziel – oder ein Schreckgespenst? Sollte die Kunst maßvoll sein – und Niki de Saint Phalle hatte mit dem dicken Schutzengel humorvoll kommentiert, dass das wohl gelegentlich schiefging? Humor. Wann kam Humor in der Kunst vor? Wo hatte er seinen Platz? Martha grübelte und grübelte. Vielleicht war Niki de Saint Phalles plastisches Werk auch ein Aufstand gegen den übertriebenen Ernst der Zunft, ein Aufstand gegen falsches Pathos, gegen den so männlichen Geniekult und für mehr ... Weiblichkeit und ... Lachen?

Martha sah kaum zur Seite, als sie an einer kleinen Galerie vorbeikamen, in deren Fenster seltsame Halbreliefs ausgestellt waren: bronzene Abgüsse von Alltagsgegenständen – Leitungen, Steckverbindungen – und Kreuze dazu! Das war nun wirklich ernst, todernst. Hier sahen Alltagsgegenstände aus wie Reliquien, für immer in Bronze erstarrt. Martha schaute schnell wieder weg: keine Ablenkung! Vor der Galerie zog ein sehr schmaler, dunkler Mann an einer Zigarette und schien sie zu grüßen, als wäre sie eine alte Bekannte, aber Martha zog Marie weiter, den Kopf zu voll für andere, neue Eindrücke, nur mit dem diffusen Gefühl, dass sich hier etwas wiederholte.

Zurück zu Saint Phalle! Die Sache begann, ihr wirklich Spaß zu machen.

Am Montag pfiff Martha, als sie zur Arbeit ging. Vorfreude auf den Engel, Vorfreude auf ihr Handwerk. Sie durchmaß die Halle mit ungewohnt großen Schritten, dazu lud er ein, dieser Festsaal, der aus einer Zeit stammte, als das Reisen noch eine Sensation war, die Passagiere für mutig gelten konnten und die Schaffner Staatsbedienstete waren, die sich am eigenen Hochmut ergötzten. Sie sah kurz auf zu dem filigranen Hirsch, den Mario Merz an der Westfassade gearbeitet hatte, zu den anderen, fliegenden Tiere, die niemand wahrnahm wegen der voluminösen, vielfarbigen Göttin. Nein, ermahnte sie sich, werde nicht ungenau vor Begeisterung für deine Arbeit: keine Göttin, nur ein ramponierter Engel. Sie schaltete die Hebebühne ein, die Kompressoren liefen an, Helm auf, Helm noch einmal ab, Schutzbrille vergessen. Die Hände sorgsam eincremen. Handschuhe an. Werkzeugkoffer und Rucksack hinauf. Im Rucksack die Thermoskanne mit Würzkaffee, ein, zwei Schokoladendreiecke, belegte Brote, Handtücher, Unterlagen. Hinauf!

Oben angekommen, tätschelte sie liebevoll den Engel.

»Alles okay?«

Sie hielt inne. Nicht übergriffig werden, nur weil es ihr gutging. Weil sie der Versuchung im Hotel, die paar Schnapsfläschchen zu leeren, widerstanden hatte. Das war der Ausflug mit Marie gewesen. Nach solchen Exkursionen musste sie nicht zuschlagen, wie sie es nannte. Nicht die Leere und Stille des Hotelzimmers wegtrinken. Und heute? Ein frischer Kopf.

Der Engel gab unter ihrer Berührung ein wenig nach. Die linke Seite sah schon viel besser aus als vor einer Woche. Dafür wirkte der Rest umso trauriger, irgendwie vernachlässigt.

Martha hielt inne. Mäßigung. Das war also der im Deutschen

ungelenke, aber schöne Name des Engels, der kein Engel war, sondern eine Engelin und eigentlich ein Patron für ein okkultes Spiel und eigentlich eine archaische Frauenfigur. *Tempérance*. Klang französisch viel besser. Martha sprach es halblaut vor sich hin: Tempérance. Eher wie ein Frauenname.

Der Engel war viel größer als die steinzeitliche Venus, die ihr eingefallen war, natürlich. Und dennoch hätte er ein Abguss der Steinzeit sein können, ein riesiger Widerhall von etwas Archaischem, jedoch mit Farben in die Jetztzeit geholt. Was alles hatte Niki de Saint Phalle in sich aufgesogen, wie viele Religionen, kunstgeschichtliche Traditionen hatte sie verarbeitet – um derart schlichte, ja populäre Figuren zu schaffen? Man musste verdammt clever sein für so viel Einfachheit!

Vielleicht hatte die kleine Cathérine-Niki sich tatsächlich schon als Kind für Shakespeare und die antiken Dramen begeistern können? Martha wollte fair sein. Saint Phalle hatte hier buchstäblich etwas Großes geschaffen. Sie begann, die Riesenfigur mit anderen Augen zu sehen. Und doch: Der Engel war auch gefährlich, genau so gefährlich wie die freundliche Figur in Fribourg. Die Figuren waren so einnehmend. Sie lockten in eine Falle. Denn die Leute, die sich für die *Nanas* begeisterten, wussten ja nichts von ihrer komplexen Geschichte. Sie sahen nur große, runde, bunte Frauen, verglichen sie allenfalls mit der Schöpferin (die grazil gewesen war und viel nobler) oder mit sich selbst (die weniger farbig waren und vermutlich weniger mutig) und führten alles auf Biografisches zurück oder lieber noch: Autobiografisches. Wann hatte das angefangen, dass alles, absolut alles, das man sah, mit einem selbst zu tun haben musste? Martha, obwohl selbst ein Kind der achtziger Jahre, machte das müde, diese Selbstbezogenheit der Postmoderne. Das nervte sie an den Foren, in denen sie manchmal unterwegs war, an den Frauenzentren und Communitys, in denen sie mitdiskutierte. Immer ging es um Befindlichkeiten. Immer wurde die Welt nur als Spiegel des eigenen Ichs verstanden. Also beschäftigte man sich auch nur mit dem eigenen Ich. Es wurde stets als defizitär betrachtet, als der Heilung bedürftig. Entsprechend verharrten insbesondere die Frauen in der althergebrachten Opferrolle. Was vorher schwach war, war jetzt – krank. Glutenallergisch, hypersensibel, koabhängig. War die Welt nicht viel größer? Ging es nicht viel eher um Strukturen, um Machtverhältnisse, die gefälligst zu ändern waren? Die Foren, in denen andere Frauen genauso politisch argumentierten wie Martha, wurden weniger. Immer mehr ging es um Moral – und zwar die ganz persönliche, emotionale, gegen die sich schlecht argumentieren ließ. Martha war erst Mitte dreißig und fühlte sich manchmal wie ein Fossil. Wie die himmlischen Heerscharen, an die ja auch kein Mensch mehr glaubte. Engel waren Emotions-Talismane, Emoticons. Und der Engel hier? Der überflog entspannt die Halle, die Reisenden, die Trassen, die in alle Welt führten. So, als hätte Niki de Saint Phalle sagen wollen: Macht ihr nur, was ihr wollt. Hastet. Macht Geschäfte. Führt euch eure Verletzlichkeit vor. Irrt euch. Über allem schwebt – ja, was?

Martha machte weiter. Nach der Arbeit mit der Flüssigkeit ging es nun an den komplizierteren Teil. Sie holte ein Bündel aus dem Werkzeugkoffer, Tücher, in die etwas eingewickelt worden war. Es waren die Radiergummis, die sie bei der Dresdner Kollegin kennengelernt hatte, sehr spezielle, die es für Profis in den verschiedensten Größen gab. Eine französische Restauratorin hatte sie entwickelt: genau die richtigen Mischungen aus Kautschuk, festere und weichere, solche mit Grip und aalglatte. Sie eigneten sich am besten, den festsitzenden Film aus Fett und Ablagerungen wegzuradieren. Martha seufzte. Bei elf Metern war das freilich eine Herausforderung. Sie schaute sich um. Energisch griff sie nach der Bühnensteuerung. Sie würde mit dem linken Fuß beginnen. Sich das Bein hinaufarbeiten, sich den zweiten Fuß vornehmen. Die weißen Flächen des Korpus. Die Arme. Den Kopf. Und dann wären sicher sieben Tage vergangen.

Als sie abends ins Hotel zurückkehrte, war ein Bücherpaket für sie abgegeben worden. Marthas Herz klopfte schneller. Sie konnte es kaum abwarten, den Karton aufzureißen. Ihre Hände schmerzten. Vorsichtig! Einige gewichtige Bände fielen heraus – und zwei kleinere Bücher dazu. »Liebe Martha«, stand auf der beigelegten Karte. »Hier hast du ein bisschen Niki-Literatur. Damit du siehst, dass nicht alles aus der Tradition kommt. Manches ist auch ganz persönlich. Wie Dein Schutzengel. Er möge Dir Glück bringen! Kuss und Umarmung – Marie.«

3.

Ein herumgeschubstes Kind. Das war es. Das war die Künstlerin, mit der Martha Grünhold es jetzt zu tun bekam. Ein verlassenes Kind, ausgestoßen gleich mehrfach. So gesehen, konnte man den Schutzengel auch noch ganz anders betrachten, so gesehen, ergab es durchaus Sinn, dass die Künstlerin so viele Varianten der Figur realisiert hatte. Sie hatte sich in einer gewissen Phase ihres Lebens mit den Schutzengeln geradezu umstellt. Das mochte wirtschaftliche Gründe gehabt haben – na klar –, aber hatte sich Niki de Saint Phalle mit der Mäßigung, mit diesem *L'ange protecteur* ihren eigenen Schutzengel geschaffen?

Martha Grünhold erinnerte sich an ihre eigene Kindheit, an die Faszination, die sie für die Wohnung ihrer katholischen Schulfreundin Beate empfunden hatte. In der Wohnung der Kanowskis hatte es einen regelrechten Altar gegeben, einen Herrgottswinkel, den aber kein Herrgott ausfüllte, sondern eine Heilige, vor der alle naslang eine Kerze angezündet wurde – nach Regeln, die Martha nicht verstand. Und im Zimmer der drei Mädchen gab es Drucke von Bildern an den Wänden, die Schutzengel zeigten. Diese führten Kinder über wackelige Brücken oder an Abhängen entlang. Aber wer hatte die Kinder dorthin gebracht?

Niki de Saint Phalle wird als Kleinkind zu den Großeltern geschickt, strengen, rigiden, katholischen Adeligen. Man muss sich ums Geschäft kümmern, es gibt Probleme – was soll da ein kleines Baby? Niki kommt ins Nièvre, ein Département in der Bourgogne, eine sanfte, grüne Hügellandschaft, mit der Stadt Nevers als Sitz der Präfektur. Schloss Huez jedoch ist keine Idylle, sondern ein abgelegenes Herrschaftshaus, präzise: ein *Festes Haus*. Das kannte Martha aus dem Studium, innerlich leierte sie die vortragenden Sätze des Professors herunter: »... eine Sonderform der Burg, die im 10. Jahrhundert vorübergehend in Mode kam ... besondere Ausstattungsmerkmale ...«

Der Sitz der Großeltern war also durchaus ein repräsentatives Wohnhaus, das aber historisch vor allem Wehrzwecken diente, dunkel, mit wenigen Fenstern – kein einladendes Haus, ein geschlossenes System. 1828 hat es ein gewisser Édouard Charles de Saint-Phalle erworben, dreißig Jahre nach der Französischen Revolution, als den Adeligen noch der Schrecken über die blutige Umwälzung in den Knochen steckte.

Martha fielen die kleinen Halbreliefs in Fribourg wieder ein, die Herzen und Hände – und die Miniatur-Burgen, die dort eine Wand zierten. Ein *Festes Haus*. Hier kam das also her – aus der Kindheit. Und das war wohl ein Zeichen dafür, dass nicht alles, was bei Niki de Saint Phalle bunt war, auch fröhlich ist.

Martha schaute bei Google Maps nach, wo dieses Huez lag, betrachtete Fotos.

Man wollte stets gewappnet, wollte gerüstet sein. Das Adelsgeschlecht des Vaters ist seit den Kreuzzügen bekannt, man ist stolz darauf, von den Kreuzfahrern abzustammen, man hält auf Tradition, man hält auf Diskretion. So eine Familie kennt kein Pardon.

Mit drei Jahren kommt Niki de Saint Phalle zurück in die eigene Familie. Aber gleichzeitig wechselt sie das Land. Kaum hat sie sprechen gelernt, muss sie die Sprache wechseln, von Französisch zu Englisch, von der *Campagne* in die *City*. Die Schule könnte etwas Ruhe bringen, Orientierung. Aber da ist wieder ein neuer Ort: Von der Kleinstadt Greenwich geht es im Jahr des Schulbeginns nach New York City. Niki de Saint Phalle wird später bewundert. Sie führt das Leben einer Kosmopolitin, so heißt es, parliert auf Französisch, schreibt englisch. In den beiden Büchern, die Martha gestern Abend erst aufmerksam, dann zunehmend gierig verschlungen hat, geht es entsprechend wild zu. Das Ganze ist auch eher gezeichnet als geschrieben. Die Bücher sind Faksimiles eines Manuskripts, in dem Saint Phalle in einer offenbar von ihr entworfenen Kunst-Kinderhandschrift von sich erzählt. Wenn du nie eine Kindheit hattest, entwirfst du eine, dachte Martha und wunderte sich über die vielen dutzend Seiten in sauberer, schnörkeliger, verspielter Handschrift.

Eine liebenswürdige scheinbare Kinderhandschrift, mit der die erwachsene Niki alles preisgab, was sie ausmachte – und gleichzeitig eine Geheimschrift, denn weder war Niki ein Kind, noch zeigte sie sich schonungslos offen. Im Gegenteil: Die charmante Infantilität war die perfekte Tarnung! Wovor musste sie sich schützen? Wem oder was sollten die ja durchaus wohlwollenden Leserinnen und Leser der Schriften nicht auf die Schliche kommen? Kinder verbergen, wofür sie sich schämen. Aber hatte sich Niki allen Ernstes für ihre Kindheit in Wohlhabenheit geschämt?

Martha dachte an eine andere Schulfreundin, später war das, lange nachdem sie Beate aus den Augen verloren hat. Sie hatten Besuch aus Israel gehabt, Völkerverständigung und so weiter, Aussöhnung mit dem jüdischen Volk, so hieß das damals. Sie hatten Anne Frank in der Schule gelesen, da hatte Martha die Eltern überredet, sich an dem Austausch zu beteiligen, der ihre Möglichkeiten eigentlich überstieg. Aber man war zusammengerückt zu Hause, und dann war da dieses fremde Kind aus Haifa für ein paar Wochen eingezogen. Es ging erstaunlich gut – nur dass Yael sehr schnell eine Freundin mitgebracht hatte und dann noch eine. Das waren Austauschkinder, die bei den wohlhabenderen Familien untergebracht waren, bei den Schröders und den Haselbrinks, draußen vor der Stadt, in den Fabrikantenvillen. Das ganze Improvisationstalent der Mutter war gefragt gewesen, denn die Austauschkinder aus den Villen hatten unerklärlicherweise immer Hunger. Marthas Mutter wunderte sich und schimpfte, aber dann belegte sie eben mehr Brote, nur nicht mehr mit Salami, und machte Salate und goss Tee in bunte Thermoskannen, wenn sie ihre Ausflüge machten. Natürlich gab es bei den Schröders und den Haselbrinks mehr als genug zu essen, aber niemand bereitete es für die Kinder zu.

»Da ist der Kühlschrank«, hatte man ihnen gesagt. »*Help yourself*!« Sehr lässig! Nur dass Kinder sich eben nicht selbst helfen, wenn sie zu Gast sind.

Auch Niki de Saint Phalle, die Tochter aus so wohlhabendem Haus, hatte als Kind Hunger erlebt. Und Schläge. Martha Grünhold las und las, obwohl das alles, sagte sie sich, nicht unbedingt etwas mit der Kunst zu tun haben musste. Und noch weniger durfte man das, was Künstler über sich sagten oder schrieben, für bare Münze nehmen, ermahnte sie sich.

Auch hier ging es um ein Spiel, ein künstlerisches. Auch hier musste nichts so sein, wie es schien. Der Stil der Skripte jedoch war überraschend. Kein Gejammer, keine Sentimentalität, nicht einmal viel vorgetragenes Gefühl. Er war … eher ernüchternd. Niki de Saint Phalle gab, wie es schien, Auskunft über sich, sagte, was war. Und gleichzeitig verriet sie nichts. Niki bestimmte Nähe und Distanz, das nötigte Martha Respekt ab: Nicht einfach zu durchschauen, das Ganze!

Martha Grünhold beschloss, sich unbedingt an die Fakten zu halten. So, wie es Niki ja selbst vorgegeben hatte.

New York also. Die erste Schule. Aber offenbar keine Ruhe. Der Vater, eine umtriebige Natur, reüssierte wieder als Banker. Da hatte sich die Familie anzupassen. Wohl deshalb New York. Eine katholische Schule! Die *Convent School of the Sacred Heart*.

Die *Convent School of the Sacred Heart* liegt in der 91. Straße. Schon wieder eine Festung! Die Fotos zeigen eine Trutzburg, mitten in Manhattan. Die *Sacred Heart*, so vermerken es die Annalen stolz, ist die erste unabhängige *All-Girls-School*, zwischen der Madison und der 5th Avenue. Nur für Mädchen also, wie damals üblich. Für reichlich Schulgeld, damals wie heute: Fast 55 000 Dollar pro Jahr sind in die Kinder zu investieren, die als verheißungsvolle junge Menschen gelten müssen. Gestreifte Schürzen, weiße Blusen, zusammengebundene Haare, die Kennedy-Töchter, Gloria Vanderbilt und noch eine »Niki«, Nickie Hilton Rothschild. Man sieht emsige kleine Mädchen auf den Fotos der Alumni, kleine Mädchen, die Bücherkisten für die nicht so privilegierten öffentlichen Schulen packen; man sieht sie Händchen halten, herumspringen; man sieht sie geführt von uniformierten Lehrerinnen durch prächtige Hallen schreiten. Eine Bibliothek wie aus einem kostbaren Bildband, ein Garten – und immer wieder die gescheitelten, die lächelnden, die flanierenden Mädchen.

Man konnte es fantastisch finden. Oder unwirklich. Zögernd packte Martha das Memoir aus, das sie bei eBay entdeckt hatte. Saint Phalle beschreibt ihre Kindheit. Nur die Kindheit anstelle einer vollständigen Autobiografie? Martha wusste mittlerweile, dass es noch zwei weitere Bände geben sollte, aber die Kindheit, die ersten zwölf oder vierzehn Jahre nahmen einen breiten Raum ein. Nichts mit den so oft beschriebenen *Lehrjahren einer Künstlerin*, kein abgeklärter, milder Blick, hier wird die

Kindheit in der entsprechenden Schreib-Schnörkelschrift vergegenwärtigt, werden die handelnden Personen angesprochen. Niki de Saint Phalles Memoir ist ein Zwitter aus Tagebuch, kindlicher Krakelei, Künstlerbuch und Briefsammlung an die Eltern. An die, die nicht da sind. Eine Materialsammlung. Macht was draus!

Cathérine, jetzt Niki de Saint Phalle, an dieser Schule. Ein Kind, das sich bisher selbst irgendwie zurechtzufinden hatte und das sich nun in eine strenge Ordnung einfügen soll. Sie muss die Bibliothek entdecken, wenn sie doch so gern liest. Niki verliert sich, stellte sich Martha vor, in dem riesigen Bücherpalast. Stunden-, tagelang streift sie an den Regalen entlang, streicht mit den Fingern über die Folianten. Vielleicht sucht sie als Erstes die alten Bekannten, Shakespeare, die Tragödiendichter. Vielleicht macht sie sich lächerlich, als sie in der Literaturstunde *Was ihr wollt* für den Theaterabend vorschlägt und nicht Harper Lee oder Pearl S. Buck? Sie träumt davon, eine Heldin zu werden, sie braucht Vorbilder, aber doch nicht diese trockenen, ausdruckslosen Frauen um sie herum? Vielleicht schleicht sie sich von den papiernen Lehrbüchern und den harmlosen für Kinder allmählich weiter zu den verbotenen Büchern für Erwachsene – mit der darin enthaltenen Sexualität, aber auch mit unerhörten Gedanken? Niki liest, so schreibt sie es selbst, mit wachsender Begeisterung über Jeanne d'Arc, liest über frühe Kriegerinnen, über Frauen, die sich verteidigt und solche, die angegriffen hatten. Sie entdeckt George Sand – na, kein Wunder! Die Autorin, die als frühe Feministin gelten konnte, die schon im 19. Jahrhundert das ewige Primat der Männer in Zweifel gezogen hatte und die sich, anders als vorgesehen, als Autorin nicht nur in dem gerade noch geduldeten Metier des Romanschreibens verdingte, sondern auch als Essayistin und Gesellschaftskritikerin ihre Stimme erhob. Und dann: George Sands Spiel mit der Geschlechtlichkeit, sie tat, was sie wollte, und ließ sich nicht auf irgendeine für sie vorgesehene

Rolle festlegen, sie hatte Männer und Frauen als Geliebte, und ihr selbstgewähltes Pseudonym – George – verriet nicht, wohin es sie zog. Ihr eigentlicher Name war ähnlich pompös gewesen wie der Nikis. George Sand alias Amantine Aurore Lucile Dupin de Francueil. Und wie Niki stammte sie aus einer adeligen und nur auf den ersten Blick intakten Familie; wie Niki war sie bei ihren Großeltern aufgewachsen, die der Mutter in herzlicher Feindschaft verbunden waren.

Es gab eine Verbindung von Cathérine-Agnès zu Amantine-Aurore, ganz gewiss – und dennoch war es eine ziemlich ungewöhnliche Wahl für eine Zehnjährige. Niki muss die Widerstände geahnt haben, sie fordert sie geradezu heraus, als würde sie das beflügeln. Ihr Leben, das ahnt sie vielleicht schon jetzt, wird eine einzige Herausforderung werden – aber großartig wird es werden.

Auch Beate, die katholische Freundin, hatte die Literatur benutzt, um sich abzusetzen, sie entdeckte die Widerstandskraft der Bücher. Zu Hause hatte sie zunehmend Misstrauen geerntet und schließlich nur noch Prügel bezogen, als sie ihren Eltern mit Aleister Crowley kam und später mit Bakunin. Esoterik war ebenso gefährlich wie politische Radikalität verachtet. Die Spur des Möglichen war eng gezogen, wo sie verlief, entschieden die Priester und die Lehrer.

War das bei den Nonnen in New York genauso? Martha kannte sich mit katholischen Schulen nicht aus, hatte aber noch nie Gutes darüber gehört, schon gar nicht, wenn sie von Nonnen geführt wurden, diesen Lebensverweigerern, den Pinguinen, wie sie der Vater lachend genannt hatte. Martha spürte, dass eine heftige Sympathie für Niki de Saint Phalle in ihr zu wachsen begann, sogar so etwas wie … Bewunderung? Immerhin hätte das Kind resignieren, sich anpassen können. Sie hätte, zurückgewiesen von den Eltern, ein zutiefst unsicheres, verschämtes kleines Ding werden können – aber Niki de Saint Phalle beschloss zurückzuschlagen. Sie würde es den Erwachsenen zeigen. Martha konnte sie geradezu vor sich sehen: ein zartes, zehnjähriges Kind mit roten Haaren und rührend abstehenden, ziemlich großen Ohren, mit langen Beinen und zwischen Kopf und Beinen einem Körper, der noch gar keiner war. Ein Kindskopf, buchstäblich.

Sie trägt ihn immer hoch, diesen Kopf, und die meisten halten sie deshalb für arrogant. Dabei hat sie Angst, nach unten zu sehen: Die Ritze im Trottoir könnten sie verschlingen. Sie hat große Angst vor Schlangen, die aus diesen Ritzen kommen könnten.

Niki mag Eichhörnchen, die kleinen Turner im Central Park, die in den Bäumen herumklettern, weit oben, und niemand kann sie greifen. Niki bekommt Rollschuhe geschenkt und liebt das Geräusch, das die Rollen auf dem Asphalt machen. Sie fällt und steht auf und fällt und steht auf und hat nun auch diese typischen Narben auf den Knien. Einmal begleitet sie ein Schmetterling auf solch einem Ausflug mit den Rollschuhen. Das zarte Tier scheint sie zu umtanzen, Niki ist fasziniert von seinem lautlosen Geflatter und bemüht sich, möglichst leise zu fahren. Schmetterlinge, ihre Freunde! Darauf besteht sie.

Mit neun oder zehn fängt Niki an zu rebellieren. Kleine Gesten, zunächst. Sie kaut Kaugummi. Sie entwischt aus der Schule zum Times Square. Sie verweigert zu Hause das Essen, hortet aber *Milky Ways* und klaut Hot Dogs, die sie in ihrer Schultasche verstaut und dann vergisst. Die Schokoriegel mit der Kokosfüllung mag sie wegen ihres Namens, aber die Süßigkeit bringt sie dem Weltall kein bisschen näher. Die Hot Dogs sind als Proviant gedacht. Ausreißerin! Sie lässt sich dafür bestrafen. Ihr fällt auf, dass die Leute immerzu essen. Es ist die Zeit, in der die ersten Imbiss-Stände öffnen, es ist so effizient, so modern, sich unterwegs rasch mit Kohlehydraten zu versorgen, Brötchen, Hamburger, Bagel. Die Leute sind unersättlich, sie mampfen den ganzen Tag. Überall sieht man gebeugte Kreaturen, die Köpfe schier in den Papiertüten verschwindend, und überall tropft es: roter Ketchup, als ob das Blut aus den Tüten rinnt, und weißliche Mayonnaise, Remoulade, die sie auch an etwas erinnert, klebrig, kleckernd, entsetzlich. Niki zwingt sich, nicht hinzusehen, aber sie träumt davon. Sie träumt, von Monstern verschlungen zu werden. Die Monster hängen sich wie Blutegel an ihr Bein, sie nagen und knabbern und gewinnen zunehmend an Größe. Jetzt sind es schon riesige Fledermäuse, dann verwandeln sie sich in etwas Drachenhaftes mit enormen, zahnbewehrten Mäulern, sie werden gleich …! Manchmal gelingt es ihr, rechtzeitig aufzuwachen, sie trainiert diese Fähigkeit, sie will zur Regisseurin ihrer eigenen Träume werden, aber es ist anstrengend, es macht sie atemlos; wenn sie aufwacht, ist ihr heiß und kalt zugleich, und ihr weißes Nachthemd mit dem Spitzenkragen ist durchgeschwitzt und wickelt sich gefährlich um sie. Sie reißt die Bettdecke zurück, zerrt an dem langen Nachthemd, springt auf, das Nachthemd bekommt einen Riss.

Sie fängt an, nachts herumzuwandern, sie weiß selbst nicht, warum, in einer Mischung aus somnambuler Suche und dem Bedürfnis zu fliehen. Sie trägt ihren kleinen Plüschaffen bei sich, der wird Alarm schlagen, wenn eine Gefahr droht, wenn also einer der Erwachsenen sich nähert oder, schlimmer noch, ihr großer Bruder, den sie allmählich zu fürchten lernt. Sie fühlt sich auf den Fluren sicherer als in ihrem Zimmer, ist das nicht seltsam? Sie geistert lieber herum, obwohl es ihr Zimmer ist und niemandes sonst, wie sie mit einigem Stolz schreibt. Aber warum hat sie dann Angst, dass noch jemand anderes da ist? Sie nennt ihn nur »er« und reißt die Schranktür auf, um sicherzugehen, dass er sich nicht dort verbirgt, er, der nur darauf wartet, dass sie zur Ruhe kommt – um sie dann zu erschrecken. Zur Ruhe kommen ist gefährlich. Ein ordentliches Kinderzimmer ist eine Falle. Niki ist immer auf der Hut. Ihr Zuhause ist kein sicherer Ort.

Aber gibt es ihn überhaupt noch, diesen sicheren Ort? Die Welt ist im Krieg, und auch, wenn sich die USA einstweilen noch heraushalten, ist das, was in Europa geschieht, doch Thema. Herr Hitler. So nennt ihn Niki de Saint Phalle, wie um das Monster zu zähmen, als wäre der deutsche Diktator nur ein bösartiger Nachbar im Apartmenthaus. Hitler jedoch ist mächtig, er richtet Unheil an in Europa. Die Erwachsenen reden darüber, Tag und Nacht, und so wird Hitler zu einem Schatten, der über allem liegt, vielleicht würde er aus dem Schrank treten, vom Dachboden kommen, als Seeungeheuer an den Landsitzen auftauchen, an denen die Familie die Sommermonate verbringt, jeden Sommer anderswo?

Herr Hitler und Herr Heinz. Herr Heinz ist das andere Monster. Die Eltern schelten sie, wenn sie so von ihm spricht. Herr Heinz ist ein *nice man*, keiner, vor dem man Angst haben muss. Er reist aus Sharpsburg an, was Niki als Sharksburg missversteht, also Hai-Burg, weil Onkel Howard Heinz so große Zähne hat. Schlimmer ist, dass die Familie vom netten Onkel Howard gerade aus Deutschland gekommen ist, aus dem Hitlerland, dem Monsterland – und dass er der Erfinder dieser wunderbaren Soße ist, die alle Kinder lieben, dass das beste Ketchup von allen genau von diesem Onkel Howard Heinz und seinem Vater ist, macht es nicht besser: Alle bösen Monster bieten zunächst einmal etwas zu essen an, so steht es in den düsteren Kinderbüchern, die man damals den Jüngsten noch ohne Bedenken zu lesen gibt: *Der geheime Garten* von Frances Burnett, *Der letzte Mohikaner* von James Fenimore Cooper. Wenn Onkel Howard zu Besuch kommt, gibt er sich allerdings nicht lange mit den Kindern ab – das ist nicht üblich. Er zieht sich mit dem Vater in dessen riesiges Büro zurück, dann hört man die beiden reden und lachen, und nach einer Weile wird es still, und nur noch der beizende Rauch von Zigarren dringt durch die Tür. Wenn beide Männer wieder auftauchen, sind ihre Gesichter gerötet vom Whiskey. Das würde seinem Vater, Henry John Heinz, dem legendären

Firmengründer, nicht gefallen. Der galt als guter Mensch und war ein Abstinenzler gewesen, er beschäftigte sich obsessiv mit Hygiene und bestand darauf, seine Ware in Glas abzufüllen: So konnte jeder sehen, was drin war und in welchem Zustand sich die Ware befand. Onkel Howard Heinz ist anders – so wie Nikis Vater ganz anders ist als sein harter, grausamer, dabei aber verlässlicher und tüchtiger Vater. Die Söhne machen es immer anders als die Väter, oder? Und ist es nicht seltsam, dass ihr Vater, den sie sich unmöglich als Kind vorstellen kann, doch ein Sohn war und geblieben ist? Und wie ist das mit den Müttern? Wollen die auch unbedingt anders sein, und bleiben sie ebenfalls Töchter? Viele Fragen richtet Niki de Saint Phalle in ihren Heften an ihre Mutter, Fragen, die im Leben offenbar unbeantwortet bleiben. Die Mutter, im Salon nebenan, Welten entfernt. Seltsamerweise fällt es Niki leicht, sich ihre Mutter als Kind vorzustellen, als kleine, kapriziöse Prinzessin, die möglichst wenig Zumutungen der Erwachsenenwelt an sich heranlässt und notfalls einfach Migräne bekommt. Klar, dass so eine Kindfrau eigentlich keine Kinder gewollt hat – und schon gar nicht solche wie sie, wie Niki. Das Wissen um dieses Du-eigentlich-nicht dürfte schwer auf Niki lasten. Es ist wie eine dünne, stählerne Schnur, die um ihren Hals liegt und sich zuzieht, wann immer sie sich bewegt. Sie muss heraus, die Schnur muss zerrissen werden! Niki zerrt und zerrt. Sie ruckt mit dem Kopf, sie fingert immerzu mit den Händen am Hals herum, im Gesicht, was als sehr unerzogen gilt. Sie gewöhnt sich Ticks an, die die Erwachsenen zum Schreien bringen, wenn sie sich denn einmal mit ihr beschäftigen. Meist bleibt Niki unbeachtet, und sie beschließt, dass das Vorteile hat: Aufmerksam belauscht sie die Erwachsenen. Sie tut, als sei sie ein hochqualifizierter Kundschafter, dazu ausersehen, die feindlichen Truppen zu beobachten und sich möglichst viel von ihren Gesprächen zu merken. Nicht, um es ihnen gleichzutun, nein – um es ganz anders zu machen. Denn, so viel versteht Niki, zufrieden sind diese Erwachsenen nie. Deshalb diese Sorgengesichter, die Migräneanfälle und die Zigarren, die wechselnden Sommerhäuser und der nie versiegende Whiskey. Bei den Gesprächen mit Onkel Howard geht es immer ums Geschäft, um das ständige Auf und Ab, das allerdings Nikis Vater besser kennt als die Heinz-Millionäre. Niki versteht nicht ganz, was der Vater und seine Brüder eigentlich arbeiten? Sie stellen nichts her, keine Soße oder Eingelegtes wie Onkel Howard, sie handeln vielmehr mit etwas, das man nicht sehen kann und von dem sie nur Papiere aufbewahren. Dieses unsichtbare Handelsgut aber scheint ein Eigenleben zu haben, es scheint nicht vollständig bezwingbar, es scheint aufzutauchen und zu verschwinden, es entwindet sich ihnen wie eine Schlange und beißt auch mal zu – das, was sie *das Kapital* nannten. Es ist unberechenbar, jedenfalls für die, die damit umgehen. Niki findet es faszinierend und abstoßend zugleich, sein Leben auf etwas zu bauen, das man nicht beherrscht, jedenfalls nicht ganz, jedenfalls nicht immer. Niki spürt das Prickeln des Risikos. Aufbauen und verlieren, gewinnen und verschwinden sehen – das scheint das Geschäftsprinzip der Saint-Phalle-Brüder. Das Risiko allerdings hinterlässt Spuren. Kein Wunder, dass Vater oft so nervös ist, so finster die Brauen zusammenzieht. Man geht ihm dann besser aus dem Weg. Selbst Onkel Howard lässt sich in solchen Phasen nicht blicken. Von 1939 an wird die Lage insgesamt angespannt.

Der Nationalsozialismus in Deutschland ist offensichtlich doch keine Spinnerei einiger weniger Zu-kurz-Gekommener. Er nistet sich ein in Europa, er breitet sich aus. Die Deutschen rüsten auf, und der Rest der Welt ist nicht gerüstet. André Saint Phalle mit dem Familienzweig in Europa blickt mit großem Misstrauen nach Berlin. Die Großeltern, die aus Frankreich herübergekommen sind, raunen vom Unheil; die Mutter schüttelt den Kopf, wenn sie Briefe aus Frankreich liest. Trotzdem geht das Leben in Manhattan weiter wie bisher.

Die Mutter weint. Aber nicht wegen der politischen Umstände. Sie hat es satt, in jedem Jahr die großen Kisten herbeiholen zu lassen, all die Koffer und Schachteln. Jedes Jahr geht es in ein neues Sommerhaus, jedes Jahr ein beinahe vollständiger Umzug, mit dem Mann, den Kindern und dem Personal. Jedes Jahr eine Reise, bei der die Kinder unter Unwohlsein und Übelkeit leiden, jedes Jahr sich neu zurechtfinden, Bekanntschaften schließen, sich mit den Nachbarn gut stellen in einer Umgebung, die man drei Monate später doch wieder verlassen würde.

Und dann die üble Laune des Vaters! Es ist seine Idee, dass man immer wieder neue Zielorte anstrebt. Für André Saint Phalle bedeutet die Sommerfrische, die allen höhergestellten Familien eigentlich eine Selbstverständlichkeit ist, eine Art Entzug: Entzug von der Metropole New York mit ihrer Hektik, ihren zahlreichen Verpflichtungen, Entzug von den Drinks, die man allzu leichtfertig mit Geschäftspartnern und Tennis-Freunden einzunehmen pflegt – und Entzug von den zahlreichen Frauen, mit denen er Verhältnisse hat. André Saint Phalle ist ein Mann mit erheblichem Charme und sehr wenigen Skrupeln. Immer schon hat er seine Frau betrogen. Als sie ihm damals, vor zehn Jahren, auf die Schliche gekommen ist, hat er es gleich zugegeben. Jeanne Jacqueline Saint Phalle konnte es nicht fassen. Dass ein Mann gelegentlich fremdgeht, ist in ihren Kreisen zu akzeptieren – aber so offen, während der Schwangerschaft der Ehefrau? Sie hat, so erzählte sie es der Tochter, die ganze Zeit geweint, neun Monate lang Tränen über diese unglückliche Ehe. Du bist, sagt sie, ein Kind der Depression. Das machen die Sommerreisen nicht besser; die Anspannung zwischen den Eltern ist zum Greifen nah und die zwischen Mutter und Tochter ebenfalls.

Das ist auf Long Island nicht anders. In welch einem Gegensatz stehen die Helligkeit und Leichtigkeit des Sommerhauses zur Düsternis, die in den Räumen in Manhattan herrscht! Niki und ihre Brüder suchen sich Beschäftigungen draußen, sie rennen und spielen, sie lernen schwimmen und fischen. Aber eines Tages, im September 1938, kommt ein gewaltiger Sturm auf, ein

Hurrikan. Der Sturm wird das erste Mal am 10. September südlich der Kapverdischen Inseln ausgemacht. Zur Besorgnis der Meteorologen gewinnt er in der folgenden Woche an Kraft und wandert langsam in west-nordwestlicher Richtung. Schnell wird er in die Kategorie 5 hinaufgestuft. Aufmerksam hört der Vater die Radionachrichten. Niki lernt neue Begriffe: Sie stellt sich vor, was ein Tiefdrucktrog sein kann – so eine Art Wettergefäß, aus dem der Wind nicht entkommen kann. Genau, seufzt der Vater, leider verhielte es sich genau so. Kluges Mädchen! Er zieht das Kind auf den Schoß. Schau mal, hier siehst du es: Der Tiefdrucktrog sorgt dafür, dass der Wind über den Appalachen nordwärts gelenkt wird. Gut für die Bahamas und Florida, die dadurch verschont bleiben. Schlecht für das amerikanische Festland und die Inseln weiter nördlich, denn: Gleichzeitig verhindert ein Hochdruckgebiet nördlich von Bermuda, dass der Hurrikan ostwärts auf den offenen Atlantischen Ozean hinaus abdrehen kann. Schau mal hier! Nicki versteht: Es ist ein Lotteriespiel, das mit dem Wetter, man hat keinen Einfluss darauf. Oder doch? Können wir etwas tun, Daddy? Nein, sagt Daddy, wir können nur zuschauen. Er ist jetzt wirklich besorgt. Der Sturm wird sozusagen eingezwängt, zwischen zwei Wettersystemen nordwärts gezwängt. Er trifft New York, Connecticut und Long Island. Weil zur Tag-und-Nacht-Gleiche des Herbstes auch noch der Vollmond kommt, steigt das Wasser gefährlich an, es steht in den Küstenstädtchen bis zu zweieinhalb Meter hoch. Wer kann und den Ernst der Lage rechtzeitig verstanden hat, bringt sich in Sicherheit. Die Menschen in den Küstenregionen sind jedoch häufig Fremde, Einwanderer aus Europa, die sich mit den Verhältnissen an der Ostküste nicht auskennen. So kommen allein auf Rhode Island über hundert Menschen ums Leben.

Besonders tragisch die Geschichte von sieben Schulkindern. Der Fahrer ihres Schulbusses ist im Schlamm steckengeblieben, als er einen Deich überqueren wollte. Tapfer bilden die Kinder eine Kette, halten sich fest an den Händen, um gemeinsam Schritt für Schritt vom Deich ins Landesinnere zu kommen. Aber Wind und Wasser sind stärker. Die Flut zerreißt die Kinderkette, alle sieben ertrinken.

Wo ist Schutz für die Kinder? Niki zittert, als sie die Geschichte hört, und beginnt fürchterlich zu schreien, als ihr Bruder John, mit einem Bettlaken umhüllt, *buhu* ruft und den Wind imitiert. Das ist nicht witzig, sagt die Mutter zu John. Und zu Niki sagt sie, mit der altbekannten strengen Stimme: Du bist sicher, schau mal, wie solide unser Steinhaus ist. Und das ist ja richtig. Vom Wind weggerissen werden die einfachen Häuser, die hölzernen Sommerhäuser und die schlichten Bungalows. Wer Geld hat, kann womöglich standhalten. Aber bei den Schulkindern hat die Flut keinen Unterschied zwischen Arm und Reich gemacht. Sie hat sie sich einfach geholt. Und dann der Mond! Der Mond, so hat es Niki verstanden, hat sich mit dem Wasser verbündet. Der Mond ist ein gefährlicher Geselle, und auch den Sternen ist womöglich nicht zu trauen. Von da beobachtet Niki Sonne, Mond und Sterne mit einigen Bedenken. Da oben, am Himmel, da finden sich die Bestimmer.

Nikis Mutter kann nicht fassen, wie sorglos der Vater ist. Schon im nächsten Jahr will er wieder nach Long Island, kaum dass die Schäden dort beseitigt sind. André Saint Phalle ist ein begeisterter Segler. Er macht eine gute Figur auf dem eleganten Boot, das er bei Michael Potts in Montauk mietet. Was kümmert es ihn, dass das Boot keine großen Schwerter besitzt, um gegen die Strömung und den böig auffrischen Wind anzustehen? Der Vater lacht, wenn der Wind auffrischt, er liebt es, bei stürmischem Wetter hinauszufahren, und steckt Michael im Yachthafen ein paar Dollar zu, damit der ihn fahren lässt, trotz des Risikos. Und er setzt es sich in den Kopf, Niki mitzunehmen, als Therapie, wie er sagt, als Therapie gegen diese neuerdings auftretende Ängstlichkeit. Er kann das nicht leiden, es macht ihn nervös, es reicht, wenn er eine Frau zu Hause hat, die stets das Schlimmste befürchtet und sich den Zumutungen der Welt mit Migräne entzieht. Er fürchtet einen entsprechenden Einfluss auf die Kinder, vor allem auf Niki. Komm, wir schlagen uns den Wind um die Ohren! Es gibt so viel zu tun an Bord, da hat man gar keine Zeit, Angst zu bekommen. Der Vater zeigt der Tochter, wie man die Leinen benutzt, wie man steuert, er bringt ihr das Angeln bei. Angeekelt, aber gehorsam zerschneidet die Neunjährige die Würmer, die man dazu braucht. Sie fangen massenweise Fische, wie es sich gehört in der *Fishing Capital of the World*. Die Streifenbarsche stehen geradezu an, wenn der warme Golfstrom sie Richtung Küste treibt. Manchmal ist es nicht nur ziemlich windig, sondern sogar stürmisch. Niki lernt, dass der Vater erst dann in seinem Element ist, bei Wind und Wogen. Er steht breitbeinig auf dem Boot, der Blouson weht im Wind – und was macht es schon, dass er sich einmal vornüberbeugt und bei dieser Gelegenheit alle Scheine, die er lässig in seiner Brusttasche trägt, davongeweht werden? Die Dollarnoten fliegen davon, Niki versucht noch, nach ihnen zu haschen. Lass nur, lass nur! Wie gewonnen, so zerronnen! Der Vater lacht lauthals.

Beim nächsten Mal ist alles ruhig und gut. Sie fischen wieder mit Angel und Ködern, und wieder staunt Niki über den ungeheuren Fang. Die Fische müssen, angelockt von Niki und ihrer Ekel-Angel, nur noch vom Vater aus dem Wasser geholt werden, es ist eher ein Sammeln als ein Angeln. Die Mutter hat es aufgegeben, ihrem Mann hineinzureden. Sie trägt die Sorge um Mann und Kind mit sich ins Schlafzimmer, wo sie entschieden die Vorhänge zuzieht und ein paar Tabletten nimmt. Niki wird sicherer und mutiger; sie sieht, was sie beide zuwege bringen – und dann kommt wieder ein Sturm, aber ein kleinerer, nicht so ein Jahrhundertsturm wie ein Jahr zuvor, ein, wie es zumindest scheint, beherrschbares Abenteuer.

Niki und der Vater sind trotz Michaels Warnungen hinausgefahren, als der Wind auffrischt. Der Himmel zieht sich zu, das Licht wird dunkler und verschwindet schließlich, gewaltige Wolkenberge türmen sich auf, und es beginnt so heftig zu regnen, dass der Vater größte Mühe hat mit den Segeln. Halt dich fest! Sie hält sich. Aber das Wasser beginnt, über die Bordwand zu dringen, weil das Boot gefährlich krängt, und dann ist es nichts mehr mit Halten und Warten, dann müssen die Wurmbüchsen her, und es wird geschöpft und geschrien, komm schon, das kriegen wir hin! Mit einigem Glück nur erreichen sie eine Insel, und Niki findet es seltsam, dass ausgerechnet einige Priester sie bergen: Die Ordensleute bringen die völlig durchnässten Segler in ihr Kloster und wärmen sie mit Decken und heißem Tee. Niki schaut in das Gesicht des Vaters, das strahlt, wie sie es lange nicht gesehen hatte, und sie versteht den Reiz von Abenteuern und dass man Sonne und Mond, diesen Wetterbestimmern, die Stirn bieten muss und dass erst das Risiko den Vater das Leben spüren lässt. Ihr Herz klopft. Sie spürt das auch.

Im selben Jahr, 1939, ist die Weltausstellung in New York. Ein Lichtblick in einer insgesamt düsteren Zeit, eine Entdeckung: *Building the World of Tomorrow, For Peace and Freedom – all Eyes to the Future.* Eine Ausstellung der Zukunft in der Gegenwart. Man ist noch vorsichtig mit den Prognosen: Zukunft, das soll heißen, die Welt im Jahr 1960; weiter nach vorn träumt man nicht. Die Symbole der Weltausstellung sind der Trylon und die Perisphere. Sie ragen als Wahrzeichen über die *Democracity*, die Stadt der Zukunft, die zum Greifen nah scheint. Aufgeregt umrundet Niki mit ihrem Vater den spitzen Obelisken. Er ist über zweihundert Meter hoch! Und die riesige Kugel, die Perisphere, hat 65 Meter Durchmesser! Es ist also möglich, groß zu träumen. Und Städte zu erfinden, die es nicht gibt. Unvorstellbares zu ermöglichen, ist das die Aufgabe von Künstlern? Und von Architekten? Und was hat das Ganze mit Demokratie zu tun? Und warum sind hier nur die Werke von Männern ausgestellt?

Bauen Frauen nicht? Niki fragt und fragt, und der Vater, sonst so beschäftigt, immerfort mit wichtigen Kunden unterwegs, amüsiert sich über die Wissbegier der Tochter und freut sich an ihrem Überzeugungscharme. Wenn sie etwas wissen will, lässt sie nicht locker; wenn sie begeistert ist, gibt es kein Halten mehr. Sie fragt und fragt, sie springt herum und spielt ihm Szenen aus der Zukunft vor, so wie sie sich Zukunft vorstellt. Da werden die Frauen bauen! Da werden die Frauen erfinden! Und sie wird eine von ihnen sein. Der Vater lässt sie gewähren. Wie lebendig sie hier ist zwischen all den Objekten, die Künstler aus der ganzen Welt beigesteuert haben. Wie sehr sie die Zukunft für sich spielend erobert! Er lässt sich dazu hinreißen, ihr ein Geschenk zu machen: eine Lampe, die nachts im Dunkeln ein sanftes Licht verbreitet und ihr die Angst vor bösen Mondträumen nehmen soll. Eine Lampe in Form eines Obelisken. Er zwinkert der Tochter verschwörerisch zu, aber die versteht nur, dass sie jetzt keine Angst mehr zu haben brauchte, auch wenn ihr merkwürdig unwohl wird, wenn sie jetzt in Vaters Gesicht sieht. Meine Niki!

Im Licht dieser Lampe und mit dem Wohlwollen des Vaters liest Cathérine-Agnès die Bücher, die ihr so viel bedeuten, wahllos, wie die meisten Kinder, die die Lesewelt erst entdecken: Die Gebrüder Grimm neben Flash Gordon, Batman neben Edgar Allan Poe. Was zieht ein Kind an *The Raven* an oder an *Annabel Lee*? Sie kann schon selbst lesen, aber es ist schön, Vaters Vorlesestimme zu hören:

»It was many and many a year ago,
In a kingdom by the sea,
That a maiden there lived whom you may know
By the name of Annabel Lee;
And this maiden she lived with no other thought
Than to love and be loved by me …«

Sie werden allmählich zu einer Gemeinschaft, ihr Vater und sie.

Vielleicht fällt deshalb die Strafe für Niki weniger hart aus als für ihren Bruder, als sie beide erwischt werden. Beim Nazispielen. Während die Erwachsenen sich weiter sorgen und Radio hören und der Vater nervös französische Zeitungen studiert, ziehen sich John und Niki auf den Dachboden des Ferienhauses zurück. Sie spielen Hitler, sie malen Hakenkreuze an die Wände und improvisierte Kanonen. Heil Hitler, schreit Niki in ein imaginäres Telefon, hier ist Agnès. Sie benutzt ihren Taufnamen, die ganze lange Litanei ihres Namens, und dann liest sie diesem Herrn Hitler die Leviten.

Die Familie kehrt wenig später zurück nach New York, und dann entdecken die Vermieter die unerhörten Wandkritzeleien und das Hitlerzimmer auf dem Dachboden. Vater Saint Phalle besitzt noch nicht die amerikanische Staatsbürgerschaft, und findet sich im Briefkasten nicht noch ein Schreiben für die Mutter aus Europa? Hat man es hier etwa mit nazifreundlichen Spionen zu tun? Der Ärger für die Eltern ist erheblich, und sie haben keinerlei Verständnis für Nazi-Spiele. Niki wird zurechtgewiesen und John verbannt. So kommt es Niki jedenfalls vor. Diesmal wird der Sohn weggeschickt. Die Eltern melden ihn auf einer Militärakademie an. Ausgerechnet! Sie, die doch alles Militärische hassen! Niki bleibt allein zurück. Allein mit ihrem Vater. Und so sehr sie sich mit dem Bruder gestritten hat, so sehr sie seine kleinen Quälereien hasst, so sehr fehlt er ihr jetzt. Der Bruder stand oft zwischen ihr und dem Vater. Da ist jetzt niemand mehr.

Marie und Martha saßen beim Engel. Ja, das war möglich in Zürich. Normalerweise hätten sie sogar unter dem Engel sitzen können, dank der *Brasserie Féderal*, ehemals der Warteraum für die 3. Klasse, jetzt ein gemütliches Lokal für Reisende, die nicht nur eine Brezel oder eine Bratwurst im Stehen vertilgen wollten. Weil der Engel aber umgezogen war und nun im hinteren Teil der Halle schwebte, hatte Martha den Wirt überredet, ihr einen kleinen Tisch und zwei Holzstühle mit den dunklen, gebogenen Lehnen mitzugeben. Und so hatten sie nun ihr eigenes Mini-Café. Unsere kleinste Filiale, hatte der Wirt gescherzt und es sich nicht nehmen lassen, die Kaffee-Spezialitäten und das Gebäck höchstselbst zu empfehlen. Das Bier, das Martha vorzog, servierte er mit schweizerischer Höflichkeit: langsam, ein wenig zeremoniell. Das Bier war trüb und schmeckte köstlich. Martha hatte gar nicht gewusst, wie viele Schweizer Biere es gab, es war schön, so etwas zu entdecken, der Wirt freute sich über ihr Interesse – und damit beruhigte sich Martha, die sich sonst eisern und mühsam an die Regel hielt: *No drinking before five*. Heute war sie vom Gerüst gestiegen, um die Mittagspause, die sie mit der Dickköpfigkeit eines Bauarbeiters einhielt, mit der Freundin zu verbringen. Und ausnahmsweise einem *Kranebärger*.

Marie rührte in ihrem Milchkaffee. Sie runzelte die Stirn.

»Es ist so einfach und so verführerisch«, sagte Martha. »Man kann so vieles auf biografische Einflüsse zurückführen, denn natürlich hat jeder im Lauf seines Lebens genug Erfahrungen gemacht.«

»Du meinst, das biografische Material …«

»… genau. Es ist so vielfältig, dass es für beinahe alles taugt. Such dir was aus, es wird schon passen.«

»Da hast du recht«, sagte Marie. »Aber denk doch mal an die anderen berühmten Frauen in der Kunst. Denk an … sagen wir mal … Louise Bourgeois. Oder Marina Abramović. Agnes Martin. Oder Georgia O'Keeffe. Da ist die Biografie doch auch ganz wichtig …«

»Ja, eben. Genau das meine ich«, sagte Martha heftig. »Jeder Depp kann biografische Sachen aus deren Leben erzählen – aber lass die Leute mal drei bedeutende Werke aufzählen. Ich kenne Agnes Martin übrigens nicht.«

»Gleich«, sagte Marie, »lass uns beim Thema bleiben. Du

meinst, das ist nur bei den Künstlerinnen so – dass man etwas über ihr Privatleben weiß, eher als über die Werke?«

»Na klar!« Martha wurde jetzt richtig laut.

»Aber von Picasso kennt doch kein Mensch die Titel der Werke!«

»Die Titel vielleicht nicht, aber die Leute können sagen, was darauf zu sehen ist. Nimm so jemanden wie ... Goya. Seine Maja. Gut, die Leute reden von ›Maya‹, weil sie kein Spanisch können, aber sie kennen alle diese nackte Schönheit.«

»Es gibt auch eine bekleidete ...«

»Ja, ja.« Martha wischte Maries Einwand mit einer Handbewegung beiseite. Die Hände waren angegriffen, das sah Marie jetzt. Das kam sicher von der Feuchtigkeit, mit der Martha zehn Tage lang diesem Engel zu Leibe gerückt war. Er sah schon ganz gut aus, zumindest von unten betrachtet. Der Staub war weg, der Taubenkot entfernt, die Farbflächen wirkten ruhiger, glatter. Es war noch viel zu tun.

Martha zog die Hände zurück. Dann umfasste sie den kühlen Humpen.

»... was ich sagen will: Alle kennen diese Maja, vielleicht sogar beide Varianten. Und man weiß, dass es eine spanische Adlige war. Aber in welcher Beziehung sie zu dem Maler stand, ob sie eine Geliebte war oder die große Liebe – das interessiert nicht. Goya als großer Künstler interessiert. Es gibt lange Diskussionen darüber, warum ein offenbar fremder Kopf auf den unbekleideten Körper montiert ist, warum also hier eine Mimikry veranstaltet wird – aber es geht immer um Komposition, um künstlerische Entscheidungen.«

»Goya als Regisseur seiner Bilder!«

»Genau. ... Und dann nimm – zum Beispiel – Artemisia Gentileschi.«

Marie war voller Bewunderung über Marthas Aussprache. Sie, die nie in Italien gelebt hatte, sprach vorzüglich italienisch. Marie wusste, dass Martha ihre Sprachbegabung eher unangenehm war, bloß nicht angeben! Das wäre gegen ihre Ruhrpott-Mentalität gegangen, also sagte Marie nur:

»Artemisia also …«

»… die Gentileschi, meinst du!«, korrigierte Martha sofort wieder.

»Ja, okay, die Gentileschi.«

»Du wirst mir Recht geben, dass sie im 17. Jahrhundert Großartiges geleistet hat.«

»Ja, na klar!«

Marie dachte an das Selbstportrait, das die Künstlerin im grünen Kleid halb von der Seite zeigte, wie sie konzentriert zeichnete. Sie dachte an *Susanna* und die notgeilen Ältesten, die sie auf dem Bild so beeindruckend und abstoßend bedrängten. Und sie dachte an *Die Enthauptung des Holofernes*, jenes berühmtes Bild, auf dem man sieht, wie Judith den verhassten Herrscher zu Tode bringt.

»Und – was ist mit Judith und Holofernes?«, fragte Martha höhnisch, als hätte Marie den Namen des Bildes ausgesprochen. »Was ist damit?«

»Was soll damit sein? Das ist doch schon lange als ein Hauptwerk der Renaissance anerkannt.«

»Ja, immer wenn es darum geht, dass auch eine Frau derart malen konnte. Auch! Gentileschi wird immer als Paradebeispiel für Frauenkunst angeführt. Und damit ist ihr Ausnahmezustand ein für alle Mal zementiert. Sie wird gerühmt, um gleichzeitig zu sagen: So viel Leistung von einer Frau ist nicht normal.« Sie holte tief Luft, trank noch einen Schluck. »Das Bild war ewig lange in der Versenkung verschwunden, bis irgendwelche Leute die Frage stellten, ob die Judith auf dem Bild womöglich eine Verkörperung Gentileschis darstelle – und der Herrscher ein Abbild des Mannes, der sie vergewaltigt hatte. Damit war alles klar – Opfer und Täter.«

»Ja, aber … Die Malerin dreht das Geschehen doch um! Das vermeintliche Opfer wehrt sich, es schreitet zur Tat!«

»Einverstanden. Schön und gut – aber wird man damit dem Bild gerecht? Indem man es auf eine persönliche, eine private Auseinandersetzung reduziert?«

»Seit wann ist bei dir Missbrauch rein privat?«, konterte Marie. Das saß.

Dass Missbrauch immer eine politische Seite hatte, dass es letztlich um Herrschaftsverhältnisse ging, was Feministinnen seit Jahrzehnten vorbrachten, das hatte die *MeToo*-Bewegung endlich für die breite Öffentlichkeit klargestellt. Sprach man aber über Gewaltdarstellungen auf Kunstwerken – und noch dazu auf älteren –, wurde die Gewalt nach wie vor individuell interpretiert. Gentileschi und ihr Vergewaltiger. Als sei er ihr persönlich zuzuordnen wie ihr Vater, ihr Onkel, ihr König. In der Sprache wurden die Opfer von Vergewaltigern ein für alle Mal mit den Tätern verbunden. Die redende Umgebung sorgte dafür, dass sie nie mehr von ihm loskommen würden. Und in der Kunstgeschichte auch nicht. Das wurde ebenso festgeschrieben. Buchstäblich.

»Martha?«

»Hm?«

Martha wäre jetzt lieber ihren Gedanken nachgegangen. Aber sie wollte Marie nicht verärgern. Sie riss sich zusammen, wischte die Hände am Overall ab, richtete den Blick auf Marie.

»Sag noch mal: Wer ist diese Agnes Martin?«

»Sie ist, glaube ich, das Gegenteil von deiner Niki … Saint Phalle!« Marie korrigierte sich jetzt schon selbst. »Sie hat abstrakt gemalt, abstrakt bis zur Auflösung der Darstellung. Die Dinge haben sie nicht interessiert, nur geistige Zustände. Spiritualität.«

Martha brummte: »Und, wie stellt sie sich dar, diese … Flucht aus der Welt?«

Marie ignorierte die Kritik, die in der Frage lag: »Sehr ästhetisch. Sparsam. Streifen und viel Monochromie. Irgendwie … vornehm.«

Vornehmheit. Das war es, was man Frauen zubilligte. Ebenso wie Akkuratesse. Sensibilität. Feinnerviges. Martha schnaubte – und dachte an die bunten *Nanas*, die in der Welt eingeschlagen hatten wie Knallbonbons. Ja, Saint Phalle hatte zugeschlagen – aber mit Fröhlichkeit.

4.

Die Rebellion beginnt früh, aber irgendwann tritt sie offen zutage. Aus der niedlichen kleinen Cathérine-Agnès wird Niki. Und Niki macht Ärger. Im Garten der Klosterschule sind Plastiken aufgestellt. Sie stammen aus dem 19. Jahrhundert und huldigen dem alten Athen auf die Weise, wie es das 19. Jahrhundert ebenso macht: unbekleidete Figuren im antikisierenden Stil, ideale Schönheiten, sie verkörpern Maß und Mitte der Antike, wie der graue Geschichtslehrer leiernd und, so zumindest beobachtet es Niki, leicht sabbernd vorträgt. Aber natürlich sind die Figuren nicht vollständig nackt; ihre Scham wird bedeckt von Feigenblättern und von Efeu, der sich kokett um die schmalen Hüften windet und der das Verbotene nur noch mehr betont. Typisch katholische Klosterschule: Immer mit der möglichen Sünde wedeln, damit sie bloß keiner vergisst. Welch seltsame Lust, sich das Verbotene permanent zu vergegenwärtigen. Niki findet es lächerlich: den Geschichtslehrer, der ganz sicher nicht berufen ist, über Ästhetik zu philosophieren, und die Figuren in dieser verklemmten, beklemmenden Umgebung. Was weiß man hier schon von Körpern! Tagaus, tagein werden sie in ihre gefältelten, gestärkten Uniformen gesteckt, tragen kratzige, juckende Strumpfhosen, schnüren sich Brust und Hälse in zu engen Kragen ein, dass sie kaum atmen können – aber immer heiter und dankbar, Kinder! Und die Mädchen, die schon menstruieren, lernen vor allem, dass Frau werden etwas mit Scham zu tun hat, dass es nun vorbei ist mit dem Rennen und Toben, denn die klobigen Binden müssen ja in den zu großen Unterhosen festgebunden werden, es könnte etwas sichtbar werden, es könnte etwas kleckern, etwas unsauber werden, entsetzliche Vorstellung! Die älteren Mädchen werden immer stiller und stiller und blasser und blasser. Blutarmut ist eine alltägliche Diagnose, schone dich, heißt der dazu passende Befehl, und Niki bekommt Angst, dass das immer so weitergehen würde, immer mehr Tücher, immer mehr Stille, Verhüllung und Bewegungslosigkeit – wie auf den schrecklich-schönen Plastiken im Internatsgarten.

Niki hasst es, unsichtbar werden zu müssen. Sie hasst es, dass Frauen überhaupt in der Unsichtbarkeit verschwinden sollen. Sie klaut Farbe aus den Kunsträumen, was ein Kinderspiel ist, hat sie sich doch freiwillig für den Dienst in den Sälen gemeldet. Sie nimmt Farbe, rote Farbe – karmesinroten Lack – und pinselt die Scham der Figuren kräftig an. Nicht nur die Frauen bluten hier, auch die Männer. Alles blutet, alles ist sichtbar.

Die Aufregung ist enorm. Niemand versteht den blinden Vandalismus der Saint-Phalle-Tochter. Die Eltern sind angemessen schockiert, der Vater wirkt ein wenig amüsiert dabei. Die Eltern werden in der Schule angestarrt: Wer konnte eine solche Brut in die Welt setzen? Die Schulleiterin versucht es mit analytischem Verständnis: Woher kommt die Faszination des Kindes Cathérine-Agnès für Blutbäder? Warum hasst Cathérine-Agnès das Schöne? Die Mutter weiß es nicht, sie sitzt starr und steif und versteht die Welt nicht mehr. Sie hat ihre Tochter Diskretion gelehrt. Diskretion ist die hohe Kunst des Verbergens. Alles kann man verbergen: Liebhaber (darin ist die Mutter groß), Schmerzen (dagegen gibt es Tabletten). Die Tochter jedoch macht alles sichtbar.

Da versteht der Vater, dass sie hier nichts verloren haben – er nicht und Niki nicht; er versteht, dass Niki hier vermutlich eher Zeit verloren als Bildung gewonnen hat. Er meldet Niki von der

Schule ab, ohne mit seiner Frau darüber zu reden. Die Mutter sträubt sich, aber André de Saint Phalle setzt durch, dass seine Tochter eine andere, fortschrittlichere Schule besuchen kann. Er nimmt sie bei der Hand und geht mit ihr hin. So einfach ist das. Sagt er jedenfalls.

Die neue, kleine *Brearley School* an der vornehmen Upper East Side ist 1884 gegründet worden und wirbt mit Ungeheuerlichkeiten: *Empowering girls of adventurous intellect to think critically and creatively.*

Schauspielerinnen gehen daraus hervor, Journalistinnen, Schriftstellerinnen und Sozialreformerinnen. Die Schule gilt als eine der besten des Landes.

Adventurous intellect – das ist genau das, was Niki ausmacht. Die Zwölfjährige blüht auf. In ihrem Memoir erscheinen Namen und Schule dennoch nur auf ein, zwei Seiten. Ganze Kapitel hingegen an die Mutter, über die Mutter. Niki de Saint Phalle bedankt sich bei ihr für die Strenge, als sei die kompromisslose Härte etwas, was kleinen Mädchen guttut. Sie habe sie ehrgeizig gemacht, behauptet die erwachsene Niki de Saint Phalle.

In der Schule jedoch, in *Brearley*, ist man nicht streng, man ist herausfordernd. Theaterspiel nimmt einen wichtigen Platz im Stundenplan ein. Man traut den Mädchen den *Agamemnon* von Euripides zu, Shakespeare-Stücke, sie spielen *Die Hexen von Endor*, dazu Altersgemäßes wie *Alice im Wunderland*. Niki spielt die Rote Königin, spielt den Puck im *Sommernachtstraum*, alle spielen hier alles. Auf der Mädchenschule in Manhattan gibt es keine Jungen, also sind die Mädchen hier Herrscher, sind Mörder, sind Tyrannen – und zugleich spielen sie die Mütter, die Ammen, die nach Gerechtigkeit dürstenden Schwestern. Alles ist möglich in *Brearley*.

Auf einem Foto sitzt Niki, zart und bleich in einem rosa Kleidchen auf einem improvisierten Thron. Sie spielt die Rote Königin, die unglücklich verliebt und in einen Streit mit ihrer Schwester verstrickt ist. In der Novelle von Lewis Carroll ist sie der Herzdame nachempfunden, in *Alice im Wunderland* wird sie zur furchtbaren Herrscherin, die mit ihren kriegerischen Truppen Alice verfolgt, den Hutmacher umbringen will und immerfort Chaos und Gewalt in die Geschichte bringt. »Hierzulande musst du so schnell rennen, wie du kannst, wenn du am gleichen Fleck bleiben willst«, sagt sie der neugierigen Alice: »Kopf ab, Kopf ab!« Das ist ihr steter Schlachtruf. Gewalt und Schreckensherrschaft bedeuten vor allem rasenden Stillstand. *Alice im Wunderland* ist ein Theatervergnügen, ein Fest für die Sinne. Niki aber liebt die zugrunde liegende Novelle: eine Geschichte für eine Spielkarte, das findet sie faszinierend. Die Novelle handelt von der Rivalität der Königinnen, von heftigen Liebesstreitereien. Auf dem Foto der Schulaufführung ist von Konflikt nichts zu sehen, auch nichts von der gefürchteten Schlachtenkönigin. Vielleicht hat die Schulregie eine versöhnliche Szene erfunden? Anmutig hält hier die kleine Rote Königin der Upper East Side Hof und streichelt den Kopf der jüngeren Schwester, während eine weitere Prinzessin teilnahmsvoll zuschaut. Das kleinste Mädchen auf dem Foto ist die zentrale Figur, anscheinend ist es kein Problem, dass sie, die jüngste, ausgerechnet die ältere Königin spielt, und Niki spielt mit Hingabe. Oft ersetzt sie fehlendes Geeignetsein durch Leidenschaft, angeblich fehlendes Talent durch Besessenheit. So notiert sie es.

Anmut und Stärke, die Lust am Regieren und am Mitgefühl – all das kann man im Theater lernen. Niki lernt auch, dass das Böse nicht immer nur böse ist und das Gute keineswegs Rettung verheißt, denn: Wer bringt schließlich die Handlung in *Alice im Wunderland* voran – wenn nicht die Rote Königin? Wer macht das Spiel vielschichtig – Othello oder der geheimnisvolle Jago? Wer erregt unseren Zorn ebenso wie unser heimliches Mitgefühl – der tragische König Lear oder der böse »Bastard« Edmund, einer der beiden Söhne seines Ratgebers? Ja, Niki begeistert sich sogar für Shakespeares Alterswerk *King Lear*. Zwei Herrscherfamilien stehen auf der Bühne, Lear und seine drei Töchter auf der einen Seite und der Graf von Gloucester und dessen Söhne auf der anderen. Gute gibt es auf beiden Seiten, aber auch interessante scheinbare Schurken. Niki lernt die Verse des vermeintlich bösen Edmund mühsam auswendig, nachdem sie schon die komplizierte Handlung regelrecht buchstabieren musste:

»Was Bastard, weshalb unecht,
Wenn meiner Glieder Maß so stark gefügt,
Mein Sinn so kühn, so adlig meine Züge
Als einer ehrbarn Gattin Frucht?«

Niki wiederholt die vertrackten Verse wieder und wieder. Shakespeare pfeift auf die tradierten Geschlechterrollen, und er spielt mit der Moral, alles flirrt bei ihm und verändert sich. Und die Aufgabe der Veränderung überträgt er Edmund. Er, der ungewollte Sohn, das große Missgeschick, der vermeintliche Teufel in Menschengestalt, sorgt doch erst für Wandel. Was für ein Autor, dieser Shakespeare! Er hält zu allen seinen Figuren, noch die fiesesten behalten ihre Würde, ihre Geschichte. Und Niki spürt, dass diese Vielschichtigkeit interessant ist, dass sie einen größeren spielerischen Reichtum bietet – das ist schön und gleichzeitig tief beunruhigend. Warum fasziniert der Mord mehr als der häusliche Frieden, warum fühlt sich die Rache intensiver an als das Vergessen, warum ist auf der Bühne stets der Verrat wirkungsvoller als die Treue? Oder sind das alles nur zwei Seiten einer Spielkarte – die eine Seite offen für jeden, die zweite, die es sorgfältig zu verdecken gilt, ist jedoch diejenige, die zählt?

Niki denkt an die Séancen ihrer Mutter, wie diese die Karten legt, angstvoll darauf bedacht, dass es nur gute Nachrichten geben möge – hat sie nicht verstanden, dass beides dazugehört, Licht und Schatten, Zwielichtiges und Beunruhigendes? Und warum versucht sie, es durch ein Spiel zu bannen, das die Doppelbödigkeit selbst ist?

»*Maman* …?«

Es hat keinen Sinn, mit ihr darüber zu sprechen.

»Davon verstehst du nichts!«

Die Schlafzimmertür schließt sich wieder.

Gleichwohl ist Niki noch ein Kind, gleichwohl fürchtet sich Niki im Dunkeln, verfolgt mit brennender Angst die Geschehnisse in Europa, fürchtet, dass Herr Hitler mit seinen Truppen doch die Übermacht gewinnt, so sehr sie und John ihn auch mit ihren Spielen zu bannen versuchen. Etwas Großes, Gewalttätiges, völlig Undurchschaubares, Krieg und Gewalt sind wie eine Krankheit, eine Pest, die die Menschen heimsucht und quält. Traum und Krieg, Nacht und Besessenheit, die Bilder aus dem *Metropolitan Museum*, das sie einmal im Monat besucht, und die Bilder ihrer Nacht verschmelzen. Niki schreibt Gedichte, von Ohnmachten und von der Pest, schreibt, dass sie das Leben begonnen habe an einem entsetzlichen Tag. Sie widmet das Gedicht dem großen Bruder, ihrem Spielgefährten und Quälgeist. Ausgerechnet John! Gewiss, mit John steigt sie auf die Dachböden, sie basteln sich Waffen aus Ästen, sie sind vom Dachboden aus gegen die Nazis zu Felde gezogen. Aber John ist auch der Peiniger, der sie beim Baden im See einmal fast ertränkt. John, der sich blutige Spiele ausdenkt, gefährliche Spiele, immer geht es darum, dass die Schwester verschwindet, in Feuer und Rauch aufgeht, entführt wird, über Bord geht, von rasenden Nazihorden vernichtet. Sie spielen, dass sie beide zurückschlagen, das schon, Niki besteht darauf, sich zu wehren, aber gegen den Bruder kommt sie nicht an.

Niki entdeckt einen Hasen. Er besucht sie, so scheint es, in ihrem Garten am Sommerhaus in Connecticut. Zwei, drei Jahre kommt der Hase. Der Vater lässt sie in dem Glauben, dass es immer derselbe ist, die Mutter schert sich nicht darum. Niki aber begrüßt den Hasen jedes Mal, versucht, sich ihm vorsichtig zu nähern, hält die Spannung dann doch nicht aus und rennt auf ihn zu. Der Hase verschwindet – aber nicht ganz, er hält auf halber Strecke inne, als warte er, als böte er ihr ein Spiel an. Niki ist entzückt. Sie rennt und rennt, sie versucht, wie ein Hase zu hoppeln, wenn es ihr schon nicht gelingt, genauso schnell zu sein und genauso brillante Haken zu schlagen. John bringt den Hasen zur Strecke. Er erschießt ihn mit seiner Flinte, einer 22-Kaliber-Flinte, einfach so. Der Vater zieht ihm routiniert das Fell ab. Die Mutter bereitet ihn zu.

Niki ist der Stachel im Fleisch für den älteren Bruder. Er blieb als kleiner Junge bei den Eltern, er war angenommen und geliebt, und während dreier langer Jahre konnte er die Existenz seiner Schwester vergessen. Aber dann ist sie plötzlich wieder da, taucht in den USA auf wie ein Kobold, der sich eine Weile im Schrank versteckt hat – ein kleiner, rothaariger, drahtiger Kobold, der Theaterverse aufsagt und sich mit einer Krone hervortut, die schwarzen Lackschuhe mit den weißen Söckchen darin schiefgetreten, das Kleid irgendwo eingerissen. Ein ungebärdiges Kind, wild und schüchtern zugleich, eines, das Aufmerksamkeit auf sich zieht, während er darum kämpfen muss. Es ist, als würde Niki immer sichtbarer, träte immer stärker hervor – und im selben Maß verschwindet er. Vor allem der Vater hat nur noch Augen für Niki. In dem Ferienhaus in Connecticut zieht er sich stundenlang mit Niki ins Bootshaus zurück. Sie ist danach merkwürdig in sich gekehrt, deshalb ist John ganz zufrieden. Einerseits. Andererseits weiß er nicht, was die beiden da so lange treiben, und etwas in ihm warnt ihn zu fragen, er will es nicht wissen, würde es doch sein ganzes Leben durcheinanderbringen. Er beobachtet aber Niki, bis sie das bemerkt und ihn kräftig vors Schienbein tritt. Das ist wieder die alte Niki, es ist die alte Geschwisterordnung, wenn sie nach ihm tritt, spielt er eine Rolle, er tritt also mit einiger Begeisterung zurück, und dann rennen sie hintereinander her, rennen und rennen, er bleibt irgendwann schnaufend stehen, aber Niki läuft noch lange weiter, läuft davon, obwohl sie niemand mehr verfolgt, bis einer stürzt und heult oder sie genug von dem Spiel haben. Nur auf der Bühne, da kann sie ganz still sein, ganz Herrscherin und groß. Die Bühne, so scheint es, das ist ihr Raum.

Meine Prinzessin! So nennt sie der Vater oft. Aber sie hört das nicht mehr so gern.

Vaters Nase. Vaters hypnotisierende Augen. Die bösen Hände.

Verblüfft entdeckte Martha, dass Augenkonturen, die sie auf einigen Plastiken Saint Phalles entdeckt hat, wohl dem Vater zuzuordnen waren. Es sind in der Tat hypnotische Augen, fesselnde Augen, Martha hatte angenommen, dass sich Saint Phalle damit auf die populäre Tradition aus Nordafrika bezieht, auf den bösen Blick. Aber der böse Blick ist viel näher, das Kind Niki wird von vertrauten Augen hypnotisiert. Das Böse ist in der Familie.

Martha war sich nicht sicher, dass sie weiterlesen wollte. Sie zögerte, ließ das Buch sinken. Es war schon das zweite, das sie in Händen hielt und das die Künstlerin selbst geschrieben hatte, mit ihrer schnörkeligen Kinderhandschrift.

Mit wachsendem Entsetzen las Martha, was im Hause Saint Phalle an jenem schwarzen Augusttag im Jahr 1942 geschah. Martha sah zweimal nach, dreimal. Das schmale Memoir ist 1992 erschienen, da war Saint Phalle zweiundsechzig. Es ist an ihre Tochter gerichtet, an Laura. Sie hat fünfzig Jahre gebraucht, um davon zu sprechen, und dann vermag sie es nur in einem Text – in einem Text, dessen Lettern genauso spielerisch und kindlich daherkommen wie die anderen Texte, die Briefe an Liebhaber und Freunde, aber der Band hat keine Illustrationen, er ist blank.

Saint Phalle erzählt von der Landschaft, vom Himmel über Neuengland, aber Martha war gewarnt, als ziemlich bald von Schlangen die Rede ist – von *Copperheads*, die sie im Gebüsch aufstöbert. Martha musste das nachschlagen. *Copperheads* sind auf Deutsch, wenig überraschend, »Kupferköpfe«, Vipern, die bis zu einem Meter lang werden. Saint Phalle hat wohl Glück, dass die nachtaktiven Tiere am Tag ziemlich schläfrig sind, so kann sie sich vorsichtig außerhalb ihrer Reichweite begeben. Wie giftig sind *Copperheads*? Ihr Gift ist von mittlerer Wirkung; wird man gebissen, ist man wohl übel dran, aber nicht in Lebensgefahr. Das kann Niki mit ihren elf Jahren natürlich nicht wissen, auch nicht, dass man die Schlangen gerade wegen ihrer nur relativen Giftigkeit für allerlei gefährliche Spiele missbraucht, für das Schlangenanfassen zum Beispiel, mit dem einige christliche Sektierer ihren Mut und die Macht ihres Glaubens beweisen wollen. Die kleine Niki flieht einfach – und ist wahrscheinlich erleichtert, als anderentags eine Jagd auf die Schlangen beginnt, das hohe Gras abgemäht und das Unterholz abgesucht wird. Irgendwo müssen die Biester doch sein? Der nächste Schrecken, als Niki abends in ihrem Zimmer die Bettdecke zurückschlägt: Da liegt eine der Schlangen, zusammengeringelt und erst auf den zweiten Blick als tot zu erkennen. Einer der üblen Streiche ihres Bruders – aber gleichzeitig ein böses Omen, das wird dem Kind mit einem Schlag klar. Und es muss lernen, dass aus Furcht und Schrecken schnell Verdächtigungen werden: Nikis Entsetzensschrei über die Schlange in ihrem Bett hat einen Cousin auf den Plan gerufen. Der junge Mann begreift die Situation sofort, öffnet das Fenster und schleudert den Schlangenkadaver hinaus. Aber damit nicht genug, er beruhigt die völlig aufgelöste Niki, nimmt sie in seine Arme. Er versteht, dass er das schluchzende Kind nicht allein lassen darf, und so schläft Niki im Bett des Cousins, spürt beruhigende Arme, sicheren Atem. Am nächsten Morgen jedoch großes Geschrei, argwöhnische Blicke, Unterstellungen: Die Eltern mutmaßen, Niki habe mit ihrem Cousin geschlafen! Zu der Furcht vor dem bösen Omen, zu der Schlangenangst nun der Verdacht. Das verängstigte Kind steht plötzlich am Pranger: Was hast du? Was habt ihr? Was fällt dir ein? Es hilft nicht, dass Cousin und Niki den Verdacht bei getrennt vorgenommenen Verhören empört und glaubhaft zurückweisen – es lässt sich schlechterdings nicht beweisen, dass etwas nicht war. Und überhaupt, meint die Mutter, es genüge ja schon, den Anschein einer solchen Untat zu erwecken. Ein anständiges Mädchen würde das vermeiden. Der Anschein ist so schlimm wie die Tat selbst, *n'est-ce pas*?

Martha stellt sich vor, dass die Mutter bei dieser Gelegenheit französisch gesprochen hat. Man spricht oft französisch in dieser feinen Familie, vor allem, wenn Bedienstete, die ja immer in der Nähe waren, nichts verstehen sollen.

Das Hausmädchen, das in High Heels kocht, mit nichts als einem Badeanzug am Leib.

Impossible!

Sie wird des Hauses verwiesen, als Vater Saint Phalle gerade abwesend ist und keinen Protest einlegen kann.

Und nun die Tochter, so scheint es. Ms. Harper ist rasend.

Aber *Maman*, glauben Sie mir, da war nichts.

Niki und ihre Brüder siezen die Eltern, wenn sie französisch miteinander sprechen, wie es damals durchaus noch üblich ist. Die Anredeform, die Sprache – eine riesige Distanz war das immer, jetzt ist es ein Abgrund.

Wo sind die Eltern am Abend zuvor gewesen? Warum haben sie das Kind nicht beschützt, nicht getröstet? Als ob sie ihr eigenes Versagen hätten verleugnen müssen, greifen sie nun die Tochter an, ausnahmsweise gemeinsam.

Und Martha, empört, stellte sich vor, wie die elegante Mutter nach der Szene in ihrem Ankleidezimmer verschwindet, an ihrem Schminktisch mit den vielen, wohlriechenden Cremes und den Tiegeln, um ihr Gesicht wieder in die perfekte Maske zu verwandeln, die man damals für chic hält. Und *Chanel No 5* obendrauf.

Martha, du lenkst dich ab. Der Schminktisch stand in der New Yorker Wohnung, nicht im Ferienhaus, und du fürchtest dich vor dem, was jetzt kommt.

Gibt es Leute, die begierig Geschichten von Missbrauch lesen? Martha hatte davon gehört, sie hatte lüsterne Blicke gesehen, wenn in der Schule so etwas über eine Mitschülerin gemutmaßt wurde, wenn wieder einmal ein Mädchen für ein paar Tage verschwand, nachdem es zunächst stumm und mit rotgeweintem Gesicht vor den runden Eichenpulten gesessen hatte, bis jemand, bis endlich jemand verstand und etwas unternahm. Wieder einmal ein Mädchen? Gewiss. Es ist ungeheuerlich, aber keineswegs selten. Untereinander sprechen die Zwölfjährigen öfter darüber – immer nur in der Möglichkeitsform natürlich, immer nur, als hätten sie es lediglich gehört oder als gelte es, eine Warnung auszusprechen, aber eigentlich wissen es immer alle. Und so kann das Leben im Hause Saint Phalle eigentlich nicht weitergegangen sein wie zuvor, als hier der Missbrauch geschieht. Martha, die Direkte, musste sich zwingen, es vor sich selbst in dieser Brutalität auszusprechen. Es gibt nur eine Zeugin, Niki selbst. Sie spaltet sich geradezu auf, als sie das Verbrechen notiert, in Zeugin und Opfer der Tat. Sie notiert, wie der Vater, fünfunddreißig Jahre alt, wie der Vater also der Tochter den Schwanz in den Mund steckt. Saint Phalle schreibt, wie er ihren kindlichen Körper erkundet, wie sie Angst, Entsetzen, eine böse Lust empfunden habe, wie sich in diesem kleinen Blockhaus ihre Liebe zu dem bewunderten Vater zuerst in Ekel, dann in Hass verwandelt. Es geschieht nicht nur einmal, es geschieht öfters, der Vater kostet seine Macht aus, er verbietet ihr den Mund, er ist es jetzt, der über ihren Mund gebietet, in ihrem Mund gebietet, über ihren Körper herrscht, ihn lässt oder ihm Schmerzen zufügt, ganz wie es ihm gefällt. Er erscheint ihr noch größer als sonst, dunkel, unheimlich, die Nacht selbst. Der Vater wird vom Beschützer zum Verfolger, dann wieder zum Retter, weil er sie plötzlich wieder tröstet, sie in seine Arme nimmt und leise mit ihr redet – und Martha hielt es nicht für Zufall, dass der erste dieser Übergriffe offensichtlich nach dem Vorfall mit den Schlangen geschehen ist.

Geschickt gewählt, Arschloch!, dachte Martha. Sie redete immer mit den Figuren in den Büchern, die sie gerade las, aber dieser Vater, dieser André de Saint Phalle, der gefiel ihr gar nicht, den hätte sie nicht mal gern zur Rede gestellt, den hätte sie am liebsten herausgeschnitten aus Saint Phalles Memoir, rausgerissen oder ihm die Schlangen, die er selbst heraufbeschwor, um den adeligen Hals gewickelt.

Zorn. Wut. Ohnmacht.

Das alles muss Niki de Saint Phalle in noch sehr viel stärkerem Maße empfunden haben, aber sie belässt es in ihrem Buch bei diesen wenigen Begriffen, die merkwürdig zusammenhanglos dastehen. Es sind Erinnerungsfetzen, beim Schreiben hat sie nichts geglättet, aus dem Schmerz keine Erzählung gemacht. Befremdlich, wie das Ganze dasteht in Saint Phalles kunstvoll verschnörkelter Schrift. Martha dachte wieder an das Gedicht von Poe, Nikis Lieblingsgedicht, die Suchmaschine zeigte es an:

»*It was many and many a year ago,*
In a kingdom by the sea,
That a maiden there lived whom you may know
By the name of Annabel Lee …«

Niki de Saint Phalle bringt selbst die Schlangen-Episode in Verbindung mit dem Beginn des Missbrauchs, aber sie begreift nicht einmal fünfzig Jahre später den Zusammenhang. Niki, das widerborstige, das aufsässige Kind, dem die Lehrer bescheinigen, nicht den Sinn von Disziplin zu verstehen, ist am Tag nach der Schlangennacht schwächer als sonst. Sie trägt noch den Schrecken in den Gliedern – den Schrecken der Schlangen, jedoch vor allem die Verstörung darüber, dass ihre Eltern sie verdächtigen, etwas Böses getan zu haben. Wie soll sie sich dem Vater widersetzen? Sie will doch, dass er ihr wieder gut ist, dass es so ist wie zuvor. Und begreift nicht, dass es nie wieder sein kann wie zuvor, dass der Vater im Begriff ist, etwas zu zerstören, das zu bewahren seine vornehmste Aufgabe gewesen ist: Kindlichkeit, Vertrauen, Unverletzlichkeit.

»And this maiden she lived with no other thought
Than to love and be loved by me ...«

Stattdessen noch bei der längst erwachsenen Niki das seltsame Bedürfnis, den Vater zu verstehen. Was hat er bloß bei ihr gesucht, fragt sie sich, um Lust kann es wohl kaum gegangen sein. Die hätte er, der notorische Fremdgänger, sich anderswo holen können.

Sie fragt also noch immer nach ihrem Anteil.

Keine Frau kann über den Missbrauch an einer anderen lesen, ohne dass ihr der Atem stockt. Die Geschichte über den fremden Missbrauch ist immer auch eine über den möglichen eigenen. Was wäre wenn? Und es könnte ja sein, beinahe jederzeit. Das fremde, das gleichzeitig vertraute Leid schafft keine Erleichterung, etwa im Sinne eines kindlich-bösen Abzählreims: ... wenn sie – dann nicht ich. Jeder Missbrauch verstärkt das allgemeine Leid der Frauen, die allgemeine Angst. Der Missbrauch ist ein Gift, das sich mit jeder Tat verbreitet – bei den Opfern als Verletzung, als Trauma, als Wunde, bei den anderen Frauen als Furcht, als Beklommenheit, als Unfreiheit.

Und so konnte Martha die lange vergangene Tat spüren. Natürlich half der Abstand, klarer wahrzunehmen. Natürlich sah Martha, was Niki nicht sehen konnte: Es ging bei dem väterlichen Täter nicht um Sex, sondern um Macht. Immer ging es um Macht.

Behutsam schloss Martha das Buch. Sie fuhr noch mit der Hand an den vier offenen Seiten des Papierschnitts entlang. Genug! ... Martha zuckte zusammen: Mit dem scharfen Papier hatte sie sich in den Handrücken geschnitten.

Alle Männer sind Vergewaltiger. Schreibt die sechzigjährige Niki de Saint Phalle. Sie schreibt es auf Französisch. Es ist einfach so. Es ist ein Gesetz, bitter, tödlich. Es beendet die Kindheit von Niki de Saint Phalle, und es beendet ihre Freiheit. Denn das ist vielleicht das schlimmste Übel an einer Vergewaltigung. Sie endet nicht mit der Tat. Sie geht weiter. Der Vergewaltiger dringt nicht nur in den fremden Körper ein, er zerstört auch die Seele. Das Kind ist tot. Und der Vergewaltiger bestimmt die Zukunft. Er hinterlässt eine traumatisierte Person, eine, die Schlangen fürchtet und die Dunkelheit. Die Angst hat, dass ihr Vater ins Gefängnis muss und dass sie Schuld daran tragen wird. Die auf eine gewisse Weise für immer elf Jahre alt bleiben wird. Und der niemand glaubt.

Halt, Martha, warte einmal! Sie zwang sich, innezuhalten. Klar, es geht um Macht. Im Diskurs der Frauen ist das eine Selbstverständlichkeit. Aber was ist mit der physischen Gewalt?

Nicht zum ersten Mal dachte Martha darüber nach, ob das ständige Reden von der Ausübung männlicher Macht über Frauen den Aspekt der Gewalt nicht zu sehr in den Hintergrund rückte. Gab es tatsächlich nur eine Art des Missbrauchs – gleichgültig, ob jemand ein Kind verführte, es durch überzeugendes Reden dazu brachte, nicht altersgemäße Dinge zu tun oder ob jemand Gewalt ausübte, mit Schlägen, Tritten, Würgen und dem Ausdrücken brennender Zigaretten auf Kinderhaut? André de Saint Phalle ist strenger Katholik; er begleitet seine womöglich noch frommere Frau ständig zur Kirche. Regelmäßig wallfahren die beiden nach Lourdes, um das wundertätige Wasser der Jungfrau zu genießen. Gleichzeitig ist André de Saint Phalle ein Mann mit sadistischen Fantasien. Aber war es nicht ganz egal, was für eine Persönlichkeit dieser heruntergekommene Adeligen-Vater war? Es ging um Gewalt, und Martha war froh, dass es den Begriff der sexualisierten Gewalt gab. Er traf die Sache besser; der Verstörung, den vielfältigen Schmerzen, den Auswirkungen auf die Biografie insgesamt wurde sowieso kein Begriff gerecht. Es gab keine Ein-Wort-Diagnose und keine Heilung, nirgends.

Natürlich bricht Niki de Saint Phalle ein paar Jahre später zusammen, braucht die kaum Zwanzigjährige therapeutische Hilfe. In ihren Taschen rasselt es, als sie das Therapeutenzimmer betritt: Sie hat die Taschen voller Messer, Scheren und Feilen. Martha fragte sich, wie lange sie es bis dahin ohne die ärztliche Zuwendung ausgehalten hat? Aber in dieser Frage lagen gleich zwei Kurzschlüsse: Wer sagt, dass sie es ausgehalten hat? Und liegt in der Behandlung um das Jahr 1950 herum wirklich Zuwendung? Elektroschocks, Medikamente – und die Erkenntnis, dass ihr niemand glaubt. Es sei, meint der behandelte Arzt-Idiot, schlechterdings nicht vorstellbar, dass André de Saint Phalle, eine solche Untat begangen haben könnte. Schließlich sei der Mann adelig und katholisch. Selbst ein Bekennerbrief des Vaters, der – noch so ein katholischer Begriff – tätige Reue zeigen will, ändert nichts an der Haltung des Arztes.

Ein Bekennerbrief? Wahrscheinlich hat der Vater noch dabei Lust empfunden, die masochistische Lust des reuigen Sünders. Und wieder bringt er sich damit in die Nähe der Tochter, hat erneut Zugang zum intimen Bereich. Niki beißt sich die Lippen blutig von da an, immer wieder. Als trüge sie die Messer inwendig, oder als säße in ihr ein Tier, das sie blutig bisse.

Martha pfefferte das Buch in die Ecke. Nicht zum Aushalten! Sie musste an die Arbeit gehen, sofort!

Es war jedoch kein guter Tag zum Arbeiten für Martha Grünhold. Ihre Gedanken schweiften immer wieder ab. Es begann schon damit, dass ein paar Spinner über Nacht Müll direkt neben der Hebebühne abgelegt hatten – einen ganzen Eimer voll Unrat, Papier, zerquetschte Dosen und reichlich Feuchtes, das man sich besser nicht genau anschaute. Natürlich genau dort, wo der Einstieg war! Dazu war es ungewohnt kalt, der November machte seinem Ruf alle Ehre. Martha rieb sich die schmerzenden Hände – und sah, dass die Risse an den Fingergelenken über Nacht wieder aufgeplatzt waren. Also doch zuerst die Waschräume aufsuchen, Hände verarzten, dann loslegen. Immerhin konnte sie dem Sicherheitsdienst Bescheid geben, damit hier gereinigt würde. Martha stapfte zu den Rolltreppen, hinunter ging es, in die geflieste, zweite Ebene. Hier war alles gekachelt, alles einheitlich in Schwarz und Weiß, vielleicht wirkte es deshalb um diese frühe Stunde, wenn die Reisenden noch auf sich warten ließen, eher wie eine alte Filmkulisse. Vorbei an der Apotheke, an einem Café, das noch geschlossen hatte, hin zu den Räumen der Bahnbediensteten. Das Bistro der Bahner, diese absurde alpine Stube mit Enzianmotiven und schweren, dunklen Holzstühlen wirkte gespenstisch mit ihrem bläulichen Licht. Martha musste immer wieder lächeln über die Alpenkulissen auf der Rückwand, die ein optimiertes, straffes, irgendwie effizientes Gipfelpanorama zeigte. Die Sauberkeit in den Waschräumen tat ihr gut. Sie desinfizierte sich sorgfältig die Hände, dann abtrocknen – mit diesen rauen Papierhandtüchern aus dem Spender. Vorsicht, Vorsicht! Und noch die Creme aufgetragen, langsam, umsichtig. Martha biss die Zähne zusammen. Vielleicht sollte sie heute doch Handschuhe tragen?

Martha Grünhold hätte ihre Autobiografie als eine Geschichte ihrer Handschuhe schreiben können: alljährlich die selbstgestrickten der Mutter, in Marthas Lieblingsfarben, im Norwegermuster. Als Martha älter wurde und kein angenähtes Band mehr die Handschuhpaare um ihren Nacken und beieinanderhielt, verlor Martha prompt immer einen Handschuh, sodass schnell eine Sammlung von Einzelstücken entstanden war, die sie sich weigerte wegzuwerfen. Bis die Mutter auf die Idee kam, die Abschlüsse der Handschuhe mit einheitlichen, unifarbenen Verlängerungen zu versehen; die Handschuhe bekamen, sozusagen, einen Rollkragen – und auf diese Weise fanden unterschiedliche Einzelteile auf neue Weise zusammen. Martha liebte diese Handschuhpaare, die keine waren, ganz besonders.

Sie schaute in den Spiegel: Was waren denn das heute für Träumereien! Sie seufzte so laut, dass es in dem Waschraum widerhallte, dann streifte sie rasch die weißen, funktionalen Handschuhe über. In ihrer Ausbildung zur Kunststofftechnikerin hatte sie Sicherheitshandschuhe tragen müssen: feine, ganz steife, weil sie mehrere schützende Schichten gegen Säuren und Lacke enthielten, und die groben, großen, mit denen man den Maschinen zu Leibe rückte. Martha hatte die groben bevorzugt; sie machten, dass man sich stärker fühlte – und auch stärker war, denn die Handschuhe hatten Grip, es war einfacher, die Ringe der Maschinen zu drehen, die Schrauben anzuziehen oder zu lockern, ohne dass man die Kollegen um Hilfe bitten musste, die sich einen Spaß daraus machten, für die jungen Frauen alles schwerer, stracker und fester zu ziehen, um sich an dem Anblick zu weiden, wie die sich abrackerten.

»Nur dass die Verhältnisse klar sind!«, hatte einer dieser Idioten gesagt, als Martha ihn dabei erwischt hatte, wie er einen der Ringverschlüsse an der Pumpe ganz unnötig festgezogen hatte, nur weil er wusste, dass sie damit zu tun haben würde.

Martha klopfte in die Hände: Hier war sie ihre eigene Herrin. Hier machte ihr keiner das Leben schwer. Hier arbeitete sie allein mit ihrem Gegenüber, einem zwar unbelebten, aber keineswegs stummen Objekt. Plötzlich flammte die alte, jähe Restauratorenfreude in ihr auf. Los geht's! Am liebsten hätte sie sich zwei Stockwerke höher an die Figur gebeamt.

Sie ging auf der Rolltreppe nach oben, stieg rascher empor als sonst. Die Figur der Engelin kam in Sicht, erst der zu kleine Kopf, die Flügelchen, der Korpus. Es sah aus, als raste der Engel an ihr vorbei.

Von oben kam ein Mann in einem Arbeitsoverall, so schmutzig, als sei er gerade einem Kalkwerk entstiegen. Heller Staub. Dennoch wirkte alles an dem Mann düster. Er sah sie kurz an:

ein Asketengesicht, aber eingefallen, als ob da mal mehr Fülle gewesen wäre. Ein schwer zu schätzendes Alter. Schon vorbei.

Martha wäre am Ende der Rolltreppe fast gestolpert. Den kannte sie doch? War das nicht der Mann aus Fribourg, der, den sie bereits hier im Bahnhof in der Kapelle gesehen hatte? Sie schaute sich um, der Mann war verschwunden.

Die Absperrung öffnen. Die Hebebühne in Gang setzen, den Kompressor starten. Alles hakte heute, funktionierte erst beim zweiten, dritten Versuch. Martha stöhnte, als sie nach oben fuhr. Sie kannte solche Tage! Aber die Arbeit würde ihr helfen.

Sie hatte sich die größeren, farbigen Flächen vorzunehmen, aber Stück für Stück. Hier konnte man, anders als bei Gelb und Weiß, nicht mit Airbrush arbeiten, hier ging mit Feuchtigkeit gar nichts. Sie hatte die Figur in Abschnitte eingeteilt, und abends markierte sie sorgfältig auf ihrem Plan, welcher Abschnitt vollendet war. So behielt sie den Überblick, und es war weniger frustrierend, langsam voranzukommen. Denn frustrierend war es – und langwierig, die Figur mit diesem weichen, übergroßen Radiergummi vorsichtig, aber entschieden abzurubbeln. Martha öffnete ihren Rucksack, holte die Metallschachtel aus dem Rucksack. Die Metallschachtel war ein Mitbringsel der Eltern aus Marokko gewesen. Wie stolz waren die Eltern auf diese Reise gewesen, sie hatten allen etwas mitgebracht, den Kindern, den Nachbarn, den Kollegen. Das hätte doch nicht nötig getan!

Martha stutzte. Die Metallschachtel war mit Augen verziert, Augen mit dicken schwarzen Lidrändern, die ein bisschen an ägyptische Darstellungen erinnerten und weniger an die klassischen Beschwörungen gegen den bösen Blick. Aber jetzt erinnerten sie Martha an … die gezeichneten Augen von Niki de Saint Phalle, an die Augen, die sie im Museum in Fribourg von den Wänden angestarrt hatten, an die gezeichneten Augen im kindlichen Memoir der Künstlerin. Waren das wirklich Augen gegen den bösen Blick gewesen? Oder hatte Niki de Saint Phalle hier den bösen Blick schlechthin zu bannen versucht, den verbotenen, den gierigen Blick ihres Vaters, der alle Grenzen überschritten hatte und vom Beschützer zum Verbrecher geworden war?

Arbeiten, arbeiten! Martha wusste, dass sie nicht zu viel denken durfte bei der Arbeit, selbst wenn die, wie heute, ziemlich mechanisch werden würde. Sie nahm sich ein erstes Stück vor. Zunächst griff sie zum harten *Wishab*. Der vulkanisierte Latex hatte eine blaue Schicht zum Greifen, ein mittelgroßer wäre erst einmal recht. Es war heute schwer, in den Rhythmus zu kommen. Das Gummi fiel ihr aus der Hand. Martha fluchte, das machten die verdammten Handschuhe, sie ließen sie ungeschickt agieren. Sie bückte sich, hob das Werkzeug auf – und begann, die Figur zu reinigen. In langsamen, sorgfältigen Bewegungen. Zug um Zug, Stück für Stück.

Sie hielt inne, griff nach der metallenen Schachtel, ohne hinzusehen. Jetzt ein anderer Schwamm, ein *Lascaux*, jetzt die noch weicheren – und streichen, streichen …

Die Halle füllte sich. Die Reisenden kamen, schritten wie immer in diesen seltsamen, zufällig gebildeten Gruppen, immer alle halbe Stunde, immer in diagonaler Bewegung durch die Halle. Kofferrollen kollerten, Taschen schleiften, Menschen riefen und redeten in ihre Mobiltelefone – Martha Grünhold bemerkte das alles nicht. Sie schaute auf das Grün. Und das Rot und das Blau. Sie wurde selbst zum Rot und zum Grün und zum Blau. Sie spürte den Schmerz in ihren Händen nicht mehr, die unmerklich Schicht um Schicht abtrugen: Fett und Ruß und Flecken, die Spuren der Jahre, die Verletzungen der Jahre.

Ganz ausradieren konnte man die Schäden freilich nicht. Sie dachte daran, wie Niki de Saint Phalle sich über ihren Bruder beklagt hatte, John, den Peiniger, der ihr das Kinderleben so oft zur Hölle gemacht hatte. Wirklich? Als erwachsener Mann weigerte sich der Bruder, sich zu erinnern. Das heißt, erinnern wollte er sich schon, aber nur an das Schöne. Aber wie sollte das gehen – das Schöne ohne den Schmerz? War das zu haben? Martha wischte und wischte. Die Gedanken kamen und gingen.

Mittagspause! Erst jetzt bemerkte sie, wie weh ihr das Kreuz tat. Du liebe Güte! Ächzend richtete sie sich auf. Aber der Abschnitt 28V, die Brust mit dem lavendelfarbenen Herzen auf grünem Herz auf rotem Grund sah schon ganz gut aus. Sie fuhr den Greifarm herunter, schwebte in die Halle, und mit der Abwärtsbewegung nahm der Lärm wieder zu. Was war das für ein Gewusel zur Mittagszeit! Martha ging zu den Bahngleisen, hier gab es verschiedene Stände mit allen möglichen Köstlichkeiten. Brezeln und Würste, belegte Brötchen und heiße Mandeln. Stirnrunzelnd ging Martha zwischen den Ständen hindurch. Nein, sie schaffte es nicht, hier zu essen, wo all das hergestellt und verkauft wurde, was ihrer Engelin schadete. Eigentlich war Restauratoren-Arbeit eine Sisyphus-Arbeit. Sie stellten einigermaßen wieder her, sie bauten neu auf und retteten – und dann schlugen Witterungsbedingungen und menschliche Ausdünstungen, Kochdämpfe und Eisenabrieb, CO_2 und andere Abgase wieder zu.

Einmal Gemüseteller, bitte!

In der Kantine der Bahner fühlte sich Martha am wohlsten. Hier blieb alles beieinander: die Angestellten und ihre kleinen Chefs in den zu großen Uniformen, die Männer vom Reinigungsdienst, die ihre Besen selbst in der Pause nicht beiseitestellen wollten, die Azubis und ein paar Verlorene, die eigentlich nicht hierher gehörten, aber von allen wohlwollend übersehen wurden. Sie alle saßen vor den falschen Alpen und sahen zu, dass sie satt wurden und ihren Durst stillten. Hier drang nichts nach draußen – kein Geschwätz und vor allem keine Essensdünste, keine Rauchschwaden und kein Fett. Hier nötigte ihr keiner ein Gespräch auf. Hier konnte sie ihren Gedanken nachhängen – oder, wie jetzt, den Farben. Dem leuchtenden Rot, Gelb, Grün und Blau der Niki de Saint Phalle. Es waren außerordentliche

Farben! Und dazu dieses seltsam matte Blau, das in Kontrast stand zum Leuchten der vergoldeten Flügel. Das Himmelsblau der Madonnen wirkte hier ein bisschen stumpf, der Engel, obwohl mit allen Merkmalen himmlischer Wesen ausgestattet, war noch ziemlich stark an diese Welt gebunden, nicht zuletzt durch seine pralle Körperlichkeit.

Fröhlichkeit! Wie konnte Niki de Saint Phalle nach dem, was ihr widerfahren war, solche heiteren Wesen erfinden? Und noch dazu solche, die mit ihrer weiblichen Kraft, ihrer Physis derart prangten?

Martha wischte und wischte. Sie setzte die Radiergummis ein, sie verbrauchten sich schnell, aber Martha hatte sich bevorratet. Wo sie mit ihnen nicht weiterkam, tupfte sie mit einem feuchten Tuch vorsichtig nach. Reiben, tupfen, trocknen. Abwarten. Mit dem Licht prüfen. Gegen das Licht. Das nächste kleine Quadrat. Reiben, in großen Strichen zunächst, dann kleiner, diagonal dagegen. Doch wieder tupfen? Bücken, Lappen befeuchten, vorsichtig, bloß nicht zu viel … und weiter.

Die gebückte Gestalt da oben auf der Hebebühne fiel nicht auf. In ihrem grauen Arbeitsoverall verschmolz sie mit dem Hintergrund, mit der Bühne. Nur ihr gelber Helm leuchtete.

Plötzlich ein Rumpeln, ein Ruck! Martha schrak zusammen. Sie fuhr hoch, wischte sich unwillkürlich den Schweiß von der Stirn. Da unten! Unter ihrer Hebebühne, daneben, drum herum – überall pöbelnde, schreiende Menschen. Sie waren schwarz gekleidet. Es waren, so weit sie sehen konnte, nur Männer. Junge Männer, mit aggressiv aufgerissenen Mäulern, Schulter an Schulter, einige hatten die Arme hochgerissen, die Fäuste. Sie brüllten. Was, das konnte Martha nicht verstehen – wohl aber, dass sie in Gefahr war. Die Menge schob und schubste. Sie drängten an das Gestänge, an das Fahrwerk der Hebebühne. Behände zog Martha den Nothalt. Der Kompressor verstummte. Sie verstand etwas mit »Sieg« und »Nieder«, sie hielt sich am Gestänge fest. Jetzt bloß nicht den Halt verlieren. Die Männermenge da unten wogte und brandete. Sie hatten sie nicht entdeckt oder ignorierten sie. Ihre Aggressivität, diese unerklärliche Wut richtete sich wohl nicht direkt gegen sie? Aber das war egal: Wohin diese Männer marschierten, da brachten sie Gefahr. Da überrannten sie alles, da machten sie alles nieder. Wo war das Sicherheitspersonal? Nicht zu sehen. Wieder ein Rempler. Nicht nur sie war in Gefahr – auch der Schutzengel! Martha straffte sich. Sie beugte sich weit über die Reling ihres schwankenden Schiffs, nahm allen Mut zusammen und brüllte nach unten: »Verschwindet hier, auf der Stelle! Seid ihr wahnsinnig geworden? Das ist eine Baustelle – los, Leine ziehen!«

Nichts. Ihre kräftige Stimme drang nicht durch. Sie versuchte es erneut, rief, schlug mit der Faust auf die Reling. Sie stampfte mit den Füßen, mit den metallbeschlagenen Arbeitsschuhen trampelte sie auf der eisernen Plattform und schrie dabei, inzwischen schrie sie um Hilfe. Ein paar der Kerle schauten nach oben, reagierten aber nicht.

Dann endlich! Unterstützung! Von zwei Seiten stürmte das Sicherheitspersonal, die Polizei im Schlepptau. Die Polizisten hatten schon die Schlagstöcke gezückt, Martha sah es mit Genugtuung.

Eine halbe Stunde später war die Halle geräumt. Das Absperrband wurde neu gezogen. Martha sank erschöpft auf den Boden der Hebebühne. Nicht viel hätte gefehlt, und sie und die Engelin wären gefallen. Allein gelassen hätte sie sie nicht. Niemals.

Nachts erzählte sie ihrem neuen Freund, dem Kammerjäger, von der Geschichte. Sie hatte ihn kennengelernt, als sie beschlossen hatte, nachts gelegentlich beim Engel zu bleiben. Sie wusste selbst nicht, warum. Sie redete sich ein, so könnte sie das frühe Morgenlicht ausnutzen, aber vielleicht wollte sie nur dem Hotel fernbleiben, den abgestandenen Bieren der Minibar entkommen, den klebrigen Riegeln, die sie voller Verachtung dazu aß, wenn es mal wieder keine *Toblerone* gab. Sie hatte sich auf der Hebebühne einrichten wollen, aber vergessen, den Security-Leuten Bescheid zu geben. Die Halle lag im Halbdunkel und war still – plötzlich ein Schuss. Dann noch einer! Man hörte ein Flattern, aufgeregt, noch einen Schuss – und dann ein Klatschen. Der Kammerjäger erledigte die Tauben. Martha hätte am liebsten applaudiert. Endlich rückte jemand den Todfeinden der Kunst zu Leibe! Nichts war schädlicher als der ätzende Kot der Tauben für die Polyesterhaut des Schutzengels. Martha freute sich. Der Kammerjäger war jung und ernst, und er war es nicht gewöhnt, dass es jemand gut fand, wenn er die Tauben totschoss. So hatte ihre Bekanntschaft begonnen.

In der Nacht nach der Sache mit den Hooligans konnte Martha nicht schlafen. Das Brüllen und Schreien, das Gefuchtel und Gepose verfolgte sie. Nach ein paar Stunden gab sie auf. Sie konnte genauso gut die paar Schritte vom Hotel zum Bahnhof gehen. Sie hatte sich das so angewöhnt, zur Mitte der Nacht, wenn sie sich lange genug herumgewälzt hatte, Wasser gegen ihren Durst getrunken hatte, den Mund trotz des aufsteigenden Ekels direkt auf den Hahn am Waschbecken gedrückt, Wasser, Wasser. Und wenn sie merkte, dass sie dennoch nicht wieder einschlafen konnte, dass die vorbeihuschenden Schatten immer neue bedrohliche Züge annahmen, dass Schlangen, Drachen und Bären an ihrer Zimmerdecke unterwegs waren und das aufgerissene Fenster es nicht besser machte – dann stand sie eben auf. Vor der Tür donnerte ein Lastwagen vorüber, verabschiedeten sich Jugendliche nach einer Party oder auch nicht. Unschlüssig standen sie in Hauseingängen und rauchten, ein paar Tunichtgute streiften auf und ab. Martha redete sich ein, sie käme ja sowieso am Bahnhof vorbei, da könne sie genauso gut nach dem Rechten sehen? Die Bahnhofshalle war abgeschlossen, aber die Security-Leute ließen sie passieren.

»Guten Abend, Frau Grünhold! Der Herr Kammerjäger hat seine Arbeit schon beendet. Er packt gerade zusammen.«

Der Herr Kammerjäger freute sich kaum merklich, als er Martha kommen sah. Sie setzten sich auf die Bank vor dem Café der ehemals 3. Klasse und rauchten, was verboten war, was aber um diese Zeit niemand ahndete.

»Saubande!«, sagte der Kammerjäger, als Martha ihm von den Hooligans erzählt hatte. »Leider werde ich für solche Trottel nicht geholt. Die würde ich schon Mores lehren!«

Martha glaubte ihm aufs Wort.

»Du hast aber kein Problem mit so einem Schießgewehr?«, fragte der Kammerjäger und zeigte auf seine Flinte, die er gut verpackt neben sich gelegt hatte.

»Nein, habe ich nicht«, erwiderte Martha. Dabei war das ein heikler Punkt.

In Herne alias Wanne-Eickel hatte es natürlich Schützenvereine gegeben. Als Kind war Martha fasziniert gewesen. Die merkwürdigen Uniformen! Vor allem die Hüte mit den Federn daran hatten es ihr angetan. Und die feierlich geschulterten Gewehre! Die Schützen hatten allerdings keine Zweifel daran gelassen, dass sie, ein Mädchen, nicht in Frage kam. Die Männer wollten unter sich bleiben. Martha ärgerte sich. Es war das erste Mal, dass ihr etwas so eindeutig verschlossen wurde. Wofür hielten sich die Kerle? Der Vater, selbst ein begabter, wenngleich fauler Schütze, beruhigte sie:

»Komm schon, lass die Idioten doch, ich zeig dir, wie das geht.«

Und das machte er. Sie fuhren hinaus in den Sodinger Wald, er mit seiner Flinte, sie mit der Tasche mit den Patronen. Und dann brachte er ihr das Schießen bei. Sie schossen auf Totholz, auf herumliegende Stämme, auf Äste, auf Pilze, und Martha stellte sich, wie der Vater anerkennend bemerkte, nicht dumm an. Aber etwas stimmte nicht – Martha spürte es ganz genau. Es war ein Prickeln, heiß und irgendwie von den Füßen her aufsteigend, ein

Prickeln, das sie vorher nicht gekannt hatte und das sie nun ganz unruhig machte. Schießen war aufregend, es war erregend, sie konnte gar nicht mehr damit aufhören! Der Vater lachte, aber Martha war wohler, als er es gut sein ließ und sie an einem Kiosk auf dem Heimweg einfach noch eine Brause tranken.

»Hast du gut gemacht, Kind!«, sagte der Vater noch und klopfte ihr auf die schmale Schulter. »Jetzt weißt du, wie das Schießen geht – und dass es nix Besonderes damit auf sich hat.«

Doch. Hatte es. Aber darüber wollte Martha lieber nicht weiter nachdenken.

Mit dem Kammerjäger hier war es anders. Der kam hier seiner Pflicht nach. Nüchtern. Entschlossen. Und er rettete damit die Kunstwerke in der Bahnhofshalle. Oder?

Eine Woche später war die Arbeit getan. Martha Grünhold tippte unzufrieden an ihrem Abschlussbericht. Unzufrieden, weil der Schutzengel nun an seinen angestammten Platz zurückgebracht werden würde, unzufrieden, weil sie ihn nicht länger beschützen konnte. *Ich empfehle eine regelmäßige Absaugung mindestens alle sechs Monate*, schrieb sie. Ob sich die Zürcher Zuständigen wohl daran halten würden? *Periodische Kontrollen und Zustandsbeurteilungen durch restauratorisch ausgebildete Fachleute sind unerlässlich.* Das war gut – so brachte sie sich wieder selbst ins Spiel! *Es muss unbedingt vermieden werden, dass Wasser auf das Kunstwerk tropfen kann. Es ist unerlässlich, dass entsprechende präventive Maßnahmen ausgeführt werden.* Entsprechend. Präventiv. Maßnahmen. Das war die Sprache, die die städtischen Auftraggeber verstehen würden.

Die Sprache des Schweizerischen Beamten, der am letzten Tag zu ihr an die Baustelle kam, war freilich eine ganz andere. Sie hatte den Mann nie zuvor gesehen; er gehörte nicht zu jener Kommission der Bundesbahn, die für die Kunstwerke im Bahnhof zuständig war und die über die Jahre selbst zu Kunstliebhabern und Kunstverteidigern geworden waren. Dieser hier war anders. Schmallippig begutachtete er die Plastik.

»Ist ja nicht alles zum Besseren geworden«, merkte er an.

»Stimmt«, erwiderte Martha. »Die stärkeren Verschmutzungen haben sich eingefressen.«

»Und an den … Beinen?« Der Mann schien mit einer inneren Abwehr zu kämpfen.

»Sie meinen – die dunklen Wasserläufe?«

Der Mann nickte.

»So etwas lässt sich nur reduzieren. Und – bevor Sie das ins Spiel bringen: Eine Schutzhaut würde es nicht besser machen. Zum einen würde die Feuchtigkeit, die bereits in die Figur eingedrungen ist, eingeschlossen – mit den entsprechenden Folgen. Zum anderen würde das den Charakter der Figur …«

»Charakter!« Der Mann schnaubte das Wort regelrecht aus. Er winkte ab. »Lassen Sie's gut sein. Den Bericht können Sie schicken.« Und im Gehen: »Isch scho ä rächti Huere g'sli, die Niki …«

Sie ist schon eine rechte Hure gewesen, die Niki.

Er verschwand, bevor Martha etwas erwidern konnte.

Ä rächti Huere. Das würde dir so passen! Und Niki.

Plötzlich kamen Martha Grünhold die Tränen. Verdammt noch mal! Sie war doch nicht Saint Phalles Nachlassverwalterin! Sie war nicht einmal ihre Anwältin oder so etwas, eher die akademische Reinemacherin. Und außerdem: Niki de Saint Phalle konnte sich ganz gut selbst verteidigen. Ä *Huere.* Solche Beschimpfungen hatte es schon zu Lebzeiten gegeben. Niki war damit resolut umgegangen – und wie sie damit umgegangen war! Sie hatte den Spieß einfach umgedreht. Martha begann zu ahnen, was das gekostet haben konnte. Jetzt konnte sie es kaum abwarten, wieder ihr Notebook zu öffnen. Nikis Geschichte war auch eine Geschichte vom Mut.

5.

Im Abteil nach Basel setzte Martha ihre Kopfhörer auf, kramte den Netzstecker für das Notebook heraus, schloss es an. Sie schaute nicht auf, als der Schnellzug den Bahnhof verließ, sie hatte sich letzte Nacht vom Schutzengel verabschiedet, auf ihre Weise.

Die mächtige, fröhliche Schutzengelin mochte die Reisenden von Zürich behüten – sie selbst schwebte wohl für immer schutzlos und schwer und schwerelos zugleich durch die große Bahnhofshalle, wie ein Wesen von einem Stern der Frauen, ein riesiges Insektenfrauenwesen, das keinen Ausgang findet. Martha Grünhold fand sich ziemlich unerträglich, wenn sie so melancholisch war. Dann fielen ihr die merkwürdigsten Vergleiche ein.

Die Fernsehbilder, die sie nun sah, gehörten zu den ersten in Farbe, in diesen merkwürdigen bunten Tönen der 1960er Jahre, aber welche Zuschauer hatten 1966 schon Zugang dazu? Das Fest der Farbe und der Form nahmen wohl die meisten in Schwarz-Weiß wahr. Die Bilder der restaurierten Glasfenster in Reims zeigten die Fernsehnachrichten noch in Schwarz-Weiß, auch die irrwitzige Kathedrale in Brasilia, diese halb in der Erde versenkte Riesenblüte, die eine Dornenkrone darstellen könnte. Und eine irrwitzige, moderne, eine mehrdeutige Kathedrale, die erblickte Martha nun auf den körnigen TV-Bildern – HON, das Werk von Niki de Saint Phalle und ihrer Freunde für Stockholm: Per Olof Ultvedt und ein gewisser Jean Tinguely, der eine ein schwedischer Künstler, der andere aus der Schweiz. Das dortige *Moderna Museet* hat ihnen einen Auftrag gegeben, Tinguely soll federführend sein, so heißt es. Pontus Hulten, der Direktor, hat das Haus binnen sechs Jahren zu einem Anziehungspunkt für junge Leute gemacht. Die Schweden danken es ihm, dass er ihre nationale Kunst neben die amerikanische Kunst der Gegenwart stellt, sie stürmen die Ausstellungen der *Four Americans* mit den Bildern von Robert Rauschenberg und Jasper Johns. Die Pop-Art hält Einzug, das Publikum berauscht sich an Andy Warhol – und Pop-Art, das hat Hulten auch im Sinn, als er Tinguely, Ultvedt und Niki de Saint Phalle einlädt.

Die drei Künstler streiten sich zum Auftakt erst einmal gründlich, sie wandern in der Eingangshalle des Museums unruhig auf und ab; sie gehen vor die Tür und rauchen und streiten weiter; sie bestellen Taxis und lassen sich von den Fahrern ermahnen, das wird zu teuer mit den Taxis, immer fahren sie hin und her, als ließe sich in den Straßen von Stockholm eine Lösung finden. Für das, was sie bauen sollen. Sie sollen etwas Großes machen, etwas Monumentales, eine Plastik, etwas Raumfüllendes oder Raumsprengendes.

Sie lassen sich dann lieber von Per Olof Ultvedt chauffieren, Hulten auf der Beifahrerseite, Niki de Saint Phalle und Tinguely auf der Rückbank, strahlend, streitend. Niki fein lächelnd, Niki abwartend. Die drei Kerle, so scheint es, auf sie konzentriert, jeder auf seine Art. Immer schafft sie es irgendwie, das Spielerische zu bewahren, das Vergnügen – aber: Niki de Saint Phalle, in den Sechzigern ein aufgehender Stern, lernt in Stockholm den Druck des Erfolgs kennen. Im *Moderna Museet* reicht es nicht, noch eine *Nana* zu produzieren, noch eine sich drehende, mechanische Figur, wie Tinguely sie schafft – etwas Besonderes muss her, und zwar binnen sechs Wochen. Schneller, weiter, größer!

Niki de Saint Phalle lacht, als Pontus Hulten sie mit diesem sportlichen Slogan anzustacheln versucht. Allerdings gewinnen die olympischen Kategorien hier tatsächlich eine Bedeutung – und wieder hat der Kunsthistoriker Hulten die richtige Idee. Er denkt an eine *Riesen-Nana*, die aber … eine Funktion haben soll.

HON muss her – das schwedische Pronomen für »sie«, eine Kathedrale der Weiblichkeit, ein Unding, ein Riesenweib, das die Frauen feiert. Ultvedt ist dagegen, er will lieber einen Mann, er mault, jeder werde nur an Saint Phalle denken, wenn schon wieder eine *Nana* gebaut wird, wenngleich im Riesinnenformat. Er hat Recht, aber das nützt ihm nichts, das Projekt nimmt jetzt Fahrt auf, Saint Phalle und Tinguely sind nicht mehr zu bremsen.

Auf den Bildern sieht man, wie SIE konstruiert wird; man sieht Hulten und Tinguely, wie sie sich anscheinend beraten; man sieht Niki de Saint Phalle, die schlanken Hände im Drahtgeflecht der Figur vergraben, als walkte sie einen Teig. SIE / HON soll am Ende 27 Meter lang werden, 9 Meter breit und 6 Meter hoch, sie muss also im Museum selbst gefertigt werden, ein Riesenweib auf dem Rücken liegend, eine Märchenfigur.

Martha dachte plötzlich wieder an *Alice im Wunderland* – dieses seltsamste aller Kinderbücher hat Niki de Saint Phalle doch so geliebt? Martha versuchte, sich zu erinnern: Ist da nicht außer Kaninchen und bösen Königinnen auch noch ein Problem mit der Größe gewesen? Martha ärgerte sich – über ihr schlechtes Gedächtnis, aber auch über das komplizierte Kinderbuch, das sie nie richtig durchdrungen hatte. Ein Kinderbuch für Leute mit Abitur, so hatte ihre Mutter das wegwerfend genannt, wenn ihr etwas zu kompliziert erschien – für sie selbst und für Martha. Das sagte sie selbst dann noch, als Martha längst Abitur hatte, jedenfalls ein Fachabitur, ein kleines Abitur, mehr war nicht drin gewesen. Sie schweifte schon wieder ab. Richtig, sie hatte es wieder: Da wurde diese allzu neugierige Alice auf der Flucht in irgendjemandes Haus auf Riesengröße aufgeblasen, weil sie unvorsichtigerweise von etwas genascht hatte – und dann wurde das kleine Mädchen derart voluminös, dass an ein Entkommen aus dem Haus nicht mehr zu denken war, gerade noch ein Arm oder ein Ellenbogen passte zum Fenster hinaus, war es nicht so? Eines dieser Bücher, die illustrieren, was mit allzu wissbegierigen Kindern passiert. Also war diese HON vielleicht eine Art Märchenfigur, wenngleich nicht ganz jugendfrei, denn HON alias Alice hatte die Beine gespreizt, den Schoß weit geöffnet für die Besucher, hereinspaziert! *Ä rächti Huere,* der Spruch des Bahners aus dem Zürcher Hauptbahnhof fiel Martha wieder ein. Sie musste lächeln: *Ä rächti Huere* – das hat Niki de Saint Phalle in ein positives Gegenbild verkehrt.

Martha sah im Video den schwedischen Kollegen Ultvedt, sie entdeckte plötzlich jemanden, den sie kannte. Es war ein schlanker junger Mann, bärtig, der nicht recht in das Künstlerkollegium zu passen schien, obwohl er einen Arbeitsoverall trug wie die anderen, bärtig war wie die anderen Männer. Aber etwas Fremdes war an ihm, er sah eher aus wie einer aus dem Wald, der sich in die schwedische Hauptstadt verirrt hat, er war entspannt, aber nicht lässig, aufrecht, aber alles andere als dominant – es handelte sich um den Mann, den sie ein paarmal in Zürich und dann in Fribourg gesehen hatte, den Mann, der ihre Wege kreuzte, seit sie sich mit Niki de Saint Phalle beschäftigte. Eine Art Schatten. Der Schatten, so hörte sie aus dem Kommentar, war ein Schweizer Künstler.

Sein Name ist Rico Weber, und in den 1960er Jahren ist der Weltenbummler in Stockholm gestrandet. Er schlägt sich durch, verrichtet allerhand Handwerkliches, arbeitet als Koch und hat sich womöglich damit abgefunden, immer nur in der Nähe von Kunst zu sein, aber niemals Teil von ihr zu werden, vielleicht ist ihm das nicht in die Wiege gelegt, kein höherer Sohn, kein Adeliger, ein Waldschrat von Aussehen und Habitus her, Naturbursche. Und dann kommt Niki de Saint Phalle …

Basel! Martha Grünhold schaute erschrocken hoch, klappte das Notebook zu, riss das Netzkabel aus der Steckdose, packte ihren Koffer und die Werkzeugtasche, schmiss irgendwie die Jacke darüber. Basel. Tinguely-Stadt.

Sie sprang auf den Bahnsteig. Sie war mit Niki de Saint Phalle noch nicht fertig, weiß Gott nicht, aber ihr wurde die Sache zu persönlich, genauer: zu individual-persönlich. Die Frau war ja nicht vom Himmel gefallen – es gab einen Kontext, selbst wenn man diesen zunächst einmal nicht gesellschaftlich verstand, sondern nur biografisch. Es half immer, Künstler in ihrem Umfeld, das sie geprägt hatte und das sie selbst prägten, zu betrachten. So entging man auch diesem vertrackten Genie-Kult, der alles anbetungswürdig machte – aber nichts verständlich.

Der Plan war einfach: Bevor sie zu ihrem nächsten Auftrag weiterfahren würde, in die alte Heimat, ins Ruhrgebiet, wollte Martha sich das Tinguely-Museum an der deutsch-schweizerischen Grenze ansehen. Vielleicht konnte ihr das Werk dieses verrückten Schweizer Tüftlers Niki de Saint Phalle auf eine andere Weise näherbringen. Vielleicht gab es noch mehr Künstlerinnen und Künstler, die unmittelbare Bedeutung für das Werk hatten. Martha kam sich vor wie jemand, der einen Kiesel ins Wasser wirft – und das Wasser zieht nun kleine, feine Kreise. Ja, so würde es gehen: allmählich erweitern, den Blick. Diese merkwürdige, neue kleine Besessenheit loswerden, diese Mischung aus völliger Abwehr und Faszination.

An den anderen, an den Schattenmann, dachte Martha in diesem Augenblick nicht. Eine halbe Stunde später stand Martha in der Ausstellungshalle – und hielt sich die Ohren zu. Es war ein infernalischer Lärm! Der Lärm war schon draußen hörbar gewesen und hatte sich am Ticketschalter derart verstärkt, dass Martha den höflichen Mann hinter der Glasscheibe zweifelnd gefragt hatte:

»Bleibt das jetzt so?«

»Nein«, hatte er nur kurz entgegnet – und jetzt wusste Martha den Grund: Es blieb nicht so – es wurde schlimmer, viel schlimmer. Es polterte, es ratterte und krachte, es klingelte, hämmerte, prasselte, rasselte, gefolgt von einem nervtötenden Pling-Pling und Ding-Ding – und das Ganze ohne erkennbaren Rhythmus, ohne logische Abfolge oder irgendeine Ordnung, eine Lärmhölle, geplant anscheinend von einem menschenfeindlichen Dämon des Krachs und regiert von Zufall und Bösartigkeit.

Martha hielt sich beide Ohren zu, während sie langsam den riesigen Raum umrundete, aber immer, wenn sie die Hände probeweise wieder ein wenig von den Ohrmuscheln löste, war der Lärm schlimmer als zuvor. Schließlich gab sie auf. Sie ließ die Hände sinken und schloss die Augen. Besser, sich daran zu gewöhnen. Besser, sich zu ergeben. Denn eines kam für sie nicht in Frage: das Weite zu suchen. Wenn ich schon einmal hier bin ... so ähnlich redete sie sich zu. Es wäre ihr nicht in den Sinn gekommen, eine Ausstellung nicht anzusehen, nur weil ihr die etwas zumutete. Und Jean Tinguelys Plastiken waren eine Zumutung, so viel stand fest, es war Teufelszeug.

Vier seltsame, übermannshohe, ausladende, wild zusammengeschraubte Apparate standen im Kreis, jeder einzelne auf Rollen – solche aus der Industrie und solche aus der Landwirtschaft –, und auf einer Plattform ganz unten waren dann die verschiedensten Trommeln und Rasseln, Percussion-Instrumente, Schellen und Klingeln aufgebaut. Einige dieser Apparaturen wurden in einem Gestänge aus rotem Stahl notdürftig gerahmt und zusammengehalten, aber es wirkte dennoch, als sei ein ehrbares Orchestrion explodiert, als sei etwas ganz und gar aus den Fugen geraten, hier herrschte das blanke Chaos. Dennoch, das musste Martha zugeben, war dieses Chaos durchaus organisiert, jedenfalls liefen die Maschinen, jedenfalls drehten sich die Räder, griffen Zahnräder ineinander, eine gut geölte Maschinerie der Ohrfolter. Das sollte Musik sein? Nein – keine Musik. *Méta-Maschinen*, so hieß das Ganze. Maschinen also, die über den Maschinen stehen, mit denen sich über Maschinen nachsinnen lässt. Rata-Zong! Martha fuhr zusammen. Wo kam jetzt wieder dieser Krach her? Ro-Pling, Ro-Pling, Ro-Pling! Es war unmöglich auszumachen, wer jetzt wieder der Solist dieser kleinen, besonders perfiden Einlage war. Zwar konnte das Ohr den Klang einigermaßen orten, aber das Auge war zu langsam:

Immer, wenn man gerade herausgefunden hatte, woher ein Geräusch zu kommen schien, war der Hauptklang schon wieder woanders. Wo gab es denn so was – eine Plastik, bei der das Ohr gegenüber dem Auge im Vorteil war? Als kleine Lektion über die Wahrnehmung war das, zugegeben, gar nicht schlecht.

Martha konzentrierte sich. Betrachtete nur eine Maschine, versuchte zu ignorieren, wie die anderen drei hinter und neben ihr um Aufmerksamkeit buhlten, nein: brüllten. Sie versuchte, mit den Augen der Entstehung der Klänge zu folgen, sie folgte den Riemen und Scharnieren, den großen und kleinen Zahnrädern, die auf mehreren Ebenen, versetzt hintereinander, ineinandergriffen und sich aneinander vorbeischoben. Ruhig, Martha, ruhig! Sie würde dem Ganzen hier nicht hilflos ausgesetzt sein. Sie verstand immer besser, dass hier Hören und Sehen gegeneinander ausgespielt wurden. Als würde der eigene Wahrnehmungsapparat auseinanderfallen oder hier ausgestellt in riesenhafter Größe und schrecklichen Dimensionen. Übermannshoch? Ach, was – überlebensgroß, in einer neuen, furchtbaren Wortwörtlichkeit.

Ein Männchen fuchtelte. Es war eigentlich ein normal gewachsener Mann in einem grauen Arbeitsanzug, der sich über etwas aufregte – was es war, das verstand man nicht, wohl aber sah man die hochfahrenden Arme, das wütende Gesicht. Der Mann versuchte offenbar, mit jemandem zu reden, der hinter einer der Maschinen stand, aber das war natürlich sinnlos, und so winkte der Zornige der zweiten Person mitzukommen, und ohne so recht zu wissen, warum, fühlte sich auch Martha angesprochen und verließ mit den beiden den inneren Kreis der Hölle und gelangte ins Foyer zurück. Die Tür hinter ihnen schloss sich, und nun verstand Martha, was die beiden redeten.

»Es ist unmöglich!«, rief der Mann gerade. »Ich habe es ihnen schon tausendmal gesagt.«

»Es ist nicht unmöglich, es ist Kunst«, stellte die zweite Person fest, eine junge Frau in einem extravaganten schwarzen Kleid, in der Martha augenblicklich eine Kuratorin erkannte.

»Ich weiß selbst, was Kunst ist!«, schnarrte der empörte Mann jetzt. »Sie brauchen mir wirklich nicht zu erklären, was *Jeano* sich hier gedacht hat, ich ...«

Jeano? War das der Spitzname von Jean Tinguely?

»Sie sollten sich daran erinnern, dass ich dabei war. *Jeano* und ich haben das Zeug hier gemeinsam zusammengeschraubt, was glauben Sie, wie viele Stunden er ...«

»Ich weiß, ich weiß«, sagte die Kuratorin jetzt, in einem Versuch, begütigend zu wirken. »Und genau deshalb beharren wir ja darauf, die Sachen im Original zu ergänzen. Es ist der Respekt auch vor Ihrer Arbeit.«

»Es ist Schrott, verstehen Sie!« Der Mann regte sich schon wieder auf. »Es war Schrott, es ist Schrott, und es sollte Schrott sein. *Jeano* hat gelacht, wenn wir ihm wieder mal eine kaputte Dose gebracht haben, ein ausgeleiertes Scharnier oder so was. Er fand das witzig. Und wenn etwas kaputtging, wurde es halt durch was anderes ersetzt. Oder auch nicht. Der Lauf der Welt, hat er immer gesagt. Es stand ja draußen.«

»Ja, aber jetzt steht es hier bei uns im Museum.«

Der zornige Mann verstummte kurz. Dann holte er tief Luft: »Und genau das ist anscheinend das Problem.«

Er zuckte die Achseln, drehte sich um und ließ die verblüffte junge Frau stehen.

Der Mann stand jetzt vor dem Museum und rauchte. Er wirkte eigentlich wie der Hausherr, dachte Martha, sehr selbstbewusst trotz seines abgetragenen Anzugs, sehr aufrecht, auch wenn er kaum größer als Martha war. Der Mann atmete immer noch rasch.

»Zigarette?« Dass Martha ihn beobachtet hatte, ihn sogar verfolgt hatte, war ihm anscheinend nicht entgangen, störte ihn aber nicht.

»Danke.«

Sie rauchten eine Weile schweigend nebeneinander. Endlich sagte der Mann: »Die haben keine Ahnung von *Jeano*. Von der Art, wie wir damals gearbeitet haben – und warum.«

Das klang traurig. Martha wusste nicht, was sie sagen sollte.

»Ich erklär's Ihnen«, sagte der Mann, als hätte Martha eine Frage gestellt. »Es war ganz einfach mit dem *Jeano*. Für uns jedenfalls.« Er streckte Martha seine trockene und auffallend gut gepflegte rechte Hand hin: »Grüß Sie. Urs Brunner.«

Martha schlug ein.

Der Mann war Schlosser. »Bau- und Konstruktionsschlosser«, korrigierte er sich selbst, ein fleißiger Arbeiter aus Bern, der nicht weiter als bis nach Gerlafingen gekommen war. Dort arbeitete er in einem Walzwerk. Er nannte sogar den Namen, als müsste der jedem etwas sagen, aber Martha konnte sich den Namen nicht merken.

Er nahm noch einen Zug, schaute den Rauchkringeln nach und fuhr fort. »Was ich hatte, war nicht schlecht, aber immer dasselbe. Und ich wüsste, es würde immer so weitergehen. Dann habe ich diese Anzeige gelesen.« Er konnte den Text noch immer auswendig: »Jean Tinguely sucht per 15. Juli Bauschlosser oder Schlosser (Deutschschweizer), vielseitig und schwindelfrei, Autofahren (Jasskenntnisse erwünscht), f. d. Konstruktion einer Rieseneisenplastik in der Nähe von Paris für die Dauer von ca. 6 Monaten. Für Unterkunft und Verpflegung wird gesorgt.«

Schlosser? Schwindelfrei? Das war kein Problem. Und Jasskenntnisse? Der Mann lachte: »Klar, das war etwas ungewöhnlich als Stellenbeschreibung, aber warum nicht?«

»Ich habe mich vorgestellt – und das war's.« Wurden dem Mann gerade die Augen feucht? Man konnte es im grellen Mittagslicht nicht richtig sehen. Er setzte sich umstandslos auf die Stufen vor dem Museum und überließ es Martha, ob sie sich dazugesellte oder nicht. Es war nicht klar, ob er zu ihr sprach oder zu sich selbst.

»Das passte einfach. Versteht kein Mensch. Tinguely war schon ein berühmter Künstler damals, aber er suchte jemanden, der manche Sachen einfach besser konnte als er, Schweißen zum Beispiel. Wenn eine Sache zu groß wurde, haben wir sie einfach abgesägt, wenn etwas fehlte, haben wir angeschweißt. Punkt, aus. Kein Federlesens. Habe viel gelernt.«

Er wies voller Verachtung hinter sich. »Aber diese modernen Museums-Fuzzis, die machen aus jeder Stange ein Geschiss ...«

Martha begann, sich zu amüsieren. Das war mal ein anderer Typ Restaurator als die Kollegen, die sie bisher kannte. Denn eine Art Restaurator war dieser Urs Brunner durchaus. Martha verstand, dass Brunner jetzt noch, Jahre nach Tinguelys Tod, in seinen Angelegenheiten unterwegs war. Brunner war es, der die komplizierten Apparaturen wartete, Zahnräder ölte, Keilriemen wechselte, Federwerke austauschte. Er brachte Brunnen wieder zum Laufen und dichtete Schläuche. Paris, Tokio, Stockholm, sein Leben war kaum ruhiger als zu Lebzeiten Tinguelys – und immer häufiger wurde er nach seiner Expertise gefragt. Die Maschinen waren heikle Kunstobjekte. Am Laufen halten oder nur instand setzen? Und wenn am Laufen halten – wie oft und wie lange? Lange genug, dass die wechselnden Museumsbesucher einen Eindruck bekamen, aber kurz genug, um die mittlerweile betagten Apparate nicht allzu sehr zu belasten. Da sollte, da musste er mitreden.

»... na ja, jedenfalls, wenn's gutgeht. Wenn nicht diese studierten Neunmalschlauen alles von vornherein besser wüssten.«

Der Mann rauchte und schaute in eine Ferne, die es nicht gab. Dass Martha schwieg, schien ihn eher anzufeuern. Er war es, der Eisenteile und Reifen von Schrottplätzen geholt hatte; er war es, der, zum Schrecken manch anderen Künstlers, auf einen Blick begriff, was hier zu holen war. Brunner lachte leise in sich hinein: »Es haben sich nicht alle gefreut, wenn der *Jeano* und ich kamen. Wir haben immer etwas mitgehen lassen – ein schönes Schnörkeli, ein paar Schrauben.«

Brunner und Tinguely, was für ein seltsames Paar! Eines, das raubend und jagend durch Europa und die USA zog, Tinguely mit immer riesenhafteren Ideen, der getreue Gehilfe, der sie umsetzte, wie manche sagten. »Umsetzen!« Er schnaubte das Wort geradezu aus. »Wir haben nix umgesetzt. Wir haben halt gemacht. So hat Tinguely das immer gesagt. Genauso wie der Rico für die Niki.«

Rico Weber. Da war er wieder.

»... der Assistent von der Niki – kennen Sie?« Er wartete ihre Antwort nicht ab. »Auch Handwerker. Aber nix Gelerntes. Na ja, eine Tapeziererlehre hatte er wohl.« Er machte wieder eine wegwerfende Handbewegung, hielt jedoch inne. »Der war schon gut, der Rico. Aber er und Niki ... die arbeiteten ganz anders als der *Jeano* und ich. Das passte schon – auf der einen wie auf der anderen Seite.«

Zwei Künstler: Jean Tinguely und Niki de Saint Phalle. Und zwei Assistenten: Urs Brunner und Rico Weber. Künstler und ihre Schatten. Schattenkünstler. Martha betrachtete den Assistenten von der Seite.

»Das kracht immer zwischen mir und den Museumsleuten«, sagte Brunner mit leisem Bedauern. »Unvermeidlich. Für die ist das jetzt so große Kunst ...« Er übertrieb die Betonung des Worts, machte eine ausladende Geste dazu. »Klar ist es Kunst, aber man kann sie doch angreifen. Es ist nix, vor dem man in Ehrfurcht erstarren müsste. Es kommt aus dem Dreck, und es wird wieder zu Dreck. Wie wir alle.« Er schaute Martha zum ersten Mal direkt an. »Sie können sich nicht vorstellen, was für ein Gewese die da drum machen. Da ist aus einer der Maschinen eine Cola-Dose herausgefallen. Cola-Dose, wissen Sie?« Martha nickte. »Die war einfach hin, sie ist sozusagen zerbröselt, völlig durchgerostet, das Ding. Und ich wollte eine andere Dose einbauen. Irgendwas. Aber glauben Sie, das hätten die Museumsleute akzeptiert? Nein, nicht irgendeine Dose. Nicht mal irgendeine Cola-Dose. Sondern nur eine Cola-Dose exakt aus dieser Zeit, also von ungefähr 1978. Haben Sie schon mal versucht, so was zu kriegen?!?«

Der Mann schnaubte wieder.

»Klar, mit dem Internet ist es jetzt einfacher. Da kann man die verrücktesten Sachen kriegen. Gerade ist wieder so ein Kunststoffhämmerchen kaputt gewesen. Gibt's nicht mehr – dachten wir. Aber in den USA haben wir noch eines aufgetrieben. Na ja ...« Er schluckte schwer. »Um ehrlich zu sein, hat es die Kuratorin aufgetrieben.«

Er wollte fair sein, das merkte man ihm an. Einerseits hatte er es mit Leuten zu tun, die sich einen echten Tinguely in den Park vor der noblen Villa hatten stellen lassen und sich nun schwertaten, die Dinge in Schuss zu halten. Dabei war es klar, dass so ein Kunstwerk Ansprüche an den Erhalt stellte. Aber nicht nur Privatleute verschätzten sich. Es gab Stadtverwaltungen, die die schönen Brunnen verwahrlosen ließen. »Paris ist eine Katastrophe.« Und dann gab es diese peniblen Schweizer, die nichts, rein gar nichts, dem Zufall überlassen wollten und die alles eins zu eins ersetzt haben wollten. Das verstand er ja. Und er schätzte deren Akribie durchaus. Nur: Wo war das rechte Maß? Wo fing ein blöder Totenkult an, und wo galt es, auf Genauigkeit zu bestehen? Man einigte sich, man stritt – und dann fing alles wieder von vorn an.

»Nicht zu machen«, seufzte der Mann, »glauben Sie mir. Das ist einfach nicht zu machen.«

Martha verstand ihn nur zu gut. Es war das alte Restauratorenproblem. Es war die alte, bewährte – aber eben auch interpretierbare Ethik der Zunft: Authentisch bleiben sollte das Kunstwerk. So gering wie möglich sein sollten die Eingriffe. Und reversibel sollten sie sein, umkehrbar, bei Bedarf sollte der vorrestauratorische Zustand wiederhergestellt werden können. Kaum zu schaffen. Fast nie. Und was hieß *authentisch*? Es gab immer noch diejenigen, die am liebsten alle Spuren der Vergangenheit getilgt hätten. Die waren erst glücklich, wenn die Skulpturen nicht nur repariert und die Farben ausgebessert waren, sondern wenn alles mit einer hochglänzenden Lackschicht überzogen war. »Weihnachtsmann-Restaurierung« nannte Martha das für sich. Andere wollten, dass man jeden ihrer restauratorischen Schritte hinterher noch sehen konnte. Transparentes Handwerk, immer alles nachvollziehbar – das waren diejenigen, die das Publikum erziehen wollten. Und dazwischen alle anderen. Sie und der redliche Handwerker neben ihr. Sie beide versuchten, sich den Werken und ja, auch ihrer Funktion, zu nähern. Restaurieren hieß, sich annähern, es versuchen, immer aufs Neue.

»Ach was!« So zerstörte Brunner jetzt ihre vorschnellen Gedanken von Kumpanei. »Ach was, annähern! Einfach machen!« Er verabschiedete sich mit einem Handschlag. »Das war das Motto. Einfach machen. Sie entschuldigen. Muss wieder los.« Er verschwand, ohne sich noch einmal umzusehen.

Martha blieb verblüfft auf den Stufen zurück. Einfach machen. Das war der Wahlspruch des Vaters gewesen. Als Marthas Mutter mit über fünfzig noch eine Weiterbildung wollte: Klar, wenn du meinst – einfach machen. Als Martha nach dem Fachabitur und der Ausbildung, einen sicheren Job in der Tasche, doch noch studieren wollte – einfach machen. Und als ihr nach der Ausbildung kein Museum die Anstellung bot, die sie gereizt hätte, und sie stattdessen überlegte, den unsicheren Weg als selbständige Restauratorin zu gehen, da ... da hatte er einen Moment gezögert, um dann aber doch, nur etwas leiser als sonst, zu sagen: »Klar – einfach machen.«

Sie musste sich mit Tinguely und seiner lauten Arbeiterkunst beschäftigen, notgedrungen. Und dann war da noch dieses Monster. Das Monster hieß *Le Cyclop* und wartete im Wald bei Paris. Milly-la-Forêt, das klang ein bisschen nach Operette, aber sei's drum. Vielleicht schaffte sie es dorthin, bevor sie, mit etwas Glück, den nächsten Auftrag ergatterte und diesmal einen wirklich großen: Der Stravinsky-Brunnen in Paris musste dringend restauriert werden. Für den mechanischen Teil hatten sie dort ein Team – keines, in dem ihr neuer Zürcher Freund mitgearbeitet hätte, das wunderte sie, sondern eines vor Ort –, aber der künstlerische Teil war vakant, hieß es. Frankreich – das war eine große Verlockung. Für den *Zyklopen* war nichts ausgeschrieben, aber wer wusste das schon? Es gehörte zur Restauratorenarbeit, einfach mal nach dem Rechten zu sehen, einen Bedarf zu erkennen, bevor ihn mögliche Auftraggeber aussprechen konnten. So geduldig die Arbeit selbst ausgeführt werden musste, so schnell musste man gelegentlich im Vorhinein sein. Der Brunnen war ausgeschrieben. Martha hatte geschluckt, als sie das Rieseninserat in der Fachzeitschrift entdeckt hatte. War das nicht eine Nummer zu groß für sie? Und lästig: Vor der eigentlichen Arbeit stand die Bürokratie. Martha musste sich kümmern, musste Exposés schreiben und vorstellig werden – eine Arbeit, die sie hasste. Es kam ihr so unterwürfig vor. Sie hätte gewollt, dass ihre Arbeit für sich selbst sprach. Darin war sie Tinguely und seinen Mannen womöglich nicht ganz unähnlich. Und doch! Vielleicht brachte ihr *Le Cyclop* Glück? Und dann der Stravinsky-Brunnen in Paris? Dem Assistenten hatte sie nichts davon erzählt, auch nicht, warum er in Paris nicht gefragt war. Musste er ja auch nicht. Er hatte Glück gehabt, er war über Jahrzehnte in Tinguelys Skulpturen-Pandämonium angestellt gewesen. Längst hatte er das Pensionsalter erreicht. Aber er war immer noch der Gefolgsmann von Jean Tinguely, mehr als zwanzig Jahre nach dessen Tod. Saint Phalle und Tinguely, das war ein Künstlerpaar, das andere Menschen in seinen Bann zog. Und der Bann hielt, über ihren Tod hinaus.

Martha beschloss, ins Museum zurückzukehren, um in der Bibliothek zu arbeiten. Martha liebte die Archive und Bibliotheken der Museen. Hier hinein gelangte kein Besucher, hier hatte sie Ruhe – selbst vor den Kunstwerken. Und war ihnen doch nah. In den Depots der Museen warteten Skulpturen, Bilder und Grafiken darauf, endlich gezeigt oder restauriert zu werden. Das Depot bewahrte alles und alles sicher. Und auf dieselbe Weise war das Archiv das Depot der Gedanken.

Die Kollegen ließen sie eintreten. Die Welt der Museumsleute ist nicht sehr groß. Man kennt sich. Bitte schön, dort entlang. Ein Tisch, ein paar Bücher, schnell bereitgestellt. Sie suchte nach mehr, sie wollte an diesem Ort, der so eindeutig von Tinguely geprägt ist, Niki heranholen. Wenn sie den Künstler Tinguely besser verstehen wollte, war Saint Phalles Sicht wichtig. Noch zwei schwere Kataloge. Das musste reichen. Sie setzte sich, blätterte.

Die öffentliche Trauerfeier für Jean Tinguely im Jahr 1991 ist ein Totentanz, eine Fasnacht, ein großes Volksfest, ein Festival für Maschinenmusiker und späte Blumenkinder. Klar, da ist der Sarg, ordentlich aufgebahrt und würdevoll durch die Stadt geleitet. Aber direkt hinter dem Sarg herrscht der schönste Schrecken: Ihm folgt eine von Tinguelys Maschinen, *der Klamauk*. Mit gewaltigem Geschepper, klirrend und rasselnd fährt der ausgebaute Traktor seinem toten Erfinder hinterher. Aus seinem Schornstein qualmt es schwarz und protestierend. Klirrend, knarzend und fauchend beschützt das dämonische Schrott-Tier seinen Erfinder. Die Leute sind schockiert und begeistert von Tinguelys letzter Intervention, denn natürlich hat der Künstler dieses Totenfest selbst bestimmt. Inszeniert hat es Niki de Saint Phalle, die sich todunglücklich und glücklich vom Schrott-Traktor einnebeln lässt. Das muss sein. Das ist die Sorte von Weihrauch, die Tinguely, der gottlose Katholik, schätzt.

Hinter der Maschine folgen Pfeifer und Tambouren. Es sind die *Kuttlebutzer*, Tinguelys Basler Fasnachtsclique, in der er fünfzehn Jahre sein Unwesen getrieben hat. Saubere Freunde! Die Schweizer sind erst angemessen geschockt und dann begeistert. Der Rauch und die Knallerei erinnern an die erste Fasnachtsaktion von Tinguely und den seinen. Damals, 1974, haben sie erstmals am *Cortège*, dem traditionsreichen Umzug, teilgenommen. Aber während jeder erwartete, dass die Anarchistentruppe mit etwas Buntem, Grellem aufwarten würde, haben die tückischen Künstler alle Erwartungen unterlaufen: Sie zogen als todernst gemeinter Trauerumzug mit, allesamt in Schwarz gekleidet. Dabei folgten sie einem großen Sarg, der die Aufschrift trug: *Sodeli, d' Kuttlebutzer*. Und zum allgemeinen Schrecken kam es dann, auf dem Standort des *Comités* vor dem Marktplatz, zu einer ziemlich prächtigen Detonation: Der halbe Platz versank in einer Wolke aus Rauch, schwarzen Rappen-Münzen und Federn. Der inoffizielle Sprengmeister der Aktion war – Jean Tinguely. Der Titel der Aktion: *Bumm*. Die Faszination Tinguelys für alles Explosive, seine Freude an der Provokation.

Es gibt aber auch das: An der Spitze des Zuges von der Universität zur Kathedrale, vor den sechs Wagen mit Blumen und dem Sarg, schreitet gemächlich das Musikkorps *La Landwehr* in historischen Uniformen und spielt Trauermusik, wie sie bei einem solchen Ereignis erwartet wird. Mummenschanz und Gottesdienst, Fasnacht und Trauer, das alles findet Platz. Eine göttliche Lachnummer, meinen manche, ein schöner Totentanz, die anderen. Die Schweizer haben lange was zu reden. Dafür hat der Tote selbst gesorgt – und natürlich Niki de Saint Phalle, seine Kollegin, Freundin, Ehefrau, die Regisseurin dieses einmaligen Events. Hat die Beerdigung vielleicht auch deshalb etwas von einer Teufelsaustreibung? Sie nennt ihn ihren Dämon, ihren Drachen. Und zeichnet sich selbst als Tiger. »*Coucou*!« Steht daneben.

Eine Tigerin, die gegen den Drachen und sein Brüllen mit List und Schnelligkeit ankommt. Das Brüllen kennt Saint Phalle ja. Von ihrer Mutter. So stand es hier zu lesen. Eine brüllende Aristokratin? Das erstaunte Martha. Sie hatte sich Jacqueline de Saint Phalle, geborene Harper, als eine dieser vornehm-blassen Mütter vorgestellt, die ständig von Migräne heimgesucht, eher still und beleidigt Druck auf ihre Kinder ausübten als laut zu werden. Migräne stimmte. Aber der Rest! Verblüfft las Martha, dass Ms. Harper herumschreien kann wie ein General, dass sie cholerisch ist und dass Mann und Kinder ihre plötzlichen Ausbrüche fürchten. Ein General der Moral, das ist Ms. Harper, ihr Reglement ist eisern, ihr katholischer Glaube durchdringt alle Lebensbereiche, es ist fast erstaunlich, dass die Kinder nur am Sonntag in die Kirche gehen müssen. Was kümmert es Ms. Harper, dass Cathérine Marie-Agnès begabter ist als ihr Bruder John. Für die Jungen sind die besten Schulen gerade gut genug, die Mädchen hingegen sollen Eliteschulen besuchen, aber solche, die vor allem religiös sind. Elite meint hier, dass eine bestimmte gesellschaftliche Schicht unter sich bleibt. Die Mädchen müssen sehen, wie sie zurechtkommen. Wenn sie sich beklagen – Geschrei. Und wenn sie müde sind, nicht länger gehorchen wollen, toben wollen – Geschrei. Immer unberechenbar, eine Mutter, schön und schrecklich und überlebensgroß in ihrer Macht und Schönheit mit der erhobenen Haarbürste als Waffe. Ein Drache eben, der sich plötzlich in die Lüfte erhebt und verschwindet, die eleganten Gewänder hinter sich wehend im Wind. Dann wieder herabstoßend, plötzlich, gewalttätig, ein Unwetter, ein Ereignis.

Das hat Niki nun auch bei Jean Tinguely. Sie findet ihn schön in seiner belmondohaften Nachlässigkeit, sie erkennt schnell sein Temperament. Seine Wutausbrüche sind berüchtigt. Man zieht sich besser zurück vor dem häufig feuerspeienden Drachen.

Der Drache und die Tigerin. So hat Niki de Saint Phalle ihn und sich beschrieben. Tinguely meint, sie habe tatsächlich ihre Mutter geheiratet, als sie endlich mit ihm zum Standesamt ging. Aber heiraten Tiger Drachen? Irgendetwas stimmt nicht an diesem Bild. Saint Phalle ist immer gut für große Vokabeln, das geht auf Kosten der Genauigkeit. Tatsächlich jedoch ist Tinguely schon rein physisch ein Baum von einem Kerl. Er ist offenbar immer auf Achse, immer auf Tour. Von einem Kunstwerk zum nächsten, von einem Land ins andere, Frauen, Sehnsüchte, Kinder hinter sich lassend, in seinem Tross ausschließlich Männer: Gehilfen, Freunde, Sammler und Kuratoren. Er trägt den Overall der Arbeiter, blau mit weißer Paspelierung. Ein Halstuch als Konzession an die Künstlerschaft. Wenn ihm danach ist, den Anzug mit dem weißen Hemd. Buschiger Schnauz, wilde Haare, ein fester, prüfender Blick, Lachfalten. Ein gut gemachter Arbeiterdarsteller, denkt Martha. Die Nummer mit dem schmuddeligen Overall zieht besonders bei Frauen, meint Tinguely. Mit der Zigarette im Mundwinkel (natürlich!, denkt Martha) will er an Jean Gabin erinnern. Er ist nach Paris regelrecht geflohen aus der Schweizer Ordentlichkeit. In der Schweiz, so beschreibt es Saint Phalle, ist er ein Schweizer Bürger – in Paris wird er zum Weltbürger der Kunst.

Tinguely fegt durch das Leben wie ein Orkan, heftig, unberechenbar, immer den Kopf voller Ideen, Pläne, Theorien. Schnell muss es sein, geradeaus ist die Devise – geht nicht gibt es nicht. Er ist mit Rennfahrern befreundet, mit Niki Lauda und mit Jo Siffert, dem Schweizer, dem man nachsagt, ein Lebemann und Draufgänger zu sein. Sie machen die Nacht zum Tag, sie feiern und reisen, sie trinken und rasen – Tinguely, die Fahrer und Brunner. Der Rausch der Geschwindigkeit, die Jagd nach immer besseren Zeiten, besseren Reifen, besserem Material, der optimalen Mechanik. Die Männer haben viel gemeinsam, sie teilen auch den Blues des Ankommens. Stillstand ist tödlich. Siffert vermittelt Tinguely sogar einen Rennwagen: Verliebt kauft Tinguely einen grünen *Lotus* mit einem gelben Rallyestreifen von Colin Chapman. Ein schlechtes Omen? *Live fast, die young* – Siffert stirbt bei einem Unfall in der Nähe von London, genau in dem Jahr, in dem er den großen Preis der USA gewonnen hat, zwei Jahre nachdem Tinguely den schönen Fetisch erstanden hat. In einer Biografie Tinguelys wird ein Foto vom rauchenden Autowrack gezeigt, als sei das ein direkter Teil der Künstlerbiografie. Tinguely wird nie darüber hinwegkommen. Befremdet liest Martha einen entsprechenden Eintrag, liest mehr bei

Saint Phalle, liest in den Dokumenten. Auch Siffert hat seinen Trauermarsch bekommen, fünfzigtausend Menschen säumen die Straßen, als der Formel-1-Pilot von Teamkollegen zu Grabe getragen wird. Tinguely hat bittere Tränen geweint, das wird bezeugt – nicht, als Siffert stirbt, sondern als ihm die Stadt Fribourg eine Hommage an den Rennfahrer-Künstler-Freund verweigert. Das Misstrauen der Obrigkeit gegenüber dem provokanten Künstler ist wohl zu groß: Wer weiß, was bei dieser Gelegenheit in die Luft gejagt würde?

Tinguely rächt sich auf seine Weise, oder er verarbeitet den Tod Sifferts, aber viel später. Erst Mitte der achtziger Jahre baut er eine Art hoffnungslosen Himmelswagen, er nennt ihn *Schreckenskarrette*. Auf dem Wagen mit den Schubkarrenrädern fährt kein alttestamentarischer Prophet in den Himmel – über einem Gestänge, das ein Schwungrad antreibt, hängen Pneu-Reste, ein abgerissenes Reifenteil, das wirkt wie eine große, abgerissene Vogelschwinge. Wahrscheinlich war ein Reifenschaden die Ursache für Sifferts Tod, darauf nimmt Tinguely Bezug. Ein trauriges, nein: ein zorniges Mahnmal für den Freund, wie ein mobiler Altar. Tinguely schenkt seinen Betrachtern nichts.

Ein Mann, hochexplosiv, einer, der permanent drängt, treibt, dem Stillstand ein Gräuel ist. Ziemlich einfach, oder? Martha war jetzt schon ein wenig gelangweilt, wenn sie über die Person nachdachte. Die *Méta-Maschinen* passen zu ihm. Hoppla, jetzt komm ich. Klar, dialektisch gemeint, von wegen Widerstreit der Sinne und so weiter. Hören gegen Sehen. Klar, dem Zufall eine Referenz erwiesen. Nie ist die eine Klangfolge identisch mit der nächsten. Durchaus intelligent. Martha kannte solche Künstlertypen. Die, die einerseits pure Männlichkeit verströmten, kantig waren, laut und dominant – und die andererseits doch Wert darauf legten, Intellektuelle zu sein, kennerisch, die Diskussion liebten und angeblich die Philosophie. Aber, zugegeben, Tinguely war schon eine Klasse für sich. Er hat sich quasi selbst erfunden. In Niki de Saint Phalle allerdings, so hat er es immerfort gesagt, hat er seine Meisterin gefunden, nicht etwa seine Muse.

Niki de Saint Phalle passt in Tinguelys Männerzirkus nicht recht hinein. Tinguelys erste Frau ist ebenfalls Künstlerin gewesen, las Martha. Eva Aeppli. Der Name sagte Martha nichts. Aeppli steht im Schatten Tinguelys, aber Niki de Saint Phalle räumt ihr einigen Platz in ihren Schriften ein. Darauf achtet sie: Auch die anderen Frauen kommen vor, ohne Häme, wenngleich nicht ohne Eifersucht. Mit Eva Aeppli jedenfalls, so scheint es, hat Jean Tinguely nicht nur eine Künstlerin an seiner Seite, sondern auch genug Drama. Aeppli leidet darunter, dass Tinguely sie betrügt, dass er sie provoziert, dass er kommt und geht, wie er will. Was bleibt ihr da übrig, um seine Aufmerksamkeit zu erregen, als eine gewagte Aktion? So jedenfalls erklären die meisten die aufsehenerregende Tat, als Eva Aeppli eines Tages in den Rhein geht. Sie springt in den Fluss, obwohl sie nicht schwimmen kann. Mann, rette mich! War das so gemeint? Oder: Fluss, rette mich?

Martha hat keine Ahnung, aber sie schätzt Aeppli nicht unbedingt wie eine Frau ein, die auf Tinguelys starke Arme angewiesen ist. Die beiden sind zusammen aus dem Berner Land nach Paris gegangen, haben sich dort eine künstlerische Existenz aufgebaut – Aeppli von vornherein auf ganz anderen Wegen als Tinguely. Wo er Eisen schneidet und Stahl und Schrott verarbeitet, da näht sie. Sie baut Puppen, zunächst nur zum Broterwerb. Sie arbeitet mit Nadel und Faden wie die Dresdnerin Li Loebell, wie Sophie Taeuber-Arp und andere Künstlerinnen des Bauhauses. Sie nimmt sich das alte, angeblich weibliche Material, das heißt, sie tritt ein in die Tradition des Unterschätztwerdens. Weibliche Handarbeiten! Willkommen im Club! So scheint es jedenfalls zunächst.

Jahrhundertelang konnten sich Frauen künstlerisch nicht entfalten, buchstäblich nicht – das Klein-Klein sollte ihr Metier bleiben. Also betrieben sie es bis zum Exzess. Es entstand eine Kultur der Genauigkeit, des Minutiösen. Das Publikum bewunderte die filigranen Stickarbeiten, den Batist. Wo es keine Freiheit gab, widmeten sich die Frauen eben dem Komplizierten. Klar, dass ihnen prompt auch das vorgeworfen wurde: Die weibliche Kunst zeuge letztlich nur von weiblicher Putzsucht, es sei eine Sucht und ein Wahn. Dafür fanden sich in der männlichen Betrachtungsweise immer mehr Belege, und zwar umso mehr, je weiter die feinen Objekte ihren praktischen Nutzen verloren. Und die Frauen? Wechselten ins Religiöse, bestickten Soutanen und Hauben. All dies steckt auch in den Figuren von Eva Aeppli, die ganze leidvolle, weibliche Geschichte.

Aeppli nimmt das, was ihr die Männer ohnehin zuschreiben, kehrt es jedoch in etwas Kraftvolles. Ihre Puppen wachsen. Sie zeigen unverhohlen ihre Nähte, die aussehen wie schlecht versorgte Wunden. Sie wachsen ihr über den Kopf und den Männern gleich mit.

Martha Grünhold musste an die zeitgenössischen Strick-Künstlerinnen denken, eigenwillige Frauen wie Rosemarie Trockel oder Performerinnen wie Mansha Friedrich. Die ließen mittlerweile stricken. Nach Computervorlage entstand Maschinenstrickkunst, wenn man so wollte, und das Ganze war längst zum ironischen Zitat der ursprünglichen, angeblich weiblichen Nähkunst geworden. »Mehr als feministische Kunst« sei das, hatte Martha in einem Artikel über Trockel gelesen. Mehr als? Gab es das? Eva Aepplis Puppen waren nicht nur sorgfältig gemacht, sondern standen oder saßen oft in eigens entworfenen Innenräumen. Sie waren düster, diese Puppen, zornig oder trauernd. Sie waren nicht zum Liebhaben, sie waren nicht zum Aushalten. Es existierte eine Website, die das gesamte Werkverzeichnis enthielt. Und da stand: Basel, Tinguely-Museum. Die Puppen waren hier, ganz in der Nähe!

Martha schaute sich um. Sie fühlte sich irgendwie ertappt. Sie war hier, um über Tinguely zu arbeiten, und beschäftigte sich nun mit dessen Ehefrau. Sie brauchte jetzt Bewegung. Energisch schob sie den Stuhl zurück, stapelte die Bücher, die man ihr gebracht hat, ordentlich auf einem Bibliothekswagen.

Hat es denn geholfen?

Ja, recht herzlichen Dank!

Ihr Dank fiel zu knapp aus für die höflichen Schweizer, aber sie fand keine besseren Sätze, zuckte mit den Achseln, was verstärkend gemeint war, aber womöglich als arrogante Geste rüberkam. Martha Grünhold war nicht gut bei spontanen Kontakten.

Draußen gleißte die Sonne. Menschen eilten umher. Martha blinzelte, marschierte drauflos. Aber sie hatte das Gefühl, sich nicht wegzubewegen vom Museum, egal, wie weit sie ging. Am Rhein tobte der Autoverkehr. Man konnte den Fluss von hier aus kaum sehen. Martha überquerte die Straße dann doch, schaute auf den Fluss, dachte daran, wie Eva Aeppli hier hineingesprungen war. Sie dachte an den Zornesausbruch, der darin lag, der aber stumm blieb, so wie die Frau wohl die meiste Zeit nicht viel geredet hatte, fragen konnte man sie nicht mehr, Eva Aeppli war 2015 gestorben.

Martha stand nun an der Wettsteinbrücke, lehnt sich ans Geländer. Sie kramte ihr Handy hervor, scrollte sich durch – schwierig, die Dimensionen der Aeppli-Figuren auch nur zu ahnen. Sollte sie sie doch ansehen? Eigentlich war sie die ganze Zeit in der Tinguely-Welt, nein: in der Saint-Phalle-Welt, aber sie war unzufrieden, sie kam nicht weiter, dieses Stöbern in fremden Biografien! Es machte sie nervös. Sie riss sich von der Brücke los, überquerte sie, sie blieb dennoch wieder stehen, als sie eine Bank entdeckte, setzte sich, schaute noch einmal die Abbildungen der Website im Zigarettenbox-Format des Handys an. Eine Figur erregte ihre Aufmerksamkeit. Eine weibliche Figur, hager, wie anscheinend fast alle Puppen der Aeppli, schwarz. Die Figur sitzt an einem Tisch, wie sehr erschöpft, wie tot, und Martha erschrak, weil die Figur ein altes Wort in ihr wiedererweckte, das sie lange nicht gehört hatte: Herzeleid. Mochte man der Figur gut zureden, sie beruhigen, dass sie endlich einschlafen konnte? Oder war hier eine Auferstehung angesagt, komm schon, lass dich nicht hängen, steh auf?

Vielleicht ist es ebenso zwischen Tinguely und Aeppli. Ihre Melancholie, seine Tatkraft. Ihre Präzision, seine Auftritte. Seine lautstarken Freundschaften mit anderen Männern, die kaum stilleren Affären. Erst der Burghof, eine Abbruchvilla in Basel, dann Paris. Miese Hotels zunächst, dann eine Künstler-Community, der der rumänische Bildhauer Constantin Brâncuși vorsteht. Von der Künstlerkolonie aus, der *Impasse Ronsin*, erobert Tinguely die Kunstszene, kennt bald die richtigen Leute, Aeppli kümmert das nicht. Die Leute kümmern sie generell nicht, sie halten sie nur von der Arbeit ab, ihr sind die Puppen genug, die nicht reden, wie sie, die aber beredt sind, beredter als sie. Er blüht auf, sie zieht sich zurück. Sie schläft viel. Sie ist somnambul. Das machen die Puppen. Ist das Kind dabei, das noch in Basel geboren wurde? Schlaf, schlaf. Aepplis Figuren aber wachsen in dem Maße, in dem sie verschwindet, leiser wird, ein Hauch.

Betroffen steckte Martha das Handy in die Jackentasche. Es gab eine Art von Melancholie, die selbst Fremde anrührte. Herzeleid, Eva Aeppli, Herzeleid.

Ein deftiges Essen in einer der vielen Kneipen gab Martha wieder Kraft, weckte ihre Sinne. Sie war nicht hier, um mit einer zweifellos sehr begabten und zweifellos etwas todessüchtigen Schweizer Künstlerin mitzufühlen – sie war hier, um Verbindungen zwischen Tinguelys und Saint Phalles Werk zu entdecken oder besser oder überhaupt zu begreifen. War sie gerade dabei, am typisch weiblichen Opfer-Mythos mitzuwirken? Sie waren doch Legion, diese Geschichten von gedemütigten, mehr oder weniger stillen Künstlerinnen, die ihren dominanten Ehemännern folgten, während ihr Talent unentdeckt schlummerte, um dann allerdings mit umso größerem Enthusiasmus später, viel später entdeckt und gefeiert zu werden. Dann allerdings waren die Künstlerinnen meist schon verstorben und konnten nicht mehr mitreden und womöglich Einspruch erheben gegen die Vereinnahmung ihrer Werke und ihrer Biografien.

Tinguely fordert seine Frau heraus, er behandelt sie, wie er einen Kerl behandeln würde. Er nimmt sie mit nach Paris, es ist gerade so, als ob zwei Handwerksburschen auf der Walz sind. Tinguely ist ein Berserker, ein Kämpfer, er mag Widerstände, vielleicht ist er einer von denen, die sich erst spüren, wenn sie sie überwinden? Die Härte seines Lieblingsmaterials spricht dafür, schon nach den ersten Jahren mit Hartfaserplatten und Blech, mit Holzrädern und Rad als Materialien hat er sich endgültig dem Stahl zugewandt. Härter geht's nicht. Schwarz gestrichen werden die Streben und Stangen auch noch – ungewohnt einheitlich in dem Sammelsurium der Kunst von Tinguely. Martha lächelte. Sie stellte sich Tinguely als eine Art Dschungelkrieger vor. Tinguely-Tarzan, der mit der Machete den Weg für sich und die Seinen frei macht. Na gut, *Jeano*! Sie benutzte unwillkürlich die Koseform des Namens, die sie vom Schlosser Brunner gehört hatte. Na gut! Eine zweite Chance. Morgen. Martha beschloss, noch einen Tag länger in Basel zu bleiben. Das erforderten die Umstände, fand sie. Aber vielleicht hatte sie auch ein wenig Angst vor Paris.

Im Hotel fand Martha lange keinen Schlaf. Das mochte an der fehlenden Toblerone liegen. Martha hasste es, wenn ihre Rituale durchkreuzt wurden. Auch die Minibar war eine Enttäuschung. Drei Flaschenöffner und diverse angelaufene Gläser, aber kaum Getränke in der schweren Tür. Cola-Rum ließe sich noch mixen, zur Not. Sie drehte und drehte sich in dem schmalen Bett. Die rechte Schulter drohte die Wand zu berühren, was Martha unbedingt vermeiden wollte, waren ihr doch die Bettrahmen aus Holzimitat oder, schlimmer noch, aus Teppichresten ein Gräuel. Der linke Fuß hing ins Leere. Sie wälzte sich hin und her, das Laken verhedderte sich, irgendwann fielen ihr dann doch die Augen zu, sie träumte sich durch einen unruhigen Schlaf.

Sie träumte von HON, der begehbaren Mutter-Hure, der fröhlichen *Riesen-Nana* oder Riesen-Alice von Stockholm. Noch im Traum fiel ihr ein, dass die begehbare *Nana* eigentlich eine Umkehrung der *Alice-im-Wunderland*-Geschichte bedeutete, denn in dem seltsamen Kinderbuch gerät Alice in eine Art Erdinneres, um dort die absonderlichsten Geschöpfe wie den Hutmacher oder die Grinsekatze zu treffen – in Stockholm barg die weibliche Figur selbst alle Herrlichkeiten oder Scheußlichkeiten der Erde. Na ja – zumindest Stockholms im Jahr 1966.

6.

Nach dem Aufwachen musste sich Martha erst eine Weile besinnen. Sie stand nicht sofort auf, versuchte nur, vom Bett aus das Fenster zu öffnen, und mit der frischen Morgenluft holte sie auch die Geschäftigkeit des Basler Bahnhofsviertels ins Zimmer. Na danke! Sie angelte mit dem nackten linken Fuß nach dem einzigen Stuhl, denn dort lag der Tinguely-Katalog, den die Kollegen ihr mitgegeben hatten. Sie blätterte, vertiefte sich. Die gesamte Sammlung Tinguely war ein Geschenk von Niki de Saint Phalle gewesen. Sie hatte der Stadt Basel erst dieses Museum ermöglicht. Eine Doppelseite öffnete sich. »HON« stand da, briefmarkenklein, und briefmarkenklein waren auch die Schwarz-Weiß-Fotos, die eine unternehmungslustige Kunst-Truppe bei der Arbeit zeigten. HON, die *Riesen-Nana* von Stockholm im Entstehungsprozess. Mal sah sie aus wie ein Wal, der im

Museum strandet, es mit seinen Dimensionen aber demnächst sprengen wird. In einem früheren Stadium wirkte das Kunstwerk wie ein übergroßes Fischgerippe, ein fetter Fisch war das, dem allerdings, während er wuchs und wuchs, Menschenhände und Menschenfüße angehext wurden.

Die drei Hexer, Ultvedt, Tinguely und Saint Phalle, in lässigen Posen, selbst wenn Saint Phalle hoch auf einer Leiter steht oder einen Eimer mit Gips schleppt, Tinguely, seinem Malocher-Image zum Trotz, mit weißem Hemd und Schlips. Und Saint Phalle, die Selbstbewusste? Auf einigen Fotos trägt sie eine karierte Hose, sie sieht aus wie ein Harlekin, dann wieder diskutiert sie mit den beiden Männern, sie haben eine Zeichnung vor sich auf dem Tisch, daneben stehen Champagnerflaschen. Immer gibt es Champagner. Saint Phalle ist die mit den Ideen, diejenige, die Männer vorantreibt, sie ist Kumpel, Freundin, gute Zauberin, sie arbeitet ununterbrochen, wird berichtet, behält aber immer das Spielerische, verliert nie ihre Leichtigkeit. Man darf nicht vergessen, dass HON eine Großbaustelle ist; die Künstler stehen unter enormem Druck: In fünf Wochen muss die Installation fertig, gesäubert, von technischen Behörden abgenommen und begehbar sein. Saint Phalle entwirft einen mehrstufigen Plan. Man teilt die Bauabschnitte in »Zeitalter« ein. Drunter machen sie es nicht. Die erste ist die *Eisenzeit*. Ganze neun Tage nimmt sich die Crew, um die eiserne Armierung zu bauen. Der Eisenzeit folgt das Zeitalter des Klebstoffs, die *Glue Age*: Das Museum verwandelt sich in eine Hexenküche, in ein Chemielabor. Sieben Tage lang kocht der Tapezierleim; 20 bis 30 Liter, zehn Stunden pro Tag. Der Leim, der aus Knochenmehl hergestellt wird, stinkt so bestialisch, dass nicht einmal Saint Phalles *Chanel No 5* dagegen ankommt. Es beißt in den Augen, es brennt, es beißt sich in der Kleidung fest. Immerzu hängen Dämpfe im Raum, ist es stickig. Manchmal kann man kaum sehen, so verhangen ist die Luft. Die enormen Mengen von Leim sind nötig, um die vorfabrizierten textilen Bahnen auf der Armierung anzubringen. Und dann der Schreck: Die Bahnen, die die Haut der Riesen-Nana bilden sollen, werden in entsetzlichen Farben angeliefert, in einem schmutzigen Grau-Braun-Rosa-Ton, der die Liegende aussehen lässt wie eine verunstaltete Puppe, nicht wie eine archaische Göttin. Die Künstler beschließen, einen Sichtschutz zu errichten; niemand soll sehen, was hier vor sich geht. Sie müssen ihre Göttin beschützen, bis sie in der Lage ist, das selbst zu übernehmen. Zeit vergeht, gefährlich viel Zeit, denn die Stoffbahnen reißen, als sie trocknen, sie bröckeln und bekommen unansehnliche Falten. Und die Hände und Füße? Separat gebaut und nun geliefert, um am Torso angebracht zu werden? Nicht zu gebrauchen. Viel zu realistisch. Pontus Hulten findet, es sieht eher nach *Tim und Struppi* aus als nach Kunst. Raus, Pontus, raus hier! Das *Schwarze Zeitalter* steht vor der Tür – neun Tage, um die Liegende von innen vollkommen schwarz auszumalen und außen die farbenfrohen Kringel, Schnörkel, Farbkreise und Muster anzubringen, die kennzeichnend für Niki de Saint Phalles *Nanas* sind. Frühlingsgrün, pink, orangefarbene Herrlichkeit: Allmählich zeichnet sich ab, dass das Abenteuer gelingen kann. Tinguely, Ultvedt und Saint Phalle brauchen aber noch einmal alle Kraft, um ihr geliebtes *Nana*-Ungeheuer zu möblieren. Die Bars, das Kino und die Sitzecken – alles muss erst eingebaut, dann verschraubt, unter Umständen verändert und neu fixiert werden. Ende Mai beginnt die letzte Phase des Abenteuers, und dann ist es geschafft: HON macht fürs Publikum die Beine breit, und der rüde Ausdruck gewinnt eine nie für möglich gehaltene Unschuld.

Tinguely ist begeistert. Von sich, na klar, aber mehr noch von seiner jungen Gefährtin und Kollegin. Wow! Es ist klar, dass er das nie zuwege gebracht hätte. Allein nicht – und auch mit keinem männlichen Kollegen. In HON steckt eine Energie, ein Spielwitz und ein fröhlicher Größenwahn, der so nur bei Niki de Saint Phalle zu haben ist.

HON ist wesentlich größer und auch voluminöser als alles, was der Maschinenmann Tinguely bisher geschaffen hat. Saint Phalle sprengt sämtliche Dimensionen – aber nicht mit aggressiver Rhetorik, nicht mit rasselnden Ketten und hämmernden Maschinen. HON wird nur durch das Publikum belebt. Was alles darin vonstattenging … Martha las und staunte.

Offenbar hat unter den drei Künstlern ein regelrechter Überbietungswettbewerb stattgefunden. Wie hat man sich das vorzustellen? »Guten Morgen, *Jeano*! Ich habe da eine Idee …« – »Und ich erst, mein Herz« …– »*Coucou*!« Saint Phalles Koseruf für Tinguely und für alles Mögliche, ihre überaus spielerische Art, basta zu sagen.

Die HON-Kathedrale empfängt die Besucher durch ihre Vagina; sie sind eingeladen, ihre Geburt sozusagen rückwärts zu erleben. Vielleicht werden sie auch verschlungen von einer übergroßen Mutter und hinterher wieder ausgespuckt? Was erwartet sie im Inneren? Im linken Arm verbirgt sich ein kleines Kino mit immerhin einem Dutzend Plätzen. Die Heilige, die hier ihren Altar hat, ist die große Greta Garbo. Ihr erster, kaum 15 Minuten langer Film wird gezeigt: *Peter, der Vagabund*. Vom Kino aus kann man entspannt ins Gehirn spazieren – es ist jedoch überraschenderweise leer. Und in der linken Brust? Da klopft kein mechanisches Tinguely-Herz, vielmehr gibt es Raum für ein ausgewachsenes Planetarium. Martha erinnert sich, von Saint Phalles Sternenfaszination gehört zu haben. Dem Planetarium links entspricht eine Milchbar rechts. Ironisch spielen sie hier wohl auf all die Milch spendenden Madonnen in bestimmten katholischen Kirchen an, auf die Reliefs der *Maria lactans* aus dem 16. Jahrhundert, in denen eine angeblich verehrungswürdige Maria dem vor dem Bild knienden und hechelnden Mönch die Milch in einem festen Strahl in den Mund schießt. Der Mönch ist der Heilige Bernhard, der Eiweißbeschuss soll ihn weiser gemacht haben.

Viel katholischer geht's nicht, dachte Martha und lachte laut los, als sie las, dass es in der Milchbar sogar einen Flaschenzerkleinerer gab. Ganz schön weit ihrer Zeit voraus! In der linken Hüfte dieser amüsanten Kathedrale ist Platz für eine von Tinguelys Erfindungen: Seine Skulptur *Radio Stockholm* ist dort eingebaut – und im Knie die *banc des amoureux*, französisch betitelt, natürlich, nicht profan *Love Seats*, natürlich in feinem, rotem Samt. Und wie in jeder gut organisierten Kathedrale gibt es auch hier eine Art Service-Center: einen Münzfernsprecher, einen Automaten, der kleine Imbisse ausspuckt, eine Postkartenabteilung – und für das schiere Vergnügen ein Aquarium und eine Dachterrasse auf dem Bauch.

HON bietet alles: Sie ist Mutterfigur, heidnisches, lustiges Gotteshaus, Hommage an Schweden – und ein kleiner Vergnügungspark obendrein. Es ist eine köstliche, göttliche Komödie, ein Duett für Tinguely und Saint Phalle. Und Ultvedt? Er geht über dem Projekt auf eine seltsame Weise verloren. Niemand spricht mehr vom schwedischen Kollegen.

Die Schau wird, entgegen aller Erwartungen, ein riesiger Publikumserfolg. Mehr als hunderttausend Besucher wollen sie sehen, die neue Venus von Stockholm, den Riesen-Zeppelin aus Plastik, den Spielplatz für Erwachsene, den weiblichen Riesen-Gulliver, den Koloss von Stockholm, die weibliche Arche Noah, die Gottheit der Fruchtbarkeit. Die Presse überbietet sich in Beschreibungen.

Die Künstler frohlocken, Pontus Hulten, ihr Auftraggeber ist zu erschöpft, um die Erleichterung zu spüren. Dank HON ist er jetzt ein gemachter Mann. Saint Phalle und Tinguely glucksen noch Jahrzehnte später: Schaut mal, die Geburtenrate in Schweden – sie ist 1967 unerwartet und unerklärlich gestiegen. HON als Matchmaker? Das ist wohl ein bisschen weit gesponnen. Sie sehen sich als Herren – oder Herr und Herrin – des schwedischen Babybooms. Eigentümlich nur, dass sie selbst keine Kinder mehr in die Welt setzen, nicht miteinander. An ihnen selbst geht der vermeintliche oder echte Boom vorbei.

Martha warf die Bettdecke zurück. Sie musste sich diesen Tinguely mit seinem Schrott noch einmal ansehen. Nicht die lärmenden *Méta-Maschinen*, nicht diesen infernalischen Budenzauber – sondern das, was Saint Phalle ausgesucht hatte, das, was nach seinem Tod bleiben sollte. Sie ging nicht zurück zum Museum Tinguely, sie rannte.

52 Skulpturen. So viele Werke schenkt Niki de Saint Phalle dem Museum Tinguely ein Jahr nach dem Tod des Künstlers. Eine großzügige Geste, so sagt man wohl. Aber was bedeutet das? Als Jean Tinguely mit sechsundsechzig Jahren stirbt, ist Niki de Saint Phalle nicht seine Witwe. Saint Phalle und er haben sich irgendwann getrennt, es gibt eine neue, eine dritte Frau für Tinguely und mit dieser wieder ein Kind. Und dennoch schauen alle Niki de Saint Phalle an, als Tinguely stirbt, alle fragen sie: Was soll geschehen? Und so inszeniert sie nicht nur die mächtige Trauerfeier, sie übernimmt es danach, sich um sein Werk zu kümmern. Abgemacht ist abgemacht. Es hat nichts damit zu tun, dass sie vielleicht einige von den sperrigen Maschinenplastiken loswerden muss – vielleicht ist das ja so, vielleicht würde sie sich aber auch viel lieber mit den übermannshohen Stahlfiguren umstellen, einen Wald bauen, sich beschützen lassen, damit nicht alle sehen, wie sie leidet? Sie haben seit Mitte der fünfziger Jahre zusammengelebt, sich inspiriert, gestritten, wieder versöhnt und betrogen, einander ergänzt und herausgefordert – und nun: Stille. Niki de Saint Phalle füllt sie mit Geschäftigkeit, mit Arbeit. Aber erst vier Jahre später kann das Museum eröffnet werden.

Der Botta-Bau. Das Museum stemmte sich Martha geradezu entgegen. Eine Burg, zu ihrer Ankunftsseite merkwürdig verschlossen, von zwei Türmen begrenzt. Hinein, hinein. Vor der Kasse – »Ach, sie sind's, Frau Kollegin, grüezi und einen schönen Tag!« – ließ man sie durch, aber nun war Martha allein mit ihrem

Schwung und ihrer Entschlossenheit. Was wollte sie sehen? Alle 52? Was hat Niki de Saint Phalle ausgesucht, welche Werke will sie hier versorgt sehen?

Marthas Schritte wurden langsamer, sie zögerte. Erleichtert entdeckte sie gleich im zweiten Raum ein Objekt, das wirkte wie ein alter Bekannter: Es war der grüne *Lotus*, der Rennwagen, den Tinguely in seiner Raserei für den Rennsport gekauft hat. Tatsächlich, das fatale Objekt war hier gelandet! Martha trat erfreut näher – um im nächsten Augenblick zusammenzufahren: Der *Lotus* wurde bewacht, von fünf hageren, finsteren Gestalten. Niki de Saint Phalle hat, so wie Tinguely es zuvor bereits in einer Ausstellung entschieden hat, die *Fünf Witwen* von Eva Aeppli mit dem Rennwagen-Fetisch zusammengebracht. Es wirkte, als würden die Witwen den Rennwagen bewachen – gleichzeitig war klar, dass es ich hier um Trauernde handelte. Sie trugen einheitliche schwarze Gewänder, schwarze Handschuhe verdeckten die Hände – wenn es denn welche gab –, selbst die Gesichter waren mit einem Witwenschleier schwarz verhüllt, Masken der Trauer mit mittelalterlich wirkenden Zügen, gefasst, allzu schmal. Martha atmete schwer. Das war ziemlich plakativ, aber ungewöhnlich emotional für Tinguely, ungewöhnlich direkt. Und gleichzeitig verband das Werk verschiedene Epochen – beinahe hätte Martha *Zeitalter* gedacht, so sehr war sie schon im Denken Saint Phalles gefangen.

Im nächsten Raum *La dernière Bascule*. Bascule, bascule ... was sollte das sein? Martha hatte immer Schwierigkeiten mit dem Französischen, auch deshalb machte ihr Paris Sorgen. Sie wollte schon das Handy aus der Tasche kramen, aber es war eigentlich offensichtlich: eine Wippe. Über einem gekrümmten Metallteil als Basis, einer Art flächiger Schaufel, war ein rundes, radförmiges Gussteil montiert, an dem wiederum eine Metallstange befestigt war. Und auf der Stange, noch über einer improvisiert wirkenden Schelle, thronte ein Wurzelstock. Er sah aus wie eine im Gespräch gestikulierende Hand. Über einen kleinen Motor wurde das Gebilde angetrieben: Der Wurzelstock schwebte auf und nieder, zudem bewegte sich das Ganze sachte hin und her. Bei aller Deftigkeit und der Rohheit des Gusswerks war das hier eine ziemlich fragile Angelegenheit: Leise schaukelte die Metallwippe hin und her, sachte, sachte. Martha war entzückt. Obwohl die Maschinenplastik gut über zwei Meter maß, wirkte sie doch nicht monumental, nicht monströs, sondern trotz der schweren Materialien leicht. Die Maschine war ein Eiskunstläufer, der die Solistin in die Lüfte hob, allerdings musste es entweder ein sehr unerfahrener oder ein sehr alter Eiskunstläufer sein – die Maschine vollführte einen äußerst vorsichtigen Tanz. Martha entschied sich für die Vorstellung eines betagten Eiskunstläufers: Das Werk war Anfang der 1990er Jahre entstanden, ein Spätwerk Tinguelys, ein leiser Tanz zum Abschied.

Und dann entdeckte sie eine Skulptur, die sie schon kannte. Marthas Herz machte einen Sprung. So ging ihr das immer, wenn sie bekannte Kunstwerke wiedersah, oft machte sie in Städten einen Abstecher in bestimmte Museen, nur um bestimmten Gemälden oder Skulpturen einen Besuch abzustatten. Dieses Werk hier allerdings kannte sie nur aus Abbildungen. *Radio Stockholm* hatte zum Inventar von HON gehört, zur Innenausstattung, die Tinguelys Sache gewesen war. Auf wackeligen 16-Millimeter-Aufnahmen hatte Martha verfolgt, wie eifrige Helfer (mit nichts als Halstüchern vor Mund und Nase!) den Innenraum der Riesen-Nana zunächst mit schwarzer Farbe einsprühten und dann, als die Farbe viel zu langsam trocknete, mit dem Interieur begannen. Dazu gehörte auch diese Plastik. Martha trat näher. Wie filigran dieses Werk wirkte! Es zeigte, wie es schien, einen menschlichen Kopf im Profil, angedeutet allerdings nur durch einen Draht, der die Kontur zu bilden schien. Darin allerlei technisches Gerät. Martha trat noch näher. Sie entdeckte Reste eines Mittelwellenempfängers. Elektronik und Lautsprecher waren neue Verbindungen eingegangen; mit einer alten Schraubzwinge waren sie auf einer Art Sockel montiert. Der Flyer zur Ausstellung brachte Klarheit: Der Sockel war ein gusseiserner Dachrinnen-Stutzen. Listig hatte Tinguely einen Motor mit einem Drahtgestänge verbunden, sodass das Radio ununterbrochen mit Sendersuchen beschäftigt war. Nie fand das Radio – und so entstand eine missratene Sinfonie aus Tönen, unberechenbar. Martha musste laut lachen: Das Drahtgestänge ging über die Plastik hinaus – und schwenkte eine Pfauenfeder. Hier hatte der Maschinen-Kompositeur die Tonart vorgegeben: schrill, fröhlich, verspielt. Und dass es eine Pfauenfeder war und nicht etwa die Feder einer Taube oder eine Krähe, mochte eine Anspielung sein.

Es fiel Martha schwer, sich von Basel loszureißen, von der Schweiz. Sie mochte das Langsame, Geordnete, das dem Verrückten oder Entrückten dennoch bereitwillig Raum bot. Auch Verrücktheit konnten sie sich leisten, die Schweizer, jedenfalls in gewissem Umfang. Ihre Schutzengelin konnte sie getrost in Zürich zurücklassen, die regelmäßige Säuberung war jetzt vertraglich verankert, und sie würde nach ihr sehen, sobald sich das Jahr dem Ende näherte. Vielleicht ließen sich die Behörden dafür gewinnen, den *L'ange protecteur*, der doch selbst Schutz brauchte, vor dem Weihnachtsmarkt im Bahnhof zumindest wieder in den hinteren Teil der großen Halle zu bringen. Sie würde es versuchen. Auf dem Weg zum Bahnhof machte sie noch einen Abstecher zu Tinguelys *Fasnachtsbrunnen* auf dem Theaterplatz. Was für ein herrliches Orchester aus zehn stählernen Plastiken drehte sich da im Wasser! Sie hießen: der Theaterkopf, die Spinne, der Wackler, der Spritzer, der Sauser, der Wedler, der Schaufler – das klang wie die Aufstellung der Figuren, wie die Dramatis personae bei *Alice hinter den Spiegeln*. Es waren, sozusagen, Goggelmoggel und Maßliebchen, Zwiddeldei und Auster auf Schweizerisch. Im Brunnen gab es aber noch weitere Akteure wie das Sieb, die Querflöte und – die Fontäne. Die hatte es Martha besonders angetan. Elegant drehte sich die schmale Figur im Kreis, und Wasser sprühte aus den seitlich und oben angebrachten Düsen, verlängerte die Arme und Beine der Figur in die Luft. So tänzerisch, Monsieur Tinguely? Der Brunnen ist Mitte der siebziger Jahre errichtet worden. Der Maschinenmann hat sich weiterentwickelt, Niki de Saint Phalle hat ihn das Tanzen gelehrt.

Mit dem Schnellzug von Basel nach Paris. Dann weiter mit dem Regionalbähnchen. Kein Problem, sollte man denken. Und doch kam es Martha ein paar Tage so vor, als hätte sie sich verfahren. Wie hätte das sein können? Sie war, schweren Herzens, in Paris gleich umgestiegen, vom Gare Montparnasse nach Chatelet les Halles. Sie hatte den Regionalzug nach Evry Courcouronnes genommen und hier, um das Billett zu lösen, einen Zettel vorzeigen müssen. Ihr angebliches Französisch wollte hier kein Mensch verstehen. Die Fahrt sollte eine Stunde dauern, aber sie erschien Martha viel länger.

Martha, entspann dich. Aber sie war in Frankreich noch nie ruhig geworden, immer stellte man hier Ansprüche an sie, denen sie nicht gewachsen war. Ruhig, ruhig. Sie erreichten dieses Evry, und sie schaffte es sogar in den Bus nach Colombier. Die Fahrt ging an der École entlang, dem kleinen Fluss, der die Île de France hier malerisch durchschlängelte. Unglaublich, dass Paris nur rund siebzig Kilometer entfernt lag. Martha folgte dem Wasser mit den Augen. Ankunft! Aussteigen, Herberge finden. Vertraute Minibar, Erdnüsse, keine Schokolade. Ein klammes Bett. Es wurde bereits dunkel, aber Martha konnte es nicht abwarten. Sie musste den Zyklopen besuchen, *Le Cyclop*, das größte, verrückteste und vermutlich auch meistgeschundene Werk von Tinguely, Saint Phalle und einer Gruppe von Freunden. Sie war hier, um das Monster zu sehen. Kurz entschlossen machte sich Martha auf den Weg, packte ein paar Riegel ein, eine Dose Cola, noch einen Pullover. Die Taschenlampe her, den Hotelschlüssel nicht vergessen. A *bientôt*! So sagt man doch? Die Concièrge erwidert ihren Gruß nicht. Und schon war Martha unterwegs.

Ein Mann ächzt eine Treppe hinauf. Die Treppe ist schmal und steil. Es ist eine ausgewaschene Treppe, eine alte Treppe. Nach ein paar Metern wechseln die Stufen, Metall klingt jetzt unter den Schritten des Mannes. Der Mann wuchtet ein enormes, hölzernes Wagenrad die Stufen hinauf. Er hält es offensichtlich für einen Schatz, den er schnell bergen muss. Aber die Stufen gehen steil hinauf, und als er endlich, nach Luft ringend, oben angekommen ist, sieht man, dass da oben auf der Plattform bereits etliche andere Räder und Reifen herumstehen. Der Mann ist Jean Tinguely, das Foto stammt aus den Siebzigern, und Tinguely ist immerhin schon über vierzig, kein junger Spund mehr, keiner, der über Zäune springt oder leichtfüßig Bachläufe hinaufjagt. Aber hier wird Stärke demonstriert. Ein zweiter Mann folgt, ebenfalls im blauen Overall, ebenfalls ächzend unter einem schweren Gewicht, ein dritter folgt. Das ist die Gang, die Tinguely hier zusammengeholt hat, und die drei Männer wetteifern hier im Dienst eines Monsters. Der *Zyklop* soll entstehen, ein einäugiges Schreckenswesen, größer, schöner, grässlicher als alles, was bisher war.

So hatte Martha es gelesen, so hatte sie es im Film gesehen, aber das hier war aus einem anderen Grund schrecklich: Sie war mitten im Wald. Zwar gab es einige Wege, doch von Beschilderung – womöglich korrekter Beschilderung – konnte keine Rede sein. Sie hatte nicht erwartet, dass der Weg zum Zyklopen beleuchtet sein würde, aber dass sie sich buchstäblich durchs Dickicht schlagen musste? Sie ging und ging, stieß mit ihren Füßen an Wurzeln, patschte in Pfützen, streifte nasse Büsche, der Kompass auf ihrem Handy spielte verrückt, als gäbe es in der Nähe einen starken Magneten. Als sie gerade aufgeben wollte, wäre sie fast über ihn gestolpert. Da war er. Da ragte er, still und beinahe stumm im Wald empor, die obere Hälfte verschwand im abendlichen Schwarz der Baumwipfel. *Le Cyclop*. Gut und gern zwanzig Meter hoch, verkantet, verschachtelt, ein Ungetüm aus Eisen, Stahl, Holz und Schrott, mit einer Außenhaut aus Spiegeln, die in der Dunkelheit nur hier und da leise aufschimmerten. Es reichte, um zu verwirren, es reichte, um augenblicklich und endgültig die Orientierung zu verlieren. Martha hinter den Spiegeln. Wo war hier vorn, wo war hinten? Gab es einen Eingang? Der war gewiss verschlossen um diese Zeit. Es war windstill, man hörte kaum ein Rauschen, aber sobald ein wenig Wind aufkam, mischten sich in das leise Zischeln und Hüsteln der Bäume andere Geräusche: ein Klingeln und Schellen, Andeutungen von Rasseln. Der Zyklop machte Anstalten zu erwachen. Kein Schild, keine Sicherung, nirgends. Martha tastete sich vorwärts. Ein Kiefernzweig streifte ihr Gesicht. Wenige Minuten später hatte sie ihren Mut wiedergefunden. Also, Martha Grünhold! Sie war hier, weil sie einen Auftrag hatte. Nun ja, noch hatte sie ihn nicht. Sie war nicht mal sicher, dass es einen geben würde. Aber sie wusste, dass das hier seit Jahren brachlag, es wäre also nur eine Frage des Geschicks und der guten Argumentation, um hier einer möglichen Ausschreibung sogar zuvorzukommen. Dafür war es notwendig, das hier zu erkunden, nur so konnte sie darauf hoffen, das heikle Pariser Kulturministerium zu überzeugen, dass sie und nur sie die Anteile von Niki de Saint Phalle an diesem Monstrum angemessen zu restaurieren in der Lage war.

Die alte Abenteuerlust keimte in ihr auf; sie erinnerte sich an Exkursionen während des Studiums, als sie in den Pyrenäen, in schlecht kartographiertem Gelände, nach Überresten von Zisterzienserklöstern suchte, um Skulpturen aus dem Mittelalter zu sichern. Über Stock und Stein ging es, bei Regen, über glitschige, scharfkantige Felsen.

Also!

Der Eingang zum Zyklopen stand offen, wie eine Einladung. Martha zögerte nicht, stieg ein. Das Licht ihrer Lampe war beruhigend stark und fokussiert. Sie schob sich empor – und erschrak. Da, auf der Plattform, lag jemand. Nein – es waren viele! Aber nur eine der Figuren regte sich, und Marthas Schrecken wurde nicht geringer, als sie den Mann erkannte: Es war der Schlosser aus dem Museum in Basel, der nimmermüde Assistent von Jean Tinguely. Aber wer lag da neben ihm? Waren das besoffene Kerle, die man besser nicht weckte? Urs Brunner lachte: »Sieh nur!«, und schaltete seine Taschenlampe ein. Martha fuhr zusammen: Da lagen, fein säuberlich nebeneinander, lebensgroße Gipsabdrücke einer männlichen Gestalt. Einige waren noch völlig intakt, andere wiesen Risse auf oder zeigten deutliche Spuren von Abbrüchen. Das Erschreckendste aber war: Auch diesen Mann kannte sie. Das war ... Der Schlosser wies mit der Lampe hin und sagte nonchalant: »Darf ich vorstellen: Das ist der Rico. Rico Weber, der Assistent von der Niki. Also: Das sind Abdrücke von ihm. Der Rico ist schon länger tot. Wer ich bin, wissen Sie ja bereits.«

Sie saßen beisammen. Urs Brunner hatte, wie durch ein Wunder, eine Flasche Rotwein dabei, und so lagerten sie auf einer Decke, die er angeblich aus dem Gastzimmer von Daniel Spoerri geholt hatte. Ein Gastzimmer hier? Martha erinnerte sich vage, dass Spoerri, der Schweizer Künstler, an diesem Riesenkunstwerk mitgebaut hatte, aber dass es eine regelrechte Innenarchitektur geben sollte? Und was hatte es mit diesem Rico auf sich? Den hatte sie doch in Zürich gesehen, anscheinend pumperlgesund und in Fribourg dann erneut?

»Keine Ahnung, wen Sie da gesehen haben«, sagte der Schlosser ehrlich desinteressiert. »An Wiedergänger glaube ich nicht, obwohl bei dem Rico ... wer weiß?« Er lachte und nahm noch einen Schluck aus der Flasche. Wo sich das Gastzimmer befände? Morgen, morgen ... Er ging offensichtlich davon aus, dass sie noch länger bliebe und hatte damit ja auch Recht.

Brunner fragte nicht, was Martha hier suchte, wahrscheinlich konnte er es sich denken. Aus den Augenwinkeln beobachtete er Martha, sah ihre Unruhe, ihre Neugier. »Also denn ...« Er gab auf. Er zeigte ihr das ganze Bauwerk von innen. Die vielen geschweißten Bahnen und Schienen, die gelöteten, geschweißten Trassen, das Gestänge, die Räder und Reifen, die verschiedenen Treppen, die Vertäfelungen und Platten. Alles hier raufgeschafft, mit Manneskraft. Er merkte gar nicht, dass sich das reimte. Es war ein Wettstreit gewesen, ganz archaisch, unter Kerlen. *Jeano* hatte eine vage Idee gehabt, aber erst Saint Phalles Fantasie hatte den Durchbruch gebracht. Nach ihrer HON musste auch Tinguely etwas Riesenhaftes bekommen, unbedingt. Und so ersann Niki de Saint Phalle den gigantischen Kopf des Zyklopen. Zeichnungen entstanden, vielfarbig, im Stil von Niki de Saint Phalle, versöhnlich und fröhlich. Aber das war nichts für Tinguely, er hatte die Schweiz hinter sich gelassen mit ihrem Ordnungswahn und ihrer Sicherheit, er hatte sich in den USA über die amerikanische Politik geärgert und die Ungerechtigkeit, er glaubte, dass die westliche Zivilisation an einem kritischen Punkt angelangt war. Deshalb der Rückzug in die Wälder, deshalb ein gigantisches, ein freies, ein anarchistisches Projekt, das die saubere Schweizer Planung, die berühmte Präzision ad absurdum führen würde. Er hatte schon ähnliche Ideen gehegt, sein Freund, der Plastiker Bernhard Luginbühl, und dessen Familie wussten ein Lied von diesen geplatzten Träumen zu singen, vom begehbaren *Gigantoleum*, einer Großplastik, auf die viel Fantasie verwandt worden war, vom *Tiluzi*, dem verqueren, zur Seite gekippten Raum, dem *Dylabi*, einem dynamischen Labyrinth.

Aber jetzt war Niki de Saint Phalle mit dabei.

Dumm nur, dass man dafür gleich ein Stück Wald kaufen musste. Am Anfang eines antikapitalistischen Projekts stand eine kapitalistische Tat. Und das Geld dafür musste beschafft werden. Saint Phalle machte das Unmögliche möglich. Sie suchte vermögende Leute auf – und Tinguely becircte sie alle mit seinem Arbeitercharme. Tinguelys Assistent, mittlerweile ganz beflügelt vom Bordeaux und der unerwarteten Gesellschaft, sprang auf, um Tinguely nachzumachen:

»So und so und so ... Tinguely trug seinen blauen Overall, auch wenn wichtige Gäste kamen, er machte sich aber einen Spaß daraus, einen roten Fes aufzusetzen, eine Berberkappe mit einer schwarzen Feder daran. Er zeigte, dass er ein Zauberer war, dass er alles nicht so ganz ernst nahm – nichts vielleicht außer der Kunst. Die schon.«

Durch den Zyklopen war er überhaupt erst zu Tinguely gekommen, 1971. »Ich dachte, ich würde ein halbes Jahr bleiben. Stell dir vor: Zwanzig Jahre sind es geworden. Einundzwanzig.«

Nun also per du.

So lange hatte der Bau gebraucht. Mit viel Enthusiasmus und wenigen Maschinen hatten sie begonnen: Tinguely und Saint Phalle, die beiden Gehilfen: Rico und der Schlosser.

»Komm mal mit!« Er führte sie zu einer Wand, an der augenscheinlich ein riesiger Sicherungskasten angebracht war. Oder war es eine Tafel mit Steckdosen? Nein ... das war alles ... gegossen.

»Rico!«, sagte der Schlosser stolz und bestimmt. »Das ist seine Hommage an uns. Er hat alles abgegossen, was nicht bei drei auf den Bäumen war.«

Martha schaute genauer hin. Es gab ein Zentrum dieses überaus merkwürdigen Reliefs, und dieses Relief bestand aus simulierten Steckdosen mit den Namen von Tinguely und Saint Phalle, darunter die der Assistenten. Und dann weitere Namen, schon bekannte wie Eva Aeppli, neue, die hier wichtig wurden, wie Luginbühl, berühmte Künstlerkollegen wie Jesus Rafael Soto, Arman oder Daniel Spoerri.

Es gab einen Schwitters-Turm. Und morgen, morgen würde sie den Teich auf dem Dach sehen können, der eine Hommage an Yves Klein war, und den Waggon besichtigen.

Es war kolossal. Und es war absurd. Was sollte diese Monstermaschine, die morgen, wenn die Zeitschaltuhr die vielen Gestänge und Riemen wieder in Bewegung setzte, sicher einen gehörigen Lärm veranstalten würde?

»Nein, nein«, sagte der Schlosser, der wieder einmal ihre Gedanken zu erraten schien. »Das ist gar nicht so laut. Das ist eher … eine Musik. Klar, es quietscht schon mal – aber doch hauptsächlich, weil ich wieder mal mit WD40 ran muss.« Er lachte. »Sonst ist es eher … na ja, du wirst es selbst hören. Der Wald hat uns schon beeinflusst. Wir waren ja lange genug da. Und die Niki, die war sowieso ein Waldwesen. Sie hat alles zusammengehalten. Man konnte manches ohne sie beginnen – aber nur mit ihr konnte man es auch vollenden.«

Er wischte sich mit der Hand über das Gesicht.

Martha dachte daran, was sie über das Projekt gelesen hatte. Das hatte vergnüglich und vor allem gut organisiert geklungen. Man habe, so hieß es in einem Katalog über Tinguely, sommers hier am Zyklopen gearbeitet und im Winter in den Ateliers. Von wegen! Der Schlosser erzählte eine andere Geschichte. Gewiss, *Jeano* hatte eine *Commanderie* in der Nähe gekauft, die sie zur Unterkunft umfunktionierten. Es gab fließendes Wasser, aber keine Heizung. Immerhin war ein Kamin vorhanden, da wärmten sie sich und starrten abends erschöpft in das Feuer und fanden viele Bilder darin, von denen sie dann sprachen. Er erzählte vom Schweißen über Kopf, das selbst einen Kerl wie ihn herausforderte, und er erzählte, wie sie die schweren Schrottteile nur mit der Kraft ihrer geplagten Rücken und Arme nach oben gewuchtet hatten, Schritt für Schritt, immer die metallenen Treppen hinauf. Sie hatten sich gegenseitig überboten, die vier Männer, jeder wollte der fitteste sein, der stärkste und gewiefteste. Für wen? Die Antwort lag auf der Hand: für Prinzessin Niki. So nannten sie die Männer tatsächlich. In dem Camp der Kunstarbeiter, die in jeder Saison mehr verwilderten, deren Haare und Bärte immer länger und zauseliger wurden, musste Niki de Saint Phalle eine Erscheinung gewesen sein.

»Sie war immer für eine Provokation gut«, sagte der Schlosser. »Und sie hatte immer Ideen. Und gekocht hat sie übrigens auch, sie hat dafür gesorgt, dass für uns gesorgt wurde, und hat die anderen Frauen angesteckt damit. Das hättest du nicht gedacht, stimmt's?«

Er lachte vergnügt.

»Wo wohnst du? Morgen zeige ich dir Fotos.«

Brunner wies ihr den Weg nach draußen. Er hatte seinen Camper irgendwo in der Gegend abgestellt. Auf diese Weise hatte er das wichtigste Werkzeug immer dabei. Er fand es normal, im *Zyklopen* zu übernachten – es gab ja das »Gästezimmer« von Daniel Spoerri. Es war praktisch, auf der Baustelle zu sein, na klar, aber Martha war sicher, dass es noch einen anderen Grund gab: Treue.

Die Männer schuften. Ihre Arbeitsanzüge sind voller Staub und Dreck. Sie tragen Sicherheitsschuhe. Sie wollen ganz normale Arbeiter sein. Aber das hier ist keine ordentliche Baustelle, sie hat – damit beginnt die Verwirrung schon – keinen Anfang und kein Ende. Sie schmiegt sich, wenn Baustellen sich denn schmiegen können, an vier Bäume an, vier veritable Eichen. Die hat sich der irre Baumeister Jean Tinguely als Basis für sein Werk ausgesucht. Die Eichen sind geduldig, sie haben im Wald von Milly-la-Forêt sicher schon eine Menge Volks kommen und gehen sehen, aber diese hier sind anscheinend gekommen, um zu bleiben: Vier Typen, die sich ein möglichst vierschrötiges Aussehen geben, und eine eher zarte junge Frau. Sie schwebt in völlig unpassenden Kleidern wie ein Schmetterling durch die Szenerie.

Jeano, so hört man sie zum Baumeister-Chefkünstler sagen, wir müssen den Bäumen etwas zurückgeben. Zumindest denkt man, dass diese Idee von ihr gekommen ist, denn gelegentlich liebkost sie einen Baum, lehnt sich gegen eine Eiche, als sei das eine starke Schulter, die sie allerdings, ihrem fragilen Äußeren zum Trotz, ganz gewiss nicht braucht: Niki de Saint Phalle weiß, was sie will. Hier in den Wäldern von Paris soll Tinguelys Traum Wirklichkeit werden; sie ist fest entschlossen, dass das gelingen kann, sie ist die Realisateurin von Träumen. Da müssen alle mitmachen, auch die Bäume. Aber: Es wird gepflastert, es wird begradigt und betoniert, das wird die Eichen in Mitleidenschaft ziehen. Niki de Saint Phalle ist beunruhigt. Für sie sind Bäume Lebewesen – das sind für sie auch Blumen und Büsche, ja sogar Steine und längst verlassene Muscheln –, aber Bäume bedeuten ihr besonders viel. Sie kann sie förmlich atmen hören, wenn sie sich gegen sie lehnt, sie bringen die Welt zum Atmen.

Saint Phalle hat gelesen, dass Förster der alten Schule bisweilen Kalbsherzen an Bäumen bestatten, manchmal ist es nicht das Herz, sondern die Leber, die da geopfert wird. Versucht man so, die Baumgeister gut zu stimmen? Oder ist es einfach ein Dünger für den Boden? Egal, einen Versuch ist es wert. Die Männer kaufen also beim Schlachter ein und verbuddeln nach ihren Anweisungen das Zeug. So werden es die Eichen verzeihen, dass einige ihrer nächsten Nachbarn gefällt werden. Das muss sein. Der Bautrupp braucht Platz für *The Head, La Tête*, wie die Bestie anfangs heißt. Es gibt ein Modell von Niki de Saint Phalle, in giftigem Gelb, ein Gesicht mit tomatenroten Lippen und leeren blauen und roten Augenhöhlen, ein Fragment, um das Tinguely eine seiner Maschinen gebaut hat. Es gibt Zeichnungen, aber alles ist noch ziemlich vage. Ein Riesenkopf, ja. Wie ein Pilz oder ein überdimensionaler Baumstumpf – aber eben aus Schrott.

Die Bäume fallen. Die Frauen kommen. Es sind die Gefährtinnen, Frauen und Töchter der Krachmacher, der Arbeiter. Die Frauen bestehen darauf, dass zuerst Holz kleingemacht wird. Wovon sollen wir sonst leben, wie sollen wir heizen? Und so wird es guter Brauch, dass an jedem Arbeitstag spätestens gegen Mittag ein Feuer gemacht wird. Kaffee wird darauf gekocht, Kartoffeln werden darin gegart, aber schnell erwacht der kulinarische Ehrgeiz – nein: die kulinarische Freude in der Bande. Haben sie sich nicht gerade erst in Paris kennen- und schätzen gelernt? *Alors!*

Wenn Tinguely erfreut ist, wirft er die Arme in die Luft und lacht mit tausend Lachfalten. Sein Schnauzbart ist gewachsen, er sieht jetzt wie ein Pirat aus. Niki de Saint Phalle findet ihn hinreißend. Sie beobachtet ihn genau, sie weiß, dass das hier ein Langzeitprojekt und nicht nur Kraft und Fantasie, sondern viel Disziplin erfordern wird. Tinguely hat das Monster als Gegenentwurf zur Schweizer Ordentlichkeit angelegt, als wildes, anarchistisches Projekt – wie soll dieser Widerspruch produktiv verwandelt werden? Tinguely träumt von einer Baustelle, die so chaotisch ist wie seine Werkstatt, dabei aber effizient funktioniert.

Saint Phalle kümmert sich. Sie berät sich mit Brunner, der das ausgleichende Element in Tinguelys Bande ist. Sie ist immer da, sie ist überall. Sie hilft auf der Baustelle, solange nicht Tonnen von Eisen und Stahl zu bewegen sind. 650 Tonnen wird das Monster am Ende schwer, aber wann wird dieses Ende sein, wann ist überhaupt an eine Fertigstellung zu denken?

Saint Phalle kehrt im Frühling zurück nach Paris und erscheint dann doch wieder im Wald. Sie trägt ein weißes, wallendes Kleid und tatsächlich eine Schürze darüber. Sie wirkt wie eine Märchenfigur, sie verzaubert die Männer, schon durch ihre Anwesenheit. Aber sie hat auch etwas zu essen mitgebracht, ein sündteures Picknick, das sie jetzt anmutig auf dem Waldboden ausbreitet. Flaschen werden entkorkt; dass kein Geld da ist, ist noch lange kein Grund, auf Champagner zu verzichten. Es gibt Muschelsalat und *Foie gras*, frisches, knuspriges Baguette, frühe Erdbeeren und *Petit Fours* zum Dessert. Für eine Stunde ruht die Arbeit, für eine Stunde sieht es so aus, als habe sich hier eine leicht ramponierte Stadtgesellschaft einen etwas unwirtlichen Ort für einen Ausflug ausgesucht, für eine Stunde hört man nicht den Lärm der Sägen, das Brummen des Betonmischers, das Hämmern und Schweißen. Frauen lachen, Kinder plärren, misstrauisch lugen die Bewohner des nächsten Dorfes um die Bäume. Was soll das werden?

Tinguely nimmt das Misstrauen der Dorfbewohner wahr, er kann es verstehen, er ist kein weltfremder Intellektueller, sondern durchaus den einfachen Leuten verbunden – zumindest hält er darauf. Also fängt er an zu erklären, lädt die Nachbarn ein, macht schon Führungen, als es noch kaum etwas zu sehen gibt. Aber das Wunder geschieht: Wo Tinguely auftritt, entsteht ein Zauber, er, der launische, großmäulige Drache, kann Menschen gewinnen. Saint Phalle ist fasziniert von seinem Charisma. Wie er dasteht, in der Arbeiterkluft, den roten, marokkanischen Fes auf dem wilden Haar, könnte er eine Figur aus einer orientalischen Geschichte sein oder vielleicht die seltsamste aller Tarot-Figuren, die vieldeutigste: der *Narr*. Der ist im Tarot keineswegs ein einfacher Verrückter, dessen Spleens man getrost ignorieren kann, sondern einer, der für Anfänge gut ist, ein Beweger und Initiator. Saint Phalle hat sich viel mit dem Tarot beschäftigt, alle tun das, sie machen kein Aufheben davon, ob nun Jass-Karten oder Tarot, alles ist ein Spiel, alles ist voll Bedeutung. Nur ist das beim Tarot nicht so einfach. Die wörtlichen Bedeutungen der Karten führen oft in die Irre – besonders beim *Narren*. Glücklich eigentlich, wer diese Karte zieht. Er weiß, dass aus seinen fixen Ideen dynamische Projekte werden. Dass er andere anstecken kann mit seinem Charme, seiner Redekunst. So einer ist Tinguely, immer in Bewegung. Er selbst sieht sich eher als *Herrscher*, das ist eine Trumpfkarte beim Tarot, drunter macht er es nicht.

»Der *Narr* bist du!«, sagt er zu Niki de Saint Phalle. »Du bist die, die immer alles in Bewegung bringt.«

Niki greift nach einem Birkenzweig und sucht sich eine Ecke, wo das Feuer schon heruntergebrannt und der Waldboden ganz feinporig ist. Sie zeichnet. Es geht rasch, es sind nur ein paar Striche, aber Tinguely, der ihr über die Schulter schaut, beginnt sofort zu lachen: Niki zeichnet eine Herrscherfigur für ein imaginäres Tarot. Sie zeichnet … einen Turm, so scheint es, aber er ist ein bisschen schief, und er hat eine Spitze wie ein Zwiebelturm: Es ist ein Phallus! Daneben zeichnet sie eine Art Burg oder Schloss, das ist das Herrscherhaus, aber weil es direkt am Phallus hängt, sieht es auch aus wie ein Ballast – oder ein Schneckenhaus, in das sich selbst der extrovertierteste Herrscher gelegentlich zurückziehen muss.

Die anderen kommen, lachen, ein paar Kinder wischen die Zeichnung wieder weg, zeichnen selbst mit kleinen Stöckchen. Schon vorbei!

Nach einer zweiten Stunde Pause wird Tinguely unruhig: Genug gefaulenzt, Männer! Er ist doch ein Herrscher, er sagt, was zu tun ist. Dreizehn, vierzehn Stunden arbeiten sie, wenn es nach Tinguely ginge, würden sie um vier Uhr morgens beginnen und abends um elf aufhören. Manchmal gibt Saint Phalle sachte das Signal zum Ende. Dann steht sie da, ausnahmsweise in einer Jeans, aber doch mit langem Seidenschal im Haar und einer absurd weißen, frisch gebügelten Bluse und mit einem Besen. Sie fegt die Baustelle, sagt: Macht Schluss, Männer, lasst es euch gutgehen – und nimmt Tinguely die Wasserflasche aus der Hand, trinkt einen Schluck aus der Flasche, zeigt, dass sie ein Kumpel ist, aber Tinguely glaubt ihr das nicht so recht. Er weist ihr einen kleinen, weißen Stuhl zu. Schau, da kannst du zuschauen, wir machen noch ein bisschen, und du hast den Überblick! Und er lässt es zu, dass einer der Assistenten in roter Farbe »Niki« auf den Stuhl malt, damit ist es ihrer, der Regiestuhl.

Es ist spät im Jahr und so kalt, dass die Jacke von Saint Phalle am Regiestuhl kleben bleibt. Der Wald hängt voller Raureif und Nebel, und die Männer tragen trotz der schweren Arbeit zwei Jacken übereinander. Rico Weber hat ein breites Kreuz bekommen, und Brunner spürt es im Rücken, aber sie sind einen Schritt weiter: Jemand hat für sie ein Eisenbahndepot ausgeräumt, und sie haben nicht nur viele Dutzend Schienen hierhergeschafft, sondern einen ganzen Waggon. Einen Viehwaggon. Der halb verrostete Wagen macht Tinguely ganz unruhig, vor allem seit er die Inschrift entdeckt hat: »Für elf Pferde« steht da – »... oder bis zu 40 Menschen«. Tinguely fuchtelt, er gestikuliert und erklärt. Der Atem schwebt als Wolke um seinen grau werdenden Bart. Tinguely ist sich sicher, dass dieser Waggon – dass zumindest *ein* solcher Waggon – benutzt wurde, um französische Kriegsgefangene nach Deutschland zu transportieren, in ein Gefangenenlager oder in ein KZ. Dass nun hier die Geschichte ins Spiel kommt! Niki de Saint Phalle ist nicht ganz überzeugt, aber Tinguely ist nicht zu bremsen. Der Waggon muss da hinauf, er soll ein zentraler Bestandteil des Kopfmonsters werden! Und tatsächlich: Mit Hilfe von Hebeln, die Luginbühl und Brunner bauen, hieven sie den Waggon hinauf. Er wird auf das Ende von Schienen platziert, die ins Nirgendwo führen, und tatsächlich soll der Waggon noch ein Stück überhängen. Eine statische Herausforderung, aber auch diese werden die Männer bewältigen. Ein Glück, dass das hier Privatbesitz ist, dass ihnen niemand reinredet, keine technische Ordnungsstelle und keine Behörde! Saint Phalle ist besorgt, aber die Konstruktion erweist sich als stabil.

Hier, sozusagen mitten in der Geschichte, bekommt Daniel Spoerri sein Gastzimmer – eine Gaube, die man nur durch eine Luke mehr schlecht als recht betreten kann. Es ist eigentlich auch kein Gastzimmer, sondern der bizarr möblierte Dank für jahrelange Hilfe: Das Zimmer ist nach Spoerri-Art um 90 Grad gekippt. Oben ist seitlich und unten ist … verwirrend.

Spoerri hat Tinguely und Eva Aeppli durchgefüttert, als sie neu nach Paris kamen. Wie ein Vater hat er sich ihnen gegenüber verhalten, hat sie den richtigen Leuten vorgestellt, hat ihnen zugeredet, wenn sie mutlos wurden, und auf diskrete Weise dafür gesorgt, dass die Kiste, die den Kühlschrank ersetzen musste, niemals leer wurde, dass es Brennholz gab für den alten Ofen.

Und auch Eva Aeppli ist mit von der Partie. In Tinguelys Welt durchdringen sich alte und neue Verbindungen. Saint Phalle runzelt die Stirn, vielleicht weil ihr zu viel Nähe zu Aeppli doch nicht recht ist, vielleicht weil ihr die Idee zu plakativ ist, aber

Tinguely will eine Botschaft. Eva Aeppli kommt und verbreitet eine Atmosphäre der Ruhe und der Konzentration. Seit sie von Tinguely weg ist, lebt sie zurückgezogen. Die Assistenten gehen voller Respekt mit ihr um, sie hat etwas von einer spirituellen Lehrerin, spielt aber hingebungsvoll mit den Kindern. Verwundert beobachten Brunner und Rico Weber, wie nervös Niki wird, sie ist jetzt dauernd hier, sie übernachtet sogar in der *Commanderie*, obwohl sie eigentlich in Paris zu tun hat. Während Niki mit den Männern souverän umgeht, Kollegin ist, Köchin, Freundin und Prinzessin, verunsichern sie Frauen, vor allem solche ihrer Generation, vor allem solche, die selbst Künstlerinnen sind.

Die Kälte nimmt kein Ende. Die Besuche der Freunde und Künstlerkollegen werden weniger. Immer noch ist viel zu tun. Die Assistenten murren. Saint Phalle versteht sie – und versteht, dass sie gebraucht wird. Die Arbeit wird immer mehr zur Zumutung. Allein das Eisen anzufassen, in Händen zu halten, ist kaum zu ertragen. Es schneit. Der Waldboden verschwindet unter einer weißen Decke, jetzt rächt es sich, dass sie nicht großflächig betoniert haben. Alle naselang stolpert man über Wurzelstöcke und Äste. Niki telefoniert, überredet, bittet. Die Frauen kehren zurück, frieren, helfen beim Aufräumen der Baustelle, beim Stapeln von Material. Saint Phalle ist mittendrin, gibt Anweisungen mit sanfter Stimme, sie trägt eine Pelzmütze, die nicht aussieht, als käme sie vom Flohmarkt, Niki ist vornehm und blass, sie bewegt mit leichter Hand. Sie erwähnt mit keinem Wort, dass sie ihre eigenen Projekte schleifen lässt, weil dieses Projekt hier in Not ist. Weil Tinguely in Not ist. Dann aber sorgt Tinguely selbst für eine Überraschung: Aus der Ferne hört man das Brummen von LKWs. Die Trucks kommen näher, schieben sich so dicht wie möglich über die schmale Waldstraße heran, ein Hupen, ein Dröhnen. Tinguely ist ihnen entgegengegangen, nein, entgegengerannt, er läuft und rudert mit den Armen wie ein Flugzeuglotse, und tatsächlich dirigiert er hier große Fracht. Um die Stimmung seiner Crew zu heben, hat Tinguely Feinkost aus Holland bringen lassen, bestes Fleisch in einem Kühlwagen, Gemüse, Käse – und französischen Wein. Niki hat ein Picknick veranstaltet; er lädt zu einem großen Fest. Auch die längst nicht mehr so skeptischen Nachbarn sind eingeladen und lassen sich nicht lange bitten. Sie helfen beim Feuermachen, ein großes Lagerfeuer entsteht, das um ein Haar ein paar Bäume in Brand setzt, sie holen Bänke und Stühle und sitzen im Kreis, essen vortreffliche Pasteten und köstliche Ragouts und lauschen Tinguelys Erzählungen vom geheimnisvollen *Zyklopen*.

Zwei sitzen still ein wenig abseits. Saint Phalle und Weber. Die beiden haben sich gesucht und gefunden. Rico weiß, dass Niki Tinguely zuliebe ihr Projekt in Italien vernachlässigt – er selbst müsste jetzt eigentlich dort sein, sie unterstützen. Stattdessen sitzen sie nun beide hier im Wald. Sie sind wie Hänsel und Gretel, ein wenig verloren kommt sich Rico vor, und wenn ihn nicht alles täuscht, gehen auch Niki solche Gedanken durch den Kopf. Unwillkürlich greift er nach ihrer Hand – das ist nicht ungewöhnlich, die anderen machen sich gelegentlich lustig über die beiden »Händchenhalter«. Tinguely kann es nicht leiden, aber das ist nichts Erotisches, wahrscheinlich jedenfalls nicht – sie trösten sich nur, vor allem graust es sie vor denselben Dingen: vor lautem Geschrei. Vor Schlangen. Vor Gewalt. Sie beobachten Tinguely genau. Sie wissen, wie schnell seine großartige Stimmung ins Aggressive kippen kann. Dann wird es gefährlich, dann heißt es auf und davon. Rico und Niki haben sich einmal unter der großen Werkbank getroffen, als Tinguely wieder einen seiner berüchtigten Anfälle bekommt. Da fliegt schon mal ein Hammer, da wird Werkzeug vom Tisch gewischt. Sie haben Reißaus genommen. Sie haben gemeinsam unter der Werkbank gekauert, Niki hat die Augen geschlossen und trotzdem wahrgenommen, dass Rico zittert. Der baumstarke Kerl, der stille, durch nichts zu erschütternde Bauernjunge hat vor lauter Angst nicht stillhalten können. Da lächelt Niki ihn an: Wenn jemand, der bei ihr ist, sich fürchtet, verliert sie die Furcht – oder vergisst sie für eine Weile. Komm, sagt sie zu Rico, wir gehen. Und hoch aufgerichtet, stolz, so gerade, wie man sich vor bissigen Hunden zeigt, gehen die beiden von dannen. Sie machen einen Spaziergang durch den Wald. Und Tinguely, allein gelassen mit seinem Zorn, beruhigt sich wieder.

Heute aber geht es gut. Alles läuft, wie Tinguely es sich gewünscht hat.

Die Stimmung hellt sich weiter auf, als sie wieder einmal Material vom Schrotthändler holen. Sie sind Stammkunden bei dem Mann, allerdings gefürchtete, denn sie zahlen nie: Fein säuberlich werden die Schrottschulden auf einen Zettel notiert, den der Mann stets in seiner Brusttasche bei sich führt – und dabei ist es bislang geblieben. An diesem Tag aber nimmt der Mann Jean Tinguely beiseite: »*Alors* …« Und mit einer sehr eleganten Geste zieht er den Schuldenzettel aus der Tasche, um ihn vor Tinguelys Augen in viele kleine Fetzen zu zerreißen.

»*Voilà*!« Er wirft die Schnipsel hinter sich. »Erledigt. Verstehst du? Vergiss es!« Und er klopft Tinguely auf die Schulter.

Die Euphorie über die Großzügigkeit des Mannes hält ein paar Tage. Aber dann macht sich wieder Mutlosigkeit breit. Der *Zyklop* ist teuer, viel zu teuer, da sind die erlassenen Schrottkosten nur eine kleine Erleichterung. Tinguely macht sich Sorgen. Er schläft schlecht, und wenn er schlecht schläft, wird seine Laune zum Fürchten. Das Frühstück, das er ihr jeden Morgen ans Bett bringt, knallt er eher auf die Bettdecke, als dass er es liebevoll serviert.

Saint Phalle sieht, dass die Sache aus dem Ruder läuft, dass eine gefährliche Mischung aus Überarbeitung und Überdruss entsteht. Wie man Geld beschafft, das lernt sie gerade auf eine noch einmal neue Weise, seit sie mit ihrem Landschaftspark beschäftigt ist, dem Tarot-Garten in der Toskana. Der sprengt alles bisher Dagewesene, wieder wird sie Tinguely überflügeln, er weiß es bloß noch nicht. Da ist ein ewiger Wettstreit zwischen ihnen, jedoch freundschaftlich. Saint Phalle denkt an ihre Tarot-Figuren, nicht nur an den müden *Narren* oder *Herrscher* oder Narrenherrscher neben sich, sie denkt an dessen natürlichen Gegenpol, an die *Herrscherin* in der Toskana, jene mütterliche große Leitfigur, halb *Sphinx*, halb *Nana*, die alles überstrahlen und über allem ruhen wird.

Sie legt die Karten mitten im Chaos der schmutzigen, lauten Baustelle; die Männer müssen, wenn sie Werkzeug holen, an ihr vorbei, über sie hinweg, aber keiner beschwert sich. Sie zieht tatsächlich – die *Herrscherin*. Das ist ein Auftrag. Sobald sie kann, fährt sie nach Paris; sie hat die Kleidung, den Stil und die Entschlossenheit für das, was jetzt getan werden muss. Sie schafft es tatsächlich, im Kulturministerium, ohne viel Federlesens, zu den richtigen Leuten vorgelassen zu werden. Sie hat ein Anliegen, sie hat Schwung und Esprit, und wenn sie derart entschlossen und euphorisch auftritt, gibt es niemanden, der Niki de Saint Phalle widerstehen kann.

Ein paar Tage später taucht eine Delegation aus grau gekleideten Herren im Wald auf. Nur die weiße Pelzmütze von Niki de Saint Phalle leuchtet hervor. Die Delegation nimmt, im Auftrag des Kulturministers, mit großer Geste die Schenkung von Jean Tinguely und Niki de Saint Phalle an: Der *Zyklop* gehört nunmehr dem Staat Frankreich, er ist sozusagen eine Außenstelle, ein stählerner Satellit des berühmten *Centre Pompidou*. Tinguely strahlt sein Piratenlachen, Saint Phalle lächelt fein. Jeder weiß, dass dies ein vergiftetes Geschenk ist: Die Behörden werden von nun an für den weiteren Ausbau des *Zyklopen* zuständig sein – und anschließend, kostspieliger noch, anteilig für den Erhalt und den Betrieb. Komplizierte Verträge werden geschlossen, so ist das in Frankreich, Abkommen, die in roten Kunstledermappen hin- und hergereicht werden.

Das Monster ist gerettet.

Die Prinzessin könnte es jetzt seinem Schicksal überlassen,

aber es ist Zeit für ihr Geschenk. Jahrelang – Saint Phalle sagt: acht oder zehn Jahre lang – hat sie gegrübelt, was ihr Beitrag sein könnte. Gewiss, ein paar kleinere *Nanas* im Inneren, Jahrmarktsgrusel dazu wie eine Spinnenplastik – aber etwas Größeres muss es sein, etwas, das unmissverständlich anzeigt: Dies ist ihr gemeinsames Werk, ihres und Tinguelys.

Italien bringt sie darauf, die Toskana. Sie hat eigentlich den *Zyklopen* bemalen wollen, in der ihr eigenen Art: weiß grundieren und dann die fröhlichen Kringel und Schnörkel darauf, ein paar symbolische Figuren, in kräftigem Rot und Pink und Orange und Grün und vielleicht auch in dem gefährlichen, stumpfen Blau, das an Tinguelys Gott, Yves Klein, erinnert. Aber Yves Klein bekommt schon seine Hommage auf dem Dach, und Saint Phalle fragt sich, ob ihre bunten Figurenmuster nicht im Wald unangebracht wären? Ob die Ornamentik nicht in einen Wettstreit mit dem filigranen Muster der Blätter träte? Zu unruhig, eindeutig. Aber dann: Italien. Im *Giardino dei Tarocchi* hat sie ein ähnliches Problem, nämlich die Weite der Landschaft und die für sie neue Höhe der Figuren, da verlieren sich selbst kräftigste Muster. Sie arbeitet jedoch, wie stets, mit einheimischen Handwerkern zusammen, und die begeistern sie für eine Technik, die in Norditalien Tradition hat: Spiegelkacheln, klein und in ganz unterschiedlichen Formen zurechtgeschnitten. Das ist es! Der *Zyklop* erhält als Außenhaut ein glänzendes Spiegelmosaik, eine Reptilienhaut, die in der Sonne silbern leuchtet. Die Besucher, die später kommen, wird das begeistern und nicht wenig verwirren, denn Wald und *Zyklop* betreiben beim richtigen Lichteinfall ein regelrechtes Mimikry: Ist das jetzt ein Baum – oder sein Spiegelbild auf dem Monster? Läufst du auf einen Busch zu, oder weist die Brechung auf den *Zyklopen* hin? Es wird ein Spiel sein, das niemals endet. Immer beziehen Niki de Saint Phalle und Jean Tinguely die Besucher mit ein. Mit ihrer Kunst, so unterschiedlich sie ist, wirken beide auch als Gastgeber.

Martha nahm das letzte Foto aus dem großen Koffer, den Brunner, wie er sagte, immer mit sich führte.

Es zeigt, etliche Jahre später, wieder eine Delegation, größer noch als jene aus dem Kulturministerium. An der Spitze – das ist doch François Mitterand, der französische Staatspräsident? Und neben ihm, im hellen Mantel, Niki de Saint Phalle. Sie stehen, wieder umgeben von vielen Grauen, oben auf dem *Zyklopen*, und Mitterand lässt sich offensichtlich erklären, was hier eigentlich vor sich geht. Mitterand hat viel Sinn für Kunst, vor allem wenn sie repräsentativ ist. Er lässt in den Hof des *Louvre* eine gläserne Pyramide bauen, weshalb ihn Kritiker als den neuen Pharao von Paris verspotten. Der Pharao lässt auch eine neue Nationalbibliothek bauen. In dem anspruchsvollen Gebäude wachsen Bäume. Da passt ein Projekt, das von vornherein im Wald entsteht und noch dazu auf der Kooperation von vier Eichen beruht, ins Bild. Mitterand nickt beifällig. Er steht da, die Haare wie immer streng nach hinten frisiert, die Adlernase gereckt, und nimmt huldvoll den Applaus entgegen, der ihm gar nicht gilt. Mitterand winkt. Der *Zyklop* ist adoptiert, das seltsamste Kunstwerk der Stadt Paris ist eröffnet. Tinguely hätte die Szene amüsiert, dieser Zirkus von alten Männern! Keine einzige Frau – außer Niki de Saint Phalle – ist geladen, die Zeremonie mitzuerleben. Wo ist Ursi Luginbühl, wo ist Eva Aeppli? Allerdings kann sich Tinguely nicht mehr amüsieren; er ist drei Jahre zuvor von seinen *Kuttlebuzzern* zu Grabe getragen worden. Niki de Saint Phalle vertritt ihn. Sie hat dafür gesorgt, dass der *Zyklop* fertig wird, und schaut nun über die Wipfel der Bäume. Sie verrät niemandem, was sie in diesem Augenblick denkt und fühlt. Sie hat Mitterand schon früher getroffen, Mitte der achtziger Jahre, es ist nichts Besonderes, neben einem Staatsoberhaupt zu stehen. Diesmal ist alles anders. Es ist alles anders ohne Tinguely. Ob ihr der große *Narr* ganz nah ist? Ob sie in all dem offiziellen Gewühl überhaupt ein Gefühl entwickeln kann? Wieder einmal werden Champagnerflaschen geöffnet, klicken

Fotoapparate, es wird applaudiert und gratuliert. Madame? Gewiss doch. Saint Phalle lächelt. Wenn es sein muss, kann sie außerordentlich konziliant sein. Ihre Erleichterung verbirgt sie gut. Sie hat es für Tinguely getan, aber nun lässt sie den französischen Wald ein für alle Mal hinter sich.

»Tja, das war's«, sagte Tinguelys Gehilfe, und Martha war klar, dass er damit nicht nur den Bau des *Zyklopen* meinte. Mit dem Riesenprojekt und dem Tod von Tinguely endete zunächst seine Arbeit. Dachte er. Dachten vielleicht auch die Auftraggeber, bis sie merkten, dass sie ohne den kundigen Schweizer kaum die komplizierten Apparaturen Tinguelys würden betreiben, geschweige denn erhalten können.

Jetzt schaute der Mann auf die Uhr: »Komm schon, es ist Zeit …« Mit einem Ruck öffnete er die Tür des Campers und schubste Martha hinaus. Es war zehn Uhr morgens, seit zwei Stunden hatten sie bei dünnem Kaffee die Fotos angeschaut. Martha rieb sich die Augen, aber der Mann war ihr schon voraus. Er eilte, er rannte geradezu zum *Zyklopen* und wühlte beim Rennen in seinen Jackentaschen. Am *Zyklopen* holte Martha ihn endlich ein. Es sah gar nicht gut aus, das Monster. Viele der Spiegelmosaiken glänzten nur noch matt, nicht wenige waren blind, und einige waren moosbewachsen Die Maschinerie, die teils außen direkt dem Wetter ausgesetzt, teils drinnen verborgen war, hatte viel Rost angesetzt.

»Ja, die Spiegel«, sagte der Mann. »Die sind ein Problem.«

»Gibt es denn keine Restauratoren?«, fragte Martha und schöpfte Hoffnung.

»Doch, schon«, sagte der Mann. »Du kannst dir denken, französischer Staat und so weiter. Da ist eine ganze *Équipe* zugange. Aber die beschweren sich vor allem.«

»Wie?«

»Über uns.« Der Mann klang jetzt wirklich empört. »Wir hätten das alles nicht sauber dokumentiert. Es gäbe zu wenig schriftliche Aufzeichnungen, kein Protokoll der Prozesse.« Er lachte jetzt grimmig. »Gibt es in der Tat nicht. Wir waren nämlich keine Bürokraten. Wir haben geschafft.«

Martha konnte sich denken, was das Problem war. Wenn die *Équipe* nicht wusste, welche Materialien und vor allem welche Art von Materialverbindungen benutzt worden waren – wie sollten sie dann vorgehen, ohne die Spiegel zu beschädigen? Gewiss, wenn es darüber keine Aufzeichnungen, keine Bestimmungen gab, konnte das Freiheit bedeuten. Aber was sollte eine französische Behörde mit Freiheit anfangen?

»Und das *Monstre* selbst ist auch ein Problem«, stellte Brunner fest. Er wechselte nun immer mehr ins Französische. »Schau, er läuft zu wenig. Aber das werden wir jetzt ändern. Keine Sorge, mit Genehmigung natürlich.«

Er verschwand im Inneren, Martha hörte ihn stöhnen. Das Stöhnen setzte sich fort, es wurde scheinbar um ein Vielfaches verstärkt, es gab ein Ächzen und Rütteln, und dann setzte sich der *Zyklop* in Bewegung. Martha erschrak. Es wirkte tatsächlich, als würde der Drache gleich losmarschieren. Es rüttelte ihn, die Kraft der Motoren, die ihn antrieben, ließ alles vibrieren. Eine mattgoldene Kugel wurde oben in eine Bahn aus zwei dicken Drähten geschoben, sie kullerte los, sie kurvte in weiten, weichen Kurven, plumpste in Auffangbehälter, kollerte weiter, rauschte schließlich mit einiger Geschwindigkeit an Martha vorbei, um wieder nach oben befördert zu werden – eine Kegelbahn, eine Murmelbahn für Riesen. Das würde das Moos auf den Spiegeln ordentlich schütteln!

Martha lachte. Sie schaute und schaute. Diese lebendige, kindliche Kunst, die Fachleute kinetisch nannten. Bewegte Kunst. Sie fand, es war Spielkunst. Von erwachsenen Kindern. Es gab entsetzlich viel zu tun. Das war gut für ihre Idee, das war gut für ihre Initiative. Sie würde morgen nach Paris fahren, ein Dossier über ihre Arbeit dabei, ihr Vorhaben exakt skizziert. Das Dossier trug den etwas feierlichen Titel: Die Restaurierung der Figuren von Niki de Saint-Phalle am Stravinsky-Brunnen in Paris. Und, sagte Martha zu sich selbst, wenn das nicht klappte: der *Zyklop*. Oder eben: beides! Marthas Herz begann, schneller zu klopfen. War sie größenwahnsinnig geworden? Ach was! Sich mit Niki de Saint Phalle zu beschäftigen, ließ auch die eigenen Träume wachsen. Martha streckte den Rücken durch. *On y va!* Irgendwie musste es gehen.

7.

Sie messen den Platz mit großen Schritten aus. Es ist ein windiger Frühlingstag, die Sonne verströmt Verheißungen, und Tinguelys Schritte werden größer und größer. Gleichmäßiger! Könnte Niki de Saint Phalle jetzt rufen, aber es ist ja offensichtlich, dass Tinguely, begeistert von dem neuen, großen Projekt, übertreibt. Er hat, so schreibt es Saint Phalle, den Blick eines mittelalterlichen Baumeisters, er erfasst im Nu die Dimensionen eines Raums und weiß, wie man maßstabsgetreu Modelle baut, ohne sich weiter um Berechnungen zu kümmern. Noch ein Ausfallschritt! Tinguely ist so gut gelaunt, dass er jetzt einen Tango riskieren will. Tinguely kocht und isst gern, er ist meistens ein leidenschaftlicher Liebhaber, und in diese Reihe passt, dass er ausgezeichnet tanzt. Niki de Saint Phalle lacht. Sie lässt sich nicht gern führen, sie geht oder schreitet an ihm vorbei. Sie trägt einen Hosenanzug nach dem *dernier cri* in Paris, alles Ton in Ton in edlen Cognacfarben, auf dem Mantel jedoch ein paar gut gesetzte Streifen, Designermode. Weite Hosen, selbstverständlich die passenden Strümpfe dazu und glänzende Lack-Ballerinas. Die Haare wehen im Wind. Sie hat nichts zu tun mit den Touristen, die sich schon damals vor allem bequem anziehen, es ist die Zeit der weiten, weißen Hemden, die man in unförmige, oben weite Hosen stopft, die den unschönen Namen Karottenjeans tragen. Überbetonte Schultern, ansonsten Unisex. Madame de Saint Phalle hingegen trippelt wie ein bunter Vogel über den Platz, ganz Dame, in heiterer Unnahbarkeit. Tinguely zelebriert sich, er springt an ihr vorbei, er übertreibt jetzt absichtlich die Tanzbewegungen, aus dem Ballerino wird ein Pfau, nein: ein Faun. Er stellt jetzt eine Figur aus der Musik von Stravinsky dar. Er trägt seinen blauen Arbeitsoverall mit den weißen, abgesetzten Streifen und irgendwelche Schuhe dazu, es wirkt wie eine Uniform, fehlt nur der Dreispitz, denn klar ist: Hier ist ein Befehlshaber zugange, und der ist gerade dabei, einen Raum einzunehmen. Niki de Saint Phalle macht das männliche Spiel mit. Sie sagt ihm nicht, dass das Blau seines Overalls exakt jenes Blau ist, dass auch die überkorrekten Gendarmes tragen, die ihnen jeden Tag ein Strafticket an die Scheiben des alten Busses hängen; in Paris ist Tinguelys Anarchistenblau eine höchst offizielle Farbe. Darüber amüsiert sie sich allein. Sie ist froh, dass er wieder froh ist. Sie lässt ihm seinen Tanz. Sie weiß, dass der Raum auf der *Place Igor Stravinsky* am Beaubourg sowieso noch von Profis ordentlich vermessen werden wird. Der Platz ist tückisch: Eingeklemmt zwischen dem neuen Wahrzeichen von Paris, dem *Centre Pompidou*, und der Kirche Saint-Merri verströmt er eine heftige Trostlosigkeit, es ist ein Unplatz. Ein Platz zum Verzweifeln. Aber nicht für Tinguely. Vielleicht ist er heimlich ein wenig froh über die Ablenkung vom Monster im Wald, vielleicht arbeitet er einfach gern wieder in der Hauptstadt, und unausgesprochen wissen er und Saint Phalle: Da ist Musik drin, also – Geld. Es winkt ein Staatsauftrag des Präsidenten, François Mitterand ist mit der Stadt noch lange nicht fertig, die ihn immer wieder kritisiert.

Die Autos brausen. Es wird überall geraucht. Die Wasserspeier an Notre Dame schauen auf eine Stadt, die sich gerade einmal wieder selbst erfindet, die Hauptstadt, die der Präsident gern neu erbauen würde. Sie hat Glück gehabt, diese Stadt, weil sie im Zweiten Weltkrieg kaum zerstört wurde, und sie hat das Pech, dass ihre Dimensionen für weitaus weniger Menschen geplant wurden, als jetzt hier leben wollen. Es ist schwer, sich nicht in die Vergangenheit von Paris zu verlieben, aber es ist schwer, mit ihrer Gegenwart zurechtzukommen. In den vergangenen Jahren sind Satellitenstädte entstanden; die sozialistische Regierung legt Wert darauf, dass sie anspruchsvoll gebaut werden. Ein ganzer Güterbahnhof wird vor die Tore der Stadt verlegt, um innerstädtischen Platz zu schaffen, aber die einzelnen Wohnprojekte vor der Stadt bleiben untereinander unverbunden, alle Metros führen ins Zentrum. Paris ist keine Spinne mit einem komfortablen Netz, es gleicht eher einer Sonne – prächtig, aber mit auseinanderlaufenden, schmalen Strahlen. Wer dazwischen wohnt, den friert 's. Die Kultur soll das richten. Sie soll Verbindungen schaffen wie hier auf dem Platz, der noch gar keiner ist, der aber schon mal großspurig nach dem Komponisten Igor Stravinsky benannt wurde. Das allseits geachtete IRCAM ist hier angesiedelt, das *Institut de Recherche et de Coordination Acoustique / Musique*, ein Institut also zur Erforschung der Musik. Tinguely und Saint Phalle sollen den Nichtplatz, diese Fußgängerzonenkreuzung, in einen Treffpunkt verwandeln. Ursprünglich wird nur Tinguely für das Projekt angefragt – aber er winkt gleich ab: seine stählernen, schwarzen Kolosse? Hier? Tinguely freut sich, dass Pierre Boulez, der Chef des IRCAM, beim Thema Brunnen zuerst an ihn denkt, jedoch er ist selbstkritisch genug, um zu begreifen, dass seine Maschinenplastiken den Platz strukturieren, jedoch nicht unbedingt lebendig machen würden. Niki muss dabei sein! Niki muss immer dabei sein, sie ist die beste, sie ist die bedeutendste Plastikerin des 20. Jahrhunderts. Tinguely findet große Worte, die allergrößten, drunter machen sie es beide nicht, einer für den anderen. Tinguely setzt das Gemeinschaftswerk durch; wenn es darum geht, sie zu beteiligen, ist seine alte Energie wieder da. Es ist merkwürdig: Nie werden die beiden müde, sich füreinander einzusetzen. Die Kraft verlässt sie nur dann, wenn es um die eigenen Projekte geht. *Nur* um die eigenen Projekte. Die gemeinsamen sind für sie beide immer mehr wert. Das verbindet sie, dieser Egoismus auf Gegenseitigkeit.

Musik! Martha durfte nicht vergessen, dass ab jetzt Musik im Spiel ist. Sie hatte die Musik schon des Öfteren gehört, Stravinsky ist nah am Jazz, den Martha neuerdings bevorzugte. Nicht zu oft, dazu war ihr die Musik zu fordernd – sie hörte sie in den Wochen zu Hause, zwischen den Einsätzen, wenn sie bei der Mutter zu Hause in der Badewanne lag, mal nicht auf Montage, wie die Mutter halb scherzend, halb im Ernst sagte. Die Badewanne hatte Martha ihr geschenkt oder eher sich selbst, wie die Mutter sofort bemerkte. Dann kommst du wenigstens öfters, Kind! Watt du immer hörst! Machet Bad zu, da fallen einem ja die Ohren ab!

Neben Metal hörte Martha nun manchmal Stravinsky und die anderen verrückten Russen. Oder Boulez. Das war aber tatsächlich Zufall gewesen, eine CD, auf der beide versammelt waren, Stravinsky und Boulez – mit Klarinettenmusik, die mochte Martha. *Faunenmusik*, fand die Mutter. Da war sie wieder bei Tinguely, dem Verführer.

Natürlich kennen Tinguely und Saint Phalle die Musik von Stravinsky. Aber es scheint so, als seien die beiden nicht unbedingt Kenner der modernen Musik. Jedenfalls fällt ihnen als Erstes der »Feuervogel« ein, jene berühmteste Figur aus der Ballettsuite von Stravinsky. Oder haben sie auf das Publikum hören wollen? Die Nähe zu ihm teilen sie mit Pierre Boulez, dem sie den Auftrag zu verdanken haben. Auch Boulez ist jeder Dünkel fremd. Er will etwas Direktes, etwas, das an Stravinskys Musik thematisch anknüpft, an seine volkstümliche Seite, an das Russische. Tinguely seinerseits liebt das Umweglose, das Plakative ist ihm nicht fremd, er ist zu alt und zu müde für Schnörkel. Saint Phalle, sehr viel subtiler als die beiden Männer, die sich in Briefen und Gesprächen austauschen, ist gedanklich unterwegs in ihrem italienischen Garten der Widersprüche. Das Projekt in Paris besorgt sie. Es ist zu groß, um nebenbei erledigt zu werden. Ist das nicht nur eine weitere Ablenkung vom Eigentlichen, eine künstlerische Sackgasse? Aber das Honorar kann sie gut gebrauchen. Genauer gesagt: Sie braucht es dringend. Der Garten in Capalbio frisst ihr die Haare vom Kopf, Handwerker wollen bezahlt werden, Material wird unablässig herangeschafft, Rechnungen treffen scheinbar im Stundentakt ein, und leider ist diesmal kein menschenfreundlicher Schrotthändler in Sicht, der elegant Mahnungen in der Luft zerreißt. Was bleibt übrig, als die Rechnungen zu stapeln und den Stapel, so lange es geht, zu ignorieren?

Wieder und wieder schauen sich Tinguely und Saint Phalle den Platz in Paris an, der keiner sein will. Riesenhafte Gebäude rechts und links, das eine so herrschsüchtig wie das andere. Tinguely liest eine leere Bierdose auf. Mit der kann, mit der darf er nichts anfangen. Unrat liegt haufenweise herum und lädt ein, damit zu experimentieren. Aber um Experimente geht es gerade nicht, schon Boulez zuliebe, der hier genug zu kämpfen hat. Im touristischen Teil von Paris streiten Feuerschlucker und Seiltänzer, Jongleure und Portraitzeichner um Aufmerksamkeit. In ihrem Schatten die Taschendiebe, die Trinker und sonstwie Besinnungslosen. Gegen all diesen Zirkus wird ihr Brunnen ankommen müssen, so wie ihr Musikerfreund dagegen ankommen muss.

Das ist es! Saint Phalle kommt der rettende Gedanke. Die Schwäche zu einer Stärke machen! Etwas Zirzensisches muss dieser Brunnen haben! Die Figuren sollen wie in einem Manegenrund auftreten. Die beiden ereifern sich. Sie kommen in Fahrt. Das wäre laut genug, das wäre bunt genug!

Der alternde Drache und der Tiger sind wieder in ihrem Element.

Der Feuervogel ist Igor Stravinskys bekannteste Musik, geschrieben für einen russischen Ballett-Impresario, uraufgeführt hier in Paris. Boulez hat die Ballettsuite öfters dirigiert, er liebt Stravinskys Musik; wenn er, wie stets ohne Dirigierstab, nur mit den bloßen Händen dirigiert, sieht man, wie er zu den einzelnen Musikern den Kontakt sucht und hält, wie er aber vor allem mit der Musik selbst redet, zuhört, sich vergewissert und weitergibt. Tinguely und Saint Phalle sind fasziniert von diesem großen Musiker, von seinem Händeballett, von seiner Genauigkeit und seinem Feuer. Er hat genaue Vorstellungen: Ihr Figurenensemble soll von der Kraft der Musik erzählen.

Also der *Feuervogel*. Es ist allzu naheliegend, aber es ist stark, direkt und einfach. Tinguely wünscht sich eine Plastik, die es mit den ungehobelten Leuten, die hier entlangkommen, aufnehmen kann. Sie nervt ihn zunehmend, die Gegenwart der 1980er Jahre, die den Kapitalismus so offen zutage treten lässt, die politischen Gegensätze zwischen Ost und West noch einmal zuspitzt, die neue Verlierer kennt und neue, seltsame Gewinner, die schnelles Geld machen und von allem Möglichen überzeugt sind, nur nicht von der Notwendigkeit zu teilen. Die Gegenwart erbost Tinguely. Sie ruft den alten Anarchisten in ihm hervor. Am liebsten würde er lauter explodierende Torten installieren, mit kleinen Feuervögeln darin!

Sie sitzen in einem der Bistros in der Nähe und trinken, und Niki de Saint Phalle hat Mühe, ihn zu beruhigen. Paris entfernt sich, obwohl sie mittendrin sind. Die Welt entfernt sich. Tinguely sehnt sich nach seiner alten Realität. *Coucou*! Die Stärke und die Einsicht kommen nicht vom Kampf. Niki de Saint Phalle weiß die besseren Wege. Kein Kämpfer! Ein souveränes Wesen. Darauf besteht sie.

Und so ersinnt Niki de Saint Phalle, neugierig beobachtet, zuerst von ihrem Gefährten, dann von der Belegschaft des Bistros, die Figurengruppe für den Pariser Stravinsky-Brunnen. Sie schiebt die Gläser zur Seite, es stört sie nicht, dass Tinguely das

Schälchen für das *Paté*, in dem noch ein paar Reste kleben, als Zigarettenablage benutzt, weil der Kellner nicht wagt, einen Aschenbecher an den Tisch zu bringen.

»*Monsieur – nous aimerions prendre un verre* …«

Der Kellner nickt.

Wie selbstverständlich Tinguely und Saint Phalle sich in verschiedenen Sprachen unterhalten. Das ist bezeugt, und das sieht man an den vielen Briefen und Faxen, die Saint Phalle hinterlassen und zum Teil lange vor ihrem Tod publiziert hat. Englisch, Französisch, manchmal ein italienisches Wort, ganz selbstverständlich. Das Parlando der Weltbürger.

Martha war ein wenig neidisch, nicht auf das Sprachvermögen an sich, sondern auf die Geläufigkeit, die es beiden ermöglichte, hin und her zu wechseln, je nach Stimmung oder Bedarf. Ihre Sache war das Reden nicht. Deshalb tat ihr der Beruf gut, bei dem sie die meiste Zeit allein war. Morgen nicht. Morgen musste sie bei den Pariser Obrigkeiten vorsprechen. War sie eben noch voller Zuversicht gewesen? Abenteuerlustig, geradezu draufgängerisch? Es kam ihr allmählich vor wie ein Gang vors Gericht. Vielleicht, weil sie keinen Tinguely an der Seite hatte, keinen Gefährten oder keine Gefährtin.

Die Figurengruppe für den Pariser Brunnen entsteht auf Papier, auf Papierservietten oder Tischtüchern. Das ist ohnehin Saint Phalles liebster Zeichenuntergrund. Bei einem guten Essen, mit ein paar Gläsern Wein entwirft sie die märchenhaften Wesen, die immer mehr Menschen begeistern. Der Feuervogel als zentrale Figur soll wie ein Sonnengott aussehen, aber nahbar und freundlich. Er ist ein enger Verwandter des Vogels von Garavicchio aus ihrem italienischen Garten, und er wird bald noch einen Cousin im kalifornischen San Diego bekommen. Die Figuren sollen das Lied von Stravinsky singen, vom *Feuervogel*, vom *Sacre du Printemps*, von *Ragtime*. Aber wer sagt, dass nicht ein paar allgemeinere Symbole hinzukommen dürfen? Der *Feuervogel*, findet Saint Phalle, ist doch sowieso eine einladende Figur. Sie zeichnet und zeichnet, sie kramt Buntstifte aus ihrer großen Umhängetasche, sie lässt sich nicht stören, sie greift nach dem Rotweinglas, ohne hinzusehen, und Tinguely muss sie mit dem Käse füttern, den er zum Dessert bestellt hat, weil sie die duftenden Köstlichkeiten aus der Auvergne nicht einmal bemerkt. Tinguely ist berührt, er freut sich; der kreative Furor, der sie jetzt ergreift, trägt sie nicht von ihm fort, sondern zu ihm hin. Sie sind schon seit einiger Zeit kein fest miteinander verbundenes Paar mehr, jeder geht seiner Wege, mehr oder weniger. Aber das hier, das hat er nur mit Niki.

»*Coucou*! Schau!« Spielerisch deckt sie die Zeichnung wieder zu, um sie dann mit kindlichem Stolz für ihn zu enthüllen. »*Voilà*. Schau hin. Und dann gehen wir.« Sie zwinkert ihm verschwörerisch zu. »Oder?!« Er weiß, dass er keine Wahl hat. Madame entscheidet.

Es werden 16 Figuren, acht farbige von Niki de Saint Phalle und acht schwarze, metallische von Jean Tinguely. Sie werden aus dem vermeintlich offiziösen Brunnen einen Ort für einen Badespaß machen. Das Brunnenbecken ist riesig. Es misst 36 mal 16,5 Meter! Das wird reichen für ihre *Équipe*! Saint Phalles Figuren sind zunächst der *Elefant*, der mit seinem Rüssel den Anstoß zum großen Spektakel geben darf, die schon unvermeidliche *Schlange*, die von den anderen in Schach gehalten wird, da ist Stravinskys *Nachtigall*, und da sind immer verfügbare Lippen, prall und rot und sinnlich, die die *Liebe* verkörpern. Liebe ist nichts, wenn du es nicht tust, soll das vielleicht heißen, und in diesem Riesen-Plastik-Wasser-Ensemble verwirklichen Tinguely und Saint Phalle noch einmal ihre Liebe. Sie ist Kunst und Komplizenschaft, immer beides.

Martha seufzte. Handwerklich waren Saint Phalles Brunnenfiguren von Paris eine Herausforderung. Das lag zum einen am

Wasser, dem sie unermüdlich ausgesetzt waren. Auf den Fotos, die Martha erhalten hatte, waren die Abnutzungen deutlich zu sehen – weitaus deutlicher als in Zürich. Rätselhaft zum anderen, woher die vielen kleinen Beulen kamen. Gefertigt waren die Figuren aus Fiberglas, einem Material, mit dem Saint Phalle in den achtziger Jahren noch ganz unbedarft umgeht: ohne Schutzhandschuhe und ohne Maske, auch beim Abschluss mit Polyester. Das wäre heutzutage undenkbar! Und Saint Phalle hat die Konsequenzen zu tragen. Zwar weiß man nicht, woher ihre schwere Lungenerkrankung kommt, das Asthma, das ihr mit zunehmenden Jahren immer härter zusetzt, klar ist jedoch, dass die Arbeiten mit diesen giftigen Materialien die Sache auf keinen Fall besser machen. Und auch für die Restaurierung haben die Materialien Konsequenzen. Die Figuren sind leichter als die anderen *Nana*-Figuren, die mittlerweile an vielen Orten in Europa stehen. Tinguely und Saint Phalle müssen Rücksicht auf die Statik nehmen: Im Kellergeschoss des Platzes, unter dem Brunnen, befindet sich das IRCAM, die Sache darf nicht zu schwer werden. Also wird der Brunnen nur 35 Zentimeter tief, also müssen die Figuren weniger gewichtig sein. Daher entscheidet Tinguely, von seinem geliebten Stahl auf das leichtere und weiche Aluminium auszuweichen, daher das Fiberglas bei Saint Phalle. Fiberglas jedoch reißt leicht. Unter der Polyesterhaut entstehen Schäden, die zunächst unentdeckt bleiben. Wenn sie bemerkt werden, ist es oft schon zu spät. Martha machte sich auf einen Kampf gefasst: Sie würde die Figuren abtransportieren lassen, um sie zunächst in einem Speziallabor umfassend zu untersuchen, Figur für Figur. Erst dann konnte sie ein seriöses Restaurierungskonzept erstellen. Sie kalkulierte, alles in allem, mit sechs Monaten – mit dreien, wenn man ihr ein kleines Team zugestand. Das war realistisch. Und es würde nicht der Status quo ante hergestellt, sondern ein Zustand, der die Figuren erhalten, aber durchaus ihr Alter zeigen würde. Das würde ihnen gut stehen, den Märchenfiguren von Saint Phalle.

Am Abend fuhr Martha mit der Metro zum *Centre Pompidou*. Sie umrundete das Gebäude, ein plötzlich aufkommender Wind fuhr ihr ins Gesicht. Immer noch war die Gegend nicht besonders einladend. Die Touristen waren fort, samt den fliegenden Händlern, die einen sonst umkreisten wie Möwen ein Schiff. Alles leer. Bis auf den Stravinsky-Brunnen. Er hieß im Volksmund Tinguely-Brunnen, dabei leuchteten die Figuren von Saint Phalle selbst jetzt im Dunkeln. Eine Märchengruppe im Wasser, mehr zu ahnen, als deutlich zu erkennen. Nichts bewegte sich. Die Motoren, die die sechzehn Figuren antrieben, hatten ihr Tagwerk getan. Keine Wasserfontänen sprühten aus den zahlreichen Düsen und setzten die Rundungen der fantastischen Tiere in der Luft fort, kein Lichtspiel glitzerte, keine Tropfen prasselten auf die Wasseroberfläche. Martha trat näher. Eine Figur fehlte, wahrscheinlich wurde sie gerade repariert. Martha fand es ganz gut, auf diese Weise nicht dem Tod zu begegnen. Martha war gekommen, weil der Brunnen am späten Abend abgeschaltet wurde. Im Stillstand konnte sie besser die Mechaniken erkennen, mit denen die Figuren im Vollbetrieb gedreht würden. Wie waren die Sockel mit den Plastiken verbunden? Wo war gelötet, wo geschraubt worden? In welchem Zustand waren die Träger? Verdammt, die Figuren waren ganz schön weit weg vom Brunnenrand, da half die Taschenlampe wenig. Martha hätte tatsächlich ein Opernglas gebraucht. Das brachte alles nichts! Entschlossen schlüpfte Martha aus ihren Schuhen und Strümpfen, krempelte die Hosenbeine hoch und zog die Schuhe wieder an. Man wusste ja nie, was sich in so einem Brunnenbassin fand. Sie hängte sich ihre schwere Tasche quer vor die Brust, kramte noch einen Stift und Papier hervor, die sie in die Jackentasche schob – dann stieg sie mit zwei großen Schritten über die Brüstung. *Feuervogel*, ich komme!

Sie streiten. Sie streiten im Café und auf dem Platz, sie streiten im Bett und im Badezimmer: Niki und Jean sind gerade zum

Fürchten. Tinguely streift auf und ab wie ein misstrauischer Köter. Er wirft Saint Phalle Opportunismus vor: Was sie da treibt, was sie überhaupt in den letzten Jahren bewerkstelligt, das ist ihm zu niedlich, das ist ihm zu nett. Niki, wo ist dein Kampfgeist geblieben? Saint Phalle nimmt Kritik, wenn sie von engen Vertrauten kommt, durchaus ernst. Sie schweigt eine ganze Weile. Sie wägt seine Argumente ab. Sie weiß, dass Tinguely im Unrecht ist, aber das ist eine grundsätzliche Frage: Haben Plastiken mehr Energie, wenn sie aggressiv sind? Tinguelys Figuren für den Stravinsky-Brunnen sind keine Revoluzzer, sie sind keineswegs neue Erfindungen; er hat vielmehr vertraute Formen variiert: die ineinandergreifenden Räder, die Spiralen, die sich hebenden und senkenden Stangen, die Speichen.

Tinguely ist beleidigt, weil sie ihm vor Augen führt, dass er sich wiederholt. Ja, doch – zugegeben, aber nicht wie du, nicht wegen des ... Kommerzes.

Es ist das Unwort zwischen den beiden. Es ist die Grenze. Sie wissen, dass sie mit der Verkäuflichkeit, mit der Marktgängigkeit flirten, flirten müssen. Saint Phalle ist in den letzten Jahren tatsächlich sehr weit gegangen. Sie hat sogar ein Parfüm unter ihrem Namen herstellen lassen, *Eau defendu*! Tinguely schnaubt den Begriff geradezu hinaus. Dabei ist er durchaus kein Verächter schöner Düfte an schönen Frauen. Das hat Saint Phalle oft genug an ihm wahrnehmen können, wenn er nach einer oder zwei Nächten oder ganzen Wochen bei fremden Frauen zu ihr zurückgekehrt ist.

Und sie? Was ist in sie gefahren? Wieso muss sie jetzt dauernd in die USA reisen? Der verdammte Vogel dort ist doch längst eingeweiht? Kann sie von ihrem eigenen Erfolg nicht genug kriegen? Saint Phalle zieht eine ihrer überaus schönen Augenbrauen hoch, eine Geste, die Tinguely wahnsinnig macht. Sie ist gern in San Diego, bei ihrem amerikanischen Freund, wie sie den *Sonnengott* in Anlehnung an einen Film von Wim Wenders nennt, der vor ein paar Jahren Furore gemacht hat. Noch so ein Reizwort: amerikanischer Freund. Weil sie ein bisschen zu sehr von Dennis Hopper geschwärmt hat. Tinguely, so libertär er sich gibt, ist eifersüchtig und besitzergreifend. In guten Zeiten amüsiert sie sich darüber. Sie hätte selbst nicht gedacht, dass sie den kalifornischen *Sonnengott* nach seiner Fertigstellung noch würde besuchen wollen, so sentimental ist sie normalerweise nicht. Sie entwirft, sie überwacht die ersten Schritte – den Rest erledigen die Assistenten. In San Diego ist es anders gekommen. Da hat sie der Dekan der Universität verständigt: Es ist etwas geschehen mit dem *Sonnengott*. Die Figur, groß aufgerichtet und leuchtend, ein Riesentotem, ein *Feuervogel* wie der, der jetzt in Paris entstehen soll, ist augenblicklich von den Studenten adoptiert worden. Sie lieben ihn, ruft der Dekan ins Telefon: »*They love it*!«

Die Studenten treffen sich an seinem Sockel. Binnen weniger Wochen ist die Plastik, die zwanglos europäische und amerikanische Einflüsse vereint und zudem den amerikanischen Ureinwohnern Ehre erweist, zum Symbol der Einheit und der Verständigung geworden. Vielleicht, sagt Saint Phalle nur halb im Scherz, vielleicht liegt das an dem indianischen Medizinmann, den sie mehrfach konsultiert hat? Es soll ja alles in einem spirituellen Gleichgewicht sein?

Hört sie deshalb dauernd diese neue Musik? Nicht Stravinsky, nicht Boulez, sondern Jazz? Was Tinguely mitkriegt, gefällt ihm nicht, und dass er so wenig mitbekommt, noch weniger, denn Saint Phalle setzt sich gelegentlich Kopfhörer auf und taucht einfach ab.

Niki, ich rede mit dir!

Vielleicht brauchen wir einen Schamanen, sagt Saint Phalle jetzt. Sie meint es versöhnlich, aber Tinguely wird sarkastisch. Klar, dass Niki nur Hokuspokus einfällt, wenn ihr die Argumente ausgehen. Es geht, meint er, um Herrschaft und Aufstand, darum, dass die Kunst ihren Standpunkt niemals aufgeben darf, sie muss kritisch sein oder wenigstens subversiv, aber Niki ...

Ich ernähre uns, *Jeano*! Ich sorge dafür, dass die Dinge erledigt werden.

So oder ähnlich muss es zugegangen sein.

Man weiß es nicht.

Niki de Saint Phalle hat Hunderte von Seiten geschrieben, aber die echten Konflikte? Die Zweifel? Werden nur in einem endgültigen Nachhinein, aus großer Distanz, mit geradezu enervierender Gelassenheit notiert. Oder hat sie diese Gelassenheit schon damals? Fühlt sich Tinguely davon provoziert, von den großen Worten, die sie so leichthin benutzt?

Es geht auf halb drei zu. Wie in jedem Streit vermischt sich alles, Privates und Politisches, aber das ist bei ihnen sowieso eines, immer schon gewesen. Erschöpft liegen sie am Ende beieinander: Wird der Brunnen, der ganz Paris erfreuen und zusammenbringen soll, sie beide etwa endgültig entzweien? Saint Phalle hustet in der Nacht zum Gotterbarmen. Sie steht am Fenster und schaut in die dunkle Nacht. Tinguely beobachtet sie, er bleibt wach, wenn sie wach ist, immer, aber das bemerkt sie nicht.

Manchmal ist es umgekehrt. Dann liegt sie wach. Dann sind sie gerade zurückgekehrt nach Paris, aus San Diego, aus Zürich, aus Stockholm und beobachten gemeinsam die Fortschritte am Brunnen. Sie steigen im selben Hotel ab, in dem sie ganz am Anfang waren, obwohl jeder nach Hause fahren könnte. Sie genießen es, dass sie sich das jetzt leisten oder zumindest so tun können, als ob ihnen die Preise nichts ausmachten. Sie brauchen, sagen sie unisono, den Abstand von zu Hause, von der jeweiligen Werkstatt, vom täglichen Drum und Dran. Dann hört sie ihn atmen, unregelmäßig, schwer. Sie hält den Atem an, wenn sie seinen nicht hört. Dann kann sie nicht einschlafen. Sie versucht, den aufsteigenden Husten mit einem Whiskey zu ertränken, steht schließlich auf, gibt sich keine besondere Mühe, dabei leise zu sein. Sie huscht mit ihren leichten Schritten aus dem Zimmer, am überraschten Concièrge vorbei und hinaus! Um ein paar Ecken, und dann ist sie auf dem Platz. Hier werden bald die Figuren installiert. Wieder eine Hustenattacke, auf dem immer noch leeren Platz hallt es. Niki erschrickt über den eigenen Husten, wie jemand, der unversehens eine böse Diagnose erhält.

Die Figuren sind schon beinahe fertig, entstanden in der Werkstatt eines äußerst begabten jungen Franzosen, der von nun an immer um sie beide sein wird. Er hat eine ebenso talentierte Frau, die sich besonders auf Mosaike versteht. Die Figuren werden hierhergebracht, wie immer werden Tinguely und Saint Phalle den Transport persönlich überwachen und dann – eine *grande fête*, drunter machen es die Franzosen nicht, egal, wie sie vorher zaudern und knausern. Saint Phalle seufzt. Tinguely hat keine Ahnung, wie sehr sie das hier anstrengt. Sie streunt noch ein bisschen herum, sie ist eine furchtlose Frau, die Nachtluft von Paris tut ihr gut, die Bronchien lassen sich besänftigen. Sagt man nicht, dass New York niemals schläft? Nun, Paris steht dem kaum nach, überall sind Menschen unterwegs, Nachtschwärmer, Barheimkehrer, Liebespaare und Touristen, die ihre Bleibe nicht finden oder nicht finden wollen. Sie geht schließlich zurück ins Hotel, hat sich müde gelaufen, und da liegt Tinguely, noch immer hat er sich anscheinend nicht bewegt, er liegt unter diesen dünnen französischen Laken, und er sieht eingefallen aus, schmal – ja, atmet er überhaupt noch? Ein Schrecken durchfährt sie, sie hastet an sein Bett, beugt sich hinunter. Ja, er atmet. Unwillkürlich küsst sie ihn, und er tut, als ob er weiterschläft, zwingt sich, den Kuss nicht zu erwidern, so zu tun, als ob er das nicht bemerkt: ihren Kuss, die ganze, alte Liebe.

Madame?

Martha schrak zusammen. Hinter ihr, im Dunkel, standen zwei Gendarmen. Sie waren hinter ihr her gewatet, durch das Wasser des Brunnens und leuchteten ihr nun mit einer Taschenlampe ins Gesicht. Sie waren nicht unfreundlich, aber unerbittlich. Es würde nicht ganz einfach sein zu erklären, was sie hier zu suchen hatte.

Am nächsten Tag machte sich eine erkältete Martha auf den Weg zur Denkmalbehörde und zum Kulturministerium. Ihre Hand, die die Aktentasche umklammerte, zitterte. Die Sonne schien gleißend vom Pariser Himmel – ganz so wie an dem Tag, an dem der Stravinsky-Brunnen der Öffentlichkeit übergeben wurde. Ein gutes Omen? Martha schniefte. Sie hoffte, sie würde ihr ganzes Französisch zusammenbringen. Und ihren Verstand.

Am 16. März 1983 wird der Brunnen der französischen Öffentlichkeit übergeben. Der Bürgermeister, ein gewisser Jacques Chirac, lässt es sich nicht nehmen, vom Glanz der Umstände zu profitieren, und hält eine Rede, die die Presse pflichtschuldig erwähnt. Mehr Begeisterung jedoch erwecken die beiden Künstler, vor allem Niki, deren Gesicht einer Madonna, so wird artig notiert, von einer seidenfedergeschmückten Baskenmütze umrahmt werde, *très chic*! Tinguely zerreißt die Zeitung vor ihren Augen. Saint Phalle lächelt darüber. Sie ist die unprofessionelle Aufmerksamkeit der professionellen Presse ja gewöhnt. Tinguely hat nicht erleben müssen, auf sein Äußeres reduziert zu werden, obgleich er auf seine Weise so viel Wert darauf legt. Bei ihr jedoch wird jede Äußerlichkeit festgehalten und interpretiert. Kaum ein Artikel verzichtet darauf, ihre Zierlichkeit zu erwähnen, ihre Eleganz, detailliert wird ihre Kleidung beschrieben, ja sogar die Muster der Hüte und Strümpfe entgehen den Reportern nicht. Und stets schwingt in den Beschreibungen ein Dennoch mit: Dennoch sei die Kunst der jungen adeligen Dame, so heißt es dann, durchaus bemerkenswert, dennoch gebe es etwas zum Nachdenken. Schönheit und Attraktivität sind willkommen, werden aber mit Dummheit gleichgesetzt. Oder es wird gleich offen abschätzig berichtet, nach dem Motto, der alte französische Adel, verkörpert in einer attraktiven Frau, sei nun endgültig total *derangée*, diese bunten und dabei – mein Gott! – auch noch dicken Puppen seien keinesfalls ernst zu nehmen.

Saint Phalle hat gelernt, damit zu leben. Sie zieht ihre perfekt gepflegten Augenbrauenbögen hoch. Kopf ab!, sagt ihr Blick. Wenn es sein muss, kann sie eine kalte Arroganz an den Tag legen, die alle stumm macht. Alle, außer Tinguely.

8.

Aus. Vorbei. Erledigt. Martha weinte sich die Augen aus dem Kopf. So tränenblind war sie, dass sie mit dem Kopf gegen die Minibar stieß, als sie die Tür öffnen wollte. Auf allen vieren kroch sie dahin, ließ sich vom Bett gleiten, dann langsam zu dem kleinen, rumpelnden Kühlschrank. Wein! Bier! Nein, lieber gleich einen doppelten Gin ohne Tonic. Sie hielt sich den schmerzenden Kopf und musste noch heftiger schluchzen, schluchzte laut. Jemand klopfte gegen die Zimmerwand, brüllte etwas, das sie nicht verstand. Durfte man nachmittags in Paris nicht weinen? Es war eine Katastrophe. Sie hatte alles vermasselt. Sie hatte komplett versagt. Schon das Palais Royal, der Sitz des Ministeriums im 1. Arrondissement, hatte sie eingeschüchtert. Das Ministerium sah eher wie ein Polizeipräsidium aus, und das sogenannte informelle Gespräch, zu dem man sie eingeladen hatte, hatte sich tatsächlich eher wie ein Verhör angefühlt. Das zweite binnen vierundzwanzig Stunden, denn die Stunden auf der Wache in der Nacht nach ihrem Ausflug zum Brunnen hatte sie noch in den Knochen. Und kalt war ihr die ganze Zeit gewesen, kleine Schauer waren ihr über den Rücken gelaufen. Sie wollte der strengen Dame und den beiden eilfertigen Herren ihre Powerpoint-Präsentation vorführen, auf der sie, klassifiziert nach Schadensarten und Schadensschwere, den Zustand der acht Figuren von Saint Phalle analysiert hatte. Aber niemand interessierte sich für ihr *Portable*, es gab keinen Adapter für ihr Notebook, oder niemand hatte Lust, einen zu suchen.

Sie könne doch gewiss auch ohne …?

Sie konnte schon, wollte aber nicht. Schließlich ging es um Belege.

Widerspruch kam hier gar nicht gut an. Man suchte. Zeit verstrich. Die ungeduldige Dame trommelte mit den Fingern auf dem Tisch. Das sah und das hörte Martha überdeutlich. Leider hörte sie nicht vernehmlich und schon gar nicht klar, was die Dame und ihre beiden Adjutanten sie fragten. Sie fragten sie zu Details ihrer Analyse, und was für Martha mit Hilfe ihrer Präsentation, die natürlich auf Französisch beschriftet war, immerhin möglich gewesen wäre, wurde jetzt zur Falle. Hilflos kramte sie in ihrer Aktentasche, fragte, ob sie den *Dictionnaire* zu Rate ziehen könne – und da war es eigentlich schon vorbei.

Un dictionnaire?

Es klang wie etwas ganz und gar Vulgäres. Und, wenn sie sich nicht täuschte, imitierte die Vorsitzende der Auswahlkommission jetzt den in ihren Augen wahrscheinlich unzumutbaren deutschen Akzent.

Sie war geflohen. Man hatte noch ein paar Höflichkeiten ausgetauscht – die immerhin hatte Martha drauf, und dann: *On verra*, man sieht sich, *bonne chance*, vielleicht wirklich erst mal zur niederen städtischen Denkmalsbehörde und so weiter. Nichts wie raus. Nach Luft schnappen. Irgendwie zurück ins Hotel kommen.

»Armer Schatz«, sagte Marie leise am Telefon. »Soll ich zu dir kommen?«

»Ich weiß nicht …«

»Doch«, sagte Marie jetzt mit zunehmend entschlossener Stimme. »Ich komme, und ich bringe dir etwas für einen kleinen Ausflug mit, den wir beide dann unternehmen. Kein Widerspruch! Du wirst dich freuen, vertraue mir.«

Ein paar Tage später saß Martha, noch immer empört, mit Marie im *Terres de Café* beim Picasso-Museum. Sie brauchte Abstand von Saint Phalle, Abstand von den Irren im Kulturministerium.

»Die wollen keine seriösen Restauratoren«, sagte Martha und rührte so heftig in ihrem Cappuccino, dass er überschwappte.

Die Abteilung Denkmalpflege und nationales Kulturgut hatte eigens für den kleinen *Concours*, die Ausschreibung, an der sich sechs Restauratoren beteiligen durften, eine der Figuren des Stravinsky-Brunnens abbauen lassen.

»Eigens dafür? Das ist aber ein Aufwand«, meinte Marie.

»Nicht nur das. Es ist auch schädlich. Warum die Figuren bewegen, wenn es nicht sein muss? Und ...« Sie schniefte und versuchte, nicht gleich wieder zu weinen, »... sie wollten auch meine Powerpoint nicht sehen, also, sie hatten keinen Adapter.«

Marie lachte. Klar, mit ihrem Vorzeige-Französisch konnte sie sich die Peinlichkeit der Situation gewiss nicht vorstellen.

»Was war mit der Figur?«

Die Figur war in einem großen Saal neben dem Konferenzsaal, in dem die Anhörungen stattfanden, aufgestellt worden.

»Aufgebahrt worden ist sie. Wie eine lebendige Leiche«, sagte Martha erbittert. Die Figur wies Schadstellen auf. Die Farbe war deutlich abgenutzt, es gab einige Fehlstellen und dazu die merkwürdigen Beulen und Ausbuchtungen, die Martha auch bei den anderen entdeckt hatte. Und was sollte das, ausgerechnet den *Tod* hierherzubringen?

»Ich habe gleich losgelegt«, sagte Martha, wie um sich zu rechtfertigen.

»Wie ...?«

»Nun ja, ich dachte, nach der Panne mit dem Adapter sage ich gleich mal, wovon ich etwas verstehe, damit die merken, dass sie es mit einem Profi zu tun haben. Also habe ich deutlich gemacht, was ich von dieser Art unnötigem Transport halte ...«

»Martha!«

»Ist doch wahr.«

Martha kamen schon wieder die Tränen. Marie sah es und griff vorsichtig nach Marthas Hand.

»Aua!«

Martha zog die Hand so hastig weg, dass die Cappuccino-Tasse vom Tisch gefegt wurde.

»Auch das noch ...«

»Macht doch nichts ... schsch ...«

Erst jetzt merkte Marie, dass Marthas Hände gerötet waren, geschwollen – die Aufregung um die möglichen Pariser Aufträge hatten das alte Ekzem offenbar wieder aufbrechen lassen.

Martha also hatte dieser arroganten Kommission erst mal die Leviten gelesen. Und versucht, ganz ohne elektronische Unterstützung, ihr Konzept vorzustellen. Es half, dass sie sich auch intensiv mit dem »amerikanischen Freund« beschäftigt hatte, dem *Sonnengott* von San Diego, bei dem Niki de Saint Phalle eine große künstlerische Freiheit gezeigt hatte: Hier hatte sie von vornherein mit Fehlstellen gearbeitet; kleinere Bereiche der Figur waren unbearbeitet geblieben.

»Die Figur in San Diego ist ungefähr gleichzeitig entstanden«, referierte Martha jetzt. Man könnte es also durchaus rechtfertigen, die nachträglich entstandenen Fehlstellen hier nur abzudecken gegen Feuchtigkeit, aber ansonsten so wenig wie möglich wiederherzustellen.

Und genau das hatte die französische Seite entsetzt. So weit man Martha verstanden hatte. In Paris strebte man das Gegenteil an. Alles sollte so perfekt wie möglich sein.

»Die wollen eine Walt-Disneyisierung von Niki de Saint Phalle«, sagte Martha empört. »Am besten die Farben neu auftragen und dann einheitlich lackieren.«

»Na schön, gegen den Pariser Regen und die Abgase wäre das vielleicht gar nicht so unangebracht«, sagte Marie versöhnlich.

»Gegen den Pariser Regen würde es helfen, die Figuren nach innen zu versetzen«, sagte Martha entschieden. »Aber Saint Phalle und Tinguely wollten ja gerade keine Musealisierung, sondern Figuren für das Volk. Und warum dürfen Brunnenfiguren nicht so ramponiert und mitgenommen sein vom Leben wie das Volk selbst?«

Vermutlich, weil das Volk selbst das nicht gewollt hätte? Dachte Marie, schwieg aber. Es ging ja längst nicht mehr um die richtige, die jeweils angemessene Art der Restaurierung – es ging darum, dass Martha mindestens ein möglicher, wichtiger Auftrag entgangen war. Und damit: viel Geld. Dieses Schicksal des Auf und Ab teilten freie Restauratoren mit den Künstlern, den Stress der Akquise, die oft genug schiefging.

»Diese Feilschen und Klinkenputzen«, sagte Martha. »Du glaubst nicht, wie satt ich das habe.«

»Doch, glaube ich«, sagte Marie. »Deshalb bin ich über meine Festanstellung so froh. Auch wenn viele Verpflichtungen damit verbunden sind. Aber siehst du – so konnte ich ohne weiteres zu dir fahren.«

Martha schien sie gar nicht zu hören. »Es ist diese Balance, die mich mürbe macht. Zwischen Anpassung und ...« – nun schaute sie Marie an – »... verantwortungsvollem restauratorischen Handeln. Genau. Das ist es. Und davon werde ich auch nicht abweichen. *Monsieur?*« Sie hob die Hand. »*N'avez-vous pas un bon cognac ici?*«

»*Mais bien sûr, Madame!*«

»Siehst du«, sagte Martha zu Marie. »Läuft doch.« Aber ihr Lächeln war kläglich.

»Ich wüsste gern, wie Saint Phalle dieses Feilschen um Aufträge so lange ertragen hat. Dieses Schlangestehen. Jahre, Jahrzehnte.«

Und etwas musste während der Entstehung des Stravinsky-Brunnes passiert sein. Der Brunnen verriet nichts davon, er war eine solide Auftragsarbeit. Aber der *Sonnengott* von San Diego kündete davon, von einer neuen Freiheit. Wann hatte Niki de Saint Phalle die Zwänge abgeschüttelt, wann hatte sie aufgehört, gegen Wände zu rennen, ihre Kraft in sinnlosem Protest zu verschwenden und gelernt, sich nur noch zu konzentrieren?

Sie hatte die Frage eher an sich selbst als an Marie gerichtet, aber die Freundin reagierte. »Ich zeig dir morgen was«, sagte sie. »Und danach fahren wir zusammen zurück. Aber heute Abend sehen wir uns einen Film an.«

Das Kino im Theatersaal des *Cineffable* wies nur wenige Stuhlreihen auf, dennoch verloren sich die wenigen Zuschauerinnen in dem Raum, in dem es nach Zigaretten roch. Ein Trio von Frauen redete und kicherte. Was konnte sie hierher verschlagen haben? In einen experimentellen Film aus den siebziger Jahren?

Die französischen Kino-Enthusiasten hatten sich alle Mühe gegeben und für das Programmheft Texte aus halb Europa beigesteuert, auch aus Deutschland. Martha und Marie konnten es nicht fassen. Da waren, unübersetzt, Texte aus deutschen Zeitungen. Die Frauen der feministischen Kino-Assoziation trauten ihrem Publikum allerhand zu! Rasch überflogen sie die Texte in der vertrauten Sprache.

Die Kritiken auf den Film von Regisseur Peter Whitehead waren entlarvend. Saint Phalle, die Künstlerin, »die Mutter aller kleinen und großen *Nanas*«, sei nunmehr auch Hauptdarstellerin in einem Film, ganz so, als sei dieser Streifen der Ausflug einer gelangweilten oder zu Recht erfolglosen Künstlerin ins Filmfach. Die Kritik übernahm dabei höhnisch die gespielt kindliche Filmsprache. Die Film-Niki, so heißt es, habe *Daddy* entmachtet. Er müsse zum Beispiel zusehen, wie sich die Film-Niki mit einem Mädchen vergnüge, dass sie eigentlich ihm zugeführt habe, eine Ersatz-Niki, sozusagen.

Die Niki im Film dreht anscheinend die Rollen um: Aus dem weiblichen Opfer wird eine Täterin. Der vormalige Täter bekommt es knüppeldicke, und die Frauen lieben sich. Der Filmkritiker findet das bloß komisch.

»Wie kann man das komisch finden?«, fragte Martha. »Fällt ihm denn nicht auf, dass die Umkehrung von Täter und Opfer alles durchbricht, was man so gewöhnt ist? Und die Frauenliebe?«

Marie war schon weiter mit der Lektüre. »Guck mal, das ist

es«, sagte sie. »Der Filmkritiker, der findet die Szenen ja den ganzen Film über lustig – und jetzt hör mal gut zu – einfach, ›weil Madame kein Talent zur Lesbierin hat‹. Boah ...« Sie holte tief Luft. »Was für ein blöder Macho! Und es geht noch weiter ...« Marie merkte gar nicht, dass sie immer lauter wurde. »Hör zu: ›Daddy, so denkt man sich als Zuseher, hätte sicher überzeugender agiert. Als Mann, natürlich‹ – unglaublich!«

»Was? Zeig her!« Martha nahm Marie das Programmheft aus der Hand. »Nicht dein Ernst.«

»Doch, leider.«

Der Film-*Daddy*, so der Tenor, soll der unfähigen Tochter mal zeigen, wie man das macht mit den lesbischen Mädchen. Was man mit ihnen macht.

Martha wurde fast ohnmächtig vor Zorn.

»Zeitgeist«, sagte Marie trocken.

»Klar«, sagte Martha. »Aber wie hat sie das bloß überstanden?«

Der Film begann. Und Martha wurde mitgerissen. Es war eine absurde, bizarre Vorstellung, eine Rachefantasie.

Der Film beginnt mit kruden Schwarz-Weiß-Bildern von Vater und Tochter. Der übermächtige *Daddy* macht das mit dem Kind, was er Spiele nennt, er missbraucht sie also. Undeutlich-überdeutlich die körnigen Bilder, der Regisseur macht uns glauben, wir befänden uns in einem Dokumentarfilm, die Kamera wird herumgerissen und geschwenkt, bloß nicht zu glatt werden, bloß nicht gestatten, dass wir es uns im Kinosaal gemütlich machen! Denn nun kippt der Film plötzlich ins Farbige, in die Pop-Welt der Siebziger. Die Hauptfigur des Films, das kleine Mädchen Agnès, ist jetzt eine erwachsene Frau, und sie knöpft sich *Daddy* vor. Er wird gefangen, geschlagen, er muss zusehen, wie ihm die Tochter und ihre Komplizinnen zeigen, was entfesseltes Amüsement ist, wie süß die Rache schmeckt. Und doch: Los kommen die beiden voneinander nicht, immer bleibt *Daddy* die Hauptfigur, *Daddy* wird fertiggemacht – aber nicht überwunden.

Es war belebend, es war auf merkwürdige Weise erhebend, und es war ganz schön weit weg.

»Nicht gut gealtert!«, sagte Marie und meinte den Film. Martha kam der Satz bekannt vor, er war schon einmal durch ihren Kopf gegeistert.

»Trotzdem ...«, sagte Marie. Sie kramte nach dem Programmheft.

Diese sexistischen Kritiken, das Übelwollen, die Behauptungen, hier agiere eine gestörte, womöglich geisteskranke, ganz sicher aber nervenleidende junge Frau, eine, die man vor sich selbst beschützen müsse – die Heftigkeit der damaligen Rezeption war erstaunlich.

Sie saßen noch bei einem Pastis in der Kneipe des kleinen Theaters. Martha rührte in ihrem Tonkrug und sah zu, wie sich der Alkohol mit dem kalten Wasser zu einer milchigen, betörend duftenden Mischung verband.

»Abwehr, reine Abwehr.«

»Ja, aber sehr schmerzhaft.«

»Noch einen?«

»Lieber nicht.«

»Ich muss an Eva Aeppli denken«, sagte Martha plötzlich.

»An die Puppenmacherin? Warum kommst du auf sie?«

»Zunächst mal, weil die beiden sich ja kannten. Sie hatten denselben Mann, wenn auch nacheinander. Und dann wegen der Thematik. Ist echt ähnlich ...«

Martha dachte eine Weile nach.

»Bei Aeppli geht es ja auch ... um das, was Männer so anrichten. Ich meine ...«, sie nahm langsam Fahrt auf, »ich meine, Aeppli hat gezeigt, was der männliche Umgang mit den Frauen macht.« Genau, das war der Punkt. »Sie hat weibliche Figuren, also ihre Puppen, im Grunde genommen als Resultat einer von Männer dominierten Welt gezeigt: verletzt, vernarbt, düster und verstummt.«

»Gut gebrüllt, Löwin!«, sagte Marie beeindruckt. »Aber ich fürchte, so sieht das kaum jemand. Man sieht sie einfach nur als Opfer-Darstellungen.«

»Klar, ist ja auch einfacher.«

Sie dachten eine Weile nach.

»Vielleicht fehlt den Figuren von Aeppli das Quäntchen Aggressivität.«

»Sie sind so … nach innen gekehrt. Als ob sie alles schon hinter sich hätten.«

»Das kann man ja von Saint Phalle nicht sagen!«

Sie lachten.

»Trotzdem«, sagte Martha schließlich, »das Ganze hat einen verdammt ernsten Kern. Saint Phalle ist missbraucht worden, wie es scheint, eine ganze Weile lang. Und die saubere Mutter hat das nicht sehen wollen. Nehmen wir mal an, der Film arbeitet das alles schön ab oder auf … Trotzdem verstehe ich nicht, wie sie nach all dem diese netten *Nanas* bauen konnte. Warum sind die *Nanas* so friedlich? Ich hätte denen ein Maschinengewehr in die Hand gegeben.«

»Gewehr trifft es schon ganz gut«, sagte Marie. »Komm, wir gehen! Die wollen hier sowieso schließen. Und morgen machen wir einen kleinen Ausflug.«

»Wohin?«

»In die ehemalige *Impasse Ronsin*.«

Februar 1961. Eine Gruppe korrekt gekleideter Herren und gut frisierter Frauen steht in einem Hinterhof. Es ist kalt und diesig, die Herren scheinen nur Grau zu tragen, graue Anzüge, graue Mäntel, die Frauen, trotz der Kälte in Röcken oder Kleidern, wärmen sich in den einreihigen Mänteln. Es ist ein merkwürdiger Ort und ein merkwürdiges Stelldichein, denn die offenbar gut situierten Herrschaften passen nicht so recht in die eher trist wirkende Umgebung – und die junge Frau, die sie umringen, passt noch weniger hierher. Die junge Frau trägt einen eng anliegenden Hosenanzug, mit dem sie sich deutlich von der Gruppe abhebt. Ihr glattes, halblanges Haar wird von einem weißen Band zusammengehalten, sie steht da in Schrittstellung und hat ein Gewehr im Anschlag, einen Karabiner. Die Frau wirkt wie eine Filmfigur, wie eine Schwester der Spionin Emma Peel, die damals in der Serie *Schirm, Charme und Melone* Furore macht. Emma Peel wird stets mit eng anliegenden Anzügen und der Waffe im Anschlag gezeigt, aber sie trägt grundsätzlich Rot oder schwarzes Lackleder – und ihre Waffe ist eine Pistole. Niki de Saint Phalles Anzug hingegen ist weiß, weiß wie die Unschuld, weiß wie die Farbe eines Brautkleids, aber diese Braut hier ist eher eine Gangsterbraut, nein, sie ist selbst der Gangster, und sie macht die Herren um sich herum zu Komplizen. Das Publikum hält sie spielend in Schach. Oder spielt sie gar nicht? Ist das hier tödlicher Ernst? Die Unsicherheit verursacht den Kitzel, man weiß nicht genau, was das hier werden soll, aber man will unbedingt dabei gewesen sein. Und Saint Phalle erklärt nicht, sie macht einfach. Das Publikum beobachtet sie gebannt.

Wird sie wirklich schießen? Und ist die Munition echt?

Die Herren, die zu ihrer Entourage gehören, so scheint es, wissen es schon: zweimal ja. Saint Phalle schießt, und sie schießt scharf. Sie entsichert die Waffe professionell, sie zielt – und drückt ab. Eine Menge Blut spritzt. Symbolisch. Niki de Saint Phalle erfindet in den 1960er Jahren die *Tirs*, Schießbilder also.

Akribische Vorarbeit geht der explosionsartigen Aktion voraus: Sie sammelt kleine Alltagsobjekte wie winzig kleine Puppen, Stoffreste, Spielzeugpistolen, Draht, Geflechte, gewöhnliche kleine Haushaltssiebe und organisches Material wie Federn und drapiert das alles auf einer weiß grundierten Holzplatte. Die Objekte werden fixiert und ebenfalls weiß übermalt oder mit Gips überzogen. Nun der Clou: Auf und hinter den Fundstücken werden Farbbeutel angebracht. Rot, aber auch Blau und Gelb und Schwarz werden nicht verschmäht. Das so entstandene Relief mit den *Objets trouvés* wird im Hinterhof des Künstlerkollektivs an der *Impasse Ronsin* aufgestellt, Leute werden eingeladen – nicht zu viele und nicht zu wenige –, dann geht die Ballerei los. Wumm! Zack! Kopf ab!

Das Publikum weicht zurück, aber nur, um sich sofort wieder zu nähern. Der Effekt ist immens: Die Farbbeutel platzen, erst der eine, dann der nächste. Saint Phalle zielt und trifft. Die Figuren auf den Bildern fangen an zu bluten, das ganze Bild blutet, die ganze Welt der Künstlerin ertrinkt im Blut. Zack! Nimm dies!

Rache ist süß.

Das Publikum ist abgestoßen und fasziniert. Die Künstlerin scheint völlig versunken. Sie lächelt zwischendurch, unabhängig davon, ob ein Schuss gesessen hat oder nicht. Sie kneift ein Auge zu, sie zieht die Luft scharf durch die Zähne, sie schießt und schießt. Nur sie selbst entscheidet, wann es genug ist.

Dann setzt sie die Waffe ab, plötzlich völlig entspannt.

Einige der Herren bemerken, wie jung sie ist und wie schön. Die blöderen unter ihnen, die womöglich auch noch Kritiker sind, berichten genau in diesem Ton darüber. Sie schreiben, als hätten sie einer Autogrammstunde beigewohnt und nicht einer künstlerischen Aktion. So beschreiben sie den *Auftritt* als *Höhepunkt* einer Veranstaltung. Die Kamerabilder des Bayerischen Rundfunks zeigen zunächst nur Beine und Gesäß von Saint Phalle. Der Reporter nennt sie beim Vornamen. Niki sei »eine im übrigen recht wohlgebaute und daher nicht unsympathische junge Frau«. Sie trage so etwas wie einen weißen »Weltraumfahreranzug« und habe ein Luftgewehr dabei. Die Kamera zeigt jetzt ein rein männliches, sabberndes Publikum. Sie habe, so der Bericht, allerhand Gegenstände in ihre Bilder eingebaut, auf die sie nun schießen werde, Opfer ihrer »unbezähmbaren Jagdleidenschaft«. Die Kamerabilder zeigen wieder Saint Phalles Hüfte und Stiefel – allerdings keine Jagdstiefel, sondern schwarze, elegante Stadtstiefel mit Pfennigabsätzen.

Der frühe Fernsehbericht bezieht sich auf eine Aktion in München, denn bald schon beginnt das angebliche Flintenweib zu reisen. Wie ein gut beschäftigter Killer ist Niki de Saint Phalle mit ihren Reliefs, dem Karabiner und dem Schießanzug unterwegs in Europa. Sie ist nicht allein. Sie ist Teil der Gruppe der *Nouveaux Réalistes*, auch hier die einzige Frau in einer Männergesellschaft. Wie ist sie da hineingeraten? Wie hat sie es, so muss man es sagen, geschafft? Die *Nouveaux Réalistes* sind ein eingeschworener Haufen. Ein Jahr zuvor, 1960, haben sie sich zusammengerottet: Arman und Spoerri, andere französische Künstler wie Raymond Hains oder der Italiener Mimmo Rotella. Wahrnehmung ist ihr Thema, Dinge anders sehen. Sie behaupten zum Beispiel die Schönheit des Abfalls. Arman räumt begeistert Papierkörbe aus und kombiniert deren Inhalte neu. François Dufrêne, Hains, Rotella und Jacques de la Villeglé reißen Plakatwände ab. Sie machen kurzen Prozess mit den festgeschriebenen Bildern des Konsums. Sie kritisieren die Wegwerfgesellschaft, bevor sie wirklich existiert, und verbinden die verwundete Welt. Ein gewisser Christo macht durch bandagierte Objekte auf sich aufmerksam. Es wirkt skandalös, wie er Ölfässer zu riesigen Plastiken türmt, nur um sie dann unter Stoffbahnen wieder zu verbergen. Der Schauwert wird aufgebaut, dann die Schaulust gekappt. Das Publikum ist wunschgemäß empört, Christo steht da, ein schmaler junger Mann mit einer Denker-Brille, der halb entschuldigend, halb wissend lächelt: Ihr werdet noch von mir hören. Offizielles Mitglied der Gruppe wird er aber nie.

Neunmal wird das Gründungsmanifest unterzeichnet; auf dieser Urkunde der wild Entschlossenen fehlt noch Niki de Saint Phalle. Arman ist dabei, der von Tinguely so verehrte Yves Klein. Spoerri ist der erste Gastgeber von Saint Phalle und Tinguely in Paris gewesen, aber zur Gruppe der *Nouveaux Réalistes* gelangt Saint Phalle ausgerechnet durch einen Kritiker, durch Pierre Restany. Er ist Gast bei einer der ersten Aktionen Saint Phalles, er ist in der Lage zu begreifen, wie gut ihre *Tirs* zu den Arbeiten der anderen passen.

Niki greift die Kritik an der Warenwelt auf. Plastikspielzeug, die neue Pest der Kinderzeit, ist ein elementarer Bestandteil ihrer Bilder, aber auch Getränkedosen sind dabei, Spielzeugpistolen, kleine Puppen, die bisweilen zerlegt werden, Modellflugzeuge, Wegwerfartikel aus der Haushaltswarenabteilung. Ihre Botschaft ist eindeutig politisch und eindeutig pazifistisch. Auf den Reliefs sieht man viele kleine Spielzeugsoldaten, später Konterfeis von Politikern, Munition und Pistolen, kleine Panzer und sogar originale Gasmasken.

Die ersten Schießbilder entstehen 1961. Der Mauerbau in Berlin zementiert nicht nur die deutsche Teilung; er zeigt auch, dass die Welt endgültig in Ost und West zerfällt. John F. Kennedy, den die Menschen gern für einen Friedenspräsidenten halten wollen, befiehlt die *Invasion in der Schweinebucht*, einen Angriff von Exilkubanern auf die alte Heimat, mit dem Ziel, Fidel Castro zu entmachten. Der Angriff scheitert, der amerikanische Präsident ist blamiert und fällt als Friedensengel aus. Fidel Castro bekennt sich zum Kommunismus und erklärt diesen zur Staatsdoktrin. 75 Prozent der Franzosen sprechen sich in einer Volksbefragung für die Unabhängigkeit Algeriens aus, im Land selbst aber entsteht eine Terrorbewegung. Die OAS ermordet in der Folge zahlreiche Menschen. Anfang September überlebt der französische Präsident de Gaulle einen Anschlag. In Deutschland wird ein erstes Kernkraftwerk eröffnet. Eine Wasserstoffbombe wird gezündet. Die Welt muss, nach einer kurzen Phase der Entspannung, als bedrohlicher empfunden werden denn je. Die Spaltung in Ost und West bringt immer neue, hochgefährliche Konflikte hervor. Niki de Saint Phalle, zweisprachig aufgewachsen, zu Hause ebenso in den USA wie in Frankreich, hadert mit der politischen Entwicklung, nimmt Anteil, kritisiert, so, wie sie es in ihrem Elternhaus seit je gewohnt ist.

Gibt es Hoffnung? 1961 kann man sich noch unbefangen über die Eroberung des Weltraums freuen, auch wenn selbst hier die Ost-West-Rivalität deutlich wird, die USA gegen die UdSSR, auf diesem Feld immerhin in einem friedlichen technologischen Wettrennen. Damals liegt Russland vorn, Juri Gagarin ist der erste Mensch im Weltraum, und vielleicht drückt der weiße Anzug von Niki de Saint Phalle die Freude an den Weltraum-Expeditionen aus, futuristisch ist er allemal.

Niki de Saint Phalle gibt nun Anlass für öffentliche Gespräche, sie wird rasch bekannt.

Hat sie wirklich, wie ein Bericht des französischen Fernsehens nahelegt, nur zwölf dieser Aktionen realisiert? Nach dem Echo in der Fachwelt, vor allem aber in der Publikumspresse müssen es Dutzende, nein – Hunderte gewesen sein. Die Frau, die schießt, beschäftigt und erregt die Öffentlichkeit. Die *Tirs* werden zu *Grand Tirs* und aus dem Hinterhof der *Impasse Ronsin*, einem eher ländlich wirkenden Ambiente mit seinem sorgsam aufgestapelten Brennholz, regelrecht exportiert. Die Kollegen vom *Nouveau Réalisme* sind begeistert: Die Aufmerksamkeit für Saint Phalle sichert auch ihnen Aufmerksamkeit. Das hat Restany sicher geahnt.

Niki de Saint Phalle aber scheint davon merkwürdig unberührt. Sie wirkt in dieser Zeit fast abwesend. Das passt nicht recht zum politischen Anspruch ihrer Schießaktionen, es passt nicht zu ihren perfekt vorbereiteten und knallharten Aktionen. Sie traumwandelt durch ihre High-Noon-Settings; sie hat sich den Weg freigeschossen.

Tinguely ist besorgt – und begeistert. Die Frau, mit der er seit nun sechs Jahren zusammen ist, befreit sich zunehmend. Auch von ihm. Nur deshalb kann er mit ihr zusammenbleiben, das spürt er genau. Wie alle wirklich starken Menschen hasst er Begleiterinnen, die von ihm abhängig sind. Es ist ein fataler Effekt: Erst zieht er sie in seinen Bann, spielt den großen Zampano, unterhält und begeistert sie, schockiert sie mit seinen Launen und Gewaltausbrüchen – und wenn sie dann aufgeben, wenn sie sich selbst vergessen und nur noch sein Leben mit zu leben bereit sind wie erschöpfte Tiere, die sich ergeben auf den Rücken legen, dann wird er müde, verliert das Interesse und wendet sich ab. Tinguely hasst Opfercharaktere, sie machen ihn erst recht wütend. Dieser Rückzug führt jedoch nur dazu, dass das Gegenüber noch intensiver seine Nähe sucht. Je mehr er sich zurückzieht, umso verzweifelter klammert die Partnerin. Er weiß es – und kann nichts dagegen tun.

Niki de Saint Phalle ist anders. Sie macht ihr eigenes Ding. Sie sucht seine praktische Hilfe, wenn sie sie braucht, aber meistens kann sie darauf verzichten. Sie ist so mit ihren eigenen Arbeiten beschäftigt, dass sie seine Versuche, sich und seine Projekte in den Mittelpunkt zu stellen, gar nicht bemerkt. Dabei ist er damals, zu Beginn der 1960er Jahre, auf einem Höhepunkt seines Schaffens. Wie im Rausch arbeitet er. Die *Impasse*, die alte Künstlerkolonie, bringt ihm ungeheure Freiheit und birgt ebensolche Möglichkeiten. Die Enge der Schweiz liegt hinter ihm, ihr Ordnungssinn, ihr Kapitalismus, ihre politische Eigenbrödelei.

Dreißig Ateliers sind in dieser Zeit in der *Impasse Ronsin* noch in Betrieb, allein fünf von ihnen hat Brâncuși beansprucht, der bis zuletzt hier gelebt hat. Vor vier Jahren ist er gestorben, Tinguely hat ihn noch gekannt. In den 1960er Jahren ist die ruhmreiche Zeit der *Impasse* eigentlich vorbei, überhaupt die Zeit der Künstlerkolonien, aber das Spektakel der *Nouveau Réalistes*, die Aktionen von Niki de Saint Phalle bringen noch einmal neuen Schwung. Tinguely fühlt sich hier wohl. Er ist längst angekommen. Er hat die Vorteile auf einen Blick erkannt: Dass man sich das teure Werkzeug teilen, dass man gemeinsam schweißen und große Arbeiten bauen – dass man aber auch gemeinsam essen und feiern kann. Tinguely schafft einen kolossalen Schweißapparat an. Er lässt seine Figuren in die Höhe wachsen. Er wechselt das Material: Nun kommt nur noch Stahl für seine Plastiken in Frage. Sie werden technisch immer anspruchsvoller. Er hat mit Assemblagen begonnen, mit Reliefs. Auf den frühen Werken erkennt man noch eine einfache Mechanik: Auf der

Vorderseite sind einige wenige, meist geometrische Objekte angebracht. Sie sitzen auf Scharnieren, wie man von der Seite erkennt. Rückwärtig werden sie angetrieben. Aber nun wird alles größer, beweglicher, die Dreidimensionalität erlaubt mehr Höhe. Bald wird es nicht mehr ohne Gehilfen gehen.

Aber nun ist die Zeit von Niki. Ja, nur Niki. Ein Künstlername wie Arman oder Christo? Oder nicht?

Die *Impasse Ronsin* war ein unwirtlicher Ort. Niemand wäre darauf gekommen, dass hier einmal ein Brennpunkt der Avantgarde-Kunst gewesen war. Und nicht nur die Vertreter der Avantgarde waren hier eingezogen, auch traditionelle Maler, Kunsthandwerker – der Reiz der *Impasse Ronsin* war gerade ihre Offenheit. Den negativen Namen – eine Sackgasse – verwandelten die Künstler in etwas ganz und gar Positives.

Marie war vorbereitet. Sie nestelte in ihrem eleganten Rucksack und zog ihr Tablet hervor. Schau mal! Es gab Videos von den ehemaligen Bewohnern, Bilder. Marie hatte ein kleines elektronisches Dossier zusammengestellt, aus dem sie nun vortrug. Marie liebte so etwas. Sie hatte in ihrem Kunstgeschichtsstudium lange gezögert, ob sie den Restaurierungs-Master anschließen wollte oder doch vielleicht in die Richtung Tourismus gehen wollte. Sie war in ihrem Element. Sie führte Martha hierhin und dorthin, als bewegte man sich nicht gerade über einen nichtssagenden Hinterhof, sondern über eine herrliche Promenade. Und ja, von diesem Hinterhof aus gelangte man tatsächlich vor fünfzig Jahren in die wunderbarsten, ärmlichsten und provokantesten Ateliers.

Hier konnte man stranden, um dabei zufällig und ziellos auf die interessantesten Typen zu treffen. Manche machten einfach ihr Ding, andere entdeckten gerade erst ihre künstlerische Stimme. Surrealisten arbeiteten hier wie Max Ernst. Große Namen und solche, die nur noch Eingeweihte kennen: Da war der Musiker und Maler Larry Rivers, der zunächst heftig expressionistisch malte. Hier in Paris fand er durch die französischen Kollegen heraus, was man mit scheinbar wertlosen Dingen anfangen konnte. Larry Rivers entdeckte den Abfall und damit die Methode der Assemblage: Abfall wurde auf Leinwände oder Holzplatten geklebt, verformt, verändert, neu kombiniert. Bei den Partys der Künstler spielte er Saxophon – die Kombination aus Happening und Jazz wurde hier erst richtig entwickelt. Der Bildhauer André Almo Del Debbio aus Carrara fühlte sich privilegiert, weil sein Atelier neben dem von Brâncuși lag. Zeit seines Lebens hielt er an figürlichen Darstellungen fest – unbeirrt von der verrückten Meute um ihn herum. Wie hatte man sich das vorzustellen, wie er gleichzeitig die renommierte *Académie Julian* leitete? Ging er morgens mit einer Aktentasche in sein Kunstbüro und kehrte abends ins Zentrum im 15. Arrondissement zurück? Spielerisch, tolerant und lebendig – so vereinte die *Impasse Ronsin* die Gegensätze. Eine Gemeinschaft, die gar nicht den Ehrgeiz hatte, eine zu sein. Die Spanierin Marta Minujín sorgte mit ihren Happenings für viel Wirbel und gute Laune. Einmal kaufte sie 100 Vögel und ließ sie vor den Augen des Publikums frei. Ein schönes Symbol für die Künstler: Vielleicht waren auch sie eher gute Nachbarn als eine Gemeinschaft? Wer Material brauchte – fragte bei den andern. Wer einen Schlafplatz brauchte – fand sicher einen Platz in einer der Werkstätten. Und wer an einem Tag, an dem er selbst nichts zuwege brachte, zu den Kollegen bummelte, wurde, wenn er Glück hatte, von Lourdes Castro mit Silberfarbe bemalt oder gar am Ende von Christo verpackt. Eine Aufbruchsstimmung – heiter zumeist, gelegentlich getrübt von Streit oder von den notorischen Geldsorgen, die fast alle plagten.

Und heute? Der Hinterhof im Montmartre hätte in jeder anderen mittleren oder größeren Stadt liegen können – wenn nicht von einer bestimmten Ecke, und nur wenn man sich reckte, ein winziges Stück des Eiffelturms zu erkennen gewesen wäre. Aber der Eiffelturm-Zipfel kam nicht an gegen die Ödnis. Der Hinterhof eines Krankenhauses. Zersprungene Betonplatten, dazwischen vertrocknete Grasbüschel und Glasscherben. Sie führten wie eine sarkastische Schnitzeljagd zu heruntergekommenen Schuppen. Die Schuppen aber waren leer, es sah nicht so aus, als hätten sie je als Lager für Künstler gedient, sie dienten überhaupt zu gar nichts mehr, verlassen, vergessen, sogar zu unwichtig, um sie abzureißen. Die Rückseiten der Häuser um den Innenhof waren unansehnlich, die Fenster ohne Leibungen, der Waschbeton war abgenutzt. Nirgends eine Menschenseele, nur das Dröhnen der Stadt hinter den Häusern. Unwillkürlich hielt Martha an den Wänden Ausschau nach Einschusslöchern. Aber nicht mal Nikis Schießaktionen hatten Spuren hinterlassen.

In der Kunstwelt schon. Auch bei anderen Künstlern.

Stolz präsentieren sie auf einem Gruppenfoto Niki de Saint Phalle wie eine Trophäe. Sie lässt es, anmutig lächelnd, geschehen. Die fünf Männer sind aufgereiht wie die Orgelpfeifen. Vorn rechts sieht man Niki de Saint Phalle, die Arme in die Hüften gestemmt. Sie trägt ein geringeltes T-Shirt, und ihr Gesicht mit den zusammengepressten Lippen lässt sie wie ein etwas unartiges Kind erscheinen, keck hätte man das damals vielleicht genannt. Und ihre Mitstreiter? Es ist eine illustre Reihe. Direkt neben ihr – von ihrem aufgestemmten rechten Arm halb verdeckt – steht Tinguely im leuchtend weißen Hemd. Eigentlich steht er beinahe direkt hinter ihr, und die Art, wie er ihr seinen Kopf zuneigt, soll wohl sagen: Sie gehört zu mir, und tatsächlich schaut Niki zwar in die Kamera, hat ihr Gesicht aber ein wenig zur Seite, also Tinguely zugewandt. Tinguely strahlt die Freude und selbstsichere Ruhe des erfolgreichen Künstlers aus, er hält mit seinem rechten, angewinkelten Arm den Rest der Bande auf Abstand. Hinter ihm hat Daniel Spoerri die Arme ausgebreitet und den anderen um die Schultern gelegt. Auch er schaut zu Niki. Spoerri ist der gute Geist der *Impasse Ronsin*. Er ist in Rumänien geboren; Daniel Isaac Feinstein, so heißt er ursprünglich, hat eine komplizierte Familiengeschichte. Der jüdische Vater konvertiert nicht nur zum christlichen Glauben – er wird sogar christlicher Missionar. Das wird ihm allerdings nichts nützen: Rumänische Faschisten ermorden ihn, im Pogrom von Iași kommen viele in den Todeszügen ums Leben. Spoerri ist im selben Jahr wie Niki de Saint Phalle geboren, 1930. Als sein Vater ermordet wird, ist er elf Jahre alt.

Martha stutzte: Hatte sie sich nicht noch vor kurzem über den gekippten Spoerri-Gastraum in Tinguelys *Le Cyclop* amüsiert? Und war dieser gekippte Raum nicht ausgerechnet in einem Eisenbahnwaggon untergebracht, wie sie damals, in den 1940er Jahren, benutzt wurden? Tinguely hatte so großen Wert darauf gelegt: »Elf Stück Vieh oder 40 Menschen.«

Das Lachen, das erst ein paar Tage alt war, drehte ihr jetzt den Magen um. Spoerri zeigt den Humor der Überlebenden, indem er aus dem Waggon ein verrücktes, absurdes Gastzimmer macht.

Martha wurde langsam wütend. Das nahm und nahm kein Ende. Immer, wenn sie dachte, nun hätte sie's verstanden, kam ein neuer Aspekt hinzu. Das kommt davon, wenn man sich mit Künstlerbiografien beschäftigt! Besser, nur bei dem Werk zu bleiben. Biografien waren voller Fallen (ja: »Fallenbilder«), und eh man sichs versah, schnappten diese Geschichtsfallen zu. Reingefallen! Und kein Grund, mitzulachen. Das Lachen der Opfer ist ein ganz anderes als das der Täter. Besser, beim Handwerklichen zu bleiben, beim künstlerischen Material. Wie sollte man es auch analysieren, wie eine Machart kritisieren, wenn man allzu viel über die persönlichen Umstände wusste? Das machte befangen.

»Martha?«

»Hm.«

Marie hatte Martha beim Arm genommen, führte sie ein paar Schritte weiter. »Komm, Spoerri ist wichtig«, fuhr sie unbeirrt fort. »Wichtiger, als die allermeisten ahnen. Ich weiß nicht, warum die Geschichte ihn so ... vergessen hat. Auch Niki de Saint Phalle hat später kaum je von ihm gesprochen. Dabei war er entscheidend für die *Bande* hier.« Sie nahm Marthas Schweigen als nachdenkliche Zustimmung.

Viele, auch Tinguely und früher Eva Aeppli, wären ohne Spoerri nicht durchgekommen, aber Niki, die er auf dem Foto so liebevoll anschaut, braucht ihn schon bald nicht mehr, sie wird sich durchsetzen oder ist gerade dabei, sich durchzusetzen, und Spoerri, so scheint es, sieht ihr dabei ziemlich begeistert zu. Neben Spoerri einer mit weißem Zahnpastalächeln, das ist der Maler und Objektkünstler Martial Raysse, von dem sich Andy Warhol später eine Menge abgeschaut hat. Raysse gehört zu den Gründern des *Nouveau Réalisme*, er ist Autodidakt, was ihm einerseits eine Menge Probleme, andererseits großen Freimut beschert. Oft fügt Raysse seinen gemalten Bildern ergänzende Alltagsgegenstände hinzu. Das können Sonnenschirme oder Duschvorhänge sein, ganze Planschbecken werden integriert, mit denen Raysse ironisch auf seine Herkunft aus Nizza anspielt. Die Planschbecken sind sogar aufblasbar! Die Persiflagen auf die Konsumwelt sind niemals böse, damit passt Raysse bestens in die aufkommende Pop-Art, die die Warenwelt kritisiert – aber eben auch begierig aufnimmt. Raysse hat ein Gespür für den Zeitgeist, deshalb wird er schon in diesen frühen Pariser Jahren von amerikanischen Kunsthändlern und Galeristen entdeckt. In die *Impasse Ronsin* kehrt er trotzdem zurück. Der Junge ist auf der Überholspur. Neben Martial Raysse steht, mit einem freundlichen Über-die-Schulter-Blick, der Maler Robert Rauschenberg.

»Muss ich zu dem noch was sagen?«, fragte Marie ironisch.

»Eigentlich nicht«, sagte Martha. »Und doch. Ja. Du machst das ... hinreißend.« Bevor sie über Spoerris Geschichte in Tränen ausbrach, war es vielleicht doch besser, Marie zuzuhören. Das hätte sie stundenlang tun können. Bei Marie wurde aus biografischen Notizen ein Narrativ, wurde aus einem wilden Ausbruchsversuch eine notwendige künstlerische Strategie, wurde aus Weltchaos Ordnung. Es war verführerisch, wenngleich … eine Illusion. Martha schaute auf Maries Tablet, auf die Übersichten, die schön gestalteten Notizen. Die *Nouveaux Réalistes* aus Paris erschienen hier als Mindmap – mit Niki de Saint Phalle in der Mitte und den anderen auf nach außen strebenden Themenästen um sie gruppiert, mit kleinen Symbolen und grafischen Fußnoten, die zu weiteren »Ästen« oder »Themenzweigen« führten. Marie übersprang jetzt allerdings das meiste, weil ein kühler Wind aufkam. Martha war begeistert:

»Nicht zu fassen, dass das damals schon alles möglich war. Ich meine, es ist sechzig Jahre her.«

»Ja, und alles kam mit allem zusammen. In Wahrheit war die Avantgarde zwar international, aber auch ein überschaubarer Kreis. Wichtig waren – und damit bin ich auch fertig – solche Leute wie …«, ein Tippen zurück, »… Per Olof Ultvedt.«

Der Maler und Bildhauer, der Jahre später HON in Stockholm mit ihnen riskieren – und darin verschwinden würde.

»Genau.«

Auf dem Bild sah auch Per Olof Ultvedt ziemlich fröhlich aus. Ob sie ihn in seinem geringelten Polo-Shirt absichtlich am linken Bildrand postiert hatten, damit er so auf Niki, ebenfalls im Ringel-Shirt, reagierte? Auch Ultvedt jedenfalls schaut zu Niki. Er hält einen gebogenen Draht in den Händen. Der Draht formt in der Mitte einen Kreis, es könnte ein Gesicht sein, das da entsteht, ein Abbild von irgendjemandem, aber wer weiß das schon. Die sechs Künstler jedenfalls sind offensichtlich – das zeigen die Utensilien am seitlichen und unteren Bildrand – während des Aufbaus einer Ausstellung ganz kurz und ganz unbefangen zusammengerückt. Da sind wir! Und schau mal, geneigtes Publikum, wen wir da mitgebracht haben! Die *Nouveaux Réalistes* sind immer noch angesagt, aber das Neueste, der *dernier cri*, ist, dass sie eine Frau in ihren Reihen haben. Und Niki de Saint Phalle wird die einzige Frau bleiben, die Avantgarde ist eine Männergesellschaft.

Abends, im wie üblich elenden kleinen Hotel, schaute Martha das Foto noch einmal an, das Martha ihr geairdroppt hatte. Die sechs männlichen Künstler und Niki de Saint Phalle. Wenn sie es jetzt, nach dem zweiten Gin ohne Tonic, noch einmal betrachtete, hat es etwas von einer Revue. Eine Matrosennummer. Sie stellte sich vor, wie die sechs Männer singen und tanzen – und am Ende schreitet Niki de Saint Phalle irgendeine Showtreppe herunter, macht ein paar große Gesten, mit denen sie noch die letzte Reihe im riesigen Theater erreicht – und dann landet sie mit einem Sprung auf den ausgebreiteten Armen der Herren, leicht wie die sprichwörtliche Feder. *Voilà*, Welt, da bin ich!

Die großen Gesten beherrscht Niki mit einer Selbstverständlichkeit, die man nicht studieren kann. Es sind die Gesten, es ist der Gang, es ist der Habitus eines Models. Freilich heißen die Models damals noch Mannequins, sie kommen meist aus gutem Hause und haben eine Ballettausbildung. So ist das jedenfalls bei Niki de Saint Phalle. Ausgesucht werden sie von Männern, die es wissen müssen. Die, die mitspielen wollen, müssen sich auserwählt fühlen, so läuft das System. Dankbarkeit zeigen, funktionieren, strenge Essregeln einhalten, schon damals. Damals konnte man noch kleiner gewachsen sein, als heute toleriert würde. Die Haare können dünner, die Zähne schadhafter sein. So ist das auch bei Niki de Saint Phalle. Aber sie bringt etwas mit, das die Macher der neuen Magazine dringend suchen: Glamour. Mehr noch als Schönheit. Die zarte Rothaarige mit dem Milchteint kommt zwar aus New York, aber gleichzeitig repräsentiert sie Europa. Man spürt den Adel, die Grazie der alten Schule. Niki Harper wird in Pelzmäntel gesteckt. Selbst der Kopf wird noch mit Pelz bedeckt. So erscheint sie beispielsweise auf dem Cover der französischen *Vogue*. Sie sieht aus wie ein kleines pelziges Tier. Ein teures Tierchen. Es entstehen weitere Fotos des Models Niki, ein Portrait in Schwarz-Weiß zum Beispiel. Da trägt sie eine fließende Satinbluse mit großen Knöpfen, um den Hals eine allzu enge Perlenkette. Das Mannequin schaut den Betrachter offen an. Der Fotograf ist Horst P. Horst, eigentlich Horst Paul Albert Bohrmann, ein amerikanischer Künstler deutscher Herkunft. Er studierte bei Le Corbusier in Paris und wurde Liebhaber und Model des Cheffotografen der *Vogue*. So kam eins zum anderen. Marlene Dietrich, Andy Warhol, Katherine Hepburn, den jungen Yves Saint Laurent hat er fotografiert. Und eben Niki de Saint Phalle. Berühmt das Foto in Schwarz-Weiß, auf dem sich eine junge Frau, in der Rückenansicht fotografiert, anscheinend von einem Korsett zu befreien versucht. Das war 1939. Männer entdeckten die jungen Frauen als Models, Männer schufen die Bilder von ihnen. Niki Harper allerdings – so nennt sie sich damals noch – benutzt das Model-Business, das noch nicht so heißt, mit kühlem Verstand. Sie will sich selbständig machen, sie braucht Kontakte – und Geld.

Die Welten von Kunst und Mode überschneiden sich in Paris. Viele Künstlerinnen lassen sich professionell fotografieren: Lee Miller, die amerikanische Fotografin. Georgia O'Keeffe, die amerikanische Malerin. Niki modelt, um Künstlerin zu werden. Und verheiratet ist sie mit zwanzig schon. Sie ist die Verdienerin der Familie. Das wird so bleiben.

Ein weiteres Foto in Schwarz-Weiß. Die junge Niki neben Robert Rauschenberg und Jean Tinguely. Das Foto ist 1963 in Schweden entstanden. Die drei scheinen irgendetwas zu inspizieren. Hinter ihnen Fichten- oder Tannenwipfel, der Platz, auf dem sie stehen, ist voller Geröll. Es ist offensichtlich ein halbwegs warmer Tag, Rauschenberg und Tinguely haben ihre Jacken abgelegt, aber Niki de Saint Phalle trägt eine dicke Jacke und ein üppiges Kopftuch. Sie scheint zu frösteln, hält eine Hand vor den Bauch, die andere stützt sanft das Kinn. Bei genauerem Hinsehen erkennt man, dass ihr linkes Auge blau angelaufen ist, die Wange geschwollen. Eine missglückte Zahnoperation? Ein kleiner Unfall? Eine Gewalttat? Die drei kümmern sich nicht weiter darum; vermutlich untersuchen sie den Platz für die nächste Schießaktion von Niki de Saint Phalle. Nach der ersten, genau hier in Paris, in der *Impasse Ronsin*, verselbständigt sich die erfreulich skandalöse Sache schnell. Tinguely hilft Niki de Saint Phalle, die Aktion vorzubereiten. Sie präparieren zunächst zwei Holzplatten mit *Objet trouvés*, mit Alltagsgegenständen, die sie zuvor gesammelt haben. Das so spontan wirkende explosive Werk ist das Ergebnis akribischer Vorbereitung. Bretter gibt es in den Höfen und Werkstätten mehr als genug, auch Gips lässt sich finden. Die Farben? Man nimmt einfach die billigsten aus umliegenden Geschäften. Wie die Gegenstände befestigen? Wie den Gips haltbar auf die Platten bringen? Man nagelt, man improvisiert, man experimentiert mit den Materialien, die eben da sind. Mit Gips überzogen wird nicht nur das Bild, werden nicht nur die Figuren des Reliefs, das Saint Phalle geschaffen hat, sondern auch Lumpen, Siebe, Spülbürsten – dazu Lebensmittel wie Eier und sogar Spaghetti, die sich irgendwo finden. Tinguely und Saint Phalle kommen in Fahrt. Die Platten ähneln sich, und doch sind sie ganz verschieden. Sie haben noch mehr Objekte, und sie haben noch mehr Ideen. Weitere Holzplatten werden präpariert. Kleine Beutel, mit Farbe gefüllt, werden vorsichtig hinter den Figuren aus Gips platziert. Dann stellt sich aber schon das nächste Problem: Woher sollen die beiden ein Gewehr nehmen? Eines zu kaufen, kommt nicht in Frage, das wäre viel zu teuer. Sie suchen einen Schützenübungsplatz. Und *Jeano* mit seinem Ganoven-Charme schafft es tatsächlich, einen der Männer dort zu überreden, ihnen eine Waffe zu leihen. Und so kommt es, dass bei der später ikonischen Veranstaltung mit den ersten *Tirs* auch ein Jäger dabei ist. Der misstrauische und offenbar gewissenhafte Mann will sich davon überzeugen, dass hier alles mit rechten Dingen zugeht. Tut es das? Der Schütze stellt ein Kaliber 22 zur Verfügung samt scharfer Munition. Beginnt nun ein sinnloses Geballer, entsteht ein infernalischer Lärm? Nicht ganz. Kaliber 22 steckt in einer Pistole, lang, schlank, elegant. Die Fotos, auf denen eine scheinbar schießfreudige Künstlerin ein Gewehr anlegt, sind später entstanden. Das Foto von Shunk-Kender von der ersten Aktion zeigt vielmehr einen konzentrierten Pierre Restany. Mit Goldrandbrille, im Anzug mit weißem Hemd und Krawatte, eingehüllt in einen schwarzen Mantel – so steht der elegante Herr im schäbigen Hof der *Impasse Ronsin* und legt an. Harry Shunk – eigentlich Harry Schunke aus Leipzig – und der Ungar Janos Kender stehen dabei wie zwei Adjutanten beim Duell. Ja, der Fotograf ist nicht einer – es sind zwei, es ist ein Künstlerduo, das sich bei dieser Gelegenheit gleich selbst als solches erfindet. Glück für Restany und Saint Phalle, dass die beiden Fotografen überhaupt einen Film in der Kamera haben: Sie sind so arm, dass sie manchmal bei Vernissagen ohne Film in der Kamera fotografieren – nur, um auf sich aufmerksam zu machen ...

Bumm! Nein – kein ohrenbetäubender Knall, kein Krachen. Kaliber 22 ist ein eher diskretes Geschoss; die Fachmagazine sprechen, in der üblichen blumigen Art der Waffennarren, vom »unterschätzten Kaliber«. Der Profi-Schütze hat seine neuen Bekannten vermutlich richtig eingeschätzt, als Laien. Kaliber 22 verursacht keinen Rückstoß; es ist einfach, damit zu treffen, die Durchschlagskraft hält sich in Grenzen – und so beteiligen sich nach dem ersten Zögern die Besucher an Nikis Schießaktion; sie werden zu Nikis Komplizen, auch Restany. Damit hat Niki de Saint Phalle einen der einflussreichsten Intellektuellen in Paris gewonnen. Die Fotografen Shunk und Kender begleiten ihre Schritte, aus den Adjutanten werden freundliche Schatten, Schutzengel der jungen Künstlerin. Restany ist begeistert, entzückt. Wie alle anderen versetzt auch ihn die Schießerei in einen merkwürdigen, mehrdeutigen Zustand. Es macht Spaß; es ist großartig anzusehen, wie nach jedem Treffer die Farbe über das Bild rinnt. Blau, gelb, rot – es wirkt, als würde das Bild bluten, aber gleichzeitig entsteht es erst aus diesen Verletzungen. Es ist drastisch, es ist heftig, und es zeigt, dass aus der Zerstörung Neues entsteht. Gleichzeitig wirkt es auf die Schützen auf seltsam zweideutige Art befreiend, sie schießen sich in einen Rausch. Ihr professioneller Begleiter will sie ein wenig bremsen, er kennt das, dieses Fieber, aber diese feinen Leute hier, die lassen sich nicht steuern, die laden immer wieder nach. Gibt es noch Munition? *Bien sûr*, aber das wird kosten.

Ein Portrait von Shunk-Kender, das in dieser Zeit entstanden sein muss, zeigt Niki de Saint Phalle als entschlossene Kindfrau, frontal und ziemlich nah vor der Kamera positioniert, den Blick auf den Betrachter geheftet, die Augenbrauen buschig, den Pony der kurzen Bobfrisur ungewöhnlich dicht frisiert, wie einen Helm. Sie erinnert ein wenig an Jean Seberg in dem Film *Außer Atem*, dem ersten Film von Godard, der ein Jahr zuvor in die Kinos gekommen ist. Es ist einerseits das Portrait einer immer jungen Göre, andererseits das Bild einer Frau, die genau weiß, was sie tut. Niki de Saint Phalle nimmt für sich ein. Den Einfluss wichtiger Männer weiß sie durchaus für sich zu nutzen, aber vermutlich käme sie nicht einmal auf die Idee, sich mit ihnen einzulassen. Sie braucht sie nicht, das lässt die *Herzogin* die Männer jederzeit spüren. Umso heftiger umwerben sie sie, geben ihr Spitznamen des Adels, obwohl sie, das wird übereinstimmend berichtet, keinerlei Dünkel besitzt, arm ist wie sie alle, ein Kumpel.

Weitere Schießaktionen folgen. Die Künstler an der *Impasse Ronsin* sind aufgeschreckt. Ihnen wird neue Aufmerksamkeit zuteil, aber plötzlich gibt es einen Star. Was passiert da? Die Pariser Gesellschaft, die französische, dann die europäische ist fasziniert und angewidert. Was soll das – auf Bilder schießen? Die ersten Reporter reisen an. Sie geben sich wenig Mühe, die fein ausgearbeiteten Reliefs, die Bilder der Aktionen, genauer zu beschreiben. Viel mehr interessieren sie sich für die junge Frau mit dem brünetten Bob, die offenbar alles und alle im Griff hat, ein rechtes Flintenweib ist das, eine Amazone, eine Diana auf jeden Fall, etwas Unerhörtes. Hast du so etwas schon gesehen? Shunk-Kender sind immer dabei; sie fotografieren auch das Publikum. Die Leute kleiden sich für eine Vernissage oder eine Performance wie für einen Opernbesuch. Die Fotos zeigen Damen in Samt und Seide, die Frisuren festgesprayt, die aus dem Krieg geretteten Perlenketten werden stolz präsentiert. Pelze, manikürte Nägel, die Herren im förmlichen Dreiteiler oder, wenn sie sich längere Zeit draußen aufhalten, in eleganten einreihigen Wollmänteln. Die Kunst, auch wenn sie revoltiert, wird als Fest empfunden; sie ist ein Nenner, auf den sich das bürgerliche Publikum einigen kann, selbst wenn sie ihm einiges abverlangt. Die Sehnsucht nach Neuem ist riesig.

Die *Nouveaux Réalistes* werden nach Amsterdam eingeladen, es ist ihre erste gemeinsame Ausstellung außerhalb von Paris. Im Stedelijk-Museum stellt Niki de Saint Phalle ihre Bilder neben die der Kollegen aus Paris, aber auch neben Calder, Man Ray, Soto und Duchamp. *Bewogen Beweging* heißt die Schau, *Bewegende Bewegung*. Der Titel könnte für Niki de Saint Phalle nicht passender sein. Die Philosophie der *Nouveaux Réalistes* interessiert sie nicht so sehr, der politische Impetus, stark französisch geprägt, bleibt ihr, die in den USA aufgewachsen ist, immer ein wenig fremd – aber das Kollektive, das Gemeinsame, das erregt und begeistert sie. Kollektiv einzigartig – aus diesem dialektischen Widerspruch schlagen die *Nouveaux Réalistes* Funken, und Niki weiß, dass das Ganze immer mehr ist als die Summe seiner Teile. Von dieser Überzeugung werden später viele Projekte getragen, am stärksten: der *Zyklop*. Niki hat in Paris beobachtet, wie schwer es Künstlern fällt, ihr eigenes Ego hintanzustellen, für das Ensemble, für die Gruppe zu arbeiten. Tinguely, der eigentlich ein großer Diktator sein kann, unberechenbar, aggressiv, der jede Runde und jede Party zu dominieren versteht, ist dabei stets der Bescheidenste; er schafft es scheinbar mühelos, zurückzutreten, wenn es der Sache dient. Zu den *Tirs* hat er sie ermutigt, er gibt ihr Schützenhilfe. Er steht jetzt dabei, ein wenig abseits, aber jederzeit bereit, einzugreifen. Schwingt ein bisschen Stolz mit? Das mag sein. Mag sein, dass die anderen die junge Künstlerin als eine Art Schmuckstück betrachten oder ein Maskottchen, aber wenn, dann ist das ein Maskottchen, das die anderen ständig herausfordert: mit neuen Ideen, mit ihrem spielerischen, wachen Geist. So sehen die Fotografen Shunk-Kender sie – und sie machen die Portraits, die den Künstlern und anderen fortan als eine Art von Visitenkarten dienen, sie legen das Bild der Gruppe fest.

Der Drive von Niki de Saint Phalle reißt alle mit. Die Ausstellung erregt die Aufmerksamkeit amerikanischer Kuratoren. Man kann sie tatsächlich schlecht übersehen oder überhören, denn auch hier präsentiert Niki de Saint Phalle eine ihrer Schießaktionen. Die interessierte Gruppe wird in ein Wäldchen bei Amsterdam geführt. Spaziergang, Aufstellung und – bumm!

Allmählich entwickelt sich für die *Tirs* ein Ritual: Zuerst legt die Künstlerin selbst an. Konzentriert. Lange und mit Sorgfalt hat sie die Reliefs oder Assemblagen vorbereitet; es sind schon vor ihrer teilweisen Zerstörung durchaus expressive, sprechende Werke, die für sich stehen könnten. Sie könnten – aber sie dürfen nicht.

Martha stellte sich den Augenblick vor, wenn Niki ein Relief nach dem anderen hervorholt, in die für die Aktion vorbereiteten Nischen trägt, an den notorischen Polizisten und den Wachleuten vorbei, am Publikum, das für einen Augenblick verstummt, um dann umso erregter zu tuscheln: Das ist sie, ist sie das nicht? So jung! Und so zart! Jemand reicht Niki die Flinte, meistens schießt sie jetzt mit Gewehren. Sie prüft die Waffe, wie sie es gelernt hat, aber wo ist sie in diesem Augenblick? Kann sie sich wirklich auf die Waffe konzentrieren, auf den Schuss, auf die richtige Technik? Oder ist sie in Gedanken bei den Werken?

Bei den *Objet trouvés*, die darauf verteilt sind, den Spielzeugsoldaten, den Panzern, den Küchensieben, Dosen, Drahtrollen und Federn? Sie legt an. Die Gewehre sind nicht so willfährig wie die Kaliber-22-Pistole. Hier wird es einen Rückstoß geben, hier ist es wesentlich anspruchsvoller zu treffen. Plötzlich kommt ein bisher unbekanntes künstlerisches Risiko dazu: Die Künstlerin muss zielsicher sein. Wie wäre der Effekt, wenn sie danebenschießt? Was, wenn die Objekte nicht zerplatzen, die Farbe sich nicht wie aus einer Vielzahl von Wunden ergießt? Die Menge verstummt. Und: Worauf wird hier eigentlich geschossen? Und warum wundert es niemanden, dass die Protagonistin einer Gruppe, die dezidiert die neue Politik des aufkommenden Kalten Krieges kritisiert, sich als Schützin präsentiert?

Wenn der Widerspruch bemerkt wird, so wird er doch nicht kommentiert. Das unmittelbare Erlebnis, das Happening, wirkt zu stark, es wirkt wie eine Droge. Auf Publikum und Künstlerin.

Niki de Saint Phalles Erfolg wächst; man sieht sie auf anderen Fotos in einem Cocktailkleid neben Journalisten, das Champagnerglas in der Hand. Man sieht sie mit Kuratoren plaudern, englisch, französisch. Sie erträgt die Langeweile der jetzt überall aufkreuzenden ersten Sammler, die Eitelkeit der Galeristen, die Nervosität der Museumsleute, die immer hektischer nach dem nächsten Trend fahnden. Es lässt sie ungerührt, das macht sie unwiderstehlich.

Es fällt auf, dass öfters kundige Schützen bei ihren Aktionen sind. Manchmal stellen auch Offiziere oder gar Großwildjäger ihre Flinten zur Verfügung. Einmal posiert Niki de Saint Phalle neben einem Mann im weißen Tropenanzug mit Helm, das Gewehr unaufgeregt vor sich. Er hält hier die Wache. Neben ihm steht Tinguely, im dunklen Anzug, die Jacketttaschen aber, dem formellen Aufzug wie zum Trotz, bis zum Platzen gefüllt mit Papieren. Und zwischen ihnen, die Hände in die Hüften gestemmt, Niki de Saint Phalle, damenhaft im Seidenzweiteiler, die Bluse mit Schluppe, das Gesicht schön und herausfordernd, das Kinn erhoben. Und hinter den dreien türmt sich das Werk. Das Bild zeigt einen Ausschnitt aus der Ausstellung *Dylaby*, die *Bewogen Beweging* nachfolgt. Die Idee ist die eines begehbaren Labyrinths, und Nikis Schießbild füllt einen der Räume. Ihr Relief ist technisch anspruchsvoll geworden: Es steht neben einem Maschinenballett von Tinguely, und die Bewegung soll sich auch in Saint Phalles Werk fortsetzen. Also lassen Tinguely und Saint Phalle die Farbbeutel vor dem Gipsbild rotieren – aus dem Reliefkunstwerk wird endgültig eine Art Schießbude, so ironisch kommentiert Saint Phalle ihr eigenes, mittlerweile allzu erfolgreiches Genre.

Es hat andere, noch radikalere Aktionen gegeben. Das Fotografen-Duo Shunk-Kender dokumentiert, wie die Freundin Martha Minujin sich radikal von ihrem Frühwerk befreit: Sie verbrennt die eigenen Werke in einem Hof der *Impasse Ronsin*. Für die Künstlerin selbst wirkt die Aktion ungeheuer entlastend – den gewünschten Effekt auf das Publikum erreicht sie damit aber nicht; Minujin will mit ihrem flammenden Happening auch gegen den Vietnam-Krieg protestieren, aber die Europäer, zumal die Deutschen, verbinden mit dem Verbrennen von Kunstwerken ganz andere Assoziationen.

Immer wieder versuchen die Künstler, angespornt von den *Nouveaux Réalistes*, unmittelbar auf das Zeitgeschehen zu reagieren. Sie haben sich viel von Paris versprochen. Sie glauben, nach der Befreiung von der nationalsozialistischen Besetzung der Stadt werde eine neue Vernunft, werde ein kollektiver Gedanke Einzug halten. Polarisierung und Populismus sollen keine Chance bekommen! Aber der politische Wind weht anders. Das Wettrüsten zwischen den USA und der Sowjetunion versetzt den Rest der Welt in hektische Aktionen. Es ist keine Zeit für differenzierte politische Überlegungen. Da passt eine Künstlerin, die Bilder zerschießt, die auf den ganzen althergebrachten Plunder der Gesellschaft anlegt, besser ins Bild. Es hat etwas Kathartisches, etwas Erlösendes. Es wendet die Gewalt gegen die Gewalttägigen, es schlägt die Gesellschaft sozusagen mit eigenen Mitteln. Und man kann dabei ungestraft und ohne schlechtes Gewissen einem geheimen Vergnügen an Waffen nachgeben; der diabolische, der zweideutige Kitzel ist durchaus gewollt.

Später wird es Niki de Saint Phalle zu viel. Die Aktionen versetzen ja nicht nur ihr Publikum in Ekstase, sie versetzen auch sie selbst in einen rauschhaften Zustand. Sie ist stolz darauf, dass sie sich allmählich zu einer guten Schützin entwickelt. Aber das wird ihr unheimlich, so schreibt sie. Sie spürt, wie sie geradezu eine Sucht entwickelt, die Sehnsucht nach dem Schuss. Bevor sie zu einem Gewehr-Junkie wird, hört sie auf. Irgendwann ist es gut.

Was?

Zwei Bilder bei der Ausstellung in Amsterdam geben Aufschluss. Niki hat sie selbst ausgesucht, die *Nouveaux Réalistes* haben sich selbst kuratiert, unterstützt vom schwedischen Freund Pontus Hulten.

Es war der letzte Abend in Paris, und Martha war fest davon überzeugt, dass es auch ihr letzter Abend mit Niki de Saint Phalle sein würde.

»Lass uns den Abschied gebührend feiern!«

»Wenn schon scheitern, dann mit Stil!«, erwiderte Marie und bereute den Satz im selben Augenblick. Marthas vergeblicher Versuch, hier einen Auftrag zu ergattern, war eigentlich schon in angenehme Ferne gerückt. Sie suchten sich ein feines Bistro in der Nähe des Centre Pompidou. Sie bestellten, nach Art von Saint Phalle und Tinguely, aber mit roten Köpfen eine Flasche Champagner – ein Luxus, den sie sich heute eigentlich ebenso wenig leisten konnten wie die Künstler, über die sie redeten. Egal! Martha war in einer gefährlichen Stimmung. Sie war wütend wegen der Absage des Kulturministeriums, die mit einer Schnelligkeit erfolgt war, die man der behäbigen Behörde keinesfalls zugetraut hatte. Per Fax ins Hotel. Das konnte nur bedeuten, dass sie gar nicht in Frage gekommen war.

Martha nahm dem Kellner die Flasche aus der Hand.

»Das mache ich selbst.«

Ein Satz, den der Mann verstand, obwohl Martha deutsch sprach. Marie beeilte sich, etwas zu essen zu bestellen. Eine Terrine, etwas Solides, dann doch ein Salat, Kalbfleisch, für die köstliche Sauce nur Brot, danach eine Pause, schließlich noch ein Dessert. Rotwein zum Müdewerden. Und das Tablet unter dem Tisch, das sie dann doch wieder hervorzogen, weil Martha noch zwei Bilder sehen wollte, unbedingt. Die Bilder aus Amsterdam, die Bilder, die Niki de Saint Phalle in Amsterdam ausgestellt hatte, die selbst kuratierten.

»Passt eigentlich nicht zu einem netten Diner«, warnte Marie.

»Eben«, sagte Martha trotzig. »Lass sehen.«

Sie klappten das Tablet auf und legten es vor sich auf die weiße Tischdecke, den missbilligenden Blicken des Kellners zum Trotz.

Das ist kein Schießbild. Das ist ein malträtiertes Portrait. Eine Holzplatte ist offenbar schlampig schwarz grundiert worden. Überall schimmert der Holzgrund durch. Schau mal, signalisiert das: Ich gebe mir auf keinen Fall zu viel Mühe! Den Kopf der zentral platzierten Figur bildet eine Zielscheibe; in den Ringen, die den Wert der Treffer anzeigen, stecken grüne und rote Pfeile: eine Dartscheibe. Der Korpus: ein weißes Herrenhemd, auch eher schlampig arrangiert, Hemd- und Ärmelkante ragen über den Bildrand hinaus. Das Hemd bekleckert, verschmutzt, mit Tintenstreifen überzogen.

»Als hätte einer Tinte gefrühstückt«, sagte Marie und lachte. »Vielleicht ein Journalist?«

Auf jeden Fall ein Lover, denn so heißt das Bild: *Portrait of my Lover*. Der Mann muss ein Herr gewesen sein, er trägt, ganz im

Stil der Sechziger, eine merkwürdig bunt gemusterte Krawatte. Auch die ist ziemlich derangiert, wenngleich vorläufig von den Pfeilen noch verschont. Es ist ein stilles, aber ein tödliches Schießbild. Hier treffen Pfeile den Mann, keine Projektile.

»Voll auf die Fresse«, sagte Martha andächtig.

Aber damit nicht genug: Das Hemd des Mannes ist auf vielfache Weise durchbohrt, allerdings von Nägeln. Der Lover ist dem heiligen Sebastian nachempfunden, jenem Märtyrer, der im 3. Jahrhundert gelebt haben soll. Sebastian war ein römischer Soldat. Man hat ihn sich als frühen Gentleman vorzustellen, der, so heißt es, wegen seines guten Benehmens Teil der Prätorianergarde am kaiserlichen Hof bei Diokletian und Maximilian wurde. Weil er sich zum Christentum bekannte, befahl Diokletian, ihn von nordafrikanischen Bogenschützen erschießen zu lassen. Über Jahrhunderte ergötzten sich die Künstler an der Vorstellung des halbnackten, attraktiven Körpers von Sebastian, wie er, an eine Säule oder einen Baum gefesselt, den Schützen den blanken, weißen Leib darbietet. Sie malten ihn als Heiligen, aber mehr noch als verführerisches Opfertier, das gejagt und erlegt wird; die Frömmeren unter ihnen erkannten die Parallele zur Marter Christi, aber das ging in der Körperbegeisterung der Renaissance-Maler unter.

Und dieser hier? Gewiss, auch ein gewesener feiner Herr, aber doch ganz Hülle, ganz zweidimensional. Kein verführerischer Körper – weiß schimmert bloß das blöde Hemd.

»Gründlich erlegt«, sagte Martha, die spürte, dass hier eine persönliche Geschichte eine Rolle gespielt haben könnte.

»Nicht ganz«, sagte Marie, die es wie immer ganz genau nahm mit der Geschichte. »Ich weiß nicht, wie bewandert Niki in katholischer Heiligengeschichte war ...«

»... sehr, soweit ich weiß ...«

»Jedenfalls ist dieser Sebastian gar nicht gestorben.«

»Wie?«

»Also jedenfalls nicht gleich. Die Pfeile haben ihn getroffen, aber nicht getötet. Er wurde für tot gehalten und liegen gelassen. Eine Frau hat ihn gesund gepflegt und wieder aufgepäppelt. Und so hat er sich dann dem Hof präsentiert, so nach dem Motto: Totgesagte leben länger. Prost!«

Der heilige Sebastian, der ein Lover war, entstand 1961. Da sind Niki de Saint Phalle und Jean Tinguely seit beinahe sechs Jahren ein Paar. Wen erledigt sie da?

Ist der Mann auf dem Bild Tinguely? Sicher nicht. Bei allem Zorn und allem Streit, der das Leben des Paares begleitet, tragen sie ihren Zwist doch nie nach außen, nie thematisieren sie ihn öffentlich, geschweige denn künstlerisch. Niki de Saint Phalle, die Vielschreiberin, von der Hunderte von Briefen, Notizen und tagebuchähnlichen Eintragungen in Schönschrift erhalten sind, äußert sich niemals kritisch über ihren Gefährten. Und er? Schon gar nicht. Seine Äußerungen über Saint Phalle sind eher Schwärmereien. Er achtet darauf, von ihr das Bild einer großen Künstlerin zu etablieren. Sie ist, das wiederholt er stets, die größte, die bedeutendste, die wichtigste, einzigartig, Subtext: die Seine. In dem Maß, wie einer den anderen wachsen lässt, gewinnen sie Größe.

Es ist also klar, dass tatsächlich ein Lover gemeint ist. Und dem muss Saint Phalle offenbar mit ziemlich viel Zorn buchstäblich zu Leibe rücken. Gegen den wehrt sie sich mit allen Mitteln.

Martha war überrascht. So viel persönliche Wut, so viel direkter Einblick in die Geschichte. Martha betrachtete noch einmal den profanen Sebastian. Der Mann hatte weder ein Gesicht noch einen Körper. Er war eine Larve. Er war das, signalisierte das Bild, was die Künstlerin von ihm übrigließ, wenn sie mit ihm fertig war.

Die sechziger Jahre waren eigentlich eine Dekade der Männer. In den Filmen der *Nouvelle Vague* wurden wohl Geschichten auf eine neue Art erzählt, aber bei den Regisseuren der Zeit, bei Truffaut und Godard, blieben doch die Männer in ihren schöngrauen Anzügen Dreh- und Angelpunkte des Geschehens. Die Stars hießen Jean-Pierre Léaud und Albert Rémy, Maurice Ronet und Alain Delon – von den Männern in den italienischen Filmen ganz zu schweigen, von Marcello Mastroianni etwa, Franco Nero, Vittorio De Sica. Natürlich waren die Frauen attraktiv – aber häufig waren sie auch nur das.

Martha dachte an die kühlen Augen von Niki de Saint Phalle, die ihre Umgebung stets im Blick hat, deren Aufmerksamkeit nichts entgeht und die in der Lage ist, auch ein größeres Publikum in ihren Bann zu ziehen, ohne ein Wort zu sagen. Sie durchschaut Herrschaftsverhältnisse sofort – aber sie reagiert nicht immer darauf. Sie macht ihr eigenes Ding. Sie spielt noch immer mit der Rolle der *Herzogin* aus *Alice im Wunderland*, aber Mitte der sechziger Jahre ist sie schon unterwegs, eine ganz andere Art von Herrscherin zu werden. Das Kino erzählt in den 1960er Jahren vom Glanz der Männer – Niki de Saint Phalle entdeckt die Pracht der Frauen.

Martha schloss Maries Tablet mit einer entschlossenen Geste. Vor der Tür des Bistros verabschiedeten sie sich, umarmten sich. Martha war nun ganz gefasst. Marie würde an ihr Museum zurückkehren, in den Alltag. Martha aber hatte gerade beschlossen, ihre Pläne zu ändern. Sie würde sich nicht, wie es die Vernunft eigentlich gebot, nach dem Scheitern in Paris sofort um neue Aufträge bemühen, Akquise betreiben, neue Exposés schreiben, die sie neuen, unlustigen Behörden vorlegen würde. Sie würde Urlaub machen.

»Ich verreise jetzt erst mal«, sagte Martha mit fester Stimme.

»Gute Idee«, sagte Marie überrascht. »Wohin geht's? Weißt du's schon?«

»Klar«, sagte Martha, als hätte sie das nicht eben erst entschieden: »Nach Italien.«

»Nach Venedig, nach Rom?«

»Garavicchio.«

Und sie fügte auf Maries fragenden Blick eher widerwillig hinzu: »Toskana.« Nach einer weiteren Pause: »Zu Niki. Sozusagen.«

9.

Das ist keine einladende Landschaft, kein Bilderbuch-Italien. Gewiss, wenn man aus Wanne-Eickel stammt, ist die Toskana auch hier ein Wunder. Und doch: Biegt man von der Aurelia aus Richtung Rom kommend kurz hinter Capalbia nach Chiarone Scalo ab, sieht man, wie sich der Mensch die Maremma unterworfen hat. Agrikulturen beherrschen die Landschaft, riesige Felder, auf denen grüner Spargel gezogen wird, Artischocken, Tomaten. Noch ahnt man nichts von dem riesigen Kernkraftwerk, das hier demnächst entstehen soll, aber die Planer waren schon da und haben dafür gesorgt, dass die Grundstückspreise fallen, und am Ortsschild nach Garavicchio hängt ein Schild, das das Nest zur *Zona denuclearizzata*, zur atomfreien Zone, erklärt.

Die Frau, die den Hügel hinauffährt nach Garavicchio, sieht aus wie eine hinduistische Göttin. Das finden zumindest die Jugendlichen, die ungläubig staunen, als die schöne Fremde aus dem Wagen steigt. Die Fremde bemerkt das Getuschel und Geraune nicht oder will es nicht bemerken. Eine grazile Dame von siebenundvierzig Jahren, angetan, so muss man es sagen, mit einem bunten, langen Kleid, einem perfekt sitzenden Strohhut mit einem feinen schwarzen Samtband darum, wehendem Schal, leuchtenden Sandaletten. Alles an der Frau leuchtet. Die

Frau geht mit festen Schritten auf das gelbe Gebäude zu. Es passt zu der etwas verwilderten Gegend, es kann sich nicht entscheiden, ob es Villa ist oder Bauernhaus, ob es darauf wartet, ausgebaut oder abgerissen zu werden, ob es Zukunft ist oder Vergangenheit. Die Frau atmet durch. Es ist einsam hier oben auf dem Hügel, man hat einen weiten Blick in die Olivenhaine und auf das Land, das sich in sanften Schwüngen bis zum Meer zieht. Sie weiß nichts von dem gigantischen Bau des Kraftwerks, der in ein paar Jahren den Blick stören wird; sie weiß nichts von den Verwerfungen, die sich hier anbahnen. Sie weiß nur, dass sie hier eine Chance hat, winzig klein allerdings, verrückt ist das Ganze, so verrückt, dass sie sogar Jean Tinguely zu Hause gelassen hat, sie muss allein sein, ganz auf sich konzentriert, ganz auf ihr Ziel hin, auf den großen Landschaftspark, den sie hier, bei Capalbio, verwirklichen will, der *Giardino dei Tarocchi*.

Signora, prego, entrate!

Die Frau wird erwartet. Die Männer staunen trotzdem. Schon nach ein paar Minuten hat Niki de Saint Phalle die Anwesenden in ihren Bann gezogen. Wie sie dasteht, mit geradem Rücken, das Kinn ein wenig erhoben und den Kopf zur Seite gelegt, wirkt sie viel stattlicher, als sie tatsächlich ist. Sie behält den Hut auf, so ist die Wirkung umso größer, wenn sie einen direkt anschaut. Dann geht ihr Lächeln auf. Grüne Augen, Katzenaugen. Eine überraschend tiefe Stimme. Die Männer sind fasziniert, jeder will von diesem Lächeln gemeint sein, mit dem sie auch die Frauen bedenkt, die Kinder, die zum Bedienen hereinhuschen und hinaus. Weitere Besucher tauchen auf, unangemeldet, wie es hier der Brauch ist: Es sind Freunde oder Freundesfreunde des Hausherrn, der als Journalist arbeitet und deshalb nie außer Dienst ist. Es sind dunkle Jahre in Italien, Jahre der Gegensätze, rechts gegen links, Polizisten gegen Faschisten, und immer wieder die Mafia; der Terror durchzieht die Dörfer und Städte, im Norden landen die Arbeitslosen aus dem Süden, und noch mehr Gegensätze brechen auf. Es sind die *anni di piombo*, die bleiernen

Jahre, Attentate geschehen tagtäglich, aber die Leute hier wollen sich ihre Offenheit nicht nehmen lassen, die Gastfreundschaft nicht und nicht den optimistischen Blick in die Zukunft.

Man tauscht ein paar Komplimente aus, es wird eine Karaffe mit Wasser gebracht, man trinkt Tomatensaft, zu dem *Prosciutto* und Käse gereicht werden, später gibt es Wein aus Krügen, gekühlten *Sangiovese* aus der Gegend, einen einfachen *Rosso di Toscana*. Der Mann, der Saint Phalle gegenüber Platz genommen hat, ist freundlich und offen. Er signalisiert, dass er es ist, der hier entscheidet. Freilich nicht allein: Neben Nicola nimmt noch dessen Bruder Carlo Platz. Und dann sind da die Frauen, die sich die Unterhaltung nicht entgehen lassen wollen: Ehefrauen, Schwestern, Tanten – und hinter den Türen lauschen die halb erwachsenen Kinder, die Teenager und die Kleinen. Niki de Saint Phalle ist vorbereitet. Gläser und Krüge werden zur Seite geräumt, dann holt sie ein kleines Modell aus ihrer glitzernden Tasche. Es zeigt den Skulpturengarten, den sie hier errichten will, aber das Modell ist zu klein, Niki bemerkt es und streicht mit ihren Händen beim Erklären darüber. Sie führt die Linien der geschwungenen Figuren in der Luft fort, sie verlängert mit ihren Händen, sie vergrößert, die Linien setzen sich fort, die Schwünge wachsen, die anderen im Raum können sehen, wie hier Türme, Brücken, Paläste, Sonnen, Drachen entstehen.

Die Runde ist fasziniert, die Runde bricht auf. Carlo und Nicola zeigen der Besucherin zwei Orte, die in Frage kommen. Klopft den Jugendlichen das Herz, als Niki de Saint Phalle zielstrebig auf den einen Platz zusteuert, der ihnen so viel bedeutet? Es ist ein kleiner, höher gelegener Ort, der eine Art von natürlichem Amphitheater bildet, überwuchert von Wacholder und Ginster. Energisch schreitet Niki aus. Sie merkt nicht oder will nicht merken, dass ihr Seidenkleid die rauen Büsche streift. Als Wind aufkommt, lacht sie und hält ihren Hut mit einer Hand fest. Sie bleibt stehen, als sie den oberen Rand des Amphitheater-Runds erreicht haben, schaut sich um, atmet tief durch, nickt: Sie hat den Ort gefunden. Und die Männer? Die Eigentümer des Landes, die verkaufen wollen? Sie fühlen sich geehrt, auserwählt, dabei wäre es eigentlich an Niki de Saint Phalle, Avancen zu machen, dankbar zu sein – aber so ist es nun einmal. Bei Niki de Saint Phalle ist nach einer kurzen Weile jeder froh, wenn er dabei sein darf.

Die Besucherin hat keine Ahnung, was den Jugendlichen dieser Ort bedeutet: Es sind zwei etruskische Gräber hier gefunden worden, und seitdem zieht es sie hierher. Bislang hat es nur indirekte Spuren der etruskischen Herrschaft in der Maremma gegeben, Die *Vie cave*, die geheimnisvollen Hohlwege haben die Jugendlichen für Versteckspiele genutzt, und dass es hier nicht mit rechten Dingen zugeht, davon sind sie seit einem Besuch im Park Vulci überzeugt: Die riesige Brücke dort soll der Teufel in einer Nacht erbaut haben! Und nun haben sie die Gräber hier, nun gibt es auch von Garavicchio aus eine Verbindung. Das Rund, auf dessen Rand sie stehen, ist für sie ein zauberischer Ort, er verbindet auf geheimnisvolle Weise Vergangenheit und Gegenwart.

Die schöne Besucherin sagt etwas, das der Wind verweht. Die jungen Leute hören aber ganz deutlich, wie sie Magie sagt und wunderbar, und sehen, wie sie mit dem Zeigefinger anmutig, aber energisch auf den Boden weist. Das hier ist es!

Abends im Hotel atmet Niki schwer. Das liegt an den Anstrengungen des Tages. Es kostet viel Kraft, so viel Zuversicht zu verbreiten. Sie muss den Landbesitzern zeigen, dass sie nicht nur eine entschlossene, sondern auch eine potente Käuferin ist. Aber Niki ist nicht naiv. Sie ahnt, was dieses Projekt an Zeit, Aufmerksamkeit und vor allem an Geld verschlingen wird. Sie legt sich hier fest – auf Jahre, wenn nicht auf Jahrzehnte. Sie hustet. Das ist in den letzten Monaten wieder schlimmer geworden. Nikis Lungen sind angegriffen. Sie leidet schon lange unter Atembeschwerden, die mal so und mal so behandelt werden und sie des Öfteren zu längeren Krankenhausaufenthalten zwingen.

Ihre Freunde glauben, dass die Dämpfe schuld sind, die Dämpfe, die beim Arbeiten mit Polyester und anderen Kunststoffen entstehen, das mag wohl sein, aber was nützt es, Niki wischt das mit den Händen beiseite, sie will nicht, dass ihre Kunst krank macht, niemanden, auch sie nicht. Ihre Kunst soll heiter sein, fröhlich, sie soll vielleicht sogar so etwas wie Heilung bewirken, Versöhnung jedenfalls in einer sich zunehmend spaltenden Welt. In ihren Schläfen klopft es. Man sieht die Adern unter der zarten Haut. Das lässt sie zerbrechlich erscheinen, das täuscht das Gegenüber über die feste Entschlossenheit, die in dieser Person steckt.

Niki stampft mit dem Fuß auf: Komm schon! Ihr Husten ärgert sie, weil er vom Eigentlichen ablenkt, von der Arbeit. Sie empfindet die Krankheit als Unzulänglichkeit, so etwas ist kein Schicksal, sondern eine Herausforderung – ähnlich wie die Sprachprobleme, die sie sofort als ernst zu nehmendes Hindernis identifiziert hat. Sie hat geglaubt, hier mit Französisch und Englisch durchzukommen, aber schon die ersten Gespräche mit der Hotelbesitzerin, dem Obsthändler auf dem Markt und erst recht den Jugendlichen haben ihr klargemacht, dass sie das Problem unterschätzt hat. Sie will mit Einheimischen arbeiten, sie will Handwerker aus dem Dorf beschäftigen – also muss sie diesen klare Anweisungen geben können. Sie will, dass die Leute verstehen, was hier vor sich geht, sie sollen nicht nur für sie arbeiten, sie sollen beteiligt sein.

Die Leute im Dorf staunen, wie bald es schon losgeht. Niki de Saint Phalle, wenn sie einmal bei einer Sache ist, lässt nicht mehr los. Kaum sind die Verträge unterschrieben, wird die Arbeit aufgenommen. Das Gelände wird erschlossen, Areale werden abgesteckt, provisorische Zäune errichtet und wieder abgebaut, weil die Bauherrin sie nicht leiden kann – keine Zäune, keine Grenzen! Jeden Tag sehen sie Niki de Saint Phalle nach Capalbio gehen, ein paar Bücher unter dem Arm: Die Signora lernt

Italienisch. Monatelang büffelt sie Grammatik und Wortschatz, fragt die Töchter von Nicola und Carlo, wenn sie unsicher ist, und freundet sich auf diese Weise mit ihnen an.

Eine Baustelle entsteht, es ist aber auch eine Art Camp, ein Lager, eine Wohnstätte.

Inmitten von Drahtrollen, Baumstämmen, Containern, Zementsäcken und Paletten lässt Niki de Saint Phalle einen großen Tisch aufbauen. Das ist das Zentrum, die Planungszentrale. Hier breitet sie ihre Zeichnungen aus, die sie mit Steinen beschwert, damit sie nicht weggeweht werden. Hier wird gegessen und getrunken; hier führt sie die Modelle vor; hier zeigt sie den Mädchen aus dem Dorf, wie man die Tarotkarten legt. Sie hat dann alle Zeit der Welt. Sie zieht ein Mädchen neben sich, mischt die Karten konzentriert, breitet sie aus und lässt das Mädchen ziehen. Stell deine Frage!

Es sind immer dieselben: Liebt er mich? Werde ich glücklich sein in meinem Leben? Und Niki, die so gut wie keine weiß, was für ein seltsamer Wandervogel die Liebe ist, dass er nur bleibt, wenn man ihn ziehen lässt, nickt ernsthaft, runzelt die schöne Stirn, entscheidet sich für das *Beziehungsspiel* oder das *Keltische Kreuz*. Und manchmal, wenn die Liebesnot der Mädchen besonders dringend ist oder wenn sich mal ein junger Mann verschämt an den Tisch mit den Karten wagt, macht Niki es auch kürzer und greift auf die *Tageslegung* mit nur einer Karte zurück – aber immer ist sie aufmerksam, hört zunächst zu, betrachtet dann die gezogenen und sorgfältig, in einer gewissen Ordnung platzierten Karten in Ruhe, um schließlich guten Rat zu geben. Vertraue auf dich selbst. Höre auf deine innere Stimme. Gib dich dem Leben hin, es ist richtig so, auch wenn es dir Schmerzen zufügt. Lerne, seinem Rhythmus zu folgen, wehre dich nicht.

In Martha stieg der alte Ärger auf, der Ärger über diese nicht zu fassende Person Niki de Saint Phalle. Sie war nicht in die Toskana gekommen, um zornig zu werden, sie war hierhergekommen, um sich zu erholen. Wenn sich die feinen Herren in Paris nicht durchringen konnten, ihr den Auftrag zur Restaurierung des Brunnens oder des Zyklopen zu geben – bitte schön! –, dann würde sie eben ihre Freizeit mit Nikis Figuren verbringen. Jedenfalls für zehn Tage. Ja, es war mehr als Trotz, das musste Martha zugeben. Eine seltsame Faszination für das Werk von Niki de Saint Phalle hatte sie allmählich gepackt. Allein der Umfang! Diese Schaffenswut! Und dann dieser Drang ins immer Größere, Monumentale. Der Tarot-Garten von Garavicchio ist der Traum einer Architektin. Martha kannte vergleichbare Projekte, Gärten, an denen sich Niki de Saint Phalle zweifellos orientiert hatte. Da war die Mutter aller Vergnügungsparks, der *Park Güell* in Barcelona, den Niki in den fünfziger Jahren besucht hatte. Da muss der Funke übergesprungen sein – auch wenn Schwarz-Weiß-Fotos von diesem Trip eine eher entspannte Niki zeigen, Niki macht Ferien, man sieht sie in einem weiten Rock und mit einem einfachen Shirt auf einer Mauer posieren, sicherlich für einen Freund. Es sieht privat aus und trotzdem perfekt. Es erinnert an die entspannte Niki, die in einem lässigen T-Shirt und einem Alltagsrock in einem Korbsessel ruht – und so für das Cover der französischen *Elle* fotografiert worden war.

Aber das hier?

Martha scharrte mit der Schuhspitze. Es staubte. Nach vierzig Jahren war der Garten ganz schön mitgenommen. Die 22 Plastiken von Niki de Saint Phalle waren gut erhalten, aber die Bepflanzung war vernachlässigt worden, allmählich eroberte sich die Macchia das Terrain zurück und begann, die Kunst zu überragen. Und dann dieses Kraftwerk, das die Landschaft komplett ruinierte! Sicher, davon hatte Niki kaum etwas ahnen können; zwar hatte es entsprechende Pläne seit 1974 gegeben, aber ob man ihr, der Fremden, die etwas kaufen wollte, wirklich reinen Wein eingeschenkt hatte? Seit 1982 wuchs und wucherte der Bau, nach guter italienischer Art dauerte es zehn Jahre bis zur Fertigstellung – nun ja, bis zu einer Dreiviertel-Fertigstellung.

Aber dann geschah die Nuklearkatastrophe von Tschernobyl, und schon ein Jahr später, im September 1987, entschieden die Italiener in einer Volksabstimmung, aus der Kernenergie auszusteigen. Aus dem Atommeiler Montalto di Castro wurde das Öl- und Gaskraftwerk Alessandro Volta, das leistungsstärkste seiner Art in Italien, während das Kernkraftwerk daneben immer weiter zurückgebaut wurde. Ein monströser Technik-Friedhof – und eine ewige Baustelle.

Gut, dass Niki das nicht erleben musste, dachte Martha versöhnlich. Ihr Magen knurrte. Sie hatte die Zeit vergessen. Sie streunte schon seit Stunden durch Nikis Fantasielandschaft und versuchte zu verstehen. Was sollte das – 22 riesige Figuren aufzustellen, die allesamt die zentralen Figuren des Tarots verkörperten? Dazu die sich drehenden, windenden stählernen Figuren von Tinguely? Was war die Idee dieses privaten Vergnügungsparks?

Nicht genug damit, dass Niki de Saint Phalle, die unbekümmerte Autodidaktin, nahezu ohne Rücksicht auf Materialbeschaffenheit und Eignung ihre immer größer werdenden Figuren baut, die den Restauratoren später nichts als Probleme bereiten werden – nein, mit zunehmendem Alter verlegt sie sich anscheinend immer stärker aufs Esoterische. Was soll das, im Italien der 1970er Jahre, mit seinen massiven und ganz praktischen Problemen, die Dorfjugend in ihrer Lust am Spuk und am Aberglauben zu bestärken? Gut, ja, sie ermutigt die Mädchen, sich selbst zu finden, nicht alles Glück bei den Männern zu suchen – aber sie macht das Spiel mit. Das Spiel. Tarot. Der ganze Garten ist eine Illustration des Spiels. Wie kommt es, dass Niki de Saint Phalle ihr zentrales Werk an einem esoterischen Spaß orientiert? Ist es nur ein Spaß? Oder glaubt Niki an Spökenkiekerei? Und wieso machen das alle so begeistert mit? Niki verlangt viel von ihren Mitarbeitern – von sich selbst verlangt sie stets alles.

Im Sommer 1977 treffen die ersten Assistenten von Niki de Saint Phalle in Garavicchio ein; es sind junge, gut aussehende Männer, die eine Aura von Freimut, von Lässigkeit verströmen, und die Aufregung im Dorf wächst. Manche der jungen Männer haben zuvor im Zirkus oder auf Jahrmärkten gearbeitet, andere haben schon die ganze Welt bereist, und wieder einige von ihnen verströmen die Aura düsterer Melancholie, die andere, einfachere und glücklichere Menschen seit je magisch anzieht. Die Jugendlichen aus dem Dorf treiben sich immer öfter hier herum. Sie erleben den wachsenden Garten als ihre Theaterbühne. Hier probiert man sich aus, hier wird man gesehen, hier inmitten dieser exzentrischen, freundlichen Künstlerschar darf man sein, wer man sonst nicht ist. Niki schafft es, sie alle zu integrieren. Die Leute staunen über Nikis *Équipe*, über die Selbstverständlichkeit, mit der sie zusammenarbeiten, es wird geschuftet und viel gelacht. Die einheimischen Tischler und Schlosser beginnen, ihre Scheu zu verlieren. *Alora*, da ist einfach Arbeit, die kann man hier gut gebrauchen; dass das Projekt ziemlich verrückt erscheint, kann man verkraften, und die schöne Signora zahlt meistens pünktlich und hat stets ein freundliches Wort.

Die Arbeit wird planvoll durchgeführt. Das Gestrüpp wird zur Seite geräumt, es wird gerodet und planiert, Fundamente werden gebaut. Die Stunde der Maurer, der Baumfäller – und der Baumeisterin. Die Leute tuscheln: Die Energie der Signora scheint unerschöpflich. Sie ist überall gleichzeitig. Sie ermutigt und streitet, sie nimmt genau Maß, und sie lässt konsequent ändern, wenn etwas nicht exakt ihren Plänen entspricht. Gleichzeitig baut sie an den Figuren, die den Garten bevölkern sollen. Sie baut vor aller Augen kleine Modelle, die bunt bemalt werden. Sie bräuchte das nicht. Aber die Leute brauchen es. Sie haben wenig Vorstellungsvermögen, das hat Niki de Saint Phalle in den fünfundzwanzig Jahren ihres Künstlerdaseins verstanden. Sie muss die Leute mit der Nase darauf stoßen, sie müssen stets alles vor Augen haben. Das gilt für die Leute im Dorf, die mitmachen sollen, die beteiligt und begeistert werden sollen; das gilt für die Handwerker, die mitdenken müssen, und die diese sonderbare Sache nur durchhalten werden, wenn sie vollends von ihr überzeugt sind – das gilt aber auch für die fernen Sponsoren, die so bald wie möglich eingeladen werden, um sich ein Bild von diesem fantastischen Projekt zu machen. Es wird immer größer. Es wird zunehmend kompliziert. Es wird immer kostspieliger. Ungeduldig präsentiert Niki de Saint Phalle in New York ihre Kollektion von Accessoires, lanciert ihr Parfüm, das sie sogar diversifiziert: *Eau defendu* gibt es ab jetzt für jedes Sternzeichen passend. Sie bewegt sich in für sie fremden Welten, in denen es nur noch um Gewinnmargen geht, um Vertrieb. Aus dem Künstlernamen Niki, aus ihrem *Nom de guerre*, wird eine Marke. Das Publikum reagiert nicht so begeistert wie erwartet, die Kunstkritiker nörgeln. Ist Niki de Saint Phalle jetzt völlig dem Kommerz verfallen? Die Kollegen maulen: Wie kann man so schnell so viel erreichen? Das kann nur mit dem Teufel zugehen. Alte Freunde wenden sich ab. Wird der Traum ihres Lebens, der große Garten, das Paradies zurückholen, oder wird er zu einer Hölle, in der alles verbrennt, was sie bis dahin erreicht hat? Vier Jahre dauert das nun schon. Niki grübelt und grübelt. Sie ist jetzt über fünfzig, da möchte man etwas schaffen, das bleibt und sich von anderem trennen, das sich als überflüssig, als Ballast erwiesen hat. Die Sponsoren zögern noch immer, die Banken drängen, die Vorarbeiter rufen.

Schnell zurück nach Italien! Sie kommt immer öfter und bleibt länger. Sie überlässt andere Projekte zunehmend ihren Assistenten. Sie vernachlässigt Tinguely und sein schönes Monster im Wald von Milly-la-Forêt. Sie sieht angestrengt aus, sie verbreitet Zuversicht. Die Mädchen von Garaviccio suchen ihre Nähe. Sie leiht ihnen ihre Kleider, sie improvisieren Modenschauen auf der Baustelle, Niki verströmt Gelassenheit, die Entspanntheit der Chefin, die alles im Griff hat.

Hinter den Kulissen aber wird weiter gekämpft. Während in

den Entwürfen zum Skulpturengarten die Schlangen und Engel, die Drachen und Totenschädel wachsen, ringt Niki de Saint Phalle mit den italienischen Behörden, dem wahren Drachen. Das wird weitere Jahre dauern. Jahre, in denen das Projekt immer wieder zu scheitern droht, in denen immer neue Auflagen die Arbeit verlangsamen oder gar zum vorübergehenden Stillstand bringen, Jahre, in denen längst gekauftes Material zu verderben droht – einfach Jahre, die verstreichen.

Wie ein böses Omen wächst gleichzeitig am Horizont das noch größere Monster. Im Sommer 1977 ist es erstmals zu Protesten in der Region Latinum gekommen. Viele hundert Demonstranten besetzen die Bahnstation von Capalbio. Sie protestieren gegen den Bau des Kernkraftwerks. Es soll das größte in Italien werden, das Land will unabhängiger von Energie-Importen werden. Zwei Reaktoren sollen tausend Megawatt Strom erzeugen. Bis jetzt haben die Italiener stillgehalten, aber nun beginnt es in der Bevölkerung zu brodeln. Auch Nikis Gastgeber Nicola und sein Bruder Carlo sind mit von der Partie. Als Journalisten wissen sie um die Gefahren der Kernkraft, sie schreiben Artikel, sie beteiligen sich an den Protesten – aber sie scheitern zunächst. Die Türme wachsen unaufhörlich, zwei von ihnen sind rot-weiß gestreift, wie in die Irre geleitete Leuchttürme, das Kraftwerk breitet sich in der Fläche aus, es verändert die Landschaft schon lange vor seiner Fertigstellung.

Unterdessen ist Niki rastlos unterwegs.

Geld muss beschafft werden, immer wieder, immer neues! Die Preise steigen, sie steigen unverhältnismäßig, und Niki nimmt anderswo Aufträge an, reproduziert Bewährtes, wiederholt sich zum ersten Mal in ihrem Leben, baut die dicken, runden *Nanas* überall, lässt Schutzengel fliegen, errichtet Brunnen, kann sich an den Werken, die ihr wichtig sind, immer weniger erfreuen.

Rico, ihr Assistent, macht sich Sorgen. Wie viele Weltenbummler hat er schon seltsame Dinge erlebt, Häuser, in denen es spukt, Geister, die einen im Schlaf anfallen, tollwütige Hunde, magische Schlangen. Kann es sein, dass der Ort hier solch ein Geheimnis enthält? Kam die seltsame Energie, die sowohl böse als auch gut sein kann, etwa von den etruskischen Gräbern? Am Tarot selbst wird es nicht liegen, seine Energie weiß Niki positiv zu nutzen, aber vielleicht ist seine Kraft hier zu stark? Vielleicht ist es tollkühn, gleich alle 22 Hauptmotive als Großplastiken zu errichten? Und selbst wenn sie nur locker über das Gelände verteilt sind – bilden sie vielleicht doch einen magischen Zirkel? Solche Gedanken sind durchaus üblich in der Crew. Was davon Ernst ist und was Spiel, erschließt sich nicht sofort. Vielleicht ist es beides zugleich. Rico jedoch spielt bald nicht mehr, er ist wie blockiert.

Als Nikis engster Mitarbeiter bekommt er ihre Sorgen am deutlichsten zu spüren, er ist ihr näher als die anderen, in gewisser Weise sogar näher als Tinguely, der nur gelegentlich nach Italien kommt, dann die Zuversicht des Patriarchen verbreitet und erwartet, dass die anderen alles in Ordnung bringen. Nach ein paar Tagen reist er wieder ab, traurig und erleichtert zugleich, um seine eigenen Arbeiten voranzutreiben. Rico hingegen ist das Scharnier. Rico ist überall. Rico spricht fließend Italienisch. Er ist ein Arbeiter, den die Leute aus dem Dorf sofort als einen der ihren akzeptiert haben; er ist ein Weltenbummler, zu dem die Ungelernten aufschauen; er ist erfahren, aber meist wortkarg und in sich gekehrt, deshalb schauen die Dorfmädchen ehrfürchtig zu ihm auf. Aber nun wird Rico, der Stoische, zunehmend unruhig, ja sogar gereizt. Niki, die große Magierin, merkt das sofort. Und sie weiß ein Gegenmittel. Sie sagte es. Rico ist zunächst gar nicht begeistert. Aber nachts träumt er davon.

Mifletzet!, flüstert ihm jemand schelmisch ins Ohr. *Mifletzet.*

Der *Mifletzet* oder *Golem* ist eine Riesenfigur von Niki de Saint Phalle in Jerusalem. Vor mehr als zehn Jahren haben sie ihn gebaut. Ricos Herz beginnt, schneller zu schlagen. Der *Golem* ist etwas ganz Besonderes; er selbst hat ihm viel zu verdanken. Auch vor zehn Jahren schon hat sich Niki in mehrere Projekte gleichzeitig vertieft – oder sollte man sagen: verstrickt? Und dann kam noch dieser Auftrag dazu, ein Auftrag aus Jerusalem, ein Auftrag vom legendären Bürgermeister Teddy Kollek, einem Mann mit einer klaren Vision für seine schwierige Stadt. Kollek und Niki de Saint Phalle mögen sich auf Anhieb, sie sind fasziniert voneinander, stundenlang reden sie über Israel, das Judentum und den Islam, die Schwierigkeit, die gespaltene Stadt zu versöhnen, sie reden über die Kinder, die in Ost- und Westjerusalem aufwachsen und für die es nicht genug Raum gibt, nirgends. Im Rabinovich-Park soll ein Spielplatz entstehen, und rasch entwickelt Niki de Saint Phalle die Idee für ein Monster, einen *Golem*. Er soll den Kindern als Rutschbahn dienen. Das beängstigende Ungeheuer kann von jedem Vierjährigen bestiegen und spielerisch überwunden werden, das ist die Idee dahinter. Ein Spielplatz ist ein sicherer Ort; hier können Kinder ihren Ängsten begegnen – und herausfinden, dass die meisten bösen Monster einfach nur Popanze sind.

Ein Plan wird gezeichnet, Konstruktionszeichnungen entstehen, erste Modelle. Sie zeigen ein schwarz-weiß gemustertes Ungetüm, das auf dem Boden kauert, als könne es sich niemals davon lösen. Vielleicht ist es – platsch! – gerade so auf dem Bauch gelandet, vielleicht stammt es eher aus dem Reich der Unken und ist nie höher hinausgekommen? Oder besteht es gar nur aus einem riesigen Schädel, ist es ein Kopfmonster wie der *Zyklop*? Es hat, wie alle wahren Monster, ziemlich unklare Konturen, es könnte sich jederzeit verändern oder verwandeln. Es wirkt dabei massig, aber unbeholfen, gewaltig, aber nicht wie ein Raubtier. Und das Beste: Aus seinem gewaltigen Maul ergießt sich eine knallrote, überlange Zunge, wie bei einem Chamäleon oder einer Echse. Die Zunge, das ist die Rutschbahn, auf der Kinder in ein paar Jahren ihren Spaß haben sollen. Die Visage und diese Zunge haben es Rico sofort angetan. Es erinnert ihn an ein Cover der Rolling Stones, an die berühmte

Zunge, die die englische Band anscheinend der ganzen Welt zeigt. Wie die Stones? Das fordert Niki heraus: Ihr Golem wird nicht eine Zunge bekommen, sondern drei! Drei Zungen, das bedeutet drei Rutschen, auf denen die Kinder dann nebeneinander in den Park sausen können. Für Niki de Saint Phalle ist das Monster von Jerusalem das erste unter einigen Ungeheuern, die sie, meist für private Auftraggeber, realisiert; für Rico Weber wird es sein Meisterstück. Länger als ein halbes Jahr verbringt er in Jerusalem; er ist fasziniert von der Stadt, in der drei Weltreligionen aufeinandertreffen, er beschäftigt sich mit ihrer historischen Bedeutung, mit den politischen, ungeheuerlichen Herausforderungen. Immer wieder schaut Teddy Kollek persönlich auf der Baustelle vorbei. Er hat das Projekt durchgesetzt; als es von einer Sachverständigenkommission abgelehnt wurde, hat er die Runde einfach noch einmal abstimmen lassen. Er möchte ein neues Jerusalem, keines, in dem sich die drei Weltreligionen gegenseitig an Frömmigkeit und Fanatismus übertreffen, sondern ein heiteres, familienfreundliches, modernes. Eines, in dem es sich leben lässt, mit ausreichend Supermärkten, Schulen, Parks und Spielplätzen. Er stellt Rico Weber die besten Handwerker zur Seite; er sorgt dafür, dass das Geld pünktlich fließt. Und Geld ist auch für Rico Weber plötzlich reichlich da. Er arbeitet so viel an dem *Golem*, dass er abends nur noch müde auf sein Feldbett fällt. Der Einfachheit halber übernachtet er gleich auf der Baustelle. So hat er keine Zeit, seinen Lohn auszugeben; ohne es eigentlich zu bemerken, häuft er ein kleines Vermögen an, jedenfalls für seine Verhältnisse. Und so bringt das Monster von Jerusalem Rico Weber Glück: Im Anschluss kann er sich in der Schweiz, ganz in der Nähe seiner Heimat, ein Haus kaufen. Das Haus liegt außerhalb von Fribourg, ein heruntergekommenes Objekt in Sankt Ursen. Eine unscheinbare Landschaft, eine Streusiedlung, darin ein Kleinbauernhof, mehrere Gebäude, die dringend einer Renovierung bedürften – doch das kümmert Rico kein bisschen. Das Haus liegt einigermaßen nah bei *Jeanos*

Atelier, zum Schweizer Stützpunkt der Bande, vor allem aber hat Rico nun genug Platz, um seine eigenen künstlerischen Arbeiten zu realisieren. Aus Rico, dem Gelegenheitsfotografen, und Rico, dem akribischen Zeichner, wird Rico, der Plastiker, dessen Reliefs und Abgüsse wachsen und wachsen. Hunderte von Fotos entstehen, nein: Tausende. Endlich kann Rico seinen Obsessionen auf eine Weise nachgehen, die sein Umfeld nicht mehr befremdet, einfach, weil es niemand mehr wahrnimmt. Und so sammelt und kartographiert der Künstler, macht Abzüge, öffnet Kisten, zögert, füllt sie, beschließt, alles zu ordnen, bestimmt, demnächst ... – und schafft sich sein eigenes, chaotisches Universum, dessen Struktur nur er allein versteht. Die Fotos zeigen Kabelstränge. Leitungen. Steckverbindungen. Dutzende, Hunderte, Tausende. Die Welt scheint für Rico Weber nur aus Energie zu bestehen und aus Verbindungen. Ob es die technische Seite ist, die ihn so fasziniert, oder ob er darin auch geistige Mächte wirken oder verkörpert sieht? Niemand weiß es. Rico Weber spricht nicht darüber, er spricht überhaupt wenig, wenn er mit den anderen zusammen ist, er hört lieber zu. Aber im Hintergrund wächst das Eigene. Rico Weber ist nicht mehr nur Rico, der Assistent, Rico, der bärige Schweizer, den vor allem die Kinder lieben. Rico ist jetzt auch Rico Weber, der Künstler. Dass es noch mindestens eine dritte, schmerzliche Seite gibt, das weiß nicht einmal Niki de Saint Phalle.

Jerusalem hat Rico Glück gebracht. Er sieht die Stadt als Zentrum einer spirituellen Energie, weil hier die drei monotheistischen Religionen zusammenfließen. Vielleicht hat es einen tieferen Sinn, dass er nun wieder dahin geschickt wird, was ihm durchaus auch Sorgen bereitet. Wenn er nicht da ist, wer soll in Garavicchio Nikis Wünsche umsetzen, so umsetzen, dass sie ausgeführt werden, ohne dass ständig jedes Detail besprochen werden muss? Oft beginnt Niki einen Satz, führt ihn aber nicht zu Ende – Rico versteht. Er weiß, wann es besser ist, sie nicht anzureden, weil sie in der Nacht wieder nicht geschlafen hat; er sieht ihre sich verkrümmenden Hände, die gerötet sind von der arthritischen Entzündung. Er sieht alles – und reagiert auf alles. Und gerade deshalb schickt sie ihn weg. Sie weiß, dass es Zeit wird für ihn, sich noch mehr als früher um das Seine zu kümmern. Und wer weiß, vielleicht tut seine Anwesenheit in der Heiligen Stadt sogar dem Projekt in der Toskana gut? Niki ist nicht religiös, aber sie hat viel Respekt vor religiösen Traditionen. Sie weiß um die spirituelle Verbindung zwischen Dingen und Menschen. Alles ist eins, das hat sie oft erlebt. Die Trennung, sagt sich Rico, ist deshalb eigentlich keine. Außerdem ist sie ein Zeichen tiefen Vertrauens. Sie vertraut ihm den Jerusalemer *Golem* vollständig an, das Monster, *Mifletzet*. Ob ihm der *Golem* hilft, die eigenen, inneren Dämonen zu ertragen, sie womöglich zu bändigen? Das wagt er nicht zu hoffen, aber er weiß, dass er sich in Israel mit ihnen konfrontieren kann. Ein Spielplatz mit einem grotesken Monster und Dutzenden von Kindern, die auf ihm herumturnen, ist ein sicherer Ort – selbst für einen Mann mit solch grausamen Ängsten wie Rico Weber.

Deshalb stimmt er zu, als Niki nun von ihm verlangt, wieder dorthin zu fahren. Er soll beim Monster nach dem Rechten sehen. Man hat eine besondere Verantwortung, wenn eine Großplastik Kindern über viele Jahre standhalten muss, selbst wenn technische Kontrolleure die Stabilität des Baus gelegentlich überprüfen. Man muss dennoch selbst besonders verantwortlich sein. Deshalb ist der *Golem* aus Beton gegossen. Zwar haben die Israelis ausgezeichnete Leute, die restaurieren können, aber Niki möchte, dass dieses eine Monster in ihrer Hand bleibt – oder in der Ricos. Also fährt Rico Weber nach Jerusalem.

Bald schickt er Niki Fotos. Sie zeigen viele lachende Kinder, die das Monster adoptiert haben. Längst spricht kein Mensch in Jerusalem mehr vom Rabinovich-Park, alle reden vom Monster-Park. Er ist zu einem Treffpunkt geworden, auch für die Erwachsenen. Hier schieben junge Eltern ihre Babys durch den Park; hier spielen Kinder; hier verabreden sich Pärchen, hier picknicken die Älteren. Und das alles im Schatten dieses freundlichen, schwarz-weiß-roten Ungetüms. Niki lacht, wenn sie die Fotos erhält; sie kann nicht genug davon haben. Es gibt für sie keine größere Freude als zu sehen, wie ihre Werke von den Anwohnern zunächst akzeptiert, irgendwann aber regelrecht übernommen werden. Und dann noch ein Monster! Ihr Plan ist aufgegangen: ein sicherer Ort, um sich Ängsten zu stellen und sie zu überwinden.

Martha war froh, dass sie ein so heiteres, helles Zimmer im benachbarten Pescia Fiorentina gefunden hatte. Nicht in Garavicchio selbst, das wäre ihr zu dicht gewesen. Sie brauchte etwas Abstand. Der Tarot-Garten war etwas, das einen in seinen Bann zog, man ging da nicht einfach hinein und wieder hinaus. Die Figuren, mehr noch die Art, wie sie zueinander standen, übte einen seltsamen Einfluss auf die Besucher aus. Es war zudem ziemlich verwirrend. Zwar gab es einen Rundweg, aber die Macchia hatte derart Besitz vom Gelände ergriffen, dass manche Figuren geradezu in ihr verschwanden. Also spazierte man um eine Ecke, froh vielleicht, einer der Figuren, die man gerade gesehen hatte, so zu entkommen – und schon prallte man geradezu auf die nächste. Hatte Niki de Saint Phalle den Figurenpark wie eine Art symbolischer Familienaufstellung errichtet? War es Absicht, dass man immer wieder mit eher inneren ... Figuren ... seltsamen Wesen ... personifizierten Gefühlen konfrontiert wurde?

Niki schreibt an Rico in Jerusalem. Sie beneidet ihn ein wenig. Vielleicht bräuchte sie selbst in Garavicchio ebenfalls ein solches Monster? In letzter Zeit haben Nikis Ängste zugenommen. Kaum jemand weiß etwas davon. Sie hat ihre Dämonen. Die Dämonen haben sie schon einmal beinahe endgültig erwischt, da war sie gerade zwanzig und landete nach einem Zusammenbruch in der Psychiatrie im südfranzösischen Nizza. Sie spricht nur in sehr allgemeinen Worten davon, aber was die Behandlung damals mit Elektroschocks und Kaltwassertherapie bedeutet, ist anderenorts nachzulesen. Die Behandlung macht die Patienten völlig unselbständig, sie werden festgesetzt, und weil sie das unruhig macht, erst einmal sediert. Sie werden von morgens bis abends einem strengen, unpersönlichen Regiment unterworfen, mit dem Ziel, sie zu brechen und ihnen klarzumachen, dass sie nach ihrer Gesundung vor allem wieder zu funktionieren hätten – nach Regeln, die niemals in Frage gestellt werden. Depression? Das ist vor allem eine Störung der allgemeinen Betriebsamkeit, ein Teilausfall des nervlichen Systems, den man behebt, und dann ist es wieder gut. Selbstverletzendes Verhalten? Das fällt unter Ungehorsam, wird als Störung der allgemeinen Entwicklung interpretiert, als Unreife, die es zu überwinden gilt. Nie hat Niki allerdings schlecht über die Behandlung gesprochen. Ihr hat, im Gegenteil, so meint sie, die Elektrokrampftherapie geholfen. Dabei werden mit Stromstößen im Gehirn der Patienten künstlich Krampfanfälle ausgelöst. Heutzutage geschieht das als sanfte Elektrokonvulsionstherapie unter Narkose. Damals nicht. Damals weiß man eigentlich nicht, was man da tut, warum die Therapie bei schwer Depressiven Wirkung zeigt: Die Elektrostimulation regt offenbar die Bildung von Nervenzellen an, und zwar im Hippocampus, in jenem Bereich des Gehirns, in dem Menschen mit Depression über weniger graue Hirnsubstanz verfügen als gesunde. Diese Hirnregion spielt eine zentrale Rolle bei der Informationsverarbeitung und ist notwendig, um Gedächtnisinhalte zu speichern. Kein Wunder also, dass Niki meint, sich nach der Therapie besser erinnern zu können. Sie fühlt sich nun eher als Herrin ihrer Erinnerungen, als dass sie von ihnen geplagt oder heimgesucht würde – und sie beginnt zu malen. Unmöglich zu sagen, was mehr geholfen hat: die Entdeckung der eigenen künstlerischen Kraft oder die damals noch überaus harte Therapie.

Diese frühen Werke sind als flächige Szenerien gestaltet, bunt wie Tapisserien, die Perspektiven sind nur angedeutet. Sie zeigen in beinahe kindlicher Manier, was passiert ist: ein junges Mädchen, auf dem Rücken liegend in der Mitte eines Behandlungsraumes, offenbar durch einen Strick oder ein Band gefesselt, und Gestalten um sie herum, die Kontrolle ausüben. Das junge Mädchen liegt ganz still, aber übergroße Tränen laufen ihr über das Gesicht. Die übergroßen Tränen sind seitdem ein Symbol in Nikis Werken, das sich verselbständigt hat, Tränen kommen auf vielen der Plastiken auf, auf Reliefs. Es sind Tränen, die ohne Gesichter auskommen, Tränen wie Ornamente, Tränen sind die Verzierungen der Welt, das ist bitter und unausweichlich. Auch Nikis Vorliebe für Primärfarben zeigt sich schon, aber der Gestus, das Naive, stellt sich dem Betrachter noch in den Weg, das Ganze wirkt seltsam harmlos, eben ornamental, manchmal niedlich. Niki de Saint Phalle zeichnet die Bilder noch mit dem Namen ihres ersten Ehemannes, Harry Mathews. Niki de Saint Phalle ist vorläufig Niki Mathews. Sie leben in Frankreich. Niki besucht eine Schauspielschule, sie ist durchaus ein Bühnenmensch, sie erinnert sich an ihre kindlichen Erfolge als böse Herzogin, sie erinnert sich an Poe, an Carroll, an Shakespeare, sie beschwört die Götter ihrer Kindheit, aber die Götter lassen sie im Stich, der Funke springt nicht mehr über, weder auf sie noch auf ihre Lehrer, die hier sehr viel akademischer unterrichten, als es in den USA der Brauch ist. Erste Enttäuschungen stellen sich ein, der Schauspieltraum vergilbt allmählich. Sie lässt sich auf Reisen mit Harry faszinieren von Kathedralen, von den feierlichen Messen, das sind ja große Aufführungen hier wie dort. Die Architektur wird ihre neue Liebe. Die Kathedralen in ihren vielschiffigen Verschachtelungen, mit ihrer nach oben strebenden Mehrgeschossigkeit sind eine Mischung aus Burglandschaft und Dorf. In den größeren könnte man Stunden verbringen, ohne einen Weg zweimal zu gehen. Niki erschließt sich wandernd und schauend die Kathedralendörfer. So müsste man bauen, wie könnte man leben? Sie träumt von einer Architektur, die Menschen zusammenbringt, aber ohne Zwang. Sie träumt von einer menschenwürdigen, auch erhabenen und spirituellen, dabei aber humorvollen, ja: verspielten Architektur, die den Menschen erlaubt, das Kind in sich wiederzuentdecken. Sie denkt an das strenge Regiment ihrer Mutter, die es vor allem eilig hatte, aus ihren Kindern ehrgeizige kleine Erwachsene zu machen, gottesfürchtige Erwachsene. Damals hatte sie keinen Blick für die Kirche, die sie jeden Sonntag aufsuchten, sie war zu jung, sie spürte nur die harte, schmale Hand ihrer Mutter in der eigenen, Ringe, die sich in Handflächen bohrten, und durch den Tränenschleier das tröstliche Licht von Kerzen. Französische Kirchen brauchen nicht so viele Kerzen, hier ist es immer hell, und Harrys Hand ist groß und weich und nachgiebig.

Erlösung bringt das alles nicht, das Theater nicht, die Kirche nicht und die junge Ehe nicht. Aber jetzt? Die Kunst? Vielleicht kann sie nicht erlösen, aber möglicherweise kann sie befreien? Befreien von der ohnmächtigen Wut, die sie beherrscht, von der zornigen Erinnerung, die sie nicht immer beherrscht und die manchmal alles und jedes zu vergiften scheint? Schwefelgelb, wundenrot, schlafschwarz.

Niki Mathews malt. Ein Bild zeigt eine Party, die Leute stehen im Kreis um ein Wesen, das tanzt. Es soll wohl einen solistischen Auftritt zeigen, aber es wirkt eher, als sei das Wesen in die Mitte gezerrt, als würde es von Zuckungen zerrissen, und ein Paar am vorderen Bildrand, auf dem man unschwer die Eltern erkennt, wendet sich ab. Niemand will sehen. Auf schwarzem Grund weicht eine pinkfarbene nackte Frau einem Drachen aus, aber die Zunge des Drachen züngelt schon über ihren Leib. Sie steht in einer fantastischen, steinernen Landschaft, und ein kalter Mond leuchtet darüber. Niki de Saint Phalle sagt später, die Bilder hätten sie gerettet. Sie hätten ihr geholfen, an einem unwirtlichen Ort zu überleben. Niki hat den Selbsthass überlebt, die Messer, Nadeln, Pistolen, die sie mit sich getragen hat, jahrelang, ganze Taschen voller Stichwaffen, voller Erbitterung gegen sich selbst, weil sie nicht wagt, den Zorn gegen die anderen zu richten, gegen ihren Vater, der durch alle ihre Träume spukt und so viele ihrer frühen Bilder: der Vater, januskopfig, dreiköpfiges Monster, korrekt mit Anzug und mit laszivem Menjou-Bärtchen, der Versorger und Verführer, der alle Freundinnen der Mutter erobert, dessen Machtlust und Grausamkeit vor der eigenen Tochter nicht Halt machen – und von dem sie dennoch immer mit Zärtlichkeit und Dankbarkeit sprechen wird. Auch die Rolle der Mutter hinterfragt sie nicht, sie zeigt sie elegant, statuarisch, eine Figur, die sich abwendet, eine Frau, die passioniert Bettlaken in große Wäscheschränke sortiert, Stapel um Stapel feiner Wäsche, stundenlang, tagelang, ein Leben lang.

Niki de Saint Phalle übersteht die medizinische Behandlung in Südfrankreich, aber ihr Gleichgewicht bleibt fragil, sie ist jetzt noch, rund dreißig Jahre später, geschwächt durch allerlei Zipperlein und durch die rheumatoide Arthritis, die ihr ständige Schmerzen bereitet, vor allem, wenn sie arbeitet. Ihre Lippen sind blutig, die Mundwinkel eingerissen, weil sie ständig auf den Lippen kaut, wenn sie angespannt ist. Die Lippen schwellen an, sie schmerzen, die Wunden platzen auf, bluten gelegentlich. Ihre Finger wollen sich krümmen, sie wollen steif werden und ruhen – und Niki verlangt ihnen, im Gegenteil, äußerstes Geschick ab, Sensibilität, stetige Bewegung. Es ist ein Kampf, jeden Tag, von dem nur die Vertrautesten wissen. Aber einer dieser Vertrauten, der wichtigste, der nächste, seit vielen Jahren, der ist es, der ihr die meisten Sorgen bereitet.

Jean Tinguely ist nicht oft in der Toskana. Die Einheimischen machen sich rar, wenn er auftaucht, denn Tinguely kommt nicht einfach an, er fegt durch die Szenerie wie der heiße Scirocco, der von der nordafrikanischen Wüste her gelegentlich Italien heimsucht. Man weiß nie, in welcher Stimmung Tinguely ist. Er braust heran in seinen schnellen Autos, ein paar Assistenten in seinem Schlepptau, und alles ändert sich. Wie beim Scirocco spürt man auch bei Tinguely schon Tage vorher, dass sich etwas aufbaut. Wenn sich Tinguely ankündigt, muss Niki den anderen gar nicht Bescheid sagen, sie wissen auch so, dass sein Besuch bevorsteht. Niki verändert sich dann. Sie zieht sich ein wenig zurück, sie sortiert ihre gepflegte Unordnung, holt die feinsten Kleider aus den Kisten und macht sich zurecht. Sie pudert ihr Gesicht, das zu viel Sonne abbekommen hat, sie frisiert sich, trägt Lippenstift auf und wiegt sich vor dem Spiegel – und gibt es nicht in Capalbio eine Dame, die früher einmal Visagistin war? Niki ist unruhig, sie läuft über die Baustelle mit einem neuen, einem anderen Blick, es soll alles vorbereitet sein, wenn Tinguely kommt, es muss alles perfekt sein. Wenn dann der Sportwagen vorfährt, aus dem Tinguely, mittlerweile ein wenig ächzend, aussteigt, dann scheint alles in Ordnung. Die beiden flanieren bald Arm in Arm oder Händchen haltend herum, Tinguely grüßt und scherzt – und doch liegt eine seltsame Anspannung über der Szenerie. Niki, finden die Dorfbewohner, ist eine andere, sobald dieser Tinguely in der Nähe ist. Es ist ein Schauspiel, aber es ist nicht ganz klar, ob Niki die Regisseurin ist oder eine begabte Schauspielerin?

»Du kannst ihn nicht leiden, stimmt's?«, fragt Nicolas Frau ihre halbwüchsige Tochter. Mariella hat üble Laune, wenn Tinguely in der Nähe ist. »Bist wohl eifersüchtig?«

Das scheint offensichtlich. Die Mutter lacht. Die Mädchen aus dem Dorf treffen sich wie jeden Nachmittag am Brunnen im Dorf, wie es die Frauen seit Jahrhunderten dort machen. Sie schwatzen und kichern normalerweise, sie warten darauf, dass die Burschen von der Arbeit am Werk kommen, von den großen Gemüseplantagen in der Gegend oder von Nikis Baustelle. Aber nun sind sie stiller, sie schlendern nicht herum, sie gehen schon gar nicht zum wachsenden Tarot-Garten. Sie sind unschlüssig, sie wissen nicht, wohin.

»Gehen wir zur Signora?« Die *Signora*, das ist Niki. Kopfschütteln. Die Frage war auch nicht ganz ernst gemeint, scheint es, jedenfalls insistiert die Fragende nicht weiter. »Hoffentlich ist er bald wieder weg.«

Sie mögen Tinguely nicht, obwohl er freundlich zu ihnen ist. Er grüßt sie, wenn er mit Niki durch den Ort schlendert. Wenn er vorbeibraust, deutet er einen Gruß aus dem Seitenfenster des schnittigen Coupés an. Eigentlich ist nicht Tinguely das Problem – es ist Niki. Sie verwandelt sich, so argwöhnen die Mädchen, in seiner Nähe in das klassische Frauchen. Sie tut alles, um ihm zu gefallen. Dass immer ein wenig Ironie dabei ist, kann man leicht übersehen. Für die Mädchen von Garavicchio sieht es so aus, als fiele Niki in die Rolle, die sie ihnen doch helfen will zu überwinden. Niki de Saint Phalle, *la comtessa, die Gräfin*, wie sie sie heimlich nennen, die *Signora*, wie sie achtungsvoll sagen, ist nun jemandes Frau, und dieser Jemand verändert alles.

Und Niki selbst? Sie versucht, mit Tinguely zu leben, nach wie vor. Sie haben beide andere Partner, immer mal wieder. Seine Freundinnen kennt sie, man hat sich sogar gelegentlich verbündet, wenn sowohl der einen als auch der anderen das unstete Wesen auf die Nerven gegangen ist: »Achtung, er ist jetzt auf dem Weg zu dir.« Tinguely hat mittlerweile offiziell eine neue Partnerin, Künstlerin auch sie. Aber was heißt das schon? Niki de Saint Phalle ist sein Lebensmensch, auf den er Besitzansprüche erhebt. Was er sich erlaubt, gilt noch lange nicht für sie. Er, der Patriarch, dem seine *bande suisse* beinahe überallhin folgt, will nicht allzu genau darüber informiert sein, wer in seiner Abwesenheit Nikis Leben teilt, und er kann es nicht ausstehen, wenn sie es ihn wissen lässt. Es scheint sogar so zu sein, dass er umso besitzergreifender wird, je mehr sie sich eigentlich voneinander entfernen. Eine merkwürdige emotionale Wippe. Niki, die meistens weise ist, eine Frau, deren Rat man sucht, die Tag und Nacht Auskünfte erteilt, den anderen sagt, wo es langgeht, will manchmal nur Tinguelys Frau sein. Wozu hat sie ihn denn geheiratet? Manchmal ist sie müde, müde von den vielen Entscheidungen, die sie treffen muss, müde von der Verantwortung, müde all der Fragen der vielen Handwerker, müde all der Kämpfe mit den undurchschaubaren Verwaltungen, müde ihrer Fans in aller Welt, die immer mehr von ihrer Kunst wollen, heitere Plastiken überall. Niki, mach uns die Welt bunt! Und dann diese Schmerzen. Dann möchte sie sich zurückziehen, einfach nur noch schlafen und Frieden empfinden. Und dann kommt Tinguely. Er versteht sie wie keiner sonst, sie kann schwach sein, sie kann ihre Zweifel, ihre Ängste mit ihm genauso teilen wie ihre immer noch hochfliegenden Pläne. Immer hat Tinguely sie unterstützt und an sie geglaubt. Sie stärken einander, sie wetteifern miteinander, sie sind einander gut. Aber jetzt ist es Tinguely, der sie braucht. Er hat Herzprobleme; wenn sie nachts aufwacht, sieht sie ihn auf einem Stuhl sitzen, angelehnt, die Hände auf der Brust, sie kann seine Angst spüren, die auch sie ergreift.

Ist es womöglich ihre Schuld? Das ist ein furchtbarer, ein absonderlicher Gedanke, aber der Gedanke wächst in ihr, je mehr sie versucht, ihn beiseitezuschieben. Niki hat in diesen frühen 80er Jahren das Gefühl, dass ihr der Tarot-Garten allmählich entgleitet. Er steht auf festem Grund, die Fundamente sind solide, aber es würde sie kein bisschen wundern, wenn sie morgens aufwacht, hinübergeht, und da sind überall Risse im Erdreich, Wunden klaffen in den Figuren, sie zittern – und irgendwann beginnen sie zu schwanken, stürzen, brechen zusammen, weil ein gigantischer Erdrutsch alles vernichtet. Sie beginnt zu schwitzen. Sie findet keine Ruhe mehr. Der Mann sitzt auf einem Stuhl und atmet schwer. Der Teufel ist schuld. Es muss der Teufel sein. Vielleicht hat sie es übertrieben? Vielleicht hat sie seine Kraft unterschätzt, als sie die Figuren für den Park entworfen hat? Vielleicht hätte sie auf diese Figur verzichten und nur die anderen *Großen Arkana* bauen sollen? Aber wird eine Kraft schwächer, wenn man sie ignoriert? Und: Seit wann lässt sie sich derart ins Bockshorn jagen?

Begonnen hat Niki de Saint Phalle ihren Figurenpark mit der *Herrscherin*. Sie heißt auch *Kaiserin*, sie könnte Herzogin heißen, wenn die Figur der Herzogin von Lewis Carroll besser beleumundet wäre, denn allen ist klar, dass die Riesenplastik einer Königin viel mit ihrer Erbauerin zu tun hat. Die *Herrscherin* ist eine von 22 Hauptkarten aus dem Tarotspiel, eine von 22 Großen Arkana, und Niki hat bewusst mit ihr begonnen: Die *Kaiserin* ist eine der größten Figuren, sie kauert im Gelände wie eine riesenhafte und freundliche *Sphinx*, sie strukturiert das Gelände. Die *Kaiserin* herrscht aber nicht nur über das Gelände, sie ist gleichzeitig eine großzügige Gastgeberin, denn wo andere Bauherren den Arbeitern einen Bauwagen oder Container hinstellen, um gelegentlich auf improvisierten Tischen Pläne auszubreiten und diese dann eher lustlos zu erläutern, da hat Niki de Saint Phalle die *Kaiserin* erfunden. Die riesige Plastik ist das Zentrum des Parks – und gleichzeitig Treffpunkt für die Bauleute und Wohnort für Niki de Saint Phalle. Mehr als zwanzig Meter misst die *Kaiserin* oder *Herrscherin* oder *Sphinx* in der Länge, fast acht Meter in der Höhe. Die *Kaiserin* hat teils menschliche Züge, teils ist sie ein freundliches Ungeheuer. Ihr Hinterteil ist prachtvoll gerundet, ihre Tatzen sind die einer perfekt gepflegten Löwin, und die ausladenden Brüste sind wie immer bei Niki mit Kreisen und einem Herz um die Brustwarzen bemalt. Der Schuppenpanzer der Riesenfigur besteht aus farbigem Glas. Es hat ein Vermögen gekostet, dieses Glasmosaik herstellen zu lassen, die besten Spezialisten aus Venedig wurden damit beauftragt, aber eine Herrscherin braucht schließlich ein repräsentatives Gewand. Und so wurde das farbige Glas mit Keramikfliesen und Spiegelstücken gemischt, eine Geduldsarbeit für die Arbeiter, die sich hier in der Toskana mit der komplizierten Technik auskennen. Wer vor der *Kaiserin* steht, kann sich nicht sattsehen an der Vielfalt der Oberfläche. Und hier in diesem freundlichen Glas-Spiegel-Palast wohnt Niki de Saint Phalle. Sie wohnt hier über Jahre. Es ist sicher der luxuriöseste und verspielteste Baucontainer, der sich denken lässt. Immer hat Niki davon geträumt, mit ihren Figuren eins zu werden, als sie HON in Stockholm bemalte, wäre sie am liebsten in der Großen Mutter verschwunden, abgetaucht vor dem Lärm der anderen, dem Zeitdruck, den Ansprüchen der Welt. HON ist abgebaut, aber die Sehnsucht ist geblieben.

Martha schaute auf. Was für ein wunderbarer Ort, um der Welt zu entrinnen! Und gleichzeitig sichtbar zu bleiben.

Jeder Restaurator kennt die Träume von Verschmelzung. Das ist das intimste Glück. Wer sich stundenlang, tagelang über eine Zeichnung krümmt, versucht, den Federstrich eines längst verstorbenen Künstlers perfekt zu imitieren, wer Lücken schließt, unterbrochene Bögen wieder zusammenführt, wer selbst Kleckse und Flecken zu mildern versteht, wer eins wird mit den tiefsten Absichten der Künstler – der träumt davon, ganz einzugehen in sie: in die Künstler, in deren Zeit, in das Werk selbst. Restauratoren gelten deshalb oft als ein wenig wunderlich. Der Muldenfaltenstil eines Michelangelos ist ihnen vertrauter als der Fahrplan der öffentlichen Verkehrsmittel; sie können länger über Texturen von Weiß reden als über eine Netflix-Serie; sie reden sowieso meist nicht viel, man verlernt das über die Jahre, dafür lernt man sich zu konzentrieren, zu schweigen und einfach – zu sein.

Die *Sphinx* war innen ein verrücktes Spiegelkabinett. Sobald man sich bewegte, kam das eigene Bild, als vielfach gebrochenes zurück. Wer es aushielt, wurde hier auf eleganteste, auf anmutigste Weise auf sich selbst zurückgeworfen. Martha war fasziniert. Klar, dass man an einem solchen Ort ins Träumen kam!

Niki de Saint Phalle schlägt ihre Bleibe für Jahre in der *Sphinx* oder *Kaiserin* auf. Sie richtet sich ein. Sie schafft heiteren Glamour im Spiegelkabinett. Zentral sind natürlich die Brüste. In der einen Brust befindet sich das Schlafzimmer, in der anderen wird eine Küche aufgebaut. Die Brustwarzen werden von Bullaugen gebildet, so kann man einen – allerdings eng begrenzten – Blick auf die Umgebung, auf die Baustelle werfen, und im

Bauch kann man zeichnen, essen, arbeiten. Ein großer Tisch bildet das Zentrum. Über ihm hängt eine riesige Lampe, gestaltet von Tinguely, als bizarrer Kronleuchter. Es ist ein zauberischer Ort, der jeden sofort gefangen nimmt. Niki sieht es lächelnd, wie sich Menschen verändern, wenn sie eintreten. Es ist mit Sicherheit die majestätischste Baustelle der Gegenwart. Es ist ihr Herrschaftsbereich, der Herrschaftsbereich der Frauen. Denn: Niki will mit diesem Garten nicht nur Vergnügen bereiten. Er soll nicht nur wie das berühmte Vorbild Gaudís in Barcelona Kindern wie Erwachsenen eine fantastische Reise ermöglichen. Niki sieht ihren Garten als Möglichkeitsraum. Frauen können alternative Reiche schaffen. Lange genug haben die Männer regiert, haben Burgen, Kirchen und Städte als Symbole ihrer Dominanz genützt. Aber Frauen können das auch. Sie sind in der Lage, groß und mächtig zu bauen, aber mit einem Augenzwinkern zitieren sie die mannigfachen Zeichen der Herrschaft. Frauen wissen, wie relativ die Macht ist. Der Garten des Tarot ist ein Garten der Frauen. Das Tarotspiel, an dem sich das Figurenensemble orientiert, kennt männliche Figuren: den *Narren*, den *Tod*, den *Turm* und den *Kaiser*. Niki räumt ihnen ihren Platz ein – aber sie lässt sie nicht obsiegen. Sie dreht die Herrschaftsverhältnisse um.

In der *Kaiserin* aber! Da wird geschmaust und getrunken, da lassen sich Sponsoren und Künstlerfreunde, Handwerker und Dorfbewohner leicht überzeugen. Es ist ein Kraftzentrum. Auch für Niki de Saint Phalle. Nur auf Tinguely scheint diesmal keine Energie überzugehen. Er hat keine Lust, am Tisch unter seiner Riesenlampe zu sitzen, er mag keine Filme mit Niki anschauen, er braucht frische Luft. Niki wandert mit ihm über das Gelände. Mühsam ersteigt er mit ihr einen kleinen Hügel, von wo aus man den Park überblicken kann. Sie sieht die Möglichkeiten, er sieht die Arbeit. Er ist gedrückter Stimmung, seine Schultern hängen.

Niki bietet ihm an, seinerseits Figuren für den Garten zu

bauen, seine kinetischen Plastiken sollen hier einziehen, aber Tinguely erwärmt sich nur für *Das Rad des Schicksals*. Das mag er, sagt er, so etwas zu bauen. Die Unwägbarkeiten des Lebens!

Nicht die *Gerechtigkeit*? Das würde, findet Niki, so gut zu ihm passen! Er, der selbst im malerischsten Paris die sozialen Gegensätze sah, den Konflikt zwischen dem alten Proletariat und den neuen Schichten, die die Stadt eroberten, den Konflikt zwischen dem alten Bürokraten-Paris und dem jungen, drängenden, den Konflikt zwischen Alteingesessenen und den Zugezogenen aus dem Maghreb.

Tinguely winkt ab. Niki lädt ihn ein, weitere Figuren, solche, die nicht direkt mit dem Tarotspiel zu tun haben, in ihrem Garten zu platzieren. Sie wird noch weitere Künstler einladen, sie glaubt nach wie vor an die Kraft des Gemeinsamen, aber es scheint, als wolle sie mehr von Tinguely hier platzieren, je mehr er sich entzieht, desto mehr drängt sie. Tinguely beschwichtigt sie. Selbstverständlich wird er sie unterstützen, bei den Großbauten mit seinen Assistenten helfen und dafür sorgen, dass die Mechaniken sicher und reibungslos funktionieren. Er spricht langsamer als früher, er wirkt grüblerischer. Er legt ihr schwer die Hand auf die Schulter: Lass gut sein.

Und dann schläft sie wieder nicht.

Es muss der Teufel sein. Er ist ihr zu gut gelungen. Der *Teufel* ist eine der vieldeutigen Figuren im Tarot. Hier ist ja nicht unbedingt gut, was gut erscheint – und schon gar nicht böse, was zum Fürchten aussieht. Der *Gehängte* zum Beispiel – ist er tatsächlich ein Mann, der der weltlichen Gerechtigkeit zum Opfer fiel, wie er da so kopfüber an einem Ast aufgeknüpft ist? Oder ist er vielleicht doch eher ein irrer Yogi, der es als opportun erachtet, die Welt auf dem Kopf stehend – oder eben an den Füßen hängend – zu belächeln?

Der *Mond* hingegen ist bedrohlich, muss es aber nicht sein; der *Turm* könnte sich als Verließ erweisen oder eine Aussichtsplattform bieten – aber der *Teufel* selbst?

Martha gehörte nicht mehr zu der Generation von Kindern, die man mit Beelzebub erschreckt und in die Schranken gewiesen hatte. Aber sie hatte das Puppenspiel vor Augen, das die Kindheit des Vaters überschattet hatte. Ein Kasper und dessen Buddy, das Mädchen Gretel. Ein König und eine Königin, ein vieldeutiger Zauberer, ein furchterregendes Krokodil mit langen Zähnen – das sich aber nur als Gehilfe des viel furchteinflößenderen Teufels erwies. Der Teufel – schwarzes Gewand, knallrotes Gesicht, realistische Bockshörner und stechend weiße Pupillen – hatte den Vater bis in seine Träume verfolgt. Und er hatte dafür gesorgt, dass der kleine Peter nicht mehr zur Kirche gehen wollte. Denn in der Kirche hatte es einen ebensolchen Teufel gegeben. Peter hatte ihn eines Tages entdeckt und mitten in der Messe einen lauten Schrei ausgestoßen: der Teufel, der Teufel! Der klemmte, aus Beton gegossen, unten am Taufbecken, welches vorn neben dem Altarraum aufgestellt war, und versuchte, offenbar in letzter Minute die Täuflinge von ihrem Entschluss abzuhalten, sich der Kirche anzuschließen. Der Vater hatte das lachend erzählt: So hat es der Teufel geschafft, mich aus der Kirche zu treiben. Martha hatte den Schrecken noch gespürt, der im Vater-als-Kind gesteckt hatte, die Furcht, die geblieben war vor dem Dunkel, vor blutroter Farbe, die als schlechtes Omen galt. Unter der Woche, wenn der Vater zur Zeche musste, durfte die Mutter kein rotes Kleid anziehen. Wäre ihr auch nicht eingefallen, wäre zu auffallend gewesen.

Martha selbst hatte zum Teufel ein rein handwerkliches Verhältnis. Teufel waren wie Engel. Die einen spiegelten das andere. Es gab reichlich von beidem, es gab nur selten Darstellungen, die über ein Stereotyp hinausgingen, das sich von Epoche zu Epoche, von Landstrich zu Landstrich unterschied, aber doch wesentliche Merkmale beibehielt. Engel und Teufel waren Beiwerk. Sie entschieden nichts, sie unterstützten letztlich nur die Geschichte, die immer dieselbe war: eine Geschichte von Glauben und Gehorsam.

Niki de Saint Phalle ist weit weg von solchen Gedanken. Sie hat Angst. Wenn sich jede Figur in der *Kaiserin* spiegelt, wenn sie sich selbst, vielfach gebrochen, sieht, dann sieht sie auch Tinguely. Tinguely, wie er sich im Glasmosaik aufspaltet, wie er – zerspringt. Sie sieht ihn ganz nah bei sich, hinter sich, er steht neben ihr und schwebt über ihr. Er ist sie und sie ist er. Sie sind nicht verschmolzen, aber sie sind unzertrennlich. Was wird sein, wenn er stirbt? Sie begreift, dass er vor ihr gehen wird, aber doch nicht jetzt?

Sie wandert zu einer Telefonzelle und wählt eine Nummer in New York. Es ist nicht das erste Mal. Sie wählt diese Nummer nur, wenn sie wirklich Hilfe braucht.

10.

»*Hello?*«

Die Stimme klingt unternehmungslustig und rau.

»Niki!«

Sie ist hocherfreut. Wie geht es dir? Was machen deine Träume? Kein Wort davon, dass es in New York gerade mitten in der Nacht ist. Ruth Brodskij weiß, dass Niki de Saint Phalle lange gebraucht hat, um sich zu diesem Anruf durchzuringen. Sie hasst es, wenn sie Hilfe braucht. Und diesmal wird es nicht um fachlichen Rat zu den Figuren des Tarot im Garten gehen, das ist schnell klar. *Cool down, my dear*, lass uns ein bisschen reden!

Wenn sie spricht, hört man es leise klicken; das Gebiss, das sie trägt, ist nicht das Beste. Sie ist nicht einfach zu verstehen. Nach einem Schlaganfall kämpft sie darum, dass ihr wieder beide Gesichtshälften gehorchen, sie ist hellwach, sie ist aufmerksam. Niki entspannt sich allmählich.

Würdest du wirklich kommen, Ruth? Ich bezahle den Flug.

Auch das geschieht nicht zum ersten Mal. Schon einmal hat

Ruth Brodskij den Weg von New York auf sich genommen. Sie ist eine der führenden Tarot-Expertinnen in der Welt. Sie hält seit Jahren die Balance zwischen ihrer Arbeit als Historikerin an der Universität und einem spirituellen Wissen, das sie nicht mit jedermann teilt. Kunsthistoriker suchen sie auf, wenn sie Detailfragen zu alten Kartendesks haben, zum Marseiller Tarot des 16. Jahrhunderts, zum jüngeren Rider-Waite-Tarot oder zum Tarot des gefürchteten Esoterikers Aleister Crowley. Ruth ist Feministin, jeder denkende Mensch sollte das sein, sagt sie und besteht darauf, dass das berühmteste Tarot, eben das von Rider-Waite, eigentlich Colman-Smith-Tarot heißen müsste, denn der Künstler, der die Karten zeichnete, der die Vielschichtigkeit der Figuren erfand, war eine Frau: Pamela Colman White. Und auch Crowley arbeitete neben einer Frau: Lady Frieda Harris. Die Kunsthistoriker saugen Ruth mit ihrem seltenen Wissen aus, aber sie winken ab, wenn Ruth darauf besteht, dass es sich weder um reine Spielkarten noch um Accessoires der Wahrsagerei handele – und die Esoteriker wiederum, die ihren Rat suchen, wollen nichts wissen von den Einflüssen der jüdischen Kabbala auf das Spiel, von der späteren geschäftstüchtigen Verzerrung der Symbole. Sie sind schon aus der Tür, wenn Ruth über die Widersprüchlichkeit der komplexen Geschichte spricht. Mit Niki de Saint Phalle ist es anders. Sie hat Ruth Brodskijs Jahrhundertwissen aufgesogen. Sie hat sie aufgesucht, überredet, nach Europa zu kommen, sie hat sie sogar am Flughafen abholen und in die Toskana fahren lassen, und Ruth hat das Potential des Gartens erkannt – aber auch die Gefahren, die darin liegen.

Sie war es, die entschieden hat, das gesamte Areal auf einem Halbrund zu bauen. Es symbolisiert den zunehmenden Mond. Jede Figur steht zudem auf einem Rund, auf Radien, die von der Mitte ausgehen, so sind die Figuren zentriert und voller Ruhe. Die Figuren, findet Ruth, sollten den Blick nach innen richten oder in eine unbestimmte Ferne, es sind keine Jahrmarktsfiguren, die mit den Besuchern schäkern, sie sind nicht vom Applaus der Menge abhängig, sie ruhen in sich selbst. Ruth ist einverstanden mit der *Großen Herrscherin*, wiegt aber auch bedenklich den Kopf: Gut, sie als Wohnung zu nutzen und sich in ihr einzurichten – aber nicht gut, sich verschlingen zu lassen! Im Inneren der Kaiserin-im-Rohzustand hat Ruth den Einfall mit den Spiegeln.

Sie sitzen am großen Tisch in der noch leeren Halle und legen die Karten. Sie nutzen das Rider-Waite-Tarot; es ist eindeutiger als die Marseiller Version, und sie brauchen Klarheit. Ruth schlägt vor, dass sie eine schlichte Kompasslegung machen. Vier Karten nebeneinander – und wenn die Situation sich dann noch immer nicht klarer darstellen sollte, lässt man die Reihe der Karten nach einem immer kunstvolleren System wachsen. Rechts neben der Karte 1 liegt die Karte 2, dann geht es rechtsherum weiter: 2a, 2b, 2c – bis h. Dann die 3 und so fort.

»Einverstanden?«

Wie gut es wäre, einfache Antworten auf einfache Fragen zu erhalten! Niki spürt, dass nicht nur die bauliche und die künstlerische Verantwortung für den Park bei ihr liegen, sondern auch so etwas wie eine spirituelle, falls es so etwas gibt. Sollen die Menschen vertrauensvoll und fröhlich hierherkommen und ebenso wieder gehen? Oder sollen sie angerührt, vielleicht sogar aufgewühlt werden, neue Fragen stellen?

Niki mischt die Karten und breitet sie mit dem Bild nach unten auf dem Tisch aus wie einen Fächer. Die beiden Frauen verharren einen Augenblick, dann sucht Niki vier Karten aus. Die erste Karte sagt, worum es hier eigentlich geht; die zweite bereitet auf das vor, was als Erstes kommt. Die dritte weiß, wie andere reagieren, und die vierte sagt: Darauf läuft es hinaus. Vor ihnen liegt auf der 1 tatsächlich die *Herrscherin*. Auf der 2 die *Zwei der Münzen*, auf der 3 der *Bube der Schwerter*, und auf der 4 das *Ass der Münzen*. Das Tarotspiel hat 78 Karten. Die Chance, die *Herrscherin* als Hauptkarte zu ziehen, liegt bei 1:77. Die Großen Arkana, die Figuren, die Niki künstlerisch beschäftigen, sind von allen Malern und Illustratoren am gründlichsten ausgearbeitet worden, die anderen Farben – die Münzen, Stäbe, Schwerter und Kelche – sind oft nur vage, sie lassen viel, allzu viel Spielraum zu, und es gibt gelehrte Deutungen, die voller Widersprüche sind. Ruth ist ohne weiteres in der Lage, alle Deutungen mit einzubeziehen, aber darum geht es jetzt nicht.

»Was siehst du?«

Darum geht es. Das Tarot ist ein Spiel. Es lädt zu Assoziationen ein. Wenn es zwei Personen spielen, die einander verstehen, kann eine Assoziation die nächste anregen, dann wird das Kartenspiel zu einer Kette von Überlegungen und Bildern.

Niki streicht mit der Hand über die Karte der *Herrscherin*. Sie weiß, dass sie mit der geplanten Anlage richtig liegt. Ihr Garten ist ein Garten der Frauen, der ihrer uralten Kraft huldigen soll. Es geht um archaische Kräfte, um das Gebärenkönnen, um das Nähren können und Muttersein, aber die Herrscherin oder Kaiserin ist die, die regiert. Sie soll die weite Landschaft überblicken, weise agieren, dabei aber gleichzeitig, wie die Sphinx, auf die sie ebenfalls anspielt, rätselhaft und mehrdeutig bleiben dürfen.

Die *Zwei der Münzen* zeigt einen tänzelnden Harlekin. In seinen Händen hält er eine Unendlichkeitsschleife, auf der zwei Münzen kreisen. Die Position sagt: Das kommt als Erstes auf uns zu. Wird es also Mangel sein? Nur zwei Münzen? Die erfahrenen Tarot-Legerinnen wissen die Karte anders zu deuten: Wichtig ist die Bewegung, das Tänzerische im Umgang mit den Münzen. Es sagt, dass es hier auf und ab gehen wird, es geht um das Geschick, sich der Wellenbewegung des Lebens anzupassen, oder?!? Sie reden eine Weile über diese Wellenbewegung, die mal angenehm ist, mal eine Herausforderung. Niki ist müde, sie wünscht sich die Wellen sanft schaukelnd. Ruth lacht: So gut kennt sie ihre Freundin, dass sie weiß, Niki würde notfalls selbst einen Sturm entfachen, nur damit es rasch weitergeht. Sie reden also über Bewegung, über Dynamik, über den notwendigen Wechsel von Vorwärtsdrängen und Innehalten.

Die Drei, *also* der *Bube der Schwerter*, beschäftigt sie nicht so lange. Die Karte steht, wenn man den Meisterinnen des Kartenspiels traut, für Chancen, die von außen kommen und die man oft nicht als solche erkennt. In einer windigen Landschaft steht ein junger Mann. Er hat sein Schwert hoch erhoben. Seine Haare flattern im Wind, der auch die Bäume im Hintergrund biegt. Hoch über ihm sind Vögel zu sehen. Der Bube der Schwerter steht für Impulse, die wir als feindlich empfinden können, die unangenehm sind. Sie können als Spott daherkommen oder als offene Kritik. Aber hüte dich, die Augen davor zu verschließen, denn das gibt die Chance, etwas besser zu verstehen!

»Was ist mit dir und Kritik?« Ruth fragt vorsichtig.

Kritik ist für Niki mittlerweile ein Problem, wie für viele Künstler, die es zu Berühmtheit gebracht haben. Niki ist bekannt, sie ist eine Marke und es gibt sehr viele Menschen, die davon profitieren. Der Laden muss laufen. Dann geht es Galeristen und Sammlern gut, und die Assistenten haben Arbeit. Schon lange vertraut Niki nur noch einem kleinen Kreis von Personen, und diese haben alle mit ihren Werken zu tun. Dazu kommt: Der Bau in der Toskana verschlingt Unsummen von Geld. Da kann man sich keine Krise leisten, kein Hinterfragen. Und doch. Wer sich mit dem Tarot einlässt, will ja genau das. Will eher neue Fragen aufdecken als alles beantwortet sehen. So gesehen, ist der Garten von Garavicchio auch ein Garten der Fragen. Ein Pilgerweg als kleiner Rundweg. Wer will, kann hier sein ganzes Leben Revue passieren lassen. Niki, ergreife deine Chance. Bleibe lebendig, lass dich hinterfragen! Niki versteht den Hinweis und lächelt.

Bleibt noch die vierte Karte, das *Ass der Münzen*. Es ist eine beinahe abstrakte Karte; sie zeigt keine ganze Figur, sondern lediglich eine Hand, die einen leuchtend goldenen Fünfstern hält. Darunter liegt ein blühender Garten, der von einer Hecke begrenzt wird. Weiß leuchten die Lilien im Grün.

Ruth und Niki frohlocken. Die Botschaft der Karte ist recht

klar, sie kündet von äußerem und innerem Reichtum. Und was würde besser passen als der blühende Garten? Auf der Karte symbolisiert er einen schützenden Raum. Und ja, das soll, das muss auch Niki de Saint Phalles Garten in Garavicchio sein. Anders als sein Vorgänger in Barcelona geht es hier ja nicht nur um Spaß und Vergnügen, es geht letztlich darum, sich zu erkennen – jedoch bei dem, was man sieht, sicher und geborgen zu sein.

»Spiegel!«, sagt Ruth plötzlich und sehr bestimmt. »Du solltest mit Spiegeln arbeiten. Im Inneren deiner *Kaiserin* sowieso. Aber auch sonst. Die Spiegel werfen dich immer wieder auf dich selbst zurück.«

Und so wird der imposante Empfangssaal der *Kaiserin* kein geheimer Ort mehr sein, der erst seine Erbauerin und dann die Besucher verschlingt und verschwinden lässt – der Raum ist dann immer der Besucher selbst, der sich hundertfach spiegelt. Niki ist begeistert. Die Frauen umarmen sich. Sie wissen noch nicht, wie viele Anstrengungen, wie viel Spezialistenwissen und -handwerk, welche Summen von Geld nötig sein werden, um die ganz speziellen Spiegelmosaike von Garavicchio zu schaffen. Aber immerhin: Am Ende der Reise soll das *Ass der Münzen* stehen, am Ende soll innerer wie äußerer Reichtum herrschen. Daran hält Niki fest.

Niki legt Musik auf, Jazz, zu dem man eigentlich nicht gut tanzen kann. Es ist traditioneller Jazz, viele Bläser, und zwischendurch redet jemand. Ruth versteht kein Deutsch, wohl aber, dass es sich um eine Art Radiomoderator handeln muss, der seine Plattensammlung vorstellt.

»Ein Geschenk«, sagt Niki dazu, mehr nicht. Ruth fragt nicht weiter nach, der Tag wird kommen, an dem Niki mehr von dieser Stimme preisgibt. Der Mann hört wieder auf zu reden, die Musik nimmt Fahrt auf, und nun tanzt es sich doch ganz gut in der warmen, sicheren Höhle der *Kaiserin*.

Dry bones ... Der Spaßtitel der Delta Rhythm Boys macht Laune, es geht um Knochen, tote Knochen, Wiederauferstehung, aber so genau wollen sie das nicht wissen, so jung sind sie nicht mehr, *come on and sing!*

Und dann müssen sie raus! Sie brauchen Bewegung, noch mehr Bewegung und Licht!

»Wir kommen heute Nachmittag zurück!«

Die Arbeiter sind verblüfft, normalerweise verlässt Niki die Baustelle nur, wenn es unvermeidlich ist. Und diese Dame aus New York ist ihnen ein wenig unheimlich. Sie ist groß und hager, trägt viele Perlenketten übereinander, und einer findet, sie lache wie ein Pferd. Sie wiehert geradezu! Ein anderer verbietet ihm den Mund: Die Gäste der Signora sind auch unsere Gäste, sieh zu, dass du vorankommst mit deinem Spachtel.

Niki möchte mit Ruth zum Strand, aber Ruth will nicht, sie mag die Energie des Kraftwerks nicht, das hat etwas Negatives, etwas Verderbliches. Niki weiß ein anderes Ziel. Die Frauen fahren nach Bomarzo, achtzig Kilometer landeinwärts.

Ich will dir etwas zeigen.

Behauene Felsbrocken über dem Gelände verstreut. Ein Park, in dem sich die Figuren geradezu drängen. Buchen, Linden und Kastanien, die ihre gelben Blätter darüberstreuen, als wüssten sie, dass das alles zu viel ist. Ruth staunt. Was ist das hier? Aus der Vulkanerde wachsen die seltsamsten Figuren. Es sieht tatsächlich aus, als wänden sie sich direkt aus dem Boden: Monster und in sich verdrehte Echsen, erhaben aufgerichtete Bären, Sphinxe und Schlafende. Ein riesiges Maul, über dem eine Inschrift wenig einladend kündet: Lasst alle Hoffnung fahren, ihr, die ihr hier eintretet! Ein Gruselkabinett mitten im Wald.

Niki weiß, woher die Inschrift stammt, sie weiß vieles über den Park und ist oft hierhergekommen. Eine Zuflucht, sagt sie. Eine Zuflucht im Finstern? Der Park der Orsini in Bomarzo kehrt das Innere der Menschen nach außen. Das finstere Innere, damit das Helle umso klarer leuchten kann. Jetzt ist es an Ruth zu zögern. Der Ort hat eine Geschichte, das sieht man nicht nur, das spürt man auch. Aber Niki kennt sich hier aus, der

Schrecken ist ihr wohlvertraut, und die Monster haben sich für sie in liebenswerte Sonderlinge verwandelt. So sieht das Niki und lacht über Ruths zweifelndes Gesicht. Komm schon! Sie tänzelt um das Monster am Eingang, sie fürchtet plötzlich weder Tod noch Teufel. Ein Stehaufmännchen, denkt Ruth, eine Lebenskünstlerin, die mit der Angst und der Freude zugleich arbeiten kann. Sie wird auch mit dem eigenen Schrecken fertigwerden.

Sie erwandern den Garten, den Pierfrancesco, genannt Vicino Orsini, in der zweiten Hälfte des 16. Jahrhunderts erbauen ließ. War es zum reinen Vergnügen? Oder geht man, wenn man dem natürlichen Rundweg folgt, eine Art Bildungspfad entlang, wie neuerdings ein deutscher Forscher behauptet? Die Figuren, die mal vor ihnen aufragen, die sie aber auch halb verborgen von Buschwerk und hinter eingestürzten Fassaden entdecken, sind mehrdeutig. Sie finden Schildkröten und Drachen, einen schiefen, im Stürzen festgehaltenen Turm, Elefanten und immer wieder die Wappentiere der Orsinis. Niki weist entzückt auf die Wasserspiele hin, die nicht spielen, auf Brunnen, die längst nicht mehr fließen, auf blinde Spiegel.

Jeano liebt diesen Ort auch.

Es ist, als hätten Niki de Saint Phalle und Jean Tinguely hier den Platz ihrer Ahnen gefunden oder als seien sie die Wiedergänger der genialen Künstler, die hier ihrer Fantasie die Zügel schießen ließen.

»Ist das Renaissance?«, fragt Ruth unsicher. Nie hat sie, die Weltgewandte, etwas Vergleichbares gesehen. Es ist Renaissance, und es ist purer, magischer Manierismus. Der Manierismus hatte nur einen Glauben, den Glauben an das Zuviel. Er war überbordend, schamlos und grenzenlos; er liebte die Verschwendung und den Verfall. Bröckelnde, üppige Ornamente, welkende opulente Blumenbouquets, Wein, der sich aus übergroßen Kelchen ergießt – der Manierismus streckt der Sterblichkeit die Zunge heraus!

»Wie deine Monster!«, sagt Ruth.

Niki, die sich in Rage geredet hat, verstummt.

Es ist nicht klar, was der Besitzer des Gartens hier plante, nur, dass ihn, den kriegerischen Offizier, ein Gedicht von Torquato Tasso inspirierte: *Das befreite Jerusalem*.

Vielleicht war er auch müde? Spekulieren die Frauen. Müde der vielen Schlachten, müde des ewigen Hin und Her zwischen Protestanten und Katholiken, zwischen französischem König und deutschem Kaiser, müde der wechselnden Koalitionen und politischen Ränkespiele? Vielleicht war er desillusioniert, sah, dass politisches Herrschaftsstreben keinen dauerhaften Frieden zu bringen vermochte, und baute deshalb einen Weg voller Figuren, deren Anblick am Ende kathartisch wirken konnte? Eine Art Arkadien des Grauens?

Niki klatscht vor Freude in die Hände. Wieder einmal ein Zeichen, dass gebannte Ungeheuer heilsam wirken können – vielleicht. Reite den Drachen!

Freilich: Der Garten hier setzt so eindeutig auf den Schrecken, wie der Park Güell in Barcelona auf Vergnügen baut. Alles ist direkt und hierarchisch. Die Besucher haben den Ideen des Planers zu folgen, den festgelegten Wegen, immer sagt einer, wo es langgeht, der Auftraggeber, der Planer, der Erbauer, das künstlerische Genie – immer Männer obendrein.

In Garavicchio wollen sie es anders machen. Da soll nicht der Genius der Herrschaft regieren, sondern die Pracht der Frauen.

Ruth berät Niki bei der Platzierung der Figuren. Dass die weiblichen Figuren dominieren sollen – schön und gut. Aber es gilt, nichts auszuschließen, sie wollen sich nicht mit Antagonismen begnügen. Die Kunst kommt selten ohne Dualitäten aus, aber sie sollen gebrochen werden oder miteinander versöhnt. Auch das männliche Prinzip ist wichtig – aber wie es darstellen, ohne dass ein Wettstreit entsteht? Man kann es beiordnen, man muss ihm einen angemessenen Platz geben.

Stundenlang haben sie in der Baustelle der *Kaiserin* gesessen. Die *Kaiserin* ist immer zu diesem Zeitpunkt noch roh, von außen ein vielfach gekurvter, ziemlich unübersichtlicher Betonhaufen. Aber innen! Innen spielen sie schon Palast und fühlten sich wie die Königinnen. Sie lassen drei, vier Spiegelscherben ausschneiden und bringen sie an einer der Wände an. Ja, so soll es sein. Sie schreiten auf und ab und erproben, wie man sich hier fühlt. Niki lehrt die so viel ältere Ruth das königliche Schreiten. In New York ist keine Zeit für aristokratisches Flanieren, da hetzt man von einem Termin zum nächsten, da heißt es, die *Subway* zu erwischen oder rechtzeitig den lange vorher reservierten Tisch im Restaurant, da sind Tickets in Museen präzise auf die Minute einzulösen und papierne Einkaufstüten vor dem Regen zu schützen, bevor sie in Windeseile durchweichen und reißen. Hier ist keine Spur von der New Yorker Hektik. Hier hat Prinzessin Niki alles unter Kontrolle. Gut also, dass die *Kaiserin* die zentrale Figur sein wird. Nur: Was macht sie in Wahrheit aus? Ist hier Platz für Mehrdeutigkeit, für Ambivalenz? Wieder studieren die Frauen die Karten, erinnern sich an Literatur, an Märchen, an Mythen aus anderen Kulturen.

Königinnen müssen weise Entscheidungen treffen und Gerechtigkeit üben. Nur dann können sie auch viel verlangen von den Bewohnern ihres Reiches. Woraus bezieht die *Kaiserin* ihre Kraft? Sie beschließen, den *Hohepriester* im Gelände unterhalb der *Kaiserin* zu platzieren. Die *Kaiserin*, sagt Ruth, steigt aus dem Hohepriester auf. Sie ist selbst eine Kraft, ein Dschinn, trotz ihrer vermeintlichen Schwere. Niki breitet vor Ruth ihre Skizzen aus. Sie zeigt mit dem Finger auf die geplanten Figuren. Auf die kinetischen Plastiken von Tinguely, die sich einfügen und das Ganze in Bewegung setzen sollen. Sie deutet die Wasserfälle an, die Brunnen, die Fontänen. Sie nummerieren die Figuren, sie überlegen ihre Platzierung. Es ist erstaunlich einfach. Alles fügt sich.

Niki ist so euphorisch, dass sie Ruth in der *Kaiserin* wohnen lässt, als sie selbst für ein paar Tage verreisen muss. Und Ruth bezieht begeistert Quartier. Am Abend öffnet sie eine Flasche Wein und legt sich in das Bett. Sie tut das vorsichtig, als bezöge sie ein fragiles Kunstwerk, dabei ist das Bett fest eingebaut, und es bedurfte einiger Matratzen, um das schicke, aber harte Lager wohnlich zu machen. Ruth balanciert das Weinglas auf der unebenen Fläche des Nachttischs, der ebenfalls aus Beton geformt ist, und versucht, die Titel auf dem Bücherstapel neben sich nicht zu entziffern. Nikis Vertrauen ehrt sie, aber es verpflichtet sie zu größtmöglicher Diskretion. Sie hat es kaum gewagt, sich in Nikis Fantasiebad die Zähne zu putzen, und muss selbst über ihre plötzliche Mädchen-Schüchternheit lachen. Es ist schon seltsam zu wissen, dass man die Zahncreme in der rechten Brust einer Regentin aufschäumen lässt.

Eigentlich ist es doch ganz gemütlich. Ruth nippt am vorzüglichen Barolo. Sie mag jetzt nicht lesen, sie schaut sich einfach um. Nach einer Weile entdeckt sie, dass es tatsächlich einen Projektor gibt und etliche Filme.

Und dann liegt die alte Dame mit ihrem leicht abgenutzten seidenen Schlafanzug in Nikis Bett, hat die Decke bis zum Kinn gezogen und schaut *Anna Karenina* und *Menschen im Hotel* mit Greta Garbo, einer Schauspielerin, die Niki de Saint Phalle liebt. Spät schläft Ruth ein und träumt von eigensinnigen Frauen, die wagenradgroße Hüte tragen und Alabastergesichter haben.

Es ist eine wunderbare Zeit gewesen. Eine Wunderzeit, in der alles möglich schien. Und so ist auch die Zeit der ersten Bauten in der Toskana. Wundersam. Verspielt.

Am Morgen kommt Niki überraschend zurück. Sie macht Kaffee, packt Croissants aus, die sie beim Dorfbäcker besorgt hat, und serviert Ruth das Frühstück im Bett. Niki schlüpft ans Fußende und begibt sich mühelos in den Schneidersitz. Sie reden, sie kichern. Wenn es doch immer so sein könnte!

Nun aber, beim Wiedersehen in Paris, ist es anders. Jetzt ist keine Zeit, eine Mädchen-WG auf dem Gelände des Tarot-Gartens zu improvisieren. Jetzt ist eiligst guter Rat gefragt. Diesmal treffen sie sich in der herrschaftlichen Wohnung einer vormaligen griechischen Prinzessin im feinen 7. Arrondissement. Die Wohnung liegt um die Ecke des superben Musée Rodin. Ruth beschließt, diesem auf jeden Fall einen Besuch abzustatten. Nun aber keine Zeit verlieren! Vorbei am Concièrge, hinauf in die Wohnung. Ruth ist überwältigt. Wie Niki das immer schafft! Sie kennt stets die richtigen Leute.

Ruth genießt den Komfort der Wohnung, die voller Bilder, Skulpturen, Tapisserien ist, in der die Möbel so blank poliert sind, dass sie spiegeln. Immer wieder Spiegel! Die Wohnung zwingt dazu, langsam zu gehen, denn die Läufer in den Fluren sind nicht befestigt, überall stehen wertvolle Vasen, lehnen Gemälde an den Wänden, selbst die Türstopper entpuppen sich als kleine etruskische Figuren. Ruth' Gang ist nach dem Schlaganfall ein wenig unsicher geworden, ich bin ein alter Frachter, der sich durch die Wogen kämpft, sagt sie lachend. Niki bringt die kleinen Türstopper vorsichtig in Sicherheit. Sie umarmen sich, wieder und wieder. Niki setzt einen Tee auf. Sie bewegt sich hier mit der Selbstverständlichkeit einer Hausherrin, und auch die Dienstbotin folgt ihr aufs Wort, während sie Ruth ignoriert. Ruth wandert hinter Niki her durch die schier endlose Zimmerflucht in die Küche. Warte, ich helfe dir. Sie macht eine abrupte Bewegung – und nun geht doch etwas zu Bruch, eine kleine Schale aus Kristall, in der man wohl Visitenkarten ablegen soll. Niki erschrickt und bricht in Tränen aus. Das passt nun gar nicht zu der souveränen *Herrscherin*. Niki de Saint Phalle weint nicht, sie weint nie – und schon gar nicht wegen einer solchen Bagatelle, wegen eines Versicherungsfalls. Ruth ist bestürzt, sie hadert mit sich wegen dieser erworbenen Ungeschicklichkeit, wie sie es nennt, aber mehr noch wundert sie sich über Nikis heftige Reaktion. Die Hilfe eilt vorwurfslos herbei, fegt die

Scherben weg, aber Niki ist völlig aus der Fassung. Es geht nicht um das verflixte Kristall, das ist schnell klar. Sie hat Angst. Das dumme Missgeschick erscheint ihr wie ein böses Omen. Alles ist voller Zeichen, voll böser Zeichen. Tinguely. Jean. *Jeano*. Ihr Lebensmensch. Dass er kränkelt, haben sie zunächst auf die Arbeit geschoben, die harte Arbeit über Jahre im Freien. Das viele Löten und Schweißen, die Arbeit mit Nikis Kunststoffen, die verdammten Zigaretten. Selten sieht man *Jeano* ohne seine *Gitanes*, sie liegen überall herum und ärgern Niki, die nicht mehr rauchen darf, seit sie ihr Lungenproblem in einer Klinik hat behandeln lassen. *Jeano* aber ist so unvernünftig! Niki stampft mit dem Fuß auf wie ein trotziges Kind.

Und was besorgt dich tatsächlich?

Ruth fragt ruhig, aber Niki wendet sich abrupt um, und für einen Augenblick sieht es so aus, als wollte sie aus der Wohnung stürmen. Dann besinnt sie sich, hebt den Kopf und schaut Ruth fest an.

Ich glaube, es ist der Teufel.

Ruth weiß, dass Niki ihre Figur meint. Einerseits. Einerseits spricht sie über die Plastik des *Teufels*, an der in Garavicchio gerade gearbeitet wird, aber andererseits?

Sie wollte den *Teufel* von Anfang an nicht bauen. Sie weiß nicht so recht, warum. Zwar rechnet sie in ihrem Leben durchaus mit übernatürlichen Kräften, dämonengläubig ist sie aber keineswegs. Die einfache Gleichung Teufel = Verbannung, Hölle, ewiger Schmerz mag in der katholischen Provinz Italiens noch funktionieren, aber auch dort fürchten die Leute mittlerweile eher die Atomenergie als eine gipserne Schießbudenfigur oder den drohend erhobenen Zeigefinger des Pfarrers am Sonntag in der Kirche. Es geht sowieso kaum einer mehr hin. Was aber dann? Eine seltsame Furcht hat Nikis Kreativität von Anfang an gehemmt, als es daran ging, den *Teufel* zu bauen. Im Tarot ist er üblicherweise ein Zwitterwesen, mit Brüsten, aber mit den kräftigen Oberschenkeln eines erwachsenen Mannes. Mit Hörnern und dem klassischen Ziegenbart, aber mit einem männlichen Geschlecht, das in seiner Übertreibung eher grotesk wirkt – und mit einer Wespentaille, die das dämonische Mann-Wesen dann doch an eine geschnürte Schönheit im Korsett denken lässt. Üblicherweise halten sich zu Füßen des *Teufels* zwei Gestalten auf, ein Mann und eine Frau, sie verkörpern, so meint Ruth, das alte binäre Prinzip der Liebe. Das Paar wurde vom *Teufel* in Ketten gelegt, sie haben sich, so scheint es, von der Lust versklaven lassen – oder das System selbst ist die Sklaverei und muss überwunden werden. Und Niki? Niki hält sich im Prinzip an die Tradition. Sie baut einen stupsnasigen Dämon mit Flügeln. Rot ist die dominierende Farbe, aber die Künstlerin hat ihm auf den Oberkörper ein Spiderman-Muster gemalt. Die Hörner leuchten überlang und golden, die Wespentaille ist da, rote Lippen wie die Liebe selbst, die Oberschenkel eines Eisschnellläufers. Die Figur besitzt Brüste und ein grotesk goldenes, sich nach oben ausrichtendes Gemächte, das aber nicht bedrohlich wirkt, sondern eher, als griffe jemand mit einer dreizehigen Klaue … nach wem eigentlich? Der Griff geht ins Leere. Auch das obligatorische Paar zu den Füßen des Dämons ist keineswegs bedroht, geschweige denn gefangen. Es sieht eher so aus, als ob sich die beiden gerade aus dem Staub machen wollen – und das wird ihnen zweifellos gelingen, denn es gibt keine Ketten mehr.

Niki hat das Gefühl, dass sich der *Teufel* für ihre Frechheiten rächt. Dass das Böse, das sie für die anderen zu bannen sucht, in sie eindringt, mit jedem Tag mehr. Und irgendwann stellt sie den Zusammenhang zwischen dem immer weiter fortschreitenden Kunstwerk und der zunehmenden Schwäche von Tinguely her.

Es macht ihn krank. Es ist der Teufel.

Ach, Niki. Es kann ja nur mit dem Teufel zugehen, wenn der Liebste geht. Nein, Tinguely wird noch nicht so bald sterben, ein paar Jahre bleiben ihm vielleicht noch. Aber wer weiß schon, wie viele? Er hat gerade eine Herzoperation überstanden, drei Bypässe, die Ärzte hatten ihn zwischenzeitlich aufgegeben. Er hat sich durchgekämpft, aber der Schrecken ist geblieben, auch für Niki. Es kann nicht sein! Es kann aber nur mit dem Teufel zugehen, wenn man begreift, dass das Ende kommen wird, unausweichlich. Alle sind sterblich, na gut – aber doch nicht *Jeano*! Und wieso soll es vielleicht zunächst den Liebsten treffen und nicht dich selbst? Niki de Saint Phalle hat dem Tod schon öfter ins Auge geblickt. Besonders in jüngeren Jahren ist er ihr verlockender erschienen, als weiterzumachen wie zuvor. Ganz schön verrückt nennt die fünfzigjährige Niki die zwanzigjährige. Sie hat, so glaubt sie, den Tod durch ihre Bilder gebannt. Niki setzt ihrer Todessehnsucht die Kunst entgegen, der Zerstörung die Schaffenskraft, dem Abgrund die Fröhlichkeit ihrer Nanas. Für Tinguely aber weiß sie kein Rezept. Genauer: Im Falle des Verlusts von Tinguely weiß sie kein Rezept für sich selbst. Schon der Gedanke macht sie krank. Sie hat das Gefühl, der *Teufel*, den sie selbst geschaffen hat, schleicht sich hinterrücks an sie heran. Nachts sieht sie kleine Dämonen über die Baustelle wimmeln. Sie machen sich über ihr Werk her, der *Teufel* wird über sie kommen.

Ruth durchschaut, was mit Niki geschieht, aber sie kann es ihr nicht sagen. Nicht so unverblümt. Sie spricht stattdessen von anderen Künstlern, von Goya, von de Chirico, die alle von der Furcht befallen wurden, dass ihr Werk sie verzehrte.

Martha versuchte sich zu erinnern. Im Studium in Dresden hatte sie der Topos vom verschwindenden Künstler besonders interessiert, auch weil dieser als Bild für die Arbeit des Restaurators dienen kann. Die Furcht vor Verschmelzung war ihr vertraut – und die Sehnsucht danach. Sie hatte damals einen Text von Walter Benjamin gelesen, oder war es doch Ernst Bloch? Jedenfalls erzählte der Autor von einer Legende, nach der ein Maler sein letztes Bild fertigstellt, es eine Weile betrachtet – um dann für immer in ihm zu verschwinden. Eine bewusste Entscheidung. Ein schöner Tod, wenn man so will.

Aber so weit ist Niki de Saint Phalle noch nicht. Und so weit ist Tinguely nicht, noch nicht, darf es auf keinen Fall sein.

Ruth fragt: »Wann habt ihr euch eigentlich kennengelernt? Es ist gut, wenn man am Anfang das Ende bedenkt und am Ende den Anfang noch weiß. Wie war das?«

Eine Freundinnenfrage, eine, für die man dankbar ist, wenn man liebt. Aber Niki de Saint Phalle weiß auf diese Frage keine rechte Antwort. Es hat nicht den einen Moment gegeben, es war nicht das, was die Franzosen einen *coup de foudre* nennen, den Blitzschlag, den einen magischen Moment, als der Funke übergesprungen ist. Sie sind sich begegnet, einfach so. Niki hat eine Plastik von Tinguely gekauft, einfach so. Und dann haben sich die Dinge entwickelt.

»Einfach so?«

Ein bisschen genauer will Ruth es nun doch wissen.

Der Ort ist wichtig: Paris. Und die Zeit: 1955. Tinguely ist gerade in Paris angekommen. Er ist voller Energie, weil er spürt, dass seine Entscheidung richtig gewesen ist. Die Ateliergemeinschaft in der *Impasse Ronsin* beginnt, sich zu bewähren, Tinguely lernt Yves Klein kennen, Rauschenberg, all die anderen; er trifft sich mit Spoerri und ist jeden Abend unterwegs. Paris ist magisch in dieser Zeit, es leuchtet, die Menschen sind entschlossen, die Fesseln des Krieges abzustreifen. Die Kinos sind überfüllt, die Cafés bersten vor anmutig rauchenden Frauen und Männern, die Hüte ablegen, wenn sie sich setzen. Simone de Beauvoir und Jean Paul Sartre errichten ihr intellektuelles Regiment; in den Kellern singen Ella Fitzgerald und Juliette Gréco. Jede Nacht, in der man seine Wohnung nicht verlässt, ist eine verlorene Nacht. Freilich gibt es auch das andere Paris, das der Arbeiter, die sich stolz Proletarier nennen und gut organisiert sind; da gibt es die Anarchisten, zu denen Tinguely sich zählt und für die es kein Widerspruch ist, in katholischen Buchläden die Schriften von Jacques Ellul und Leonhard Ragaz zu kaufen. Auf dem Montmartre und in der *Impasse Ronsin* hat die

Stadt ihren dörflichen Charakter bewahrt, hier kann man arbeiten, als gäbe es keine Welt – und jeder kann hier sein, wie er will. Selbst Eva, seine Eva, Eva Aeppli, hat hier ihren Ort gefunden und neue Kraft. Sie trennen sich, gewiss nicht ohne Schmerzen, aber sie schaffen es, einander weiterhin zu ertragen. Tinguely sammelt alle Menschen um sich, die mit ihm zu tun hatten oder haben: Er hasst Abbrüche und Scheidungen, er besitzt eine Begabung zur Freundschaft. Er macht allen klar, dass die Sache, für die sie stehen, größer ist als die kleinen Konflikte. Kleine Konflikte? Eva Aeppli sieht das vermutlich anders, aber auch sie will nicht auf Tinguelys Energie verzichten, seine zupackende Intelligenz, seine intellektuelle Radikalität. Viele Männer machen Wind um sich – Tinguely ist ein Sturm.

Das haben wohl auch Niki Mathews und ihr Mann Harry gespürt, als sie Tinguely in seinem Atelier besuchen.

Vor allem Niki ist begeistert. Solche Plastiken hat sie noch nie gesehen. Sie sind zusammengelötet und -geschweißt, sie schrauben sich buchstäblich in die Luft, und auch die Objekte auf den Reliefs sind sorgsam so auf den Rückseiten der Holzplatten verschraubt, dass sie sich, bei Bedarf, in Bewegung setzen lassen. Alles hier ist Bewegung – und die Bewegung ist Programm. Nichts versetzt Tinguely mehr in Schrecken als der Stillstand. Am liebsten würde er die gesamte Dingwelt mittels Elektromotoren antreiben, alles soll sich drehen, soll schwingen und schweben. Gleichzeitig ist Niki sofort klar, dass diese Bewegungen ja oft genug ins Leere laufen, sie zeigen auch die wohl anmutige, aber auch lächerliche Anstrengung der Menschen.

Harry und Niki kaufen eine Plastik. Niki überredet ihren Mann dazu. Eigentlich haben sie gar kein Geld dafür. Sie sind ohne Unterstützung ihrer wohlhabenden Familien unterwegs. Mit einer kleinen Erbschaft, die Harry von einer Tante gemacht hat, kommen sie gerade so über die Runden. Sie haben sich in Europa niedergelassen, so erzählen sie überall, weil sie dem McCarthy-Regime in den USA entkommen wollten, dem neuen, kontrollierenden Konservatismus – und weil sie der Kalte Krieg mit seiner Propaganda zutiefst verstört. Und Tinguely? Sieht, dass das Paar aus bestem Hause kommt, aber nicht gut bei Kasse ist, sieht mit Sicherheit Nikis berückende Schönheit und wie ihr der kaum ältere Mann überallhin folgt. Was ihn womöglich anzieht, ist die Anziehungskraft. Er hat selbst sehr viel davon. Hier die elegante, kecke junge Adelige, die ein Alles-ist-möglich verströmt, die ein Pelzkrägelchen trägt, als wäre es ein billiges Tuch, spitze weiße Stiefel zum engen Rock – und die dennoch behände und verspielt durch sein Atelier turnt. Dort Tinguely, ein großer, schnauzbärtiger dunkler Mann, halb Alexis Sorbas, halb französischer Malocher, der er so gern wäre, aber mit Baudelaire im Kopf und den Ideen der Anarchisten auf den Lippen.

Sie kaufen also eine Plastik.

Sie haben, soweit bekannt ist, damals keine anderen Werke erworben – woher auch! Niki hat sich gerade von der Schauspielerei abgewandt, obwohl oder gerade weil ihr Fachleute attestieren, dass sie wegen ihrer Schönheit gute Chancen hätte. Sie hat einen Zusammenbruch überstanden und in der Rekonvaleszenz zu malen begonnen und erste Assemblagen geschaffen. Harry Mathews hat Musik studiert, er komponiert und will Dirigent werden. Aber die Musik befriedigt ihn nicht – nicht, wenn er sie ausübt, er spürt eine Hemmung, ein Unvermögen und beginnt zu schreiben. Hier also Niki, die energisch und rücksichtslos vorantreibt, was sie meint, vorantreiben zu müssen, da der Mann, groß, stark, ehemaliger Harvard-Student – und unsicher. Bestimmt hat Tinguely das sofort erkannt und sich seinen Teil gedacht. Aber dabei bleibt es einstweilen. Wie die Liebe dann tatsächlich Einzug hält? Davon handeln ihre Briefe und Faxe nicht. Es ist, als seien sie schon immer beisammen gewesen. Es ist geschehen, es hat sich entwickelt, es ist unausweichlich gewesen, aber kein Drama. Eine Verbindung, die leise geknüpft wird, dann aber umso fester hält. Das ist, wenn man Tinguelys Liebesbiografie liest, ganz erstaunlich. Offensichtlich ist es Niki, die hier den Ton angibt. Sie legt in allen ihren Beziehungen eine außerordentliche Diskretion an den Tag.

Martha erinnerte sich. Sie erinnerte sich an die ersten Buchpassagen von Niki de Saint Phalle, die sie gelesen hat. Darin waren, in dieser Kinder-Schön-Schnörkelschrift, auch echte oder vermeintliche Briefe an Jean Tinguely enthalten. Diese Briefe und die tagebuchartigen Eintragungen hatten Martha zornig gemacht. So große Worte! Und so abstrakt! Immer wieder hatte sie gedacht: Mach es mal 'ne Nummer kleiner! Und hatte gleichzeitig überlegt, ob nur das Klischee dahintersteckte, dass Künstler gefälligst bei ihren Leisten bleiben, also nur bildnerisch tätig sein sollten – und das Schreiben anderen überlassen.

Aber nein, es gab durchaus Schriften von Künstlern, die sie schätzte. Sie hatte, wie alle Restauratoren, viel gelesen. Das ging von Michelangelo und Vasari, dem Doyen der Kunsttheorie (na gut, auch ein Freund allzu großer Worte), bis zu den radikalen Schriften der 1920er Jahre, und neben der Theorie hatte sie durchaus auch Briefe gelesen, die von Max Beckmann zum Beispiel oder die Tagebücher von Käthe Kollwitz. Die zeigte sich als knochentrockene, realistische Künstlerin ihrer Zeit. Martha liebte Käthe Kollwitz. Die ließ sich von niemandem den Schneid abkaufen, die blieb immer dieselbe in ihrem Berliner Kiez ... Das war es! Hier fand sich ein Grund für das Unbehagen! Hier die Theorie, dort die Lebensgeschichte. Hier die Essayistik, dort die private Korrespondenz. Bei Niki de Saint Phalle jedoch vermischte sich das Ganze. Es gab keine Schriften von ihr, die man tatsächlich zu den theoretischen hätte zählen können. Ihre Überlegungen zur Architektur und dem wünschenswerten Wohnen der Zukunft zum Beispiel waren durchzogen von persönlichen Bemerkungen – und die scheinbar persönlichen Briefe enthielten künstlerische Manifeste. Und das Ganze dann in dieser Kinder-Künstler-Schrift! Niki zeigte immer alles – und verbarg zugleich alles. Ein seltsames künstlerisches Verfahren, wenn man so will – oder einfach ein Mimikry? Martha machte es nervös. »Willste nun reden oder nicht?« So hatte die Mutter sie angefahren, wenn sie mit fünfzehn oder sechzehn wieder mal *rumeierte. Rumeiern* war schlecht, Klartext reden war angesagt.

Vielleicht ist der stete Redefluss von Niki eine besonders trickreiche Art zu schweigen? Zumindest etwas zu verbergen, nicht alles preiszugeben. Aber: Sprechen will sie durchaus. Sie will die Beziehung zu ihrem Publikum. Das wiederum eint sie mit Tinguely. Ein schwieriger Balance-Akt. Aber dieser Kontakt zum Publikum war keineswegs so ernst, wie sie ihn sich gerade zurechtdachte. Bei beiden nicht. Martha dachte an die frühen Plastiken von Tinguely, wie sie sie einmal in einem Katalog dargestellt gesehen hatte. Tinguely hatte Skulpturen-Maschinen gebaut, die vom Publikum aktiviert werden mussten. Ein Besucher hatte auf einer Art Fahrradsattel Platz zu nehmen und musste kräftig in die Pedale treten. Diese Bewegung setzte eine Apparatur in Bewegung, die Farbe über einen Pinsel tropfen ließ. Der Pinsel senkte sich auf eine Leinwand – und ein Bild entstand, sozusagen aus dem Fahrradfahren heraus, sozusagen vom Besucher erstrampelt, beinahe unwillkürlich kreiert, beinahe automatisch gemalt. Ein herrlicher Spaß! Das Foto im Katalog zeigte eine Dame im eleganten Wollmantel und mit Hütchen, sorgfältig geschminkt, die, offenbar kreischend vor Vergnügen, auf der Tinguely-Maschine sitzt und mit ihren Pumps die Mal-Apparatur in Schwung bringt.

Martha schmunzelte. Der Humor. Der Einfallsreichtum. Die Erfindungen, die sich gegenseitig beflügeln. Der Wunsch von Tinguely, alles möge in Bewegung bleiben. Der Zorn der jungen Niki auf Männer und auf die ganze Welt. *Ich könnte alles in die Luft jagen!* Martha erinnerte sich an die ersten gemeinsamen Aktionen der beiden, an die explodierenden Schrottteile in der amerikanischen Wüste, an die Schießaktionen von Niki. Daran, wie sich die beiden allmählich, über die Jahre, zu immer größeren Leistungen anstacheln. Wie sie sich herausfordern. Die Happenings und die Aktionen, die Schießbilder und die Mitmach-Apparaturen, der *Zyklop* und die Brunnen, der Golem und der Garten. Und dann? Als seine Kraft allmählich nachlässt? Während sie noch eine neue Form entdeckt, noch größer werden will, von der Plastikerin zur Architektin werden will?

Martha hatte gut geschlafen. Das Hotel in Pescia Fiorentina verfügte sogar über einen kleinen Pool, und Martha hatte noch vor dem Frühstück ein paar Runden im eiskalten Wasser gedreht. Wie gut die Kühle ihren Fingern tat, ihren strapazierten Händen! Obwohl sie die ganze Gegend wie durch einen Filter wahrnahm, obwohl sie die Figuren im Park eher bedrohlich als belustigend fand und obwohl die *Herrscherin* und der *Mond*, aber auch die vielen kleinen Elemente, die Sterne, Drachen und fein ziselierten Ungeheuerchen nachts ihre Träume bevölkerten, erholte sie sich schon nach zwei Tagen. Sie verbrachte auch den dritten Nachmittag in Nikis Skulpturengarten. Es gab so viel zu sehen! Sie spazierte über das Gelände und betrachtete nun die wenigen Arbeiten von Tinguely, die hier ihren Platz gefunden hatten. Sie sah sie mittlerweile in einem anderen Licht. Tinguely hatte hier unermüdlich mit angepackt, seine Kenntnisse in Statik und Mechanik waren unabdingbare Voraussetzungen gewesen für das Gelingen des Mammutwerks, seine Assistenten hatten hier geschuftet, er hatte seinen Anteil. Martha erinnerte sich, wie intensiv Niki seinen Baumeisterblick lobte, die Sicherheit, mit der er es verstand, die Modelle, die sie schuf, auf einen größeren Maßstab zu übertragen. Sie liebte seine Kraft. Manchmal hatte er sich wie ein Eisenbieger gefühlt, wenn der Korpus einer riesigen Figur gemeinschaftlich geformt werden musste. Er hatte geschweißt und gelötet, er hatte Nikis Arbeitern gezeigt, wie der Zement in mehreren Schichten auf das Drahtgeflecht zu spritzen war. Es war Knochenarbeit, wochenlang, monatelang. Aber es war ihr Garten. Seine Plastiken waren für seine Verhältnisse eher klein. Hatte sie ihn überreden müssen, sie zu bauen? Martha stutzte. Es dämmerte schon. Die Ordnungsdienste kontrollierten die Wege und klapperten mit den Schlüsselbünden, zum Zeichen, dass sich die Besucher vom Gelände entfernen sollten, aber Martha ließ sich nicht beirren. Das musste sie jetzt noch wissen. Sie hatte sich nicht getäuscht. Das *Rad des Schicksals* im Wasserbecken der *Hohepriesterin*, die Maschine, die im großen Turm zu Babel steckt, die Figur der Ungerechtigkeit, die Tinguely in die Figur der *Gerechtigkeit* eingesperrt hatte. Der *Wagen*. Keine dieser Figuren stand für sich.

Sie alle waren auf die eine oder andere Weise geborgen: im Wasser, im Bauch der *Kaiserin*, sie waren nicht allein.

Ruth, die Wissenschaftlerin, arbeitet in Paris an einem Text über das Tarot. Nikis Kummer hat sie dazu gebracht, das endlich zu tun. Zu viele Missverständnisse sind in der Welt. Wer beschäftigt sich schon wirklich intensiv damit? Die Leute wollen schnelle Antworten, sie wollen Tipps. Ruth ist sehr müde. Gespräche über menschliche Beziehungen machen sie immer müde. Sie ist schon ein wenig darüber hinaus. Sie spürt eher die Verbindungen zur Luft, zum Kosmos, zu den Energien, die sich nicht mehr an Körper binden müssen, so wie ihr eigener Körper auch mit jedem Tag ein bisschen mehr verschwindet. Sie nimmt das zur Kenntnis. Auch sie wird irgendwann nur noch Energie sein. Das ist nicht schlimm – aber bis dahin muss dieser Text fertig werden. Am besten, sie kommt gleich zum eigentlichen, also zum *Teufel*, der Niki so beschäftigt. Es hat Ruth bewegt, wie angstvoll die sonst so mutige Künstlerin ist. Selbst in der *Sphinx* fühlt sie sich plötzlich nicht mehr sicher – und um die *Sphinx* herum hat sie schon wieder Tausende kleiner Teufel tanzen sehen, glühwürmchenklein, aber feindselig.

Die Teufelsfigur im Tarot hat nichts mit den Kasperle-Bösewichten aus dem Puppentheater zu tun. Es ist auch kein Satan, der die armen Seelen höchstpersönlich ins Fegefeuer verschleppt. Der *Teufel* im Tarot ist eine zutiefst mehrdeutige Figur. Ruth muss ein wenig weiter ausholen.

Klar, der Teufel gilt meist als Figur der Unterdrückung. Immerhin hat er auch auf der Karte zwei Gefangene. Aber man muss tiefer schauen! Im Tarotspiel trägt er die Nummer XV, die 15. Arkana also, er folgt, was nicht wenig irritierend ist, ausgerechnet auf *Die Mäßigung*. Wenn man die Quersumme aus der 15 bildet, erhält man 6. Die VI wiederum ist die Zahl der *Liebenden*. Hier besteht, schreibt Ruth, ein tiefer Zusammenhang. Sie weiß, dass es ihre Leser bei dieser Vorstellung gruseln wird, aber sie kann es ihnen nicht ersparen. Es muss tief hineingehen ins Unbewusste. Ruth legt die schmerzenden Hände an die Seiten der Schreibmaschine. Das kühlt angenehm. Es ist fünf Uhr morgens, und die Stadt schläft noch. Ruth weiß, was Unterdrückung bedeutet, was eine Hölle sein kann. Ihre Familie, die aus Polen stammt, aus *den deutschen Ostgebieten*, hat das 1942 erlebt. Es tut hier scheinbar nichts zur Sache, aber es spielt immer eine Rolle. Sie legt die Finger an die Schläfen, sie schreibt weiter. Rider und Waite meinten, die XV sei eine radikale Umkehr, eine Perversion der VI. Aber: Ausgerechnet die XV, also der *Teufel*, initiiert die letzte Legereihe. Damit beginnt, sozusagen, die letzte Runde, wenn man das Spiel der Reihe nach offenlegt. Der *Teufel* muss also für das Spiel eine vitale Energie einbringen, denn die ganze Reihe hat mit archetypischen Kräften jenseits des Selbst zu tun. Muss also der Weg zu wirklicher Selbsterkenntnis zwangsläufig durch die Hölle führen? Ruth schreibt über Dantes Inferno, sie schreibt über William Blake und sein *Paradise Lost*, einem moralischen Gedicht, das dem Teufel jedoch eine existentielle Rolle zubilligt.

Der *Teufel*, schreibt Ruth, ist vor allem ein Illusionist. Er gaukelt den Menschen etwas vor. Seine wichtigste Waffe ist der Materialismus. Die meisten denken dabei an eine Überbewertung des Geldes, aber eigentlich, schreibt Ruth, ist der Materialismus eine Weltanschauung, eine Ideologie, die behauptet, dass es nichts gebe außerhalb der Welt des buchstäblich Fassbaren. Hast du gesehen, dass der *Teufel* auf einem Sockel sitzt? Unwillkürlich wendet sich Ruth beim Schreiben jetzt direkt an Niki, die im Schlafzimmer nebenan hoffentlich wohlig schlummert – genug Tabletten hat sie jedenfalls mit ihrem Wein heruntergespült. Ruth hat sie, ausnahmsweise, dazu ermutigt. Schlaf!

Der Sockel des *Teufels* ist eigentlich ein Würfel. Der Würfel steht für das gesamte Universum – aber der Sockel des *Teufels* ist kein vollkommenes Quadrat, sondern nur ein Rechteck, sein Wissen ist unvollständig, der *Teufel* weiß immer nur die halbe Wahrheit. Materialismus ist ein Teil davon. Wer sich verführen lässt zu glauben, es gäbe kein anderes Glück als das sexuelle, das politische und das finanzielle, wird in seinem Leben nur persönliche Ziele verfolgen, sein Leben wird eindimensional, es verengt sich auf egoistisches Streben – und dies, so schreibt Ruth, ist eine Quelle stetigen Leidens. Ruth schreibt von der Wichtigkeit, diese Phase zu überstehen; sie ist entscheidend. Wir werden daraus als reifere und glückliche Menschen hervorgehen. Weiter! Ruth zwingt sich, noch konzentrierter zu arbeiten. Jetzt geht es um die Details der Zeichnung. Sie nimmt noch einen Schluck Tee.

Siehst du das Zeichen in der Handfläche des *Teufels*? Es ist das astrologische Zeichen des Saturn, das Begrenzung, Schwächung, Einschränkungen bedeutet. Niemanden wird überraschen, dass der *Teufel* ein umgekehrtes Pentagramm auf der Stirn trägt, das Zeichen der Schwarzen Magie. Hier nun wird es wirklich spannend, Ruth weiß, dass sie mit den folgenden Thesen Neuland betritt und dass es wichtig ist, hier nicht allzu plakativ zu werden, zu groß ist die Gefahr, konservativen Kräften in die Hände zu spielen, denen sie unter keinen Umständen gefällig sein will. Das Pentagramm ist vieldeutig. Stell dich mit gespreizten Beinen und ausgestreckten Armen hin, und du siehst, dass es den menschlichen Körper versinnbildlicht. In aufrechter Lage ist der Kopf des Menschen die höchste Stelle. Wenn das Pentagramm aber umgekehrt wird, stehen die Geschlechtsteile über dem Kopf. Ist es aber nicht so, dass die Triebe von der Macht der Vernunft, von den Kräften der Unterscheidung gesteuert werden sollten – zumindest, wenn man von den traditionellen christlichen Vorstellungen ausgeht? Das umgekehrte Pentagramm hingegen feiert die Stärke der Triebe, die höher eingeschätzt werden als die Vernunft. Die Fackel, die der *Teufel* in der Linken hält, kommt dem Geschlecht des männlichen Gefangenen gefährlich nahe: Sie wird ihn in Brand setzen. Menschen, die ihre Triebe als sie beherrschend erleben, beschreiben sie häufig als brennend, als Feuer, dem sie ausgeliefert sind.

Ruth weiß, dass Niki nicht gefallen wird, was sie schreibt, dass es, zumindest bis hierher, ihre Ängste eher noch steigern wird. Aber sie schreibt nicht, um Menschen zu beruhigen, sondern damit sie den klaren Blick in die tiefen Schichten des Lebens ertragen können.

Sie brüht sich in der Küche einen frischen Tee, versucht, keinen Lärm zu machen. Im Halbdunkel ist es schwer, sich zurechtzufinden. Ruth tastet sich in den Salon zurück, wo die Schreibmaschine auf einem runden Glastisch steht. Die Spitzendecke darunter fällt rechts und links über die Tischkanten. Es sieht aus, als trüge die Schreibmaschine einen Rock. Am liebsten würde Ruth jetzt eine rauchen, aber das geht in dieser vornehmen Pariser Wohnung nicht, obwohl absurderweise in jedem Zimmer ein kostbarer stummer Diener steht, bereit, Visitenkarten aufzunehmen, aber auch Zigaretten präsentierend. Lieber nicht! Es wird Zeit, die positive Umkehrung der Karte zu beschreiben. Ruth seufzt. Das Ganze ist ziemlich komplex.

Die feurige Energie, für die der *Teufel* steht, deuten Anhänger des Tantra-Yoga anders. Auch die Kundalini-Jünger freunden sich mit feuriger Energie an, die nach ihrer Vorstellung in der Wurzel der Wirbelsäule liegt, im Steißbein. Sie können diese Energie bei ihren Übungen willkürlich aufsteigen lassen, um sie zu nutzen. Die sexuelle und die spirituelle Energie sind nach dieser Vorstellung ein- und dasselbe. Ist das wirklich so merkwürdig, wie es scheint? Die beiden Möglichkeiten derselben Kraft finden sich auch im Sternzeichen des Skorpions symbolisiert. Freud hat ebenso wie die Anhänger des Okkultismus die immense Kraft der Sexualität erkannt. Der Okkultist versucht, sie zu aktivieren und auf eine gleichsam höhere Ebene zu transzendieren. Ruth wagt sich schreibend noch weiter vor.

Wenn also, wie die Okkultisten, aber auch die Tantra-Anhänger und die Praktiker des Kundalini glauben, der Weg zur Erkenntnis über die Sexualität führt – warum wird diese dann in unseren Breiten derart unterdrückt? Und wenn es befreiend für den Geist ist, den Weg der sexuellen Ekstase zu gehen, warum wird dann – auch von den Vertretern dieser Bewegung – ein solches Geheimnis daraus gemacht? Die Antwort, schreibt Ruth, liegt in der ungeheuren Macht dieser Energie. Die Kraft der XVI bedarf unbedingt der Kraft der Karte, die ihr im Tarot vorgeordnet ist: der XV, der *Mäßigung*. Die Trumpfkarte der *Mäßigung* ist die Lösung. Die dunkle Seite des kollektiven Unbewussten also, von der auch C. G. Jung schrieb, bringt eigentlich nur eine Kraft des Selbst zum Vorschein. Der geschulte Magier, der reflektierte Mensch, gebraucht diese immense Energie. Der Mensch allerdings muss Mäßigung erreicht haben, sonst fällt er dem Dämon womöglich zum Opfer.

Mäßigung. Ein unmodisches Wort. Und ein Zustand, der langweilig klingt. Auch zu Niki de Saint Phalle passt er nicht. Alles an dieser Frau war Leidenschaft, Entschiedenheit. Sie war ein Feuerkopf, eine Scharfschützin. Und doch! Martha fiel ein, dass auch der Zürcher Engel, ihre Engelin, ein Symbol für die Mäßigkeit ist. Als solche steht sie ebenfalls im Tarot-Garten. Und Niki hat ihr sogar eine Kapelle beigeordnet; die traditionelle *Temperantia* balanciert hier auf den bunten Kacheln einer Kirchenkuppel. Martha umrundete einige Figuren, ging den Weg zurück, verlief sich tatsächlich im Halbdunkel und gelangte schließlich zu der Figur, die ihr so vertraut war. Weisheit, Tapferkeit, Begehren – und Mäßigung. Die vier Kardinalstugenden seit der Antike. Martha stand vor der Kapelle. Sie wusste, dass Niki keiner bestimmten Religion zuneigte. Sie erwies allen monotheistischen Religionen die Ehre, hätte sich aber womöglich selbst im Hinduismus am wohlsten gefühlt, waren doch für sie alle Elemente, denen Menschen begegnen, lebendig. Die Kapelle bot Einlass und Refugium für jeden. Auch heute hatte irgendjemand Grablichte darin aufgestellt, deren Licht sanft nach draußen schimmerte. Sie schaute zum Engel hinauf. Was für ein Unterschied zu den althergebrachten Darstellungen der *Temperantia*! Selbst dem Meister der subtilen religiösen Darstellungen aus der Gegend von Padua, dem berühmten Giotto, war nichts als eine alte Langweilerin eingefallen, die in anständiges Tuch gekleidet nachsichtig – man könnte aber auch sagen: unentschlossen – vor sich hinschaut. Demgegenüber sind die Laster in der *Cappella degli Scrovegni* in Venetien viel eindrucksvoller geraten.

Martha schaute empor: Da war die *Mäßigung* von Niki de Saint Phalle schon ein anderes Kaliber.

Wie die Engelin in Zürich trug auch diese Figur herrlich durchbrochene, goldene Flügel. Die *Temperantia* war ein – allerdings ziemlich gewichtiger – Schmetterling oder eine Libelle. Martha schaute genau hin. Die Figur stand auf einem Fuß, der andere war neckisch nach hinten abgewinkelt. Vielleicht will die *Mäßigkeit* tanzen? Sie ist ganz in Blau gehalten, in diesem aus sich heraus leuchtenden, gleichwohl matt aufgetragenen Yves-Klein-Blau, das Niki offenkundig so liebte. Martha reckte sich, um über die Wölbung des kleinen Kapellen-Iglus hinweg den Zustand der Figur besser beurteilen zu können. Keine Chance in der Dämmerung. Die tanzende *Mäßigung* verströmte barocke Fülle: kräftige Schenkel und Hüften, runde, sich freundlich öffnende Arme, die wohl ein Schriftband halten – wie der Engel in Zürich auch. Die *Mäßigung* in der Toskana allerdings trägt ein weißes, schwarz gemustertes Minikleidchen. Aus dem Dekolleté drängen sich üppige Brüste, die durch farbige Ornamente noch betont werden.

Niki de Saint Phalle vertraute die Kardinalstugenden lieber nicht sauertöpfischen Predigerinnen an, die für gewöhnlich Stundengläser oder Spindeln halten – alles war bei ihr, so schien es Martha, am besten bei den runden, freundlichen *Nanas* aufgehoben, Frauendarstellungen, die durch große Körperfülle buchstäblich einnahmen und bei denen der Kopf auffallend klein gestaltet war.

Vielleicht war es doch besser, noch einmal nach dem Rechten zu sehen? Das Licht aus diesem Iglu der Mäßigung flackerte auf sehr eigentümliche Weise! Ohne weiter zu überlegen, betrat Martha den kleinen Kapellenraum durch den offenen Eingangsbogen und befand sich in einem Rund aus großzügig gefasstem, blauem Glasmosaik. Alles war still und dunkel. Das letzte Abendlicht war gerade hinter dem Buschwerk verschwunden, das in einiger Entfernung gegenüber dem Eingang lag. Aber hier drinnen flackerte auch nichts. Es roch nicht nach Kerzen oder nach Petroleum. Hatte sie nicht von draußen so etwas wie Grablichte wahrgenommen? Wie konnte das sein? Eben war noch etwas gewesen – und dann nicht? Wie absurd! Wenn hier jemand wäre, würde man ihn sehen in diesem sakralen Raum, der kaum größer als die winzige Seitenkapelle in einer kleinen Kirche war. Nikis Kathedrale hatte Beichstuhlgröße, war aber auf besondere Weise heimelig. Irritiert schaltete Martha das Licht ihres Handys an und kramte im Rucksack nach der Taschenlampe.

Sofort leuchteten die farbigen Mosaike auf, begannen ihren Tanz. Martha leuchtete nach rechts und nach links. Der gebündelte Lichtstrahl der Taschenlampe streifte die Spiegelkacheln. Sie warfen das Licht zurück, blendeten. Martha kniff die Augen zusammen, wählte eine andere Einstellung, wärmeres

Licht, ein breiterer Strahl. Immer noch sehr hell. Von links und rechts und oben schauten sie vielfältige Marthas angespannt an. Martha zwang sich, von ihrem Spiegelbild wegzuschauen, auf die Figuren zu achten. Niki de Saint Phalle hatte hier tatsächlich eine ganz normale, christliche Kapelle gestaltet, nun ja – beinahe: an der Decke, im Scheitel des Gewölbes, entdeckte sie ein Mandala aus acht ineinandergelegten Kreisen. Niki-Farben. Im Zentrum der Kapelle jedoch: eine schwarze Madonna mit Kind auf dem Arm. Die Madonna, nicht im üblichen blauen, sondern einem leuchtend roten Umhang, der auch ihren Kopf umhüllte. Das gleiche weiße Unterkleid wie die *Nana* auf der Kapelle. Der kindliche Jesus ihr zugewandt, in einem blauen Kleid, das Gesicht nicht weiter differenziert, die Haut von grünlicher Unbestimmtheit. Die rechte Hand der Madonna in einem Zeigegestus erhoben. Beide trugen Heiligenscheine – aber im Gelb eines Sommertags, nicht im sakralen Gold. Maria schmückte zudem eine Krone, sie war hier die freundliche Gebieterin. Das Ganze erinnerte an Ikonen in orthodoxen Kirchen, wie kam es zu diesem Einfluss? Martha war irritiert: Um die Figuren von Jesus und Maria waren viele der nun schon vertrauten Niki-Accessoires verteilt: Herzen und Blumen, Ranken und andere vegetabile Ornamente. Aber auf dem kleinen Madonnenaltar standen auch Fotos. Namen waren zu lesen. Die Kapelle war ein Andachtsort für die Toten, für all die Gefährten, die während der langen Bauzeit des Tarot-Gartens gestorben waren. Martha näherte sich vorsichtig. Sie betrachtete die Fotos, schaute in die fremden Gesichter, dabei neigte sich die Taschenlampe zur Seite. Die Spiegel blitzten sofort wieder auf, reflektierten ihr eigenes Gesicht. Du und die Toten, die Toten und du. Als würden Fotos geschossen, mit Blitzlicht, für die Ewigkeit.

Von draußen näherten sich Schritte. Martha erschrak.

Hallo? Wer da?

Ein Schatten ging vorbei. Nein, er huschte nicht, er bewegte sich eher schweren Schrittes. Ein schwerer Schatten? Seit wann gab es denn so etwas? Und außerdem: Wieso konnte sie ihn überhaupt sehen, das konnte nicht sein, es war unmöglich, jemanden wahrzunehmen, der draußen, noch dazu im Dunkeln, an der Kapelle vorbeischritt, denn die Wände waren nicht aus Glas, sie waren vielmehr aus massiven Eisenarmierungen hochgezogen, auf die in vielen Schichten Zement gespritzt worden war. Martha, ganz ruhig, das hier sind massive Mauern, und du kannst nicht durch Mauern sehen! Aber da war jemand, da draußen war eindeutig ein Schatten. Ein großer, dunkler, ein trauriger Mann, den sie schon oft gesehen hatte, wenn sie sich mit Niki de Saint Phalle beschäftigt. Auch er ein Toter oder etwa nicht? Martha hatte ihn gleich erkannt: Rico Weber, der Getreue, der Assistent, der niemals fortging.

Rasch verließ Martha die kleine Kapelle. Es war genug, es wurde wirklich Zeit zu gehen!

Der Wecker klingelt. Ruth schreckt von der Schreibmaschine hoch. Sie ist doch tatsächlich über ihrem Text eingeschlafen! Der Nacken schmerzt, als hätte sie ihn in einer Schraubzwinge gehalten. Sie ächzt. Draußen erwacht Paris im diffusen Licht des Morgennebels. Die gelbliche Straßenbeleuchtung leuchtet rund und zaghaft dagegen an. Sie tritt ans Fenster: lauter Monde an den Straßenrändern mit milden, gelblichen Höfen.

Sie reckt sich, öffnet das Fenster. Die Stadt riecht am frühen Morgen nach Verkehr, nach dem Geruch von Bremsen, nach Feuchtigkeit, nach der erloschenen Geschäftigkeit von gestern. Von Minute zu Minute jedoch wird es ein wenig lauter. Sie schließt das Fenster. Sie muss nach Niki sehen. Sie geht langsam zu dem Raum, in dem sie Niki vermutet. Sie wird sich niemals auskennen in dieser herrschaftlichen Zimmerflucht! Nikis Bett ist leer, die Decken sind zurückgeschlagen. Aber auf dem Bett liegt ein Zettel. Sie sei ausgegangen, schreibt Niki, zur Alexander-Newski-Kathedrale. Sie müsse gegenüber der Madonna ein Gelübde ablegen, und das müsse sie persönlich tun: Wenn *Jeano* wieder gesund wird, wird sie der Madonna eine Kapelle errichten.

Ruth wendet den Zettel in der Hand, glättet ihn, denkt nach. Die Alexander Newski befindet sich unweit des Triumphbogens. Das ist zu Fuß durchaus zu machen. Aber warum diese, die orthodoxe Kirche? Weil hier Kandinsky geehrte wurde, ein Künstler, der auf ganz eigene Art Spiritualität und moderne Kunst verbunden hat? Die Kirche selbst hat nichts Besonderes zu bieten. Ruth beruhigt sich. Wenn Niki den eigenen Ängsten eine Kapelle baut, ist das gut. Auch andere werden dort Zuflucht finden.

Ein paar Straßen weiter hält sich Niki an einer Kirchenbank fest. Das ist sonst gar nicht ihre Art. Goldgrund ist überall. Goldgrund bedeckt die Wände und die Galerie, Goldgrund auf den Säulen und Pilastern. Feiner Goldgrund, ziselierter Goldgrund. Auf dem goldenen Grund die flächig hervorgehobenen Figuren. Sie alle predigen. Das Innere der Newski-Kathedrale scheint aus einer Ansammlung von überschlanken Gestalten zu bestehen, die das Heil verkünden. Heilige wie Johannes und Matthäus, Märtyrer – und Christus selbst. Der thront zudem als Erlöser mitten in der kreisrunden Kuppel direkt über Niki. Niki hat den Kopf in den Nacken gelegt. Das macht schwindelig. Es gibt einen kleinen Wagen mit Spiegeln, den kann man vor sich her schieben, um die Wandgemälde, die prächtige Gestaltung der Oberlichter und der Decken besser zu betrachten. Aber damit ist bereits eine Besucherin unterwegs, obwohl es noch so früh am Morgen ist. Gleich wird eine Andacht stattfinden, dann wird Niki sich davonmachen. Kollektive Glaubensbekundungen sind nicht ihre Sache, und sie will nicht stören. Aber diese Kuppel! Niki hält es nicht mehr aus, sie bewegt sich vorsichtig aus ihrer Bankreihe – vorsichtig, um keinen Lärm zu machen oder Aufsehen zu erregen – und kniet nieder. Dann setzt sie sich auf den Boden. So. Und nun ganz langsam, lässt sie sich wie zufällig zur Seite gleiten und legt sich sachte auf den Rücken. Ausatmen. Einatmen. So ist es gut. Niemand hat etwas bemerkt. Nikis schmerzende Brust beruhigt sich, der Atem wird tiefer, und sie betrachtet die Kuppel hoch über ihr.

Jesus-Weltenherrscher sitzt in bauschigen Gewändern, wahrscheinlich auf einem Thron. Er hat in gütiger Geste die Arme ausgebreitet, als wollte er etwas erklären. Da, wo die Hände anmutig schweben, ist ein Halbkreis von Engeln entstanden. Es sieht aus, als stiegen sie unmittelbar aus seinen Händen auf. Die Engel sind nur angedeutet, Gesichter sind es auf goldenem vor einem blauen Grund, und darunter, unter einer Fenstergalerie, warten die zwölf Apostel darauf, wie es weitergeht, und vertreiben sich die Zeit mit Geschichten. Jedenfalls scheinen die meisten von ihnen zu reden. Ein Stelldichein von Heiligen unter fein gearbeiteten Palmen. Ja, auch der Künstler dieser Kirche stellt sich den Himmel als eine Art Skulpturen-Garten vor. Niki richtet sich langsam auf. Sie befindet sich mit ihrem Garten in Garavicchio in guter, in bester Gesellschaft. Es kann weitergehen.

11.

Martha hatte verschlafen. Es war schon heller Tag, als sie endlich aufwachte. Daran mochte der wunderbare Rotwein seinen Anteil gehabt haben, den sie nach ihrem Ausflug in die Kapelle gestern Abend getrunken hatte. Sie war gerade noch den Sicherheitsleuten entwischt, die das Gelände prüfend ein letztes Mal abgingen. Unbemerkt war sie durch das Tor geschlüpft, das der schweizerische Architekt und Künstler Mario Botta auf Nikis Bitte hin entworfen hatte: ein minimalistisches Design, das den Garten so streng einfasste wie eine futuristische Gefängnismauer. Immerhin, das Tor stand noch offen. Hinaus! Und hinauf! Ins Dorf, in das kleine Hotel, wo leider keine Schokolade, aber immerhin dieser erlesene *Sangiovese* aus der Maremma wartete.

Und heute Morgen? Grelles Sonnenlicht, pochende Schläfen. Kaltes Wasser ins Gesicht geworfen, lieber kein Blick in den Spiegel. Martha tappte durchs Zimmer, riss das Fenster auf, blinzelte, streckte sich. Sie wandte sich um. Jemand hatte einen Zettel unter der Tür durchgeschoben. In gebrochenem Englisch stand da ein Gruß von einem gewissen Dottore Miller. Sie möge bitte einmal in ihre Mails schauen. *Dottore Miller?* Kannte sie nicht. Das Notebook hatte sie seit Tagen nicht geöffnet. Sie musste eine ganze Weile nach dem Netzteil suchen.

Es war ein Auftrag. Im Auftrag des Duisburger Amts für Denkmalschutz schrieb ihr ein Herr Doktor Müller. Er bat sie um eine Expertise, mit der Aussicht, die wahrscheinlich notwendigen Restaurierungsarbeiten auch gleich umzusetzen. Niki, schon wieder. Martha wunderte sich. Ein Brunnen. Endlich!

In Windeseile hatte Martha gepackt. Sie zwang sich, nicht zur Rezeption zu rennen, sondern halbwegs angemessenen Schrittes zu gehen, sie checkte die Flüge ab Rom und fand einen günstigen über Wien nach Düsseldorf. Wien! Da konnte sie noch einen Abstecher zu Marie machen, die seit ein paar Wochen kaum etwas von sich hören ließ. Sie schrieb eine Mail an Herrn Doktor Müller, kündigte ihren Besuch für die nächste Woche an. Und dann rief sie Marie an. Und ihre Mutter. Duisburg! Das war beinahe zu Hause. Für eine Weile würde sie sich wieder in diesem Klumpatsch aus Städten und Siedlungen aufhalten, zwischen Bottrop und Gelsenkirchen und Bochum und Wattenscheid und Mülheim. Geliebtes Ruhrgebiet! Sie merkte, wie ihr Herz schneller schlug. Und los!

Maries Wohnung in Wien lag versteckt in einem unscheinbaren Bezirk, aber die Wohnung selbst war ein Traum. Designermöbel aus den 1960er Jahren, wohin man schaute, Schleiflack, sorgfältig aufpoliert und gepflegt. Tiefe Farben: Kastanienbraun und

Tomatenrot, dahinter die passenden Tapeten in der verrückten Ornamentik der Zeit. Eine strahlende Marie. Herzlich nahm sie Martha in die Arme. Sie nötigte Martha in einen der schwingenden Kunstledersessel, servierte Kaffee mit kleinen Schokoladentäfelchen und einem Likör dazu, ließ sich vom Tarot-Garten mit seinen fantastischen Plastiken erzählen. Martha staunte über ihren eigenen Redefluss. Vielleicht lag es daran, dass sie vierzehn Tage lang mit kaum jemandem gesprochen hatte?

»Ich habe«, sagte Martha, »die Ironie bei Saint Phalle entdeckt. Ich meine: ein riesiger Phallus für den Herrscher – das kann ja nur ein Witz sein. Und noch ein Schloss dazu, so nach dem Motto: Mein Haus, mein Boot, mein Schwanz. Aber: Es gehört viel Chuzpe dazu, den Herren der Schöpfung einfach so eine Riesenwurst in den Himmel zu bauen. Sieht ein bisschen aus wie ein Stinkefinger.«

Sie lachten. Marie wollte etwas zum Handwerklichen wissen, und nun musste Martha doch ihren Koffer öffnen und nach den Flyern und den Katalogen kramen, die sie aus Garavicchio mitgebracht hatte. Sie setzte sich neben Marie auf das Sofa, und betrachteten die Fotos aus den Jahren der Bauarbeiten. Martha wies auf die Armierungen, die Niki und ihre Arbeiter von Hand gebogen und dann aufgestellt hatten. Sie zeigte die Schweißarbeiten der Männer und wie sich das Gerippe der *Herrscherin* allmählich in die Landschaft gewölbt hatte. Auf anderen Fotos sah man die Gehilfen von Saint Phalle in bester Laune. Die Fotos waren offenbar an einem Sommertag aufgenommen worden, und die jungen Männer schleppten Schläuche zu den Skulpturengerippen, um den Zement aufzuspritzen. Man sah Niki de Saint Phalle in ihrem Atelier, das sie endlich am Fuß des Gartens hatte aufbauen dürfen; man sah sie, wie sie immer neue Modelle formte und mit kritischem Blick prüfte. Man sah die Töpfer bei der Arbeit, italienische Spezialisten, die Figuren formten und brannten. Man sah eine junge Französin, Expertin für Keramik und Mosaiken, die mit ihrem Mann Tausende von kleinen Spiegeln zurechtschnitt und Stück für Stück auf der Außenhaut der *Kaiserin* anbrachte, tagelang, wochenlang, monatelang.

Marie sah, wie befreundete Künstler anreisten, ihre Werke mitbrachten oder vor Ort anfertigten, wie selbst an Nikis ehrgeizigstem Werk Gemeinschaft entstand, etwas Kollektives gefeiert wurde.

»Und das Kernkraftwerk?« Marie erinnerte sich, darüber gelesen zu haben.

»Es wurde 1988 stillgelegt. Es wurde allerdings durch ein Kraftwerk für Öl und Gas ersetzt. Das steht jetzt daneben.«

Es ist ein Festtag damals, im Jahr 1988, als aus den Gerüchten Wirklichkeit wird. Die italienische Regierung gibt die Pläne für den Bau des Kernkraftwerks auf. Die Dorfbewohner frohlocken, ganz Italien ist erleichtert, hat sich das Land doch, als erstes in Europa und lange vor dem Reaktorunfall von Tschernobyl, schon vor Jahren per Volksabstimmung gegen die Kernkraft ausgesprochen. Begonnene Projekte allerdings, so hat die Regierung in Rom beschlossen, sollen zu Ende geführt werden. Der Bau in der Toskana erweist sich jedoch als allzu gigantomanisch, die Kosten wachsen weitaus schneller als die Kühltürme. Der Bau wird gestoppt. Die Atomkraftgegner in Garavicchio feiern. Sie schicken Telegramme an Niki, als aus dem ehrgeizigsten Energieprojekt der italienischen Regierung eine Bauruine wird. Gewonnen! Du musst bald wiederkommen! Niki, die sich gerade in den USA aufhält, freut sich. Die Frauen, die sich mit Niki befreundet haben, weisen auf die magische Hand hin, die im *Giardino dei Tarocchi* in den Himmel ragt: Die magische Hand der Fatima soll das Böse abwenden, sie hat sich die ganze Zeit gegen die Fabrik in der Ebene gewendet, und nun, seht ihr, es hat funktioniert! Dumm nur, dass bald darauf die Umwidmung in ein Öl- und Gaskraftwerk beschlossen wird, wieder eine große Umweltbelastung, aber abergläubische Gewissheiten lassen sich davon nicht beirren.

Martha schüttelte den Kopf. Die Art der Esoteriker, die Welt zu sehen, blieb ihr ebenso fremd wie die der einfachen Gläubiger. Bei Letzteren gab es wenigstens in Gestalt des lieben Gottes oder seiner diversen Abgesandten noch klare Ansprechpartner. Bei den Esoterikern vermischte sich alles zu einem Amalgam aus Wunschdenken, verschiedenen religiösen Traditionen und der Sehnsucht nach einfachen Erklärungen.

Sei nicht so hart! Marie hatte keine Lust zu diskutieren.

»Ich wusste gar nicht, dass Niki sich so intensiv mit den Dorfbewohnern eingelassen hat«, sagte sie versöhnlich.

»Hat sie«, erwiderte Martha. »Immer. Immer einheimische Helfer, das hat ihr auch die Unterstützung der Gemeinden eingetragen. Und einheimische Fachleute. Denn die Töpferarbeiten werden am besten, wenn du es mit Einheimischen machst. Die richtigen Mischungen Wasser – Ton, die richtigen Temperaturen beim Brennen – alles Erfahrungssache.«

Bilder in den Katalogen zeigen die Crew, die sich um die Töpferarbeiten kümmerte. Schmutzige Schürzen und Hände, verschmierte Gesichter, vollgestellte Atelierräume.

»Mal was anderes als Polyester«, sagte Martha. »Ich schätze, Niki hat es genossen. Und besser gegangen ist es ihr auch in Italien.«

Marie schaute auf Marthas Hände. Die vielen tiefen Wunden durch das Ekzem, das Martha schon so lange plagte, hatten sich geschlossen. Nur noch Rötungen wiesen auf die Krankheit hin.

»Und du?«, fragt sie behutsam.

Martha wusste, worauf Marie anspielte. »Alles paletti«, sagte sie nebenbei und konnte doch ihre Erleichterung nicht verbergen. »Aber nun ist es auch genug mit Urlaub. Ich muss wieder ran. – Zeig mir, woran du gerade arbeitest. Wir können morgen ins Museum fahren. Ich habe noch einen Tag Zeit.«

Marie tat sehr geheimnisvoll.

»Wir müssen gar nicht ins Museum. Wir bleiben hier. Wir gehen nur nach unten.«

Lange hatte Marie ihren Vermieter beschwatzt, ihr einen Raum im Souterrain zu überlassen, der einmal den Übergang in den kleinen Garten gebildet hatte und dann eine Fahrradgarage werden sollte. Aber es war nicht vorwärts- und nicht rückwärtsgegangen, und irgendwann hatte Marie mit ihrer stillen Hartnäckigkeit gesiegt. Der Raum war isoliert worden, Heizungsrohre, Lüftungsschächte und Leitungen wurden installiert. Marie hatte auf einer schweren Eisentür bestanden und auf einem massiven Schloss. »Doktor Marie-Hélène Seidler, Restaurierungen« stand auf einem diskreten Schild, das danebenhing.

Weiße Hochglanzmöbel blinkten Martha entgegen, als sie eintrat. Massive Apotheker-Schränke für allerlei Vorräte an Firnissen, Farben, Chemikalien und Zubehör, und nur wenige offene Regale. Martha sah sorgfältig sortierte Sammlungen von Pinseln (vorn) und Stiften (hinten) in großzügigen Behältnissen auf den erweiterten Fensterbänken, Staffeleien, die in hölzernen Halterungen hingen, zwei Unterdrucktische, einen kleineren und einen ziemlich ausladenden. Hier konnte man verzogene oder gewellte Objekte wieder glätten, hier gab es ein spezielles Licht, das extrem hell war, aber die empfindlichen Bilder nicht schädigen würde. Auf einem weiteren Tischchen lag eingespannt ein kleineres Blatt Papier. Auf einem stummen Diener daneben diverse Bleistifte, Federn, Tuschkästen, Tücher, sorgfältig gefaltet oder gerollt. Ein Restauratoren-Paradies.

»Das habe ich gebraucht«, sagte Marie nicht ohne Stolz. »Warte mal, ich mache mal ein Fenster auf.«

Kleine Kellerfenster, vergittert. Marie kraxelte herum, um sie zu öffnen: »Es ist nicht perfekt.«

Aber beinahe. Marie hatte ihr Refugium geschaffen. Beneidete Martha sie um ihre Festanstellung im Museum? Natürlich verschaffte so ein Posten Sicherheit. Aber er war nicht gut bezahlt, und Marie war, wie fast alle Restauratoren, und schlimmer noch die Restauratorinnen, schlecht im Verhandeln. Restaurator war bisher ein Frauenberuf. Die Arbeitgeber waren es gewöhnt, leichtes Spiel mit ihnen zu haben. Sie arbeiteten auf Zuruf, die Aufträge kamen kurzfristig und mussten möglichst zügig erledigt werden. Man arbeitete allein, mit wem hätte man sich abstimmen sollen wegen angemessener Zahlungen? Das ständige Alleinsein hatte noch andere Folgen: Man verlernte das Sprechen, wenn man sich tagelang, wochenlang mit einem Bild beschäftigte. Man stand auf Du und Du mit Cézanne oder mit mittelalterlichen Tafelbildern, den Kontakt zur Umgebung drohte man zu verlieren. Und im Museum? Da war man genauso allein. Arbeitete in schlecht gelüfteten Werkstätten, sortierte Depots, erstattete höchstens Bericht oder machte eine Expertise, wenn wieder mal ein empfindliches Werk vor der Zeit irgendwohin reisen sollte. Guten Morgen! An die Damen vom Einlass. Guten Abend! Zum Pförtner, wenn man das renommierte Haus durch den Hintereingang wieder verließ. Es gab nur wenige Museumsleiter, die auf Teamarbeit setzten und die Spezialisten mit einbezogen.

Marie schüttelte den Kopf. Das hier war ihre stille Rache. Sie nahm, wie viele der Kollegen, private Aufträge an. Das war legal und deutlich lukrativer. Und sie konnte sich die Aufträge aussuchen.

Die Zeichnung auf dem Tisch war enorm. Martha trat näher. Wow! Was war das für eine Kraft!

»Ja, ganz schön energiegeladen, nicht wahr?«, sagte Marie, die wieder einmal Gedanken lesen konnte. »Kara Walker. Amerikanische Künstlerin. Viel Tusche. Das war auch das Problem. Ein Problem.«

Es wurde allgemein in Kauf genommen, dass Werke, die mit Tinte gezeichnet waren, den Untergrund leicht wellten. Das Papier, das Walker bevorzugt hatte – ein Papier in kräftigem Sepiaton, beinahe orangefarben, hatte sich so dankbar mit der Flüssigkeit vollgesogen, dass zu dem gezeichneten Objekt regelrechte kleine Trichter entstanden waren. Sicher, das Blatt konnte auf den Unterdrucktisch gelegt, eingespannt und sanft geglättet werden, aber die Trichter mussten von Hand ausgeglichen, die Zeichnung zum Rand hin ergänzt werden, eine Anstückelung war nötig – ein Kunststück der Restaurierung war entstanden, das niemand bemerken würde.

Marie zog Schubladen auf. Hier lagerten weitere Zeichnungen von Kara Walker. Ein muskulöser Mann, nackt, die Beine gespreizt, die erhobenen Arme seltsam verdreht, Peitschen in seiner Hand. Peitschte er ein unsichtbares Opfer außerhalb des Bildes oder malträtierte er sich selbst? Böse schaute er den Betrachter an. Marie legte das Blatt beiseite. Eine zweite Zeichnung: Sie zeigte eine kniende junge Frau, die einen riesigen Affen umarmt. Sie schaut hingebungsvoll, der Affe misstrauisch. Das Ganze spielt sich am unteren Bildrand ab, und die beiden kauern auf einer angedeuteten Wolke, die wiederum auf einer Art Bühnenrand ruht. Wie eine Filmszene, nur viel drastischer.

Martha bekam eine Gänsehaut. Die Zeichnung erinnerte sie an ihre Überlegungen zu Niki de Saint Phalle – das eine wirkt wie eine Illustration des anderen. Umarme dein Monster! Lautete das Programm von Kara Walker. Wie sie es in zahllosen Zeichnungen, in Scherenschnitten und in Panoramen, in Texten und Collagen variierte, das imponierte Martha sehr.

»Ich gratuliere dir!«

Sie stand mit Marie beim *Trzesniewski*, unweit des Stephansdoms. Sie tranken einen eiskalten Bierpfiff nach dem anderen und genossen die winzigen, belegten Brote nach Art des Hauses. Das machte Martha immer, wenn sie nach Wien kam. Sie bestand darauf, in das zugige und übervolle Etablissement zu gehen, Touristen hin oder her. Nirgendwo sonst versetzte einem das Bier einen solchen Schlag in die Magengrube; nirgendwo sonst wirkten aber die cremigen Aufstriche auf den Kanapees so besänftigend und wohltuend zugleich, eine unwiderstehliche Mischung.

»Linse mit roter Rübe«, sagte Marie kauend.

»Restauratorenkrankheit!«, erwiderte Martha.

»Heißt so ein Sandwich?«

»Nein … immer alles analysieren!«, lachte Martha. »Das habe ich gerade gedacht. Wir können einfach nicht nur so rumstehen und genießen.«

»Aber ich genieße doch. Und schau mal: Es sind doch wahre Gedichte! Lies mal: Sommerbrötchen mit Karfiol, mit türkischem Kümmel und Kurkuma.«

Sie recherchierten, was Karfiol bedeutete, lachten sich gegenseitig aus, prosteten sich zu, rückten für weitere Besucher zur Seite.

Martha fand es himmlisch hier. Diese Kulinarik im Vorübergehen, das Lässige, das Wien für sie auszeichnete.

Da ertrug sie auch die Fiaker, die vorbeiklapperten, die von nervösen Tourguides immer wieder neu sortierten Besuchergruppen, die eiskalten, gehetzten Wiener Geschäftsleute, die orientierungslosen Alten, die ihre Stadt verloren hatten.

»Wie bist du an Kara Walker gekommen?«

Marie hatte sich zu einer Expertin für Zeichnungen entwickelt, sie war öfters angefragt worden; großzügig hatte ihr Chef sie sogar an andere Museen ausgeliehen, wenn es um besonders fragile Kunstwerke ging. Aber ihr Meisterstück – und gleichzeitig ihre erste Begegnung mit Kara Walker – war ein ganz ungewöhnliches Riesenwerk gewesen: ein Panorama. Dreieinhalb Meter breit, drei Meter hoch. Ein Reiseunfall. Das Panorama war auf dem Rückweg von Los Angeles beschädigt worden, unsachgemäß verstaut, *My Complement, My Enemy, My Oppressor, My Love* hatte irgendwo Feuchtigkeit abbekommen, dazu hässliche Falten, und die Farben zweier Figuren wiesen Stockflecken auf. Das Panorama zeigte Südstaaten-Klischees als riesige, verführerisch-schöne Scherenschnitte. Eine Reise in die scheinbar pittoreske Vergangenheit. Aber wenn man genauer hinschaute, wurden aus den reizenden Motiven harte Darstellungen von Gewalt: Die Kinderfrau hält ein Messer hinter dem Rücken des Kindes, das arglos neben ihr tanzt; ein Mann mit Cowboyhut tritt einer nackten, gefesselten Sklavin in die Beine; auf einem Dach wird eine Hausangestellte vergewaltigt, während sich eine andere vor Überarbeitung erbricht.

Durch die schematische Darstellung wirken die gepeinigten Figuren wie Icons, wie Piktogramme einer Welt, die in Filmen und Büchern noch immer malerisch, abenteuerlich, exotisch beschrieben wird. Und das Panorama? Eröffnet keine Welt, sondern beschließt sie – ein riesiger Wandschirm, der die Welt verstellt.

»Großartig«, sagte Marie und nahm noch einen Schluck Bier. »Aber ganz schön mitgenommen. Es war klar, dass es zur Biennale nichts werden würde.«

Mit Zeitdruck erreichte man hier gar nichts. Die Künstlerin selbst wusste das. Zu Marie hatte sie sofort Vertrauen gefasst, überließ ihr die Restaurierung in Europa, obwohl sie das Panorama am liebsten in ihrer Nähe gehabt hätte. Die Leihgeber willigten ein. Also machte sich Marie ans Werk.

Zunächst einmal musste ein geeigneter Raum gefunden werden, groß genug für ein Gerüst. Eine halbrunde Schiene wurde in gut dreieinhalb Metern Höhe an der Decke installiert, ein Pfettenkranz, breiter noch als das Panorama. Daran wurde das Panorama aufgehängt. Aber was heißt »aufgehängt«. Allein die Art der Befestigung festzulegen, war ein komplizierter Rechenvorgang gewesen. Das Riesenblatt, auf Stoff kaschiert, war so zu fixieren, dass es bearbeitet werden konnte, sich also nicht allzu viel bewegte, gleichzeitig durfte nicht zu viel Spannung aufgebaut werden. Kleine Befestigungen oben am Holzring, in regelmäßigen, recht dichten Abständen, Gewichte unten, sorgsam austariert, um das Bild zu straffen. Warten. Und korrigieren. Einige Gewichte entfernen, andere ergänzen. Dann erst hatte die eigentliche Arbeit begonnen. Auf dem Boden. Wegen der Größe des Blattes. Auf einer komplizierten Konstruktion über dem Gewebe, sodass Marie, kniend oder bäuchlings liegend, nach und nach die beschädigten Figuren hatte ausbessern können.

Eine Figur hatte es ihr dermaßen angetan, dass sie eine Kopie anfertigte. Bei Scherenschnitten nimmt ja das scheinbar Dekorative ein. Hier jedoch wurde man gezielt und sarkastisch vor den Kopf gestoßen. Das zeigte sich an der grotesken Brunnenfigur. Statt einer üblichen Quellnymphe war eine nackte schwarze Frau dargestellt. Sie steht auf einem Bein – und aus allen erdenklichen Körperöffnungen schießen Fontänen. Eine Männerfantasie, total übersteigert. Prompt kniet ein Voyeuer vor diesem Objekt, er neigt voller Ehrerbietung den Kopf und, so schloss Marie ihre Geschichte – »... und aus seinem Arsch siehst du ein Pupswölkchen entweichen!«

Sie lachten über diese schöne, böse Art von feministischer Kunst.

Es war nichts übriggeblieben von den scharfen Falten. Von den Verwerfungen, den Flecken. In diesem Fall war es tatsächlich wichtig gewesen, alles sozusagen ungeschehen zu machen. Einen Zustand scheinbarer Unberührtheit wiederherzustellen, denn genau damit spielte das Werk ja: Es zeigte in vorgespielter Naivität eine historische Phase von größter Unmenschlichkeit.

Das Meisterwerk war auch Maries Meisterwerk geworden.

»Hast du gar nicht erzählt damals«, sagte Martha.

»Doch«, erwiderte Marie. »Aber da hast du in irgendetwas anderem gesteckt.«

In etwas anderem. Das konnte sein. Restauratoren kannten das. Wenn sie mit einem Werk beschäftigt waren, verschwanden sie darin wie hinter einer Tapetentür.

»Ist ja schon ein paar Jahre her«, sagte Marie. »Aber ich bin an Walker hängengeblieben. So wie du an Niki.«

Martha war tatsächlich hängengeblieben. Wenn sie ehrlich war, hatte sie schon lange nichts mehr so intensiv beschäftigt wie das Werk der kühnen Künstlerin. Und sie wusste, dass sie nicht mehr von Niki de Saint Phalle lassen würde. Ob mit oder ohne Auftrag. Sie war Teil von Nikis *Bande* geworden.

Sie kehrten in Maries lichte Designerwohnung zurück.

»Ich geh dann mal schlafen!«

»Klar, bis morgen!«

Wann war das passiert? Martha lag in Maries schmalem Gästebett, das eigentlich ein Tagesbett war, und fand das passend, weil sie sowieso nicht würde schlafen können.

Sie kramte in ihrem Rucksack nach dem letzten Rest Schokolade von der Fahrt. Es war in der Alufolie warm geworden und weich. Gedankenverloren lutschte Martha die Schokolade aus der Verpackung, löschte das Licht.

Wann hatte sie sich gefangen nehmen lassen? Oder überzeugen? Martha wälzte sich hin und her. Sie war noch immer kritisch. Die Arbeitsweise von Saint Phalle erschien ihr noch immer … zumindest riskant. Unüberlegt. Nicht auf Dauer bedacht, auf so etwas wie Qualität. Saint Phalle hatte genutzt, was gerade da war, ohne sich darum zu kümmern, was in Zukunft aus den Werken werden konnte. Diese Unbekümmertheit, die große Selbstsicherheit hatten ihre Männer besonders geschätzt, die Assistenten hatte es zum Schwitzen gebracht, die Lebensgefährten ins Träumen. Sie schwärmten von der Entschiedenheit Saint Phalles. Vermutlich imponierte ihnen so ein Cowboygehabe, sie kannten es aus ihren Männerbünden, Tinguely aus seiner *Bande Suisse*, Nikis erster Mann, Harry Mathews, von seinen coolen Dichterfreunden aus New York. Aber eine Frau? Das war neu. Martha hatte geglaubt, es sei das Adelige gewesen, das Vornehme, aber Niki pfiff darauf, obwohl es jeder offenkundig sofort wahrnahm. Die Herzogin, die Prinzessin, die *Herrscherin*. Lauter Spitznamen, sie hatten im Laufe der Zeit den pompösen Nachnamen ersetzt und gleichzeitig die Herkunft immer im Bewusstsein gehalten. Und auch Niki selbst hatte, vielleicht nicht einmal bewusst, dazu beigetragen: durch ihre Vorliebe für ausladende Hüte und kostspielige Designermode, durch ihre ganze Attitüde.

Keine Ahnung!, dachte Martha. Sie verstand nichts von Noblesse und der Gesellschaft, die damals, als Niki jung war, von sich reden machte. Es war ihr gründlich egal, wie die Frau sich angezogen hatte. Nicht egal war, warum sie so und nicht anders gearbeitet hatte. Warum sie keine Rücksicht genommen hatte – weder auf sich und ihre Gesundheit noch auf die Werke selbst. Martha begann zu verstehen, warum Niki sich von keinerlei Bedenken hatte aufhalten lassen. Sie hatte keine Zeit. Es ging ihr ums Machen. Und es musste immer jetzt sein, sofort.

Als Niki de Saint Phalle um 1960 endgültig in Paris ankommt, begreift sie instinktiv, dass das ihr Augenblick ist. Da ist sie wie die Schlange auf ihren Plastiken: Sie sieht etwas – und greift zu. Ihr Verstand wird entzündet, dann gibt es kein Zurück. In Paris lässt sie alles hinter sich, schon zum zweiten Mal. Das erste Mal ist 1948, da ist sie gerade achtzehn geworden. Sie brennt, so steht es überall zu lesen, mit Harry Mathews durch. Sie heiraten vor einem New Yorker Friedensrichter. Harry ist ein Jahr älter als sie, kommt ebenfalls aus bestem Hause. Haben die beiden jungen Leute den familiären Widerstand unterschätzt? Und wogegen genau waren die beiden Familien? Gegen die frühe Bindung? Immerhin schien Harry ja ein durchaus angemessener Partner. Geld bleibt bei Geld. Und wie hatte man sich »Durchbrennen« vorzustellen?

Immerhin reicht der Einfluss von Nikis Mutter noch so weit, dass sie ein Jahr später kirchlich heiraten, in der French Church in New York. Von New York geht es nach Cambridge, an die Universität von Harvard. Nicht gerade ein Ausreißer-Schicksal! Und dann? Europa? Martha konnte sich nicht vorstellen, dass Niki und Harry bei Nacht und Nebel nur mit einem Rucksack zum Hafen in New York rannten, um im Morgengrauen klandestin auf ein Schiff nach Europa zu steigen – mit gefälschten Pässen womöglich? Oder hatten sie gesagt, sie träten eine Urlaubsreise an – und kehrten dann einfach nicht zurück? Warum glaubte Martha diese Geschichte nicht so recht? Etwas stimmte nicht, etwas blieb unklar – obwohl beide, Harry und Niki, viel über ihre Liebesflucht geredet und geschrieben hatten. Zu einem Bruch mit den Herkunftsfamilien musste es tatsächlich gekommen sein, denn die Saint Phalles entzogen Niki die Apanage; von nun an war sie finanziell auf sich selbst gestellt. Bei Harry jedoch muss es anders gewesen sein, ihm blieb sein kleines, geerbtes Vermögen.

Undurchsichtige Verhältnisse, unklare Begebenheiten. Martha fand es wieder einmal bestätigt, dass man umso weniger wusste, je mehr die Leute redeten. »Red kein' Mist!«, hatte die Mutter immer die Besucher angeherrscht, die umständlich und viel zu lange von ihren Wehwehchen erzählten – aber eigentlich nur ein wenig Geld leihen wollten. Martha sehnte sich danach, diese direkte Art wieder zu erleben, sie hatte ihr in Zürich gefehlt. Sie fehlte ihr immer, egal, wo sie sich gerade aufhielt. Von Zeit zu Zeit musste sie nach Hause ins Ruhrgebiet.

Paris also. Harry und Niki, Niki und Harry. Sie flanieren durch ihr Leben, wie nur Adelige es fertigbringen. Harry bricht sein Musikstudium ab. Er beschließt – einfach mal so? –, lieber Dichter zu werden. Er wird ermutigt, so schreibt er es, von Niki, die gleichzeitig seine erste und wichtigste Kritikerin bleibt. Sie hat ja viel gelesen, sie hat ihm einiges voraus. Warum will er Dichter werden? Warum kann er ohne weiteres, wie es scheint, von der Musik lassen? Und Niki? Warum bricht sie das Schauspielstudium ab? Weil sie die Kunst entdeckt? Oder hat sie schon zuvor beschlossen, der Bühnenkarriere den Rücken zu kehren? Ach ja, ein Kind wird geboren, Laura, vier Jahre später Philip, der Sohn. Sie befinden sich gerade auf Mallorca, sie hören viel Musik, mit der sie Anthony Bonner, der amerikanische Jazzmusiker, bekannt gemacht hat. Er ist ihr Hausgenosse in Paris.

Dann tritt Tinguely in Nikis Leben, sie begreift, dass bei ihm und bei den *Nouveaux Réalistes* gut ankommen ist. Sie sieht ihre

Chance – und verlässt Harry. Der schreibt tapfer, dass sie eben die Klügere gewesen sei, klug genug, um zu erkennen, dass ihre junge Ehe ohnehin am Ende gewesen sein. Er habe das nur nicht wahrhaben wollen, sagt er generös. Harry schreibt über alle seine Frauen mit diesem Großmut, in seinen Kurzbiografien über Anne Hollander, Maxine Groffsky und Loredana Balboni findet sich kein abfälliges Wort – im Gegenteil: Er preist ihre Schönheit, ihre Klugheit, ihren Verstand. Es liest sich, als habe Harry eine überaus reizende Schule des Lebens durchlaufen, mit intelligenten, herrlichen Frauen als gutwilligen Mentorinnen, die nur leider, leider andere Wege gegangen seien. Dabei hat er sie verlassen. Mit Niki ist es anders. Sie verlässt ihn. Das ist ein Schlag. Das macht sie unwiderstehlich, ein Leben lang. Aber Niki verlässt nicht nur ihn, sie verlässt auch die beiden Kinder. Sie habe erkannt, schreibt sie, dass sie nicht habe für sie sorgen können, dass sie besser beim Vater aufgehoben wären.

Wie bitte? Martha machte so viel vorgestellte Vernunft wütend. Du erkennst, dass die Sache mit den Kindern eine Nummer zu groß ist – und lässt sie einfach zurück?

Hatte Niki von etwas geträumt, das ihrer Persönlichkeit nicht angemessen war? Ein Kind – eine Nummer zu groß für sie? Hatte sie sich verkalkuliert? Und dann diese Kühle, mit der die sonst so leidenschaftliche Niki davon sprach. Sie hatte die Kinder Harry anvertraut, dem Vater der Kinder. Das klang erst mal nicht schlecht, sogar modern. Harry Mathews als alleinerziehender Vater, Niki, die sich als Künstlerin verwirklichen kann, man besucht sich regelmäßig, man bleibt sich nah … Nur: Mathews selbst schreibt ein paar Jahre später, er sei leider nur selten für die Kinder da gewesen und wie sehr er das bereue, die eigene Unstetigkeit, die fehlende Treue. Die Trennung von Niki, so hat man sich das vorzustellen, hat ihn in eine veritable Krise geworfen. Er stürzt von einer Beziehung in die nächste, er reist viel, er hält sich in den USA und in Europa auf. Er, der die Musik zugunsten der Literatur aufgegeben hat, findet zwar neue Freunde, Schriftsteller wie er, Suchende wie er, die mit der Sprache experimentieren – aber wirklich ankommen wird er nicht. Beim Publikum nicht, dass seine experimentellen Texte nicht zu schätzen weiß. Bei der Szene nicht, die ebenso skeptisch bleibt. Im Berlin der 1970er Jahre schauen sie misstrauisch auf den jungen Mann mit den Seidenhemden, der nächtelang in der *Paris Bar* steht, offenkundig keiner Arbeit nachgeht, aber immer genug Geld für Champagner hat. Was macht der hier? Wovon lebt der? West-Berlin ist in seiner Schäbigkeit kaum zu übertreffen, auch in der *Paris Bar* im einst eleganten Charlottenburg lassen viele diskret anschreiben, der Wirt akzeptiert Zeichnungen als Zahlungsmittel – und dann dieser selbstbewusste Amerikaner, der seine Einladungen, seine Lokalrunden stets ein wenig zu laut ankündigt? Er muss ein Spion sein, das Gerücht macht schnell die Runde: Harry Mathews ist einer von der CIA! Mathews selbst ist, als er davon erfährt, zunächst empört: Haben Niki und er die USA nicht genau wegen der Umtriebe der McCarthy-Leute verlassen? Sind sie nicht aus Protest gegen die antiliberale und aggressive US-Politik gegangen, ja geradezu geflohen? Die argwöhnischen West-Berliner Freunde glauben es nicht. Mathews erzählt bald andere Geschichten: Er habe als angehender Poet seinen Weg gehen müssen, er habe Europa gebraucht, um sich literarisch zu entwickeln, die Auseinandersetzung mit Paris, mit dem *Nouveau Roman*, mit Italien und, ja, auch Deutschland. Tatsächlich verkehrt Mathews in der experimentellen *Oulipo*-Gruppe mit Italo Calvino und Oskar Pastior. Sie wirbeln die Sprache durcheinander, sie suchen nach Beschreibungen der Realität jenseits des Realismus. Sie reden englisch, französisch, italienisch miteinander, sie suchen nach einer europäischen Poetik. Die Berliner Freunde lassen sich nicht beeindrucken. Hat Harry nicht zuvor von seinen einflussreichen New Yorker Freunden erzählt, kannte er nicht die *New York School auf Poets* und John Ashberry? Weil er merkt, dass es nichts nützt, gegen die Verdächtigungen zu argumentieren, verfällt Harry Mathews auf eine wirklich originelle Idee: Literarische Nach-vorne-Verteidigung. Er schreibt einen Roman, in dem er sich selbst der Spionage bezichtigt: *Mein Leben als CIA. Eine Chronik des Jahres 1973*. Niki de Saint Phalle ist begeistert, als Harry ihr von dem Projekt erzählt. Ein solches Spiel ist ganz nach ihrem Geschmack. Harry, lies vor.

Der autobiografische Roman nennt einen gewissen Harry Mathews als Helden. Er spioniert im Berlin der 1970er Jahre für die CIA, noch dreißig Jahre später glauben diverse Gazetten die Räuberpistole. Harry Mathews hat also keine Ruhe – und schon wieder keinen Erfolg. Und dieser Mann, der rastlos seinen Platz sucht, der heute in Paris, morgen in New York und dann wieder in Nizza, Berlin und Amsterdam zu finden ist, soll besser für die beiden Kinder sorgen können? Wurden Philip und Laura gefragt?

Martha zuckte die Achseln. Selten interessierte die Meinung der Kinder. Es wurde über sie entschieden. Kinder schaffte man sich ja an. So hieß das bei ihr zu Hause. Tatsächlich, Kinder waren wie ein großes Gut, das man sich leisten konnte oder wollte. Nur dass sich das Gut nicht einfach umtauschen ließ. Martha, bleib fair! Würde man sich über einen Mann aufregen, der seine Kinder im Stich ließ? Wie war es denn mit den männlichen Künstlern, die Kinder hatten? Sie mussten sie meistens nicht dramatisch verlassen – sie waren ohnehin nicht da. Ob mit Kindern oder ohne – sie machten einfach ihr Ding, und die Ehefrauen oder Geliebten kümmerten sich um die Brut. Kinder waren ein Problem nur für weibliche Künstler. Deshalb hatten nicht wenige Künstlerinnen von vornherein entschieden, kinderlos zu bleiben.

Der Verzicht auf Familie und Kinder bekam den Frauen nicht gut. Der Schritt wurde nicht gewürdigt, sondern als Bestätigung dafür genommen, dass Frauen es besser lassen sollten mit der großen Kunst. Ein bisschen Dekoratives, schön und gut, ein paar Stillleben und hübsche Portraits – warum nicht? Aber wehe, die Frauen kamen den Männern in die Quere. Wehe, aus den notfalls lebenslang talentierten Mädchen wurden ernst zu nehmende Konkurrentinnen, wehe, sie taten es den Männern gleich.

Martha zwang sich, sachlich zu werden. Hatte Niki de Saint Phalle tatsächlich keine andere Wahl? Musste sie wirklich ihre Kinder zurücklassen, um zu der Künstlerin zu werden, die nun alle Welt wegen ihrer mütterlichen *Nanas* liebte? Sie habe kein Geld gehabt, hieß es – Harry aber schon. Harry, der Wohlhabende, hatte Niki weiter unterstützt; er hatte Werke von ihr gekauft, als sie noch kein Mensch haben wollte. Hätte der großzügige Harry nicht ein paar Dollar für die Kinder drauflegen können, wenn sie bei Niki geblieben wären?

Martha schnaubte. Sie wusste selbst nicht, warum sie bei diesem Thema so konservativ wurde. Vorbilder wahrscheinlich. Milieuabhängig. Ihre Mutter war ein echtes Muttertier. Packte ihr immer noch warme Sachen ein, wenn sie nach einer Stippvisite über Weihnachten wieder wegfuhr. Kochte Marthas Lieblingssuppe, wenn sie sich ankündigte. Aber war es das allein? Wie oft hatte Martha beim Frauenstammtisch mit den anderen über Abtreibung diskutiert. Wegen der Regierung in Polen, die alle Fortschritte zurückdrehen wollte, zum Beispiel. Bei der Abtreibung war für Martha der Fall klar: Ist legal, kann gemacht werden. Nicht toll, aber besser als ein Leben in Abhängigkeit, mit einem Kind, das man nicht wollte, von einem Partner, den man nicht liebte. Strich drunter, neu anfangen. Martha wollte nicht an die weinende Marie denken, die bei ihr auf dem Sofa gesessen hatte, zitternd, schluchzend, voller Schuldgefühle. Marie, die irgendwann vom Weinen so erschöpft gewesen war, dass sie zur Seite kippte und einschlief, einfach so, noch mit den dicken Stiefeln an den Füßen. Martha hatte sie irgendwie auf das

Sofa gebettet, zugedeckt, die Stiefel Stiefel sein lassen und sie ein paar Tage gepflegt wie ein krankes Kind. Aber sie war doch nicht krank gewesen! Es war nur ein kleiner Eingriff gewesen? Nach ein paar Tagen war Marie aus der Wohnung verschwunden, bleich und stumm. Sie sprachen nie wieder über den Vorfall.

Das fiel Martha jetzt wieder ein. Gut, konnte man vielleicht so und so sehen. War jedoch grundsätzlich klar, sollte möglich sein. Aber Kinder abgeben? Das war doch etwas ganz anderes. Mit der Geburt des Kindes, fand Martha, war die Umtauschfrist abgelaufen. Beim Stammtisch hatten sich die anderen aufgeregt, als Martha so argumentierte, aber irgendeine Vereinbarung mit sich selbst musste es doch geben? Eine Ethik? Wenn man ein Kind bekam, war das nicht auch so eine Art Vertrag, auf Gegenseitigkeit? Das Kind erlöste von der Sinnlosigkeit, jetzt hattest du etwas, wofür es sich zweifellos zu leben lohnte. Du würdest nicht sterben, nicht ganz jedenfalls, weil etwas von dir und deinem Partner in diesem kleinen Menschen weiterleben würde. Mit ein bisschen Glück bekamst du noch jede Menge Spaß und auch Sorgen dazu. Die volle Packung Leben. Und dafür, verdammt noch mal, hattest du eben deinen Part zu übernehmen: Sorge und Liebe für *die Blagen*. Punkt. Fand Martha.

Was also war in Niki gefahren, die der eigene Partner, nämlich dieser Harry, doch als so unerschütterlich zuversichtlich beschrieben hatte? Hatten Philip und Laura vielleicht die neue Beziehung zu Tinguely gestört? Hatten sie ihn gestört? Aber Tinguely, so beschrieben es die Kinder und Enkel, war ein äußerst aufmerksamer Großvater. Und Niki – eine ebenso warmherzige Großmutter, die Kinder mit ihren fantasievollen Spielen begeisterte. Es gab viele Bilder von Niki, wie sie mit den Enkeln tollte, die nächste Generation erinnerte sich enthusiastisch an die Besuche in Frankreich und in der Toskana.

Martha kramte in ihrer Mediathek nach einem bestimmten Foto. Dieses Foto hätte sie, wenn sie denn eine Brieftasche besessen hätte, ganz sicher vorn eingesteckt. Es zeigte drei Frauen am Strand: Niki de Saint Phalle, ihre Tochter Laura und Bloum, die Enkelin. Niki, mit einem großen Strohhut, in lässigem, aber immer noch gestyltem Outfit. Die Tochter, wie auf dem Sprung. Die Enkelin, liebevoll zur Großmutter schauend, die noch im Alter etwas Mädchenhaftes hatte. Die drei Frauen strahlten eine große Kraft aus, ein Einverstandensein mit sich und der Situation. Das Bild zeugte von Harmonie, Lebendigkeit, Eintracht. Viele, die defizitäre Eltern gewesen waren, wurden vorbildliche Großeltern. Als ob sie mehr Zeit bräuchten, endgültig erwachsen zu werden. Enkel gaben Eltern, die zu Großeltern wurden, eine neue Chance. Diese Chance hatte Niki ergriffen. Vielleicht wollte Niki eine gute Mutter sein, hatte aber erkannt, dass sie den beiden Kindern nicht das geben konnte, was diese am dringendsten brauchten? Stabilität, Verlässlichkeit.

Vielleicht, überlegte Martha weiter, waren die *Nanas*, die alle Welt einfach nur fröhlich fand, deshalb auch Sehnsuchtsfiguren, wirkliche Idealfiguren und nicht etwa frühe Vertreterinnen der *Body Positivity*? Verkörperten sie vielleicht ein Leitbild, das Niki selbst niemals erreichen konnte? Niki war durch eine schwangere Freundin auf die Silhouette der Nanas gekommen.

Elizabeth ist so schwanger. Die Frau eines Freundes, schön, kugelrund, ein Blumenkind, das sich Girlanden um den Kopf windet und kein Problem mit Nacktheit hat. Niki ist fasziniert von ihrer überbordenden, fröhlichen Körperlichkeit; sie bemerkt, wie Elizabeths Mann etwas erschrickt vor so viel Lebenszuversicht, so viel Opulenz und Üppigkeit. Die schwangere Elizabeth ist keineswegs wehrlos oder gar bedürftig – nie zuvor hat Niki die Freundin derart strahlend und sprühend erlebt, auch wenn sie nur noch ächzend die zwei Stufen in den Garten hinunterkommt und dabei, aus lauter Übermut, Entengeräusche von sich gibt oder das, was sie dafür hält. Niki zeichnet Elizabeth. Sie zeichnet sie nackt, im Profil, sodass der runde Bauch prominent hervortritt. Sie wiederholt die Kontur, sie dreht die Figur ein wenig ein. Sie lässt Elizabeth einen Fuß sachte aufstellen; sie bittet sie, die Arme in die weichen Hüften zu stemmen – nein, nur einen Arm. Da ist sie, die erste *Nana*. Da ist sie, die Feier der Mütterlichkeit. Vor lauter Begeisterung widmet Niki Elizabeth ein Freundschaftsblatt, eine Zeichnung, auf der eine schmalere, weibliche Figur der prallrunden Freundin eine Blume überreicht.

Weiter, Martha, denk weiter! Es schmerzte geradezu in ihrem Kopf: Waren die *Nanas* also letztlich genau … aus dieser Unzulänglichkeit, aus diesem schmerzlich empfundenen Defizit heraus entstanden? Wären die *Nanas*, wären die Lobpreisungen der Frauen anders vorstellbar geworden als aus diesem Gefühl des Mangels? Das, was Niki de Saint Phalle eher nebenbei erwähnt hatte und was durch die Aussagen von Harry Mathews so widersprüchlich geworden war, musste in Wahrheit ein schwieriger, ja peinvoller Akt gewesen sein, einer, der Niki de Saint Phalle einsam machte. Sie war ohne ihre Kinder, und sie wollte auch noch glaubhaft machen, dass es kein großes Problem gewesen war, weder für sie noch für den Sohn und die Tochter.

Martha scrollte durch weitere Bilder von Niki, dem späten Familienmenschen, Fotos, auf denen die ältere Niki meist mit ihrer Tochter und der Enkelin zu sehen war. Es waren fröhliche Bilder, innige Gruppen von Frauen, lachend beieinander. Sie umarmen sich, sie halten ihre Hüte fest, gehen am Strand spazieren oder sitzen im Kreis. Nikis Tochter und die Enkelin spielen in ihren seltsamen, experimentellen Filmen mit, sie gruseln sich mit ihren Monster-Geschichten und besuchen den Park in der Toskana. Niki hat sehr viele *Nanas* bauen müssen, um das hinzukriegen – aber auch darüber verliert sie kein Wort.

12.

Mit dem Flugzeug von Wien nach Hannover, per Bahn weiter. Martha genoss die Fahrt durch die niedersächsische Nichtlandschaft, freute sich über das hässliche Kaiser-Wilhelm-Denkmal an der Porta Westfalica. Sie würden noch eines passieren, in Dortmund. Wie ängstlich sich die Deutschen am Ende des 19. Jahrhunderts ihrer selbst vergewissern mussten – eine ganze Reihe von Nationaldenkmälern kündete von dieser Unsicherheit. Jetzt musste man erst einmal einen besonders nichtssagenden Landstrich passieren, Ostwestfalen-Lippe, das die Leute selbst nur OWL nannten, als handelte es sich um eine Versicherung, mit der sie es täglich zu tun hatten. Aber vielleicht war das auch so? Nirgends blühte der Mittelstand intensiver als bei diesen braven Leuten, für die es das größte Abenteuer war, in die nächste Kreisstadt zum Shoppen zu fahren oder um Geschäfte, häufig noch immer per Handschlag, abzuschließen. Martha schüttelte den Kopf. Dagegen das Ruhrgebiet! Ihr Ruhrgebiet – ein Abenteuer. In Hamm musste man sich entscheiden: weiter Richtung Hamburg, raus aus dieser Gegend, die von der Zeit überrannt worden war, von der Dienstleistungsgesellschaft, von der Wirtschaftswelt 2.0 oder 4.0 oder wer wusste das schon? Elegant daran vorbei, indem man nach Düsseldorf fuhr, in die schöne, die kühle und wohlhabende Landeshauptstadt – oder mitten hinein, hineingesprungen in das Regionalbähnchen nach Köln, das sie nach Herne bringen würde, nach Wanne-Eickel, nach Hause. Da kam die Emschertalbahn mit ihrem Geruch nach Bremsbelägen, nach ungelüfteten Gängen, nach Salamibroten. Martha versuchte, durch die schmutzigen Scheiben zu schauen. Sie war diese Strecke oft gefahren und kannte die Bahnhöfe, an denen sich die Bahn vorbeimühte. Es war nicht leichter geworden in den vergangenen Jahrzehnten für die Region.

Dieser Organismus aus zusammengewachsenen Städten!

Ein Herz, das um ein Vielfaches seiner ursprünglichen Größe angeschwollen war, ein Riesenherz, ein Sportlerherz, das nun gewaltig pumpte. Die zehn Millionen Menschen, die hier lebten, hatten hart trainieren müssen, hatten sich mehrfach umstellen müssen, um das 21. Jahrhundert zu erreichen: vom einfachen Tagebau zum internationalen Industriestandort, vom Revier zur Metropolregion Ruhr. Es gab durchaus noch rauchende Schlote, noch leuchteten gelegentlich die Feuer der Raffinerien beim Abfackeln in der Nacht. Doch die Anlagen in den Stahlwerken waren meist automatisiert, die Menschen verwalteten ihre Produktivität, sie schufteten nicht mehr. Der ehrliche Arbeiter wurde mittlerweile eher besungen, als dass man ihm vor Schichtbeginn einen Henkelmann mit einer warmen Mahlzeit und eine Kanne Kaffee mitgegeben hätte. Und doch! In Kamen stiegen Leute zu, und Marthas Herz schlug höher, als sie den selbstbewusst vorgetragenen Singsang der Gegend hörte. Duisburg, Essen, Bochum – und Dortmund, das sie gerade wieder verließen, das waren Namen, die für Martha wie Verheißungen klangen, noch immer, als hätten sich die Hoffnungen der vielen tausend Arbeiter aus Polen und der Tschechoslowakei, die sich hier seit dem 19. Jahrhundert angesiedelt hatten, auf die Kinder und die Kindeskinder übertragen. Der Bergbau war weg, aber das Gefühl war noch da. Castrop-Rauxel. Merklinde. Herne. Wanne-Eickel. Mutter! Wie klein sie geworden war – und wie fest war ihre Umarmung.

Am nächsten Morgen fuhr Martha sehr früh am Morgen nach Duisburg. Schon wieder Niki! Aber diesmal mit einem Auftrag. Ein Gutachten – und dann ran. Hoffentlich. Gelsenkirchen, Bottrop. Sie erinnerte sich daran, wie sie als Kinder Reime gemacht hatten: Bottrop, Dickkopp! Es war keine Gegend für zarte Naturen. Martha frohlockte. Oberhausen. Und endlich Duisburg. Vor dem Bahnhof war eine Menge passiert. Die Stadt hatte einige marode Bauten abreißen lassen und einen Platz angelegt, der einer amerikanischen Großstadt gut angestanden hätte. Jetzt irrten hier die Reisenden über die leere Fläche. Man kam unwillkürlich ins Trudeln, man kam von seiner Route ab, weil eine Wegführung fehlte. Aus dem Augenwinkel nahm Martha einen flachen Brunnen war, es war eher eine Reihe von Wasserdüsen, die direkt aus dem Boden kamen und von Zeit zu Zeit freundliche, sanfte Fontänen in die kalte Luft sprühten. Kinder spielten dort. Lebendiges Wasser, fließendes Wasser hatte eigentlich in einer Stadt nichts zu suchen. Und wenn es doch da war, noch dazu ohne Funktion, dann entfaltete es eine magische Wirkung. Fließendes, sprudelndes Wasser macht Erwachsene zu Kindern – und lässt Kinder und Erwachsene die Zeit vergessen.

Und Duisburg, einst die verlorene Stadt im Ruhrgebiet, hatte ihre kindliche Freude an Wasser wiederentdeckt. Nicht nur, dass der Hafen saniert wurde, dass die dreckige alte Ruhr und die Kanäle zu neuen Ehren gekommen waren – man hatte eine lange Straße in der Innenstadt mit neun Brunnen bestückt, die Brunnenmeile. Neun Brunnen! Wie um sicherzugehen, dass die Botschaften des Spiels und der Leichtigkeit wirklich ankamen. Wer hatte eine solche zutiefst menschliche Idee gehabt? Martha kannte die Brunnenmeile, sie erinnerte sich an das lange Fußgängerzonenelend, das die tapferen Stadtoberen mit einer Reihe von Brunnen zu beleben versucht hatten. Aufwerten, so nannte man das, umwidmen. Längst war die Kultur ein Teil des Stadtmarketings, besonders hier, im Ruhrgebiet, wo ganze Zechen in Kultureinrichtungen umgewandelt worden waren. Es war erfolgreich, aber merkwürdig. In den späten 1980er Jahren wurde auch Niki de Saint Phalle allmählich ein Teil des internationalen Stadtmarketings. Ihre scheinbar nur fröhlichen *Nanas* eigneten sich, so schien es, perfekt dafür. Martha fröstelte. Es war früh am Morgen, früher wären ihr hier Heerscharen von Arbeitern entgegengekommen, auf dem Weg zum Bahnhof, auf dem Weg mit den Bussen oder Bahnen zu den Zechen und Stahlwerken. Die Leute waren weg. Die Leere war überwältigend. Martha eilte über den Platz. Gerade halb acht. Martha wollte bei Nikis Brunnen sein, bevor dieser in Betrieb genommen wurde, bevor seine Fontänen Wasser sprühen und die ganze Figur auf ihrem Sockel beginnen würde, sich zu drehen.

Noch um zwei Ecken – da begann die Königstraße, da begann die Skulpturenmeile. Das Grau der Häuser und das Grau des gepflasterten Weges. Der pfeifende Wind. Die trostlosen Buden, die kahlen Bäume rechts und links, die vielen leerstehenden Geschäfte. *Angels Couture. Istanbul Imbiss. Döner Vip* mit seinem *Sparmenü*. Vernagelte Fenster, schief hängende Schilder. Graffiti auf herabgelassenen Rollläden. *Zacks! Fuck you, Staat!* Pflanzenkörbe in Übermannshöhe an den Laternen. Tatsächlich echte Geranien, die aber in dieser Umgebung wirkten wie aus Plastik, Billig-Importe aus Taiwan. Martha sah die Not, die Anstrengung, man spürte, wie sich die Stadt gegen den Verfall stemmte, aber kam man der Not mit Geranienkörbchen bei? Dann endlich die Brunnen. Mächtige Brunnen, kolossale Brunnen: Der Mercatorbrunnen und der Voltenbrunnen lagen da wie kauernde Riesen, bereit zum Sprung, stählern und glatt. Sie spendeten keinerlei Trost. Da vorn – eine Himmelsleiter, die sich kühn aus einem gläsernen Bau schob. *Aldi. C&A, Zara* – die maximalen Verheißungen. Die Himmelsleiter durchschnitt den Konsumtempel von unten nach oben, führte aber ins Nichts. Und dann ein Leuchten. Kindliches Bunt zwischen den winterlichen Scherenschnitten der Lindenbäume: Nikis Brunnen. Martha beschleunigte ihre Schritte. Da stand Niki de Saint Phalles *Lifesaver*. Breitbeinig, breitschultrig, selbstbewusst wie ein übergroßer Verkehrspolizist, der das Hin und Her auf dem Platz verlässlich regeln würde, sobald die U-Bahn-Station rechts und links Menschen nach oben spülen würde. Im Moment jedoch gab es nichts zu regeln, und nichts deutete darauf hin, dass man es hier mit einem städtischen Angestellten zu tun haben könnte. Der *Lifesaver* trug keine Uniform, sondern blaue Hosen im Pop-Art-Muster, keine Arbeitsschuhe, sondern massive, rot lackierte Krallen, er hatte keine Arme, sondern kräftige, blaue Flügel. Einer der Flügel war mit einer stilisierten Sonne geschmückt, der andere mit einer Blume. Trugen Vogel-Lebensretter-Polizisten Tattoos? Martha legte den Kopf in den Nacken. Natürlich – wieder nach Niki-Art so ein viel zu kleiner Kopf, der Kopf eines Vogels, eines Raubvogels, der sich allerdings freundlich dem Betrachter zuneigte. Merkwürdig: Erst auf den zweiten Blick sah man, dass dieser Rettungsvogel nicht allein war; an seine Brust und Hüften klammerte sich eine Frau. Eigentlich sah es nicht aus, als hätte er sie gerade aus dem Wasser gefischt, es wirkte eher, als hätte sie ihn beim Tanzen angesprungen – ein wilder Rock 'n' Roll vielleicht. Oder als wären die beiden eines dieser typischen Eiskunstlauf-Paare der achtziger Jahre, als riesige männliche Sportler viel zu kleine russische Läuferinnen weit über das Eis warfen oder über den eigenen Kopf wirbelten, um sie dann wieder sicher zu fangen. Dieser Vogel hier warf nicht, er fing nicht auf, und er hielt nicht fest. Sich festzuhalten war offenkundig Aufgabe der Frau, die ihre milchweißen Arme eher lässig um den Hals des Riesenvogels geschlungen hatte. Sie trug eine Art Badeanzug, und die Pobacken rechts und links wurden durch bunte, herzförmige Ornamente betont. So eine Lebensrettung war offenkundig eine fröhliche Sache, der Vogel lüftete entspannt seine Flügel, bereit zum Abheben vielleicht. Auf diesen Vogel war Verlass, der behielt den Überblick, da konnte man sich schon mal hängen lassen.

Martha lächelte. Die Riesenfigur hatte Charme, sie war trotz ihrer Größe leicht und verspielt, nichts Monumentales schüchterte den Betrachter ein. Sie war das genaue Gegenteil der deutschen Herrscherfiguren, an denen sie gestern vorbeigefahren war. Der Vogel repräsentierte nicht, stand für nichts und niemanden, ein freundliches Städtetier.

Martha holte sich ein Käsebrötchen vom Bäcker, das schmeckte köstlich, wieso eigentlich, eine ganz normale *Käsebemme*. Sie kehrte zurück zum *Lifesaver*. So, nun einmal anders geschaut. Den Kinderblick hatte sie sich nun lange genug gegönnt. Sie inspizierte den Sockel. Die Figur, über sieben Meter hoch, stand in einem flachen Bassin, in ein paar Stunden würde sie Wasser sprühen, würde sich hin- und herdrehen, vorläufig aber konnte Martha die Mechanik noch klar erkennen, die Position im Beckenrund, mögliche Schäden am Sockel im flachen Wasser sehen, die mit bloßem Auge zu erkennen waren. Der Sockel stammte von Jean Tinguely. Der *Lifesaver-Brunnen* war deshalb als Gemeinschaftswerk zu betrachten, was die Rechtelage nicht unbedingt einfacher machte: Die Stadt würde sich mit den Stiftungen von Saint Phalle und von Tinguely herumschlagen müssen, wenn es an die Restaurierung ginge. Aber so weit war sie noch nicht! Erst einmal schauen! Erneut musste Martha lächeln. Der Sockel war nicht einfach ein Sockel. Er war selbst ein Kunstwerk – zusammengeschweißt aus Industrieabfällen, aus stählernen Resten, die mit massiver schwarzer Farbe übermalt worden waren, wie so oft bei Tinguely. Passte gut zum Ruhrgebiet, das sich ja auch aus Industrieresten neu erhoben hatte – aber ob Tinguely das gewusst und beabsichtigt hatte? Auf jeden Fall würde es die Sache nicht einfacher machen. Der Sockel konnte auf keinen Fall gehoben werden, die tonnenschwere Konstruktion mit ihrem massiven Ausleger / Pendel / Gegengewicht musste vor Ort untersucht werden. Hier brauchte sie die Unterstützung eines Hydraulikers, eines Maschinenbauers vielleicht. Martha dachte an den Tinguely-Assistenten. Ob es möglich war, Brunner um Rat zu fragen? Vielleicht käme er sogar?

Und die Figur selbst? 7,20 Meter in der Höhe, inklusive des Sockels, eine entsprechende Breite. Der Untergrund gebogen aus Armierungseisen, darüber eine Teflonbeschichtung, darüber Polyester und schließlich die Bemalung. Schon auf den ersten Blick war deutlich, dass es hier haperte. Kein Wunder, schließlich würde aus zehn Düsen über den Schulterblättern des freundlichen Vogels jede Menge Wasser sprühen, sobald die entsprechende Zeitschaltuhr einrastete – und das über Tage, Wochen, Monate und Jahre. Selbst im Winter wurde der Brunnen nicht abgebaut, ja nicht einmal stillgelegt. Er hatte keine Chance, wirklich zu trocknen. Und die Feuchtigkeit arbeitete sich durch feinste Ritzen. Dabei war er doppelt geschützt worden, das stand in den Unterlagen, die die Stadt Duisburg umsichtig vorab geschickt hatte.

Polytetrafluorethylen, kurz PTFE. Eigentlich keine chemische Substanz. Haltbarkeit ziemlich optimal, nur empfindlich bei spitzen Verletzungen, aber mit einem Messer ging ja keiner auf die Figur los. Ein Vogel mit Teflonbeschichtung. Martha mochte allerdings nicht daran denken, was beim Verarbeiten alles geschehen sein mochte, waren die Künstler damals doch völlig unbefangen mit diversen Giftstoffen umgegangen. Und PTFE war fast ebenso schädlich wie Polyester: Polymere mit Esterbindungen. Martha hatte sofort wieder die Stimme ihres Werkstoff-Lehrers im Ohr – als Schutzschild gar nicht schlecht. Kam aber auf die genaue Zusammensetzung an. Auf die Dicke. 40, 60 oder 80 Mikrometer pro Schicht? Und jede Polyesterummantelung war nur so gut wie ihre schwächste Stelle. Ein Ritz, ein Riss – und die schützende Wirkung war perdu. Schade, dass wahrscheinlich kein Epoxid verwendet worden war. Zu teuer. Noch zu wenig gebräuchlich in den 1990ern. Und: Wie sorgfältig war das Polyester angewandt worden? Schwer zu sagen. Musste sie von nahem sehen. Nach ihrem Abenteuer in Paris hatte sie keine Lust mehr, einfach durch das Brunnenwasser zum Vogel zu waten. Aber für die Gespräche mit der Kommission der Denkmalbehörde fühlte sie sich gewappnet.

Ein kleiner Ruck ging plötzlich durch den rettenden Vogel, etwas zischelte – und dann begann er seine Performance: Gravitätisch, langsam drehte er sich im Kreis und tatsächlich begannen jetzt aus seinen Schlüsselbeinen und dem oberen Rand der

Schulterblätter winzige Fontänen zu sprühen. Sie trafen unten auf das türkisfarbene Brunnenwasser wie feine Regentropfen, sie wirbelten das Wasser auf, es hörte sich an wie das Murmeln eines Baches. Es war schwer, nicht entzückt zu sein, auch wenn jetzt der klare Blick auf das Kunstwerk unmöglich war. Der Vogel drehte und drehte sich – aber nach einer halben Umdrehung war Schluss! Schon kam der Vogel wieder zurück und mit ihm die Frau oder das Mädchen, das an seinem Nacken hing.

»Ja siehste, der ist schon ein bisschen steif inner Hüfte!«, sagte plötzlich ein Mann, der hinter sie getreten war, ohne dass sie ihn bemerkt hätte. »Kriegt nur noch 'ne halbe Drehung hin beim Tango.«

Martha wandte sich um. Der Mann trug eine lilafarbene Jacke, eine zerschlissene Hose, in der rechten, gestikulierenden Hand balancierte er eine Dose Bier. Der Mann war nicht allein, neben ihm feixte ein Kumpel. Lange graue Haare, ein Sweatshirt, auf dem »Pigalle« stand. Die beiden Kerle standen nicht ganz sicher auf den Beinen.

»Ist ein bedeutendes Kunstwerk, das hier«, sagte der erste ungefragt und ein bisschen feierlich. »Kenn'se die Künstlerin?« Und bevor Martha artig wie eine Schülerin nicken und antworten konnte, ergänzte der zweite:

»... Niki de Saint Phalle. Aus Frankreich. Eine Adelige, die sich aber einen Teufel um ihre Herkunft scherte.«

»Tolle Frau«, sagte der erste wieder, und es war nicht klar, ob er die Künstlerin oder den Brunnenvogel hier meinte. »... hat viele große Sachen gemacht, auch den Stravinsky-Brunnen in Paris. Müssen'se auch mal hin und anschaun! Schön'n Tach noch!«

Die beiden verschwanden. Martha war verblüfft. Offensichtlich hatten die Leute hier den Brunnen wirklich angenommen.

Sie wusste: Das war nicht immer so gewesen. Anfang der 1980er Jahre hatte es einen Heidenaufstand gegeben, als der neue Bürgermeister erst die Brunnenmeile und dann noch die teure französisch-amerikanisch-schweizerische Meisterarbeit durchsetzte. War nicht genug Geld für den U-Bahn-Bau ausgegeben worden? Aber genau dadurch, dass die Bahn jetzt unter der Königstraße entlangfuhr und die oberirdischen Schienen überflüssig wurden, war ja etwas möglich geworden in der Stadt! Raum, Gestaltung, die Chance, den harschen Duisburger Innenstadt-Bezirk so umzuwandeln, dass die Menschen ihn nicht nur nutzen, sondern sogar genießen konnten. Genießen? Die Stadt? Dat Kaff? Der Bürgermeister war ausgelacht worden. Seine Leute hatten sich daran gewöhnt, dass ihre Stadt das hässliche Entlein unter den nicht gerade superben Städten an der Ruhr bleiben würde. Von wegen *Blume im Revier!*

Zwanzig Jahre hatten sie mit einer Baustelle leben müssen, so lange dauerte es, bis die U-Bahn endlich fertig war. Man hatte, wie in anderen Städten auch, einfach offene Gruben gebaut, um sie zu verlegen. Die Duisburger waren baumüde. Sie wollten ihre Ruhe haben. Na gut, der Brunnen von André Volten, das mochte ja noch angehen. Mit ihm begann 1983 die Anlage der Brunnenmeile. Machte sich ganz gut am Einkaufszentrum Averdunk und dem Haus Duisburg. Drei versetzte Edelstahlzylinder wurden von oben von Wasser umspült. Stahl und Wasser – das kannten die Duisburger. Das erinnerte sie an die Stahlproduktion und den Hafen, an das, was einmal Bedeutung hatte. Und errichtete man nicht Denkmäler für großartige Sachen oder Menschen, die aber lange schon vergangen waren? Eben, das passte. Die Duisburger nickten – aber nicht allzu andächtig, denn der Brunnen entpuppte sich als ziemlich gewöhnungsbedürftig. Sie tauften ihn flugs *Die Waschmaschine*, ließen ihre Kinder darin spielen, und groß war der Spaß, als tatsächlich irgendein Heiopei kurz nach der Einweihung eine Packung Waschpulver in das sprudelnde Wasser kippte.

Der nächste Brunnen, eine *Wassermühle* von Otmar Alt, konnte die skeptischen Duisburger schon nicht mehr überzeugen. Klar, gute Idee: Aus dem Wasser steigen Bronzeskulpturen auf, ein Tier und eine Blume, das konnte man zur Not noch erkennen, und beide spien freundliche, sanfte Wasserfontänchen. Prima! Alles ganz gut zu erkennen. Nur standen die Figuren in einem gefliesten Becken, bei dem wohl mal wieder ein bisschen gespart worden war. Kaum gebaut, brachen schon die ersten Fliesen, das Ding war einfach zu empfindlich für Duisburg, und ehe man sichs versah, war die Sache ziemlich marode. »Allet kappores!«, sagten die Duisburger bekümmert, wenn sie wieder mal darauf zugingen, um ihre *Blagen* aus dem Wasser zu pflücken, und *allet kappores* – das kannten sie ja schon.

Und dann diese Niki.

Die ersten Gerüchte, als sich zwei Entsandte auf den Weg machen: in die Schweiz, zu Tinguely, und nach Paris, zu Niki de Saint Phalle. Ja, verschiedene Wohnorte mittlerweile.

Wie bei so vielen Paaren hat das Ende anscheinend begonnen, als sie ihre Beziehung nach zehn Jahren – wie sagte man noch? – *legalisieren*. Schon seit den Sechzigern ein Paar, heiraten Niki und Jean 1971. Keine Hochzeitsfotos, keine glamouröse Party. Wie halten sie's? Wie bei Nikis erster Hochzeit? Im Vorübergehen, sozusagen vor einem Friedensrichter, also die schnelle Variante vor einem französischen Standesbeamten? Oder mit Kind und Kegel und wenigstens einem guten Essen in einem feinen Bistro? Immerhin lassen sich die beiden selten eine Gelegenheit zum Champagner-Trinken entgehen. Anfang der Achtziger, spätestens, legen sie Wert darauf, kein Paar mehr zu sein. Allerdings ist Tinguely jederzeit bereit, das anders zu sehen – immer dann, wenn Niki wieder einen neuen Partner hat. Seine Eifersuchtsanfälle sind dokumentiert. Und Niki? Spricht nicht darüber. Schreibt aber. Schreibt rührende Briefe in ihrer Kinder-Schönschrift an Jean und über Jean. Scheibt wie ein Kind, das eine besonders schöne Erinnerung festhalten will. Nein, falsch: Schreibt wie ein Kind, das nicht will, dass die Sommerferien vergehen. Sie sorgt sich um Jean, wenn der wieder mal nicht erreichbar ist, sie fantasiert ihn in irgendeinen

Schuldturm, in die Ferien, von denen er ihr schändlicherweise nichts erzählt habe, oder in die Arme einer anderen Frau. Die neue Zärtlichkeit unter geschiedenen Leuten. Aber: Von einer Scheidung ist einstweilen keine Rede – und wenn sie irgendwann doch erfolgt, geschieht das leise, diskret, sicher ist das nicht.

Auch von neuen Partnern spricht Niki seltsamerweise nie, obwohl es sie gibt. Ihre Assistenten wissen es, wenn sie gerade einen Favoriten hat, nehmen Rücksicht. Es ist auch nicht so, dass sie diese Liebhaber verheimlichen würde. Sie spricht einfach nicht über die Männer nach Jean oder neben Jean, die es zweifellos gibt. Gewohnheit? Selbstschutz? Die beiden sind ja nicht nur eines der glamourösesten Künstlerpaare gewesen, sie bilden auch eine Familie. Nikis Kinder, Laura und Philipp, dann die Enkel.

Bilder: Tinguely tobend mit den Kindern; Tinguely, wie er sie herzt und belehrt; Tinguely, wie er ihnen von Abenteuern berichtet und ihnen vorliest. Die Kinder sind Teil der *Bande*. Und die *Bande* gibt Halt, vor allem den Erwachsenen. Also bestehen die nach wie vor darauf, dass man zusammengehöre. Und: Das Paar Niki / Tinguely – so wird es ja tatsächlich immer genannt – ist eine Marke. Keiner der beiden ist allein so erfolgreich wie beide zusammen. Das haben sie nach ihrer Trennung schmerzlich erfahren. Klar, Niki macht weiter mit ihrem Großprojekt in der Toskana, er erfindet immer neue Varianten seiner kinetischen Plastiken – aber die wirklich spektakulären Aufträge, die bekommen sie eher zusammen. Zumindest glaubt sie das. Es scheint aber so, dass es vor allem Tinguely ist, der hier für sie sorgt. Er besteht darauf, dass sie mitmacht. Das ist auch jetzt so, mit den Leuten aus Duisburg. Zunächst ist Tinguely nach Nordrhein-Westfalen gereist. Er hat sich an der funktionalen Hässlichkeit der Stadt begeistert, an diesem Umweglosen – aber er ist, anders als die Stadtoberen, überhaupt nicht begeistert von der Königstraße. Baumbestand rechts und links, die Autofahrer verbannt – aber der ganze Riesenaufwand nur, um zahlreiche

Geschäfte anzusiedeln. Eine Prachtallee als Shoppingmeile. Die Gründerzeithäuser vom ersten Stockwerk an imposant oder anmutig aufstrebend, die Erdgeschosse jedoch verschandelt von billigen Reklametafeln, Werbung aller Art. Auf die Idee mit der Shoppingmeile kommen damals viele Stadtobere, aber das machte die Sache nicht besser. Tinguely schnaubt. Und es ist klar, dass er etwas Kritisches machen wird. Ihr werdet schon sehen! Ein Angebot wie eine Drohung. Den Stadtoberen läuft ein angenehmer Schauder über den Rücken.

Sie schauen fasziniert und verwirrt zu, wie Tinguely im Café Dobbelstein, das jetzt Kö-Café Dobbelstein heißt, hastig etwas auf die Serviette kritzelt. Immerhin gibt es hier noch Servietten, Stoffservietten, Tinguely nickt anerkennend, das Café gefällt ihm, ein Hort der Qualität inmitten von Ramsch. Die Stadtoberen sehen das Wohlwollen mit Wohlwollen. Vielleicht will Tinguely gleich hier den Standort für seinen Brunnen? Sie gehen die Meile ab, sie sehen, wie sich Tinguelys Brauen immer wieder zusammenziehen. Sie wissen, dass er ein schwieriger Partner ist. Beflissen erklären sie ihm die Geschichte der Königstraße, die, wie die gesamte Duisburger Innenstadt, im Zweiten Weltkrieg schwer mitgenommen wurde. Immerhin ist damals auch der olle Bismarck draufgegangen, ein ungeliebtes Riesendenkmal da hinten am Buchenbaum. Der Gute wurde als Metallspende ab 1942 nach und nach abgebaut, eingeschmolzen – weg mit einem Monument, das mit der Geschichte der Stadt so gar nichts zu tun hatte. Ein Bismarck-Denkmal – hier? Eine dieser hohlen Herrscherstatuen, mit denen Deutschland bepflastert war? Tinguely beginnt plötzlich zu lachen, und weil den Herren von der Stadt nichts Besseres einfällt, lachen sie mit. Hier, genau hier, befindet Tinguely, muss die Plastik von Niki de Saint Phalle stehen. Saint Phalle? Niki? Die Herren drucksen herum. Es ist ihnen bislang nicht klar gewesen, dass Tinguely auch für Niki verhandelt. Niki muss her! Ein Anti-Bismarck! Tinguely sieht es vor sich: eine weiche, menschliche, eine zuversichtliche *Nana*, wo einmal der eiserne Kanzler stand. Statt Militarismus und autoritärem Gehabe – die fröhliche Herrschaft der Frauen. Natürlich überzeugt Tinguely die Lokalpolitiker und die Presse gleich mit. Schöne Idee!

So ist man damals verblieben. Eher noch vage, es muss ja eine Ausschreibung geben, und das Geld ist, wie immer in Duisburg, wie immer, wenn es um die Kultur geht, knapp.

Tinguely erwartet in der Schweiz den Kulturdezernenten der Stadt Duisburg und den Museumschef. Gulden und Herder, die beiden Herren, die auf dem Weg nach Basel sind, haben eine Mission. Sie wollen jetzt definitiv einen Brunnen von Jean Tinguely. Genug des Zauderns und Zuwartens. Sie kommen, sozusagen, im Namen von Wilhelm Lehmbruck. Der Duisburger Künstler stammt aus einer Bergarbeiterfamilie. Ein echtes Kind des Ruhrgebiets, es ist den Duisburgern immer schon leicht gefallen, seine Plastiken zu mögen. Und dann diese Geschichte: jung, talentiert, übersteht den Ersten Weltkrieg, indem er sich in immer neue Schaffensräusche stürzt, aber dann: eine unglückliche Liebe. Und schon ein Jahr später: Schluss. Und Tod. Selbstmord mit 38. Romantisch, finden die Leute. Der Sohn Manfred kümmert sich um die Werke seines Vaters. Ein Museum entsteht, das schnell viel erfolgreicher wird, als es irgendjemand ahnen konnte. So kommt es, dass eine zarte melancholische Seele heute den künstlerischen Charakter der rauen Stadt repräsentiert. Nach Wilhelm Lehmbruck ist ein Preis benannt. Diesen Preis hat Tinguely 1976 als Erster erhalten, also ist es für die Stadtoberen logisch, dass sich Tinguely an der Brunnenmeile beteiligt, die sich die Stadt auf den Plan geschrieben hat. Tinguely ist trotz des kränkenden Zauderns nach wie vor interessiert, besteht aber ebenso nach wie vor darauf, dass auch Niki de Saint Phalle einen Auftrag erhält. Niki und Jean, Jean und Niki – beide oder keiner. Der Kulturdezernent und der Museumschef seufzen: Die beiden Künstler sind teuer, viel zu teuer eigentlich für eine ohnehin hoch verschuldete Stadt wie Duisburg. Aber vielleicht kann man etwas machen?

Sie haben keine Chance. Im Baseler Atelier von Tinguely sind sie sofort begeistert, entrückt, verzückt. Ticken und Schlagen, Nicken und Klicken, aber man weiß nicht, woher, und man weiß nicht, wozu – Tinguely probiert gerade eine seiner neuen *Méta-Maschinen* aus, der ganze Raum beginnt zu vibrieren, als er mit seinem Assistenten die Apparatur in Betrieb nimmt. Tinguely hat die beiden Besucher nur kurz begrüßt, er ist mitten in der Arbeit, er ist kleiner geworden, seit ihn Herder, der Museumsmann, zum letzten Mal gesehen hat, auch schmaler, besorgt sieht Herder, wie Tinguely zwischendurch innehält, schnauft, sich mit der Hand über die Brust fährt – aber dann nimmt er die Blicke der beiden wahr, sein altes Strahlen ist wieder da; er nimmt den Hut ab, den er anscheinend neuerdings immer trägt, er schwenkt ihn beim Reden, als wollte er seinen komplexen Sätzen Luft zufächeln – wenn er über seine Arbeit spricht, ist er unwiderstehlich. Und Niki? Die ist sofort dabei, obwohl sie nicht hier ist, sondern in Paris, vermutlich. Herder hat mit Gulden gewettet, wie lange es wohl dauern wird, bis Tinguely sie ins Spiel bringt – und er hat gewonnen: keine fünf Minuten. Gulden ist skeptisch; er weiß, welche Tarife Madame mittlerweile aufruft, auch ist sie ihm ein bisschen suspekt, zu viel Rummel, zu viel Kommerz, die Sache mit der Kosmetik und den Seidenschals ist ihm sauer aufgestoßen, aber nun gut, was soll man machen? Was man machen soll, das weiß Tinguely ganz genau: Sie anrufen, mit ihr reden, einen zweiten Auftrag an sie vergeben.

Na gut, sagen die beiden Herren, fahren wir nach Paris, reden wir mit ihr. Tinguely scheint zufrieden, oder täuscht das, und er hält noch mit etwas zurück? Sie machen eine Pause, gehen gut essen. Tinguely, der Malocher, der wieder einmal seinen Monteuroverall angelegt hat, zieht eine Jacke über, setzt den Hut auf, der nun völlig deplatziert wirkt, dennoch wird er in dem feinen Lokal begrüßt wie ein Konzernchef. Er isst auch wie einer und besteht darauf, die beiden Gäste einzuladen, unwirsch würgt er ihre Versuche ab, die stattliche Rechnung zu übernehmen. Tinguely ist für seine Großzügigkeit bekannt; er lädt immer ein, er will, dass es allen in seiner Umgebung gutgeht, er kümmert sich, schenkt eigenhändig nach und sorgt dafür, dass die anderen das beste Stück Fleisch bekommen, und am Ende gibt er ein fürstliches, aber nicht angeberisches Trinkgeld.

Beim Essen ist ihm die rettende Idee gekommen, genauer gesagt, noch vor der Vorspeise, da tun sie sich an frischem Brot mit köstlicher süßer Butter gütlich, und Tinguely trinkt einen Tee dazu, das hat er neuerdings entdeckt sagt er, Tee und Butterbrot, einfach herrlich! Die Herren schauen sich an, ein bisschen verrückt ist das alles schon, auf Tee folgt Champagner, auf Butterbrot getrüffelte Seebrasse. Sie haben ihm gesagt, dass seine Preise sehr hoch sind, eigentlich viel zu hoch für Duisburg – und die Sache wird völlig unrealistisch, wenn man nun noch Niki mitdenkt, und vielleicht eine ihrer *Nanas* als Brunnen – sehr charmant wegen der Farbigkeit, sehr charmant auch, weil man das Paar Niki-Tinguely wieder einmal präsentieren könnte, diesmal vielleicht als zwei Pole der Kunst der Gegenwart – aber: unbezahlbar, nicht zu machen, das können sie der Auswahlkommission nicht mal vorschlagen. Tinguely nickt bedächtig und regt sich nur kurz und zum Schein über die verdammte städtische Knauserigkeit auf, und dann sagt er, es sei doch ohne weiteres möglich, den Auftrag an Niki zu vergeben, und ihn nur für einen kleineren Teil zu beauftragen. Er erstelle das Fundament, den Sockel, für ihren Brunnen, er sorge dafür, dass die Statik funktioniere, er übernehme die Verantwortung für beide Werke und erledige die Feinabstimmung mit Niki, na, wie wäre das? Das könne die Sache preiswerter machen, ein wenig jedenfalls. Und er werde dafür sorgen, dass die Gegensätzlichkeit recht klar hervortrete. Niki gegen Bismarck. Zukunft gegen aufoktroyierte Herrschaft der Vergangenheit, aber mit Esprit. *Pas de problème*!

Er breitet die Arme aus, als wollte er diesen Text jetzt auch noch singen, die beiden Besucher warten geradezu auf den Einsatz eines Akkordeons und einer Geige, sie lachen und essen noch ein bisschen mehr, als sie vertragen, um Zeit zu gewinnen.

Es ist immer noch zu teuer. Sie sitzen, mittlerweile Zigarre rauchend, wieder in Tinguelys Atelier und sehen durch die beschlagenen Fenster, wie der Tag im Dämmer verschwindet. Cognac wird in gewärmte Gläser gegossen, wie in alten Zeiten. Sie werden sich nicht einig. Tinguely, der genaue Uhrmacher, rechnet ihnen vor, wie viel Zeit er braucht, wie viel Zeit Niki brauchen wird, wie aufwändig es sein wird, die Statik, die Mechanik zu berechnen, das Ganze aufzubauen, so, dass es nicht nur dem Duisburger Wetter trotzt, sondern auch dem Wasser standhält, dem gewollten Spiel mit einem Element, das für Plastiken eigentlich eine Bedrohung ist.

Freilich: Ein neuer Entwurf steht schon, den hat er im Restaurant in Windeseile auf eine Serviette gekritzelt. Zu schade, dass diese Entwürfe mit den Jahren immer unleserlicher werden. Als sich Tinguely erhebt, um Niki anzurufen, greift Herder nach dem Papier, dreht es zu sich, stutzt, grübelt: Ach du liebet bissken, was soll das werden? Tinguely redet mit Niki, man kann nicht verstehen, was sie sagt, aber die beiden Herren hören aus der Ferne, wie sie erst leise, dann immer aufgeregter spricht, wie sie lacht. Die beiden Herren schauen sich an, aber als Tinguely hinter dem großen Regal im Flur den Hörer aufhängt und freudig an den Tisch zurückkehrt, wissen sie, dass sie eigentlich schon verloren haben.

Nun sitzen sie im Atelier in der Falle. Tinguelys Geschichte ist zu gut.

»Wir sind verrückt«, sagt der eine zum anderen, als sie wieder im Flugzeug nach Düsseldorf sitzen. »Total bekloppt!«

Sie überlegen für den Rest der Reise, wie sie die Geschichte zu Hause erzählen.

Pro forma gibt es eine kleine Ausschreibung. Eine mittlere Zahl von Künstlern beteiligt sich. Die Kommission trifft die Auswahl, zu der natürlich Tinguely / Saint Phalle gehören. Zwei für einen!, lautet der etwas mühsame Slogan: Man beauftragt einen Künstler und bekommt einen zweiten dazu.

Während in Duisburg geplant und gestritten wird, machen sich Niki und Tinguely ans Werk. Tinguely stellt die Arbeit an seiner eigenen Plastik zurück. Das wird schnell erledigt sein, meint er. Er denkt an einen ausladenden Sockel ganz aus Metallschrott, sie soll die stählerne Vergangenheit von Duisburg ehren und gleichzeitig den neuen Konsumwahn ad absurdum führen. Das sieht er schon vor sich, er muss nur das Zeug besorgen, er ruft seine Leute an, in Paris, in der Schweiz. Nikis Werk ist fragiler, ist auf eine poetische Weise heikler, komm, lass uns damit anfangen, *mon amour*, ich helfe dir. Niki merkt, wie energisch Tinguely ihre Nähe sucht, das kommt vor, es ist nicht ungewöhnlich, die Bewegungen von Annäherung und Distanzierung haben etwas Natürliches, deshalb fühlt sie sich auch nicht bedrängt. Nun ja: selten.

Diesmal aber ist Tinguely noch entschlossener als sonst. Er vertreibt den neuen Mann in Nikis Leben im Handumdrehen aus ihrem Atelier und ihrer Wohnung; er sorgt dafür, dass sie nicht allzu viel reist, wir haben zu tun, mein Liebling. Niki amüsiert sich, in diesem frühen Stadium käme sie allein zurecht, sie muss ja erst einmal einen Entwurf machen, dann ein Modell, sie muss sich im Klaren darüber werden, was sie überhaupt will, und das, was Tinguely von Duisburg erzählt, macht es nicht leichter.

Tinguely beschäftigt sich gleich mit dem Sockel. Der muss ja ein eigenständiges Kunstwerk sein – und wie immer wird es in Bewegung sein. Es wird die Plastik von Niki nicht etwa drehen – und schon gar nicht um 360 Grad –, es wird die Figur schwenken, hin und her, her und hin. Tinguely begeistert sich an dieser Idee, sie wird dafür sorgen, dass die Figur eher präsentiert wird.

Die reine Drehung könnte etwas Jahrmarkthaftes haben; ein Schwenk zu beiden Seiten kommt einem majestätischen Gruß nahe, es ist eine letzte Reminiszenz an ein Herrscherdenkmal. Niki hat Fotos vom zukünftigen Standort gesehen, offizielle Fotos, die ihr der Museumsmann geschickt hat – aber auch die von Rico, den sie losgeschickt haben. Rico hat Fassaden-Details fotografiert, damit man den Baustil besser erkennt, darüber hinaus Abfalleimer, Lampenstücke, Straßenschilder, geknüllte Bierdosen, Tüten, Aschenbecher aus Aluminium, die der Wind von den Tischen der Cafés weht. Keine Menschen? Keine Menschen. Noch ist die Königstraße eine große Baustelle, die Menschen meiden die Gegend oder hasten hindurch, sagt Rico und zeigt weitere Bilder von Kronkorken, von Zeitungen, die an Häuserfassaden kleben, von gerupften Litfaßsäulen. Rico hat sich festgebissen, wie er sich immer festbeißt. Er ist begeistert von Duisburg, von dem verlorenen Ort, als Fotograf jedenfalls. Man kann kaum Geld ausgeben, sagt er, der Sparsame.

Die Fotos des Museumsmanns sind sachlicher, aber keineswegs ermutigender. Ratlos wendet Niki die Fotos um und um. *Mon Dieu*, so sehen jetzt alle Innenstädte aus, wenn es nicht gerade Nizza ist oder Paris. Es sind wachsende Einkaufswüsten, die austauschbaren Kaufhäuser dicht an dicht. Und da sollen wir hin?

Tinguely lacht. So schnell lässt er sich nicht entmutigen. Wir können ja unseren Freund Christo beauftragen, die ganze Einkaufsmeile zu verkleiden! Oder besser: Nur die Erdgeschosse müsste man verpacken, verbinden mit riesigen Mullbahnen – vielleicht sähen die Leute dann wieder, was sie einst an ihrer Stadt hatten ...

Eine verwundete Stadt, genau, das ist es, Niki ist nun in sich gekehrt, denkt nach, etwas an diesem Duisburg, dieser ihr unbekannten Stadt, rührt sie an. Duisburg hat etwas, was viele Städte des Industriezeitalters haben, die mal aufstrebten, Arbeiterstädte wie Detroit oder Manchester. Die ehrlichen Arbeiter werden aber immer weniger gebraucht. Noch ist nicht abzusehen, dass auch der deutsche *Rust Belt* verloren gehen wird, aber erste Anzeichen gibt es. Die Energiekrise, die Stahlkrise.

Duisburg stemmt sich dagegen. Das imponiert Niki und *Jeano*, ihrem Baumeister, der sich so in Rage redet. Eine Stadt, die sich übernimmt, um mitzuhalten. Offensichtlich tun sich die Stadtoberen schwer mit dem Auftrag, aber das kann, das darf nicht ihr Problem sein. Niki versucht, das Gefühl der Rührung wieder loszuwerden. Es passt nicht zu ihr, es ist unprofessionell, sich von Auftraggebern bewegen zu lassen. Wir sitzen, sagt Niki, an zwei Enden des Tisches. Sie ist Künstlerin, und sie ist schon manches Mal übertölpelt worden, zu Kompromissen genötigt, sie hat größer, kleiner, schneller, farbiger entworfen, als sie eigentlich wollte, sie hat preiswerter, handlicher, freundlicher gebaut. Vorbei! Ende! Genug der Kompromisse! Energisch redet sie auf Tinguely ein. *Jeano* schaut sie an, als hätte er sie noch nie gesehen. Wie kann es sein, dass sie immer schöner wird mit den Jahren? Die Augen klarer, der Mund deutlicher geschwungen, die Nase unternehmungslustig wie immer. Die Gestik, die Mimik – das vibrierende Leben, wenn sie über ihre Kunst spricht. *Jeano?*

Mais oui, mon amour!

Es ist genug. Lass uns pragmatisch bleiben, *Jeano*!

Der Duisburger Brunnen ist nur ein Projekt unter vielen, also was soll's, sie hat keine Zeit, etwas Neues zu erfinden, sie ist auch ein wenig müde, der Garten in der Toskana frisst sie regelrecht auf, sie ist ständig dort oder unterwegs, um immer neue, immer wankelmütige Sponsoren zu finden. *Jeano*, das geht so nicht mehr lange. Sie redet und redet, und er schaut sie an.

Jeano stimmt ihr am Ende zu, er sieht, wie bleich sie ist, der dauernde Stress, die Verantwortung für das Riesenprojekt von Garavicchio, das schlägt aufs Herz, bei ihr auf die Lungen, sie hustet wieder mehr in letzter Zeit, die Tochter, die Enkelin machen sich Sorgen: *Grandmère*, was ist mit dir?

Tinguely greift nach ihrer Hand, drückt sie sanft, küsst sie: *Mon amour*, wir schaffen das – wer, wenn nicht wir?

Hinreißend ist es, wieder mit Jean zu arbeiten, er ist Feuer und Flamme, seit ihm eingefallen ist, welche Art Figur er für Duisburg bauen will, den Enthusiasmus überträgt er auf Niki, seine Energie reicht für beide, sein Feuer. Niki hat das Gefühl, dass Tinguely fliegt. Er fliegt mit seinem zornigen Enthusiasmus auf und davon – und reißt sie mit. Sie beschäftigen sich mit der alten Ganymed-Geschichte, *Ganymedes, der Glanzfrohe*, der Schönste unter den Menschenkindern, der von Zeus in Gestalt eines Adlers entführt wird – und hat Tinguely nun, in seinen späten Sechzigern, nicht etwas von einem grimmigen Raubvogel, wenn er so konzentriert die Gegenwart analysiert? Und ist er nicht der Göttervater, jedenfalls in ihrer Welt, in der Welt so vieler Künstler, die er anregt, aufregt, zusammenbringt, verzaubert und verflucht? Sie lächelt. Er wird womöglich nicht durchschauen, dass sie mit dem Duisburger Brunnen auch ihm ein Denkmal setzen wird – aber das macht nichts. Ganymed, das ist es. Ihr fällt ihr *Liebesvogel* wieder ein. Es ist eines ihrer erfolgreichsten Werke, sie hat ihn vielfach gebaut. Und Tinguely liebt ihn.

Wann sie ihn zum ersten Mal gebaut hat, ist unklar. Vögel inspirieren sie. Vögel braucht sie. Der Vogel ist in der ganz privaten Mythologie das Gegenbild zur Schlange. Die Schlange gehört zum Bereich der Erde, sie windet sich mehr oder weniger elegant über den Boden, sie ist unberechenbar und gefährlich, sie verfügt über Gift oder lebensbedrohliche Muskelkräfte, gleichzeitig kann ihr Gift aber auch heilen. Die Schlange braucht jemanden, der mit ihr umzugehen weiß.

Der Vogel ist ein Tier der Luft und des Himmels, er verkörpert die Verbindung von Himmel und Erde, wenn er seine Schwingen ausbreitet, fühlen wir uns beschützt – und erhaben zugleich. Also steht der Vogel auch für spirituellen Aufstieg. Und der Horus-Vogel der alten Ägypter? Hier kommt eine positive, männliche Kraft ins Spiel, die virile Energie-an-sich. Nikis

Werk bietet über die Jahrzehnte ein ganzes Vogel-Repertoire: Da gibt es die ins Horizontale geschwungene *Nachtigall*. Die Substanz dieser Figur ist beinahe nichts als Luft: Die Figur, fast zweieinhalb Meter in der Breite, aber nur halb so hoch, besteht fast lediglich aus vielfach durchbrochenen Flügeln. Die Handschwingen, die Armschwingen – man sieht sie nicht, man sieht nur den Unterarm, den Oberarm, den Gabelarm, das Schultergelenk, aus dem sich der geneigte blaue Kopf mit dem roten, geschlossenen Schnabel erhebt. Auch die Flügel sieht man nicht, die Schwingen sind nur im Kopf des Betrachters, es ist sicher die fröhlichste Darstellung eines Vogelskeletts. Nur der Kopf ist vollständig ausgeführt, aber diese *Nachtigall* singt nicht, sie ist damit beschäftigt, die Balance zu halten zwischen Himmel und Erde; vielleicht lädt sie ein, mit ihr aufzusteigen und auf jeden Fall: zu schweigen. Natürlich spielt die *Nachtigall* auf die Oper von Stravinsky an: *Le Rossignol*, und Stravinskys Musik hat auch den zweiten Vogel in Nikis Menagerie inspiriert, den *Feuervogel* beim Stravinsky-Brunnen in Paris mit seinem mächtigen, goldenen Kopfputz, und schließlich gibt es auch noch den *Adler*. Manche dieser Figuren sind bemalt, andere mit Mosaikfliesen überzogen oder mit Spiegeln.

Tinguely wird begeistert sein, wenn sie für Duisburg einen *Liebesvogel* baut, aber Niki zögert. Es gibt eine schmerzliche Geschichte in Zusammenhang mit dem Vogel. Sie betrifft Tinguely und ist gerade erst geschehen.

Tinguely hat sich einen *Liebesvogel* von Niki gewünscht. Groß soll er werden, mächtig, mindestens fünf Meter messen. Niki entwirft ein Modell, und dann entsteht der Vogel im Atelier von Jean in La Verrière. Der Vogel wird das Atelier ganz ausfüllen, vom Boden bis zur Decke; 5,50 Meter misst er am Ende und fordert die Arbeiter bis zum Äußersten. Die Bemalung ist besonders sorgfältig und aufwändig, der Vogel ist äußerst farbenprächtig mit seinen moosgrünen und blauen Beinen, dem linken, grün marmorierten Flügel, dem leuchtend roten und feuerfarbenen Rechten, er ist ganz Kraft und ganz Energie, wie er breitbeinig mit seinem kräftigen Körper und den kurzen Flügeln dasteht. Eine Taube? Ein Adler? Wer weiß das schon? Amüsiert sieht Tinguely, dass Niki dem Vogel nicht nur gemusterte Beinkleider verpasst hat, sondern auch noch eine Art von Knieschützern – und bunte Krallen. So wird die männliche Kraft humorvoll gebrochen – der Vogel ist ein ganzer Kerl, macht aber auf hübsch. Dazu passt, dass ein weibliches Wesen buchstäblich an ihm hängt. Sie hat den blauen Körper der Wesen, die himmelwärts streben. Oder ist sie ein Wasserwesen? Immerhin trägt sie einen Badeanzug, dessen Streifenmuster in kreisförmigen Umrandungen der mächtigen Pobacken auslaufen. Hängt sie an ihm – oder erwächst sie aus ihm? Wächst das Weibliche aus der Brust des Männlichen? Niki hat sich nicht nur mit griechischer und ägyptischer Mythologie beschäftigt, seit ein paar Jahren lässt sie sich von den Sagen und den Traditionen der nordamerikanischen Indianer inspirieren, beschäftigt Heiler und Weise, wenn es um die Einweihung von Kunstwerken geht. Bei den Sioux und bei den Dakota wächst das Weibliche aus dem Männlichen. Es ist eine Weiterentwicklung des Männlichen, es entsteht in der Brust des Mannes und geht aus ihm hervor. Und dann gibt es noch den Donnervogel auf zahlreichen Totems. Er kann mit seinen Schwingen Gewitter hervorbringen, mit ihm ist nicht zu spaßen – vielleicht sind die Flügel bei Nikis Vogel auch deshalb deutlich reduziert: Von diesem Vogel soll keine Gefahr ausgehen. Und doch wird der Vogel gefährlich. Nicht ihr, nicht Jean – wohl aber einem anderen.

Der Liebesvogel für Jean wird im Sommer fertig. Für die Bemalung haben sie ihn in die Waagerechte gebracht, wochenlang ist Niki in Jeans Atelier geblieben und hat die Muster und Ornamente, die Sonnen und Blumen aufgemalt. Es ist ein meditativer Akt, sie lässt sich Zeit, dieser Vogel mit seiner Verbindung des Männlichen und des Weiblichen erscheint ihr nun, da sie älter wird, wie ein Symbol ihrer beider Leben und Arbeit. Sie summt, während sie malt, sie hört den altmodischen Jazz, den Tinguely nicht mag. Er serviert ihr wieder morgens den Kaffee ans Bett, so wie früher, aber sie spürt, dass diese Arbeit etwas abschließt. Tinguely merkt das ebenfalls, es macht ihn unruhig, er mag keine Abschlüsse, und als Niki sagt, so, nun sei sie fertig, nun könne sie abreisen, sucht er nach Mitteln und Wegen, sie aufzuhalten. Immerhin liegt der Vogel noch da, er liegt auf der Seite, sie können ihn nicht einfach so aufrichten, dazu bedarf es spezieller Mechaniken. Für diese Mechanik, für die Flaschenzüge im Atelier, ist Urs, Jeans Assistent, zuständig. Urs, der redliche Arbeiter, der Einzige, der im Team auf Ordnung, Arbeitszeiten und Routinen hält, hat aber seinen Jahresurlaub genommen. Da kennt er kein Pardon, da ist er unerbittlich. Vielleicht sein letztes Mittel, wenigstens einen Rest von Autonomie in Jeans nervenzehrender *Bande Suisse* zu bewahren? Auf jeden Fall ist Urs nicht da. Und deshalb müsste der Vogel eigentlich da liegen bleiben, wo er ist. Aber das hält Tinguely nicht aus. Ein liegender Vogel ist ein toter Vogel – was soll das bedeuten? Und wie soll er damit leben, wenn Niki nicht da ist? Was für ein böses Omen! Natürlich schafft es Tinguely, die anderen zu überreden, den *Liebesvogel* ohne Urs aufzurichten. Keiner weiß genau, wie es geht. Sie probieren eine ganze Weile herum, und Niki wird ungeduldig, weil sie diese Art von Dilettantismus hasst und weil sie fortwill. Der Vogel hat sie viel Kraft gekostet, die Arbeit mit Polyester verschlimmert ihre Lungenbeschwerden, und das Atelier von Jean ist voller Staub und Eisen, was es nicht besser macht. Sie hat ihm die Liebe erwiesen – aber nun muss sie weg von hier! Noch einen Tag, noch zwei. Bitte, Niki! Der Vogel steht. Er bietet einen überwältigenden Anblick in seiner Pracht und in der schieren Körpermasse. Er scheint das Atelier zu sprengen, es ist nicht ganz klar, wie sie ihn je wieder hinausbefördern sollen. Sie lachen, sie feiern, dennoch reist Niki am nächsten Tag mit einem unguten Gefühl ab. Sie lässt Rico bei Jean, einfach so, vielleicht kann er ein wenig nützlich sein, außerdem beruhigt es sie, wenn ihr guter Geist an Ort und Stelle bleibt. Sie versucht, das negative Gefühl zu vergessen, aber das Gefühl soll sich bestätigen: Eine Woche später kehrt Urs aus seinem Urlaub zurück. Er schlägt die Hände über dem Kopf zusammen. Was habt ihr da denn gemacht, nein, so geht das nicht! Er wird laut, er staucht die anderen zusammen, sodass Rico sich erschrocken davonmacht. Rico hält das nicht aus, diese Lautstärke, diese Wut. Es ist ja klar, dass sie es Urs nicht recht machen können. Er ist der Perfektionist unter ihnen, der Sicherheitsfanatiker, sofort steigt er auf das Gerüst, um sich davon zu überzeugen, dass der Vogel wenigstens halbwegs stabil steht. Er klettert hinauf, Meter für Meter – und dann tut es einen furchtbaren Schlag. Urs, der Umsichtige, der so trittsicher ist wie keiner sonst, stürzt vom Gerüst. Er verletzt sich schwer am Rücken. Die andern rennen herbei. Ambulanz, Notfallmediziner, Krankenhaus. Jean ist verzweifelt. Der Vogel hat ihm kein Glück gebracht. Sie hätten ihn nicht bauen sollen. Oder Niki hätte nicht abreisen dürfen. Sie haben etwas Grundlegendes falsch gemacht. Nur – was?

Kann Niki ihm jetzt mit einem zweiten *Liebesvogel* kommen? Kann sie die Geschichte umkehren? Kann die Geschichte vom *Verliebten großen Vogel*, wie er auch heißt, sich ins Positive wenden? Sie weiß, es wird nur gehen, wenn sie den alten Mythos neu auflädt. Nicht Ganymed und nicht der Vogel der Dakota. Es muss etwas Drittes her, etwas Neues. Etwas Eigenes. Niki ist sechzig. Da beginnst du loszulassen.

Der Brunnen in Duisburg begann sein Spiel. Es hatte einen kleinen Ruck gegeben, jetzt sprühten die Fontänen, die Figur schwenkte gravitätisch hin und her.

Martha hatte genug gesehen. Sie wandte sich ab, ging die Königstraße weiter Richtung Rathaus. Ihren kleinen Koffer rollte sie neben sich her. Ja, sie hätte gut und gern bei der Mutter in Wanne-Eickel übernachten können. Gestern hatten sie Abendbrot gegessen, gemeinsam die Nachrichten im Fernsehen angeschaut und dennoch das Gefühl gehabt, die Zeit sei stehengeblieben. Sie hatten angefangen zu erzählen, die Mutter hatte Fotos herausgeholt, sorgfältig arrangierte Alben, aber nicht die, auf denen der Vater zu sehen war, er war sowieso auf den wenigsten, eigentlich war er ja immer auf Arbeit, der gute Vater. Die Mutter hatte geseufzt, und als das Gespräch stockte, hatte sie plötzlich verschmitzt gelacht und eine Flasche aus der Anrichte geklaubt. Die Flasche hatte die Form eines schlanken Mondes, der Mond war ein wenig zerknittert und von einer eher kranken, gelben Farbe, was am Likör lag, der in der Flasche herumschwappte: *Mond über Wanne-Eickel*, so hieß das Gebräu tatsächlich, nur eine einzige Drogerie verkaufte es noch, nach geheimem Rezept. Sie fingen an zu gibbeln, lachten schließlich lauthals – ein Schwips auf Rezept. Je mehr sie tranken, umso besser schmeckte es, und natürlich gab es auch *Toblerone* – die Schweiz, mein Hümmelken, dat wär mal wat. Dabei hätte sie jetzt reisen können, die Mutter.

So kam es, dass Martha beschloss, doch besser im Hotel zu wohnen. Es war schön bei der Mutter, es war heimelig. Eben. Energisch zerrte sie das Köfferchen über das Pflaster. Am Rathaus vorbei, an den 1-Euro-Läden, dem Fitness-Center, *KIK* und *Knüllermarkt*, *Royal Donuts*. Wie fertig die Stadt war, wie runtergerockt! Es tat Martha in der Seele weh. Oder sie spürte, dass Duisburgs Seele schmerzte. Die Stadt hatte ja eine. Sie war eine ehrliche Arbeiterstadt, aber die Zeit war an Duisburg vorbeigegangen, ach was, vorbeigerauscht, und dann hatte man Museumsleute beauftragen müssen, sich Gedanken über die Gestaltung des Hafens zu machen. Der Hafen war mal bedeutend gewesen, genau wie die Stahlindustrie.

Der berühmteste Duisburger war eine Erfindung: Schimi, Horst Schimanski, der *Tatort*-Kommissar, der in den 1980er Jahren das Publikum aufgeregt hatte, weil er manchmal »Scheiße« sagte. Der hinreißend tanzen und schnoddern konnte und am

Ende in einem Ballon über Duisburg davonschwebte – und natürlich dabei »Scheiße!« rief. Der andere Versuch der Stadt, zu neuer Bedeutung zu finden, war die Loveparade gewesen. Das war 2010 gewesen. 21 Tote. Mehr als 600 Verletzte. Sechs junge Menschen begingen hinterher Selbstmord. Die Stadt hatte sich mit dem Umzug der Rockbegeisterten völlig übernommen. Massenpanik in einem Tunnel, Massenpanik an Treppen, Getrampel, Geschrei – ein Desaster. Erst ein Bürgerbegehren schaffte es, dass der Stadtobere zurücktrat. Und nun? Erschöpfung, endgültig, wie es schien. Leerstand, misstrauische Blicke. Eine Frau mit einem Rollkoffer fiel hier auf. Noch am Waschcenter vorbei. *Reed Fitness, Mr. Perfect's*, eine Autoaufbereitung, beides in einem Parkhaus untergebracht, von rot-weißem Flatterband abgesperrt. Endlich, der Kanal – und das Hotel. Drinnen verzweifelte Buntheit, Niki-Farben im Foyer, ein überforderter Rezeptionist. Willste 'ne Cola? Fürs lange Warten. Die Cola war warm und süß. Das Fenster des schmalen Zimmers ging immerhin auf den Kanal, ging auf die Lichter des Hafens. Im Bad sah man, dass eine Weile nicht gewischt worden war. Niemand nahm das Telefon ab an der Rezeption. Dann eben ein staubiger Schlaf. Martha löschte das Licht.

Es war schon Mittag, als sie am nächsten Tag das Rathaus verließ. Schon – oder erst Mittag, denn so schnell hatte sie sich noch mit keiner Behörde geeinigt. Gutachten, hingeworfen auf zwei Seiten, war okay, Kostenvoranschlag war okay, Zeitplan war okay. Nur: Abtransport war nicht okay. Der Vogel musste bleiben, wo er war. Ein Abtransport käme entschieden zu teuer. Also? Gerüst war schon bestellt, Wasser würde abgestellt werden, Martha sollte sich ein genaueres Bild machen – und dann los. Aufsicht hatte ein Mann vom Museum, man bildete sich im Rathaus nicht ein, die Details zu kennen, geschweige denn, sie beurteilen zu können. Man war realistisch in seiner Selbsteinschätzung in Duisburg, vielleicht zu realistisch, von Zielen und Vorstellungen war keine Rede, es gab auch keinen Zeitrahmen, das hatte Martha noch nie erlebt. Machen Se mal. Beschwingt ging Martha zurück zum Brunnen, zu ihrem Brunnen. Den unterschriebenen Vertrag hatte sie eilig in die Innentasche ihrer dicken Jacke geschoben, wie einen Ausweis, den man bei Gelegenheit hervorzieht.

Die Sonne schien. Jetzt, an einem gewöhnlichen Werktag, war der Boulevard belebter. Am Brunnen saßen Leute. Sie hockten auf dem flachen Brunnenrand, der Nikis Figur umgab. Aus einiger Entfernung wunderte man sich, dass das Wasser nicht ungehindert in die Stadt floss. Kleine Gruppen, Paare, junge Familien, die ihre Kinder davon abhielten, in das Brunnenwasser zu steigen. Eine einzelne ältere Frau saß da, schaute den Boulevard hinab. *An- und Verkauf*, *CDU*, *Sparkasse*. Die Frau wartete offenbar. *Mariechen saß auf einem Stein*, fiel Martha ein. Martha erschrak: die Mutter.

»Was machst du hier, bei der Kälte?«

»Na, nach wat sieht es aus, Föttken – ich warte auf dich.«

Martha zog die Mutter hoch, nicht gut, so tief zu sitzen, es war ja nett gedacht mit der Brunnenumrandung, obwohl diejenigen, die da saßen, am wenigsten vom *Lifesaver* hatten: Sie wandten der Brunnenfigur den Rücken zu.

»Und nass isset außerdem!«, sagte die Mutter jetzt, als hätte sie Marthas Gedanken lesen können. »Je nachdem, wie der Wind steht oder bläst, pustet et dat Wasser schon mal übern Brünnen.« Sie lachte. Sie konnte dem Wind nicht böse sein. »Komische Konstruktion«, sagte sie über den Brunnen. »Aber schöne Farben. Tu den hier ma ganz gut.«

Sie holten sich einen Kaffee am Büdchen. Martha wurde ein belegtes Brot aufgenötigt. »Dat kannste ruhig ma verkasematuckeln.«

Die Mutter schaute wohlwollend zu, wie immer, seit 35 Jahren. Warum war Martha die grausige Kinderballade vom Mariechen-auf-dem-Stein eingefallen? Das Lied vom Mädchen, das sein goldenes Haar kämmt, von einem bösen, verzauberten Jägersmann erschossen und am Ende von einer guten Fee gerettet wird? Gut und gern zwanzig Strophen?

»Haste geliebt als Kind«, sagte die Mutter, als Martha fragte. »Konnte gar nich lange genug gehen. Immer, allet!« Sie lachte wieder. »Warum willste dat wissen? – Und du hass Feen gemocht. Du hass so lange gezappelt, bis ich dir 'n Kostüm fürn Karneval genäht habe. Du! Als Fee, na ja!« Sie lachten beide. Die Mutter griff nach Marthas Hand. »Na, ich will ma nich länger stören! Wollte dich nur mal besuchen auf deiner Baustelle, Kleinet! Na, du machst dat schon!« Sie rappelte sich hoch. Eine Umarmung, ein dicker Kuss. Eiskalte Nase, warme Hände. Sie zog spielerisch an Marthas Schal. Sie machte sich davon.

Martha war *pappsatt*, warm, ein bisschen schläfrig von so viel Liebe. Sie dachte an die zarte Niki, die eher von Champagner als von *Knifften* gelebt hatte, deren Mutter *Visiten* machte, statt bei jemandem vorbeizuschauen, und die *empfing*. Deren spätere, sehr späte Besuche bei Niki und den Kindern eher sorgfältig arrangierte Termine waren als spontane Abstecher, wenn man den Fotos glauben konnte. Und doch. Liebevoll, zärtlich und voll großer Sehnsucht hatte Niki über ihre Mutter geschrieben. Die Mutter, die hart und streng war, die mit allem zuschlug, was gerade in der Nähe war. Die Haarbürste ins Gesicht! Den Vaterkörper auf die Tochter! Und Niki, die ihre Mutter dennoch verteidigte. Martha schüttelte den Kopf. Wer wollte das verstehen? Die Mutter, die zumindest geahnt, wahrscheinlich gewusst hatte, was Nikis Vater, was ihr Mann der Tochter im Schuppen antat, die vornehm wegsah, nicht wusste, nicht wissen durfte – und eine Tochter, die sie noch Jahrzehnte später in Schutz nahm, ja sich bedankte für die mütterliche Dressur? Wer nahm diese Tochter in Schutz? Und wer zog die Mütter, die zuschauten, je zur Verantwortung? Wo war der rettende Vogel, der dieses verletzte Kind mit sich nahm und in Sicherheit brachte?

Ein paar Wochen später war der *Lifesaver* eingehaust – in einigem Abstand, weil die Figur immer noch durchtrocknete. Gut, dass es so windig war! Mit einem feinen Skalpell und einer Lupe untersuchte Martha den Vogel, Meter für Meter. Die Diagnose war klar: Kalkschaden. Lange, viel zu lange, war das Wasser an der Bemalung herabgelaufen, Teflonschicht hin oder her. Wasser und Skulpturen war immer eine heikle Sache, aber hier war die Sache ernst: Um Geld zu sparen, hatte die klamme Stadtverwaltung auf eine Entkalkungsanlage für das Brunnenwasser verzichtet. Das war Schaden mit Ansage! Der Sachbearbeiter, der das Malheur zugab, wurde von Marthas Gebrüll geradezu an die Wand gedrückt. Die Kollegen eilten herbei, versuchten zu beruhigen. Der Vorgesetzte wurde geholt. Sie wussten es ja alle – oder die meisten. Aber was sollte man machen? Der Plan war so gut, der Traum war so schön, wieder einmal hatten sich die Duisburger total übernommen, diesmal mit *dem* Künstlerpaar der achtziger und der neunziger Jahre.

Martha lachte bitter. Ein Traum, der zu groß und zu schön war, ein Künstlerpaar, das keines mehr war, und ein Brunnen, dessen Wasser zwangsläufig die ausgestellte Herrlichkeit zerstören würde. Sie konnte versuchen, es besser zu machen, sie konnte Forderungen stellen. Natürlich würde jetzt technisch nachgerüstet, aber einige Schäden waren nicht wiedergutzumachen. Wasserbäche hatten tiefe Rillen in die Figur geschnitten, Feuchtigkeit war durch feine Risse gedrungen. Der Unterbau war vor Jahren restauriert worden, die Streben im Inneren waren damals verrostet gewesen. 180 Verbindungen waren erneuert worden, mit Fachleuten aus der Stadt. Damals war der *Lifesaver* abgebaut worden, monatelang hatte die Reha gedauert, wie die Zeitung launig schrieb. Stabil war er jetzt, der Vogel. Aber der Rest! Die Figur selbst! Reg dich nicht auf, Martha. Es ist das Übliche eigentlich, nur ein wenig schlimmer. Und die Bedingungen waren ungünstig, weil die Stadt die Figur nicht abbauen wollte, nicht abbauen konnte. Sparen, sparen! Der Abtransport auf einen

Tieflader hatte damals, bei der ersten Reparatur, einen ganzen Tag gedauert. Erst hatte man die Figur kaum vom Sockel lösen können: Die Schrauben saßen wirklich sehr fest. Ein Flügel ließ sich abbauen, der andere nicht. Dann die ganze Figur vorsichtig in die Waagerechte bringen, die Haltegurte des Krans sofort polstern, um die 1,5-Tonnen-Fracht Zentimeter für Zentimeter auf die Ladefläche des LKW zu hieven. Es wurde schon dunkel, als die Sache endlich geschafft war – schon diese Phase der Restaurierung hatte das knappe städtische Budget gesprengt. Nein, Abtransport war nicht. Gab es nicht, ging nicht.

Martha gab sich einen Ruck. Sie schrieb eine zweite Expertise, sie schrieb geharnischte Briefe, wenn sie abends in ihrem Hotelbett die Limo aus dem Tetrapack saugte. Jetzt kein Alkohol mehr, jetzt wurde es ernst. Immerhin: Sie bekam eine tüchtige Assistentin an die Seite gestellt. Was die Stadt zuvor versäumt hatte, versuchte sie jetzt durch mehr Einsatz wettzumachen. Heizstrahler wurden aufgestellt, Warmluftgebläse. Martha schwitzte erbärmlich bei der Arbeit, aber für den Vogel war es gut. Martha schrubbte und schrubbte. Sie setzte ihre Radiergummis ein, sie reinigte feucht. Sie mischte in ihrem Hotelzimmer, das sich allmählich in eine Mischung aus Labor und Waschküche verwandelte, immer neue Reinigungsmittel mit Wasser, immer schön dünne Verbindungen, immer ganz vorsichtig ausprobiert. Die Ablagerungen aus Kalk und Fett und dem Dreck, der in der Luft umherwirbelte, waren hartnäckig, aber Schicht um Schicht, Meter um Meter kam Martha voran. Die Assistentin protokollierte alles, beschaffte neues Material, überzeugte die Stadtoberen, redete mit den Museumsleuten, die hilfreich zur Seite standen.

Es ging voran. Die Passanten hörten auf zu murren, dass ihr Rettungsvogel nicht zu sehen war, also: fast nicht zu sehen. Der Scheitel und ein Stück der Augen schon, aber der Rest war verschwunden. Sie kamen jeden Tag. Jeden Tag umlagerten Passanten den eingerüsteten Brunnen, so wie sie sich vorher bei ihm getroffen hatten. Lange her, dass sie sich über den *Pleitegeier* aufgeregt hatten. Jetzt fragte keiner, was die Restaurierung, die Monate dauerte, am Ende kosten würde. Jetzt war er ihrer, der komische Vogel, der bunte Vogel, jetzt war er ein Wahrzeichen der Stadt.

Martha hätte die Uhr nach den Besuchern stellen können: Die frühen Arbeiter am Morgen – ein paar gab es tatsächlich noch – von denen einige sogar, wenn nicht alles täuschte, die Mütze zogen. Dann die Schulkinder, die es eilig hatten und lärmten, sich aber doch ein paar Minuten am Denkmal herumdrückten. *Denkmal*, so nannten sie das. Dann rückten die Hausfrauen an, energisch und mit Taschen und Körben bewaffnet. Die stellten sich auf einen Schwatz an den Brunnen, die Hände in die Hüften gestemmt, und beurteilten fachmännisch den Fortgang der Arbeiten. Vom Putzen verstanden sie schließlich was. Nun machense mal hinne, Frollein! Gutmütig brachten sie gelegentlich einen Kaffee vorbei. Zu den Hausfrauen gesellten sich am späteren Vormittag die Trinker und die Obdachlosen, von den Hausfrauen giftig beobachtet: Kannste nich mal watt arbeiten jehn? Dann die Pausenmacher aus den umliegenden Geschäften, aus der Bank, von den Versicherungen. Wie sie verschämt ihre mitgebrachten Nudelsalate und Pausenbrote auspackten und verputzten! Mitten auf dem Boulevard, ganz knapp vor dem *Lifesaver*, gab es ein Café. Da konnte man sich unauffällig hinhocken, vielleicht eine Cola bestellen und heimlich das Mitgebrachte unter Heizpilzen verzehren. Manchmal merkte die Bedienung die Anmaßung, dann setzte es aber was – ein kurzes Geschrei, dann eroberten neue Pausenmacher die schmiedeeisernen Stühle.

Nachmittags kehrte für eine Weile Ruhe ein, die Schüler trödelten zurück, die Arbeiter, die Straßenreinigung begann mit dem Fegen, kleine Besenwagen wie metallische Insekten, entfernte Verwandte mancher Niki-Figuren; es wurde Zeit zu gehen. Martha ließ sich in ihrem Hotelzimmer erschöpft aufs Bett fallen, einfach so, in ihrem Arbeitsoverall, so sah das Bett auch aus, mittlerweile hatte es der Zimmerservice aufgegeben und räumte nur noch alle paar Tage die Tetrapacks mit der Limo und der Apfelschorle weg, auch gut.

Die 903 rumpelte und ruckelte. Es roch nach Feuchtigkeit. Die Mutter hatte Martha gegen Mittag abgeholt: Wird höchste Zeit, dass du mal rauskommst! Nein, es machte ihr nichts aus, nach Duisburg zu kommen:

»Zu Hause fällt mir ja nur die Decke auf den Kopf, seit.«

Sie musste den Satz nicht zu Ende sprechen. *Seit* hieß: seit der Vater tot war. Ein ganz blöder Unfall. Die Firmenleitung war sofort da gewesen, unser Beileid, das meinten sie auch so, es war in Ordnung, es war eine Sauerei, sie hatten noch so viel vorgehabt, und seitdem waren die Wochenenden leer.

»Den Rest schaffe ich gut«, sagte die Mutter. Arbeiten, Behördengänge, all der tägliche Ärger, das hielt sie in Schwung, dafür brauchte sie keinen, war stolz auf ihre Selbständigkeit. Aber das Schöne, das Überflüssige, die Wochenenden, die Freuden – das nicht mehr zu teilen, das war schwer. Der Vater hatte sich immer etwas ausgedacht, nichts Großes, aber eben doch Überraschungen, kleine Ausflüge, ein Kinobesuch, manchmal ein Trip nach Holland, eine Wanderung. Und nun? Nun war die Mutter froh, dass Martha da war, fast jedenfalls, Wanne-Eickel – Duisburg, das war ja so gut wie nix, da schien derselbe Mond drüber, der Mond über Wanne-Eickel – sie lachte und tätschelte Marthas fast saubere Restauratorinnenhand.

»Kind, dat Ekzem is ja fas weg?« Niki tat ihnen irgendwie gut, den Händen.

Sie waren unterwegs, zum Landschaftspark im Norden der Stadt. Ein stillgelegtes Hüttenwerk, viel Grün und ja, sogar regelrechter Wald drumherum. Einen Tag nikifrei, das war angenehm, Martha fühlte sich schon ganz gekrümmt, ganz schief, und es würde wohltuend sein, den Blick mal wieder in eine

Ferne zu richten, an einen Horizont, und nicht nur auf das sanfte nahe Weiß und Schwarz und Rot und Blau und Grün der Polyesterfigur. Immer das Bunte und Krumme direkt vor Augen, da wurde einem schon schwummerig.

Die Bahn schaukelte, Leute stiegen aus und andere ein, Familien, bunt gekleidet mit vielen unternehmungslustigen Kindern. Graue Arbeiter, müde junge Mädchen, das Augenmake-up dunkel verschmiert. Kriegerische Hausfrauen, vorbereitet auf den Tag. Nun rück mal zur Seite!, sagten sie, wenn ein junger Mann nicht gleich Platz machen wollte. Eine junge Frau hievte sich die steilen Stufen der Straßenbahn hinauf. Sie trug schwer an ihrer Fotoausrüstung. Der Park im Norden war ein großer Anziehungspunkt, eine Million Besucher pro Jahr, referierte die Mutter stolz, als hätte sie einen Anteil daran. So empfanden wohl die meisten Leute in der Gegend. Der Park war ihrer. So, wie das Hüttenwerk ihres gewesen war. Hier fanden Partys statt, Konzerte, ein Handwerkermarkt, Lichterfest, *dat janze schöne Vergnüjen*! Die Stadt pries die Stille und Ruhe? Na ja ... Damit hatten es die Leute hier nicht so recht. Es musste schon immer was los sein. Nur in der Dämmerung, wenn das Licht sich allmählich über die Eschen und Eichen davonmachte, dann gab es auch den anderen, den stillen Zauber eines Industrieparks, den sich die Natur allmählich eroberte.

Heute aber nicht. Heute war viel los. Heute schoben Familien ihre Kinderwagenbatterien über die Wege, sausten Inline-Skater und -Boarder an ihnen vorbei.

»Wir hätten uns Fahrräder leihen sollen«, sagte Martha. Die Mutter nickte. Terrassen, Treppen, die Absetzbecken, in deren Wasser sich die Bäume spiegelten. Die ehemaligen Hochöfen, *das Krokodil*, das Windrad. Was war das für ein Kunststück, aus dem ehemaligen Industrieareal, aus dieser Riesenbrache, einen Park zu machen, den die Menschen akzeptierten. Die alten Gemäuer, die Anlagen waren nicht nur stehengeblieben, sondern auf wunderbare Art mit den Bäumen und Büschen, den Wegen und Seen verbunden. Zeit wurde hier sichtbar, das Vergehen des einen und das Aufkommen des anderen. Ein Industriemärchenland, nein: ein Industriegeschichtenland. Es wurde ja nichts beschönigt, die Härte der Gegend blieb immer spürbar. Da war das Windrad! Martha mochte es besonders gern. Es war schon von weitem zu sehen. Über ein Getriebe war es mit einer Wasserpumpe verbunden. Die förderte über eine Schnecke das Wasser der Alten Emscher für die Bunkergärten. Sauerstoff reicherte das Wasser durch die Bewegung an – die biologische Qualität des Wasserlaufs wurde so verbessert. Saubere Arbeit! Und das in der Stadt, die gleichzeitig am Entkalker für den Niki-Brunnen gespart hatte. Martha seufzte. Vielleicht wäre der Niki-Brunnen hier besser aufgehoben gewesen, sie hatte plötzlich den Impuls, die ganze, riesige Figur hierher zu entführen, weg aus der kalten, kahlen Innenstadt hinein in den warmen, gut geplanten Park, den so viele Menschen liebten.

Ob Niki das hier kennengelernt hatte? Es gab so etwas wie eine stille Verbindung zum Brunnen in der Stadt, erst recht zu Tinguely mit seinen Stahlskulpturen.

Sie tranken den mitgebrachten süßen Tee, sie wanderten, sie hielten einander bei der Hand. Martha fragte:

»Hast du auch so einen Hunger?« Die Mutter sagte ja, bevor sie in sich reinhören konnte, aber es war ja gut, wenn das Kind Hunger hatte, sah ganz schön bleich aus in letzter Zeit, die Arbeit mit dem verdammten Polyester machte ihr sicher zu schaffen. Obwohl es nicht so schlimm war wie früher, nicht wie die Arbeit im Chemiewerk, da hatte Martha oft regelrecht nach Chemikalien gestunken, hatte rote Augen gehabt, da war das losgegangen mit den Händen. Na ja, sie hatte sich ja bekrabbelt, hatte einen guten anderen Job gefunden, hatte ja sogar studiert, was für ein schweres Studium das gewesen war, im weit entfernten Dresden auch noch! Die Mutter tätschelte, wie zum Kommentar, Marthas Rücken.

»Wo gehen wir hin?«

»Nach Marxloh«, sagte Martha. »Da war ich ewig nicht.«

Duisburg-Marxloh. Da, wo die Stadt am verlorensten war. Der Mutter war es eigentlich nicht recht. Sie wäre lieber schön bummeln gegangen, in der Stadt selbst, in der City, wie man hier immer noch sagte, aber wat willste machen? Wenn sich das Kind das nun mal in den Kopf gesetzt hatte? Also wieder in die 903, die Mutter schwieg jetzt, vielleicht war sie ein wenig verstimmt, aber wenn, dann zeigte sie es nicht, Hauptsache, dem Kind ging es gut. Martha war fröhlich, die Mutter hatte sie lange nicht so überarbeitet und gleichzeitig so vergnügt gesehen.

»Schau mal!«

Da war die alte Arbeitervorstadt. Martha war als Jugendliche manchmal hier gewesen.

Sie hatten Ausflüge in den Industriepark gemacht und waren dann, hungrig wie die Wölfe, hier eingefallen. Der Mutter war das nicht recht gewesen. Sie kannte Marxloh, so behauptete sie jedenfalls, nur aus dem Fernsehen. Schimanskis Wohnung war hier gewesen, ja, gleich hier, in der Weseler Straße! Schimanski? Kind, was du alles nicht weißt! Der legendäre Duisburger *Tatort*-Kommissar. Der konnte aus seiner Wohnung auf Schwelgern 2 sehen, komische Aussicht: auf einen Hochofen gucken, während du morgens ein Glas mit rohen Eiern runterspülst, na danke!

Den Jugendlichen, Marthas Gang, waren die Hochöfen egal. Aber sie fanden die vielen Kneipen gut, die Dönerbuden, die türkischen Restaurants, in denen es für kleines Geld die köstlichsten Fladenbrote gab oder süße Quarktaschen im Morgengrauen.

Die Bahn ruckelte.

»Los jetzt, wenn du schon unbedingt willst, Kleinet!« Die Mutter klang tatsächlich ein wenig ungehalten.

Was jetzt? Was war in der Weseler Straße, in der Schimanski-Straße passiert? Auch Martha staunte: Hier lag ein Brautmoden-Laden am anderen! Weiße Kleider, beige- und goldfarbene, Glitzer, Strass, geschnürte Mieder, weit ausgestellte Röcke und fließende Roben, pompöse Reifröcke und raffinierte Cocktailkleider, die anscheinend nur aus Netzen und Schlitzen bestanden. Dicht an dicht die Geschäfte, dicht an dicht reihten sich die Neugierigen davor. Gab es so viel Bedarf an Hochzeitsartikeln in Duisburg? Mutter und Tochter schlenderten weiter. Martha hatte ihren Hunger einstweilen vergessen. Anzüge jetzt, Bedarf für den Herrn. Kronleuchter, Badezimmerausstattungen und Schlafzimmer, die in ihren Ausstattungen eher den Suiten in zwielichtigen Hotels ähnelten. Die Hauseingänge schäbig, die Fassaden bröckelig. In einem Durchgang eine Braut, aber kopflos – die Schaufensterpuppe war nicht mehr ganz vollständig, wies auf einen Laden, der offenbar im Hinterhof lag. Werbung für *Western Union*, für die CDU: *Stark bleibt*. Daneben, ein schiefer Standaschenbecher. Selbst in zweiter, in dritter Reihe gab es die Läden für die Braut! Martha sah nun auch, woher der Besucherstrom kam: Am Straßenrand parkten Autos mit Düsseldorfer Kennzeichen, sorgfältig gepflegte mit Kölner Kennzeichen, aus dem Bergischen Land, aus Wolfsburg, Kleintransporter aus Frankfurt, betagte, aber blinkende Mercedes-Limousinen aus Stuttgart – ja, sogar aus München reisten die Menschen hierher an, auf der Suche nach dem ganz großen Glück für einen Tag.

Du fasstet nich'! sagte die Mutter, und Martha glaubte, einen unwilligen Ton herauszuhören. Das Glück war so gleißend, dass Martha blinzeln musste: Die meisten Schaufenster waren grell erleuchtet. Sie blieben vor einem der Läden stehen. Hinter der Scheibe machte sich eine Dekorateurin, tief verschleiert, an den Schaufensterpuppen zu schaffen. Sie drapierte eine Schleppe, sie richtete ein königsblaues Mieder, sie zupfte am Ausschnitt des schimmernden Kleides, Stecknadeln zwischen den Lippen, die Augenbrauen zusammengezogen. In einem anderen Laden nur schneeweiße Kleider, dicht an dicht, Kleiderstaffeln, zehn, zwanzig, hundert Kleider, die Puppen davor auch hier kopflos. In einem anderen Laden die Figuren in zwei Reihen hintereinander, wenn du eintrittst, stehen die Bräute für dich Spalier. Martha fiel Störtebeker ein, der, obgleich schon geköpft, noch an einem Dutzend seiner Männer vorbeigegangen war und sie auf diese Weise rettete. Nur dass die Bande hier schon geköpft war! Noch mehr Kleider, rosafarbene, türkisfarbene, beigefarbene unfrohe Kleider, paillettenbesetzte, steife, fließende, mit Ranken darauf, gestickten Blumen, Perlen. Nebenan probierte eine junge Frau gerade eine ausladende Robe an. Sie sah aus wie eine Blume, die in einer zu üppigen Vase steckt. Freundinnen drum herum, kichernd, sie machten Handyfotos. Die Verkäuferin emsig wuselnd, die Tanten kommentierend, lachend. Aber die werdende Braut, schon mit einem glitzernden Diadem im noch ungeordneten Haar, hielt sich die Hände vors Gesicht. Warum?

Überall Bräute, noch mehr Bräute! Aufgeregte kleine Nichten, Cousinen, Mütter. Die Männer, obwohl allgegenwärtig, hatten hier nicht viel zu melden. Sie standen zu zweien oder zu dritt vor den Läden, rauchten und übten finstere Mienen. Zwischen den Läden Werbung, Tafeln, Hinweisschilder. Selbst die Stromkästen waren mit Brautmoden-Werbung ummantelt.

Pass doch auf! Immer wieder wurden sie energisch zur Seite geschoben. Die Kaufwilligen kannten kein Pardon. Sie hatten viel vor. Sie mussten an einem Tag Ausstattungen für Braut und Bräutigam erstehen, das ganze teure Zubehör. Sie schnatterten, sie diskutierten, sie guckten sich lautstark die Augen aus dem Kopf. Und dagegen: Diese stille Duldsamkeit der Bräute hinter den Scheiben. Wie eingefroren.

Die Mutter sagte: »Mir reichtet langsam. Komm, wir gehen wat essen.«

Aber auch das *Istanbul*-Restaurant war voller ungeduldiger Menschen. Eilig kauften sie zwei Köfte, fanden mit Mühe einen Platz an einem der langen Tische. Um sie herum wurde türkisch gesprochen, das war angenehmer als deutsch, man musste nicht zuhören, nicht verstehen.

Die Mutter holte tief Luft.

»So 'n Quatsch wirste ja wohl nich' machen, oder?!?«

Martha lachte und schüttelte überrascht den Kopf. Wie kam die Mutter darauf? Hatte sie etwa den Eindruck erweckt, sie hegte solche altmodischen, romantischen Träume?

»Gut. Is eine Falle«, sagte die Mutter streng. »Da darf man sich nichts vormachen.«

Martha war überrascht. Was sie selbst vom traditionellen Heiraten hielt, war klar. Die Braut war ein logischer Schritt in der kapitalistischen Wertschöpfungskette. Sie bildete Kapital durch ihre Bereitschaft, sich zu binden, zusammen mit einem Mann eine gut funktionierende, also arbeitende und konsumierende Zelle im Gefüge der Gesellschaft zu bilden. Wenn man die Gesellschaft außen vor ließ, wenn man das ganz nüchtern für solch ein Paar betrachtete, mochte es ja angehen: ein Vertrag, von dem im besten Falle beide Seiten etwas haben konnten. Aber dass die Mutter das so kritisch sah?

»Du und Vater, ihr wart doch auch ...«

»Lass Vadda mal beiseite!«, knurrte die Mutter. »Wir hatten Glück. Wir hatten einfach mehr Glück als Verstand. Ich vor allem.«

»Ihr habt euch doch ... habt euch doch ...« In diesem Rahmen kamen Martha die Worte ganz seltsam vor.

»... geliebt?«, ergänzte die Mutter fragend. »Klar. Ham wa. Aber das war doch auch Glück. Ist nich die Regel. Schon gar nich so lange.« Sie seufzte hochdeutsch: »Siebenundzwanzig Jahre, vier Monate, dreiundzwanzig Tage.«

»... wart ihr verheiratet?«

»Quatsch! Zusamm'.«

Für die Mutter zählten nicht die Ehejahre, sondern das Beisammensein.

»Guck mal ...« Die Mutter griff jetzt neben sich, nach Marthas

Hand. Sie begann zu erklären. Sie redete über die Situation der Frauen in den siebziger, in den achtziger Jahren – nicht überall, nicht im Allgemeinen – »... davon versteh ich nix«. Sie redete von den Frauen hier, im Pott, von selbstbewussten Arbeiterinnen, die ihr Brot schon früh selbst zu verdienen wussten. Von den Sekretärinnen, die sich für etwas Besseres hielten, von den Laborantinnen, die früher als die anderen aus dem Werk zurückkehrten. Es gab auch Hausfrauen, aber die malochten ja ebenso, auf ihre Weise, die waren geachtet für ihre Fertigkeiten, hoch spezialisierte Tortenbäckerinnen waren darunter, solche, deren Wäsche auf den Leinen in den Hinterhöfen auf rätselhafte Weise immer weiß leuchtete – trotz des Rußes, der sich auf alles und jedes legte.

Die Frauen verstanden etwas vom Leben, vom Geschäft, was dasselbe war. Konnte sein, dass die Männer die härteren Arbeiter waren, aber die Geschäfte, die führten die Frauen. Besser, sich gut mit ihnen zu stellen, besser, sie nicht zu vernachlässigen.

Und doch! Und doch gab es Zoff in fast jedem Haus. Und doch wurde gestritten und manchmal geschlagen. Und doch sah man Kinder bedrückt um die Häuser schleichen, weil sie sich nicht nach Hause trauten.

»Dat is dat System«, hörte Martha ihre Mutter zu ihrer Überraschung sagen. »Dat System ist darauf aus, uns Frauen zu benachteiljen. Ja, guck nich so. Ich hab auch wat gelesen. Und vor allem nachgedacht.«

Das System, das war in ihren Augen ein unheiliger Club, ein Zusammenschluss aus Staat, Behörden, den Lenkern der Industrie, bis hin zu den ganz kleinen Chefs, den Abteilungsleitern in irgendwelchen Werken. Dazu die Pfaffen und die meisten Lehrer, die ganze männliche Besserwisser-Brut. Wenn man das Ganze nüchtern betrachtet hätte, hätten die Frauen am meisten verdienen müssen – die Hausfrauen natürlich auch –, und dann hätte man Verträge auf Gegenseitigkeit schließen können, schließen müssen.

»Aber janz so war es denn doch nich.«

Und das lag, so die Mutter, an der ganzen faulen Romantik. Verächtlich wies sie auf die Läden da draußen: »Dat isset. Dat is dat janze Unglück.«

Sie rührte in dem Tee, den Martha jetzt eilig herbeigebracht hatte. Sie hatte ja keine Ahnung, was die Mutter so alles bedachte!

»Is ja schön, wenn man ma Händchen hält. Und ohne Sex ...« – sie schaute Martha fest in die Augen – »... ohne Sex kannsse dat sowieso allet vergessen.«

Aber: Die romantische Verkleidung machte die Leute fertig. Diese Ideale, die nicht zu erreichen, sondern allenfalls zu kaufen waren. Die Versprechen. Das Heilige. Das ganze Brimborium.

»Allet Kram!«, entschied die Mutter. Es diente nur dazu, die Frauen gefügig zu machen. Weil sie den vorgestellten, verkauften Idealen sowieso nie würden entsprechen können.

»Hast du dir mal angeguckt, wie viele Läden für Männer es hier jibt?«, fragte sie empört.

»Nicht viele. Zwei vielleicht«, erwiderte Martha.

»Eben.« Auf den Männern lastete kein vergleichbarer Druck. »Und die bekommen schließlich auch keine Kinder.«

Die Kinder. Das war es. Die Kinder besiegelten das Schicksal der Frauen. Sagte die Mutter. Klar ging es nicht ohne. »Wo kämen wir denn da hin?!?« Sie lachte. »Und dich, Fötteken, hab ich schließlich auch janz gern bekommen.« Aber sie war jetzt in Fahrt. Ihr ging es um das Allgemeine: »Schau dir doch ma an, wann die Frauen die Kinder bekommen. Und wie viele.«

Die Mutter hatte da ihre eigene Theorie: Je schöner und klüger die Frauen, umso eiliger hatten es die Männer, ihnen ein Kind zu machen. Ja, so hieß das dann. Noch immer. Ein Kind machte die Frauen gefügig. Es machte sie abhängig. Vor allem: Es lenkte sie ab.

Wie oft hatte die Mutter erlebt, dass aus ausgezeichneten Schülerinnen brave, angepasste Familienmütter wurden. Die sollten die Ersten sein, die in ihrer Familie hätten studieren können! Und der Hans oder Franz, der dann daherkam, fand das ja angeblich gut, dass seine Liebste so schlau war, ihm über, in fast allem. Klar doch, versprach er dem Vater in die Hand, er würde sie nicht einsperren, klar doch, sagte der Kerl der Mutter, er würde seine Süße schon machen lassen. Und dann? Dann kam die Hochzeit, dann verging kaum ein Jahr, dann kam das erste Kind, und nach zwei Jahren, wenn die Frau sich berappelt hatte und den Kopf wieder höher trug, dann kam das nächste. Aus die Maus! Schnapp! Kopf ab! Sagte die Falle. Diese jungen Frauen mit den rotgeweinten Augen. Die hätten es ohne ihr Likörchen nie und nimmer ausgehalten! Und dann später die Sahnetorten.

Die Mutter schlug mit der Hand auf den Tisch.

Martha beschloss, der Mutter jetzt die Geschichte von Niki de Saint Phalle und deren verlassenen Kindern zu erzählen.

»Du, Mutter ...«

»Lass uns gehen. Lass uns ein bisschen gehen.«

Die Mutter brauchte jetzt Bewegung. Auslauf, wie der Vater früher immer gesagt hatte. Das war ein Synonym gewesen für *Wir müssen reden*. Wollten sie vor dem Kind, also vor Martha, Konflikte verbergen? Vielleicht. Aber vor allem waren die Wände der Wohnung so dünn, da erhielt man dienstags eine Antwort auf eine Frage, die man montags dem Ollen gestellt hatte. War dem Vater egal. Fand die Mutter aber nicht gut. Also gingen sie auch jetzt. Die Weseler Straße runter, ein letztes Mal an all den Brautläden vorbei, an der geschäftigen, schubsenden, eiligen Menge, den rennenden Kindern, den Schildern, die sich unversehens in den Weg stellten, argwöhnischen Jugendlichen, die sie aus Hauseingängen betrachteten. Rauch. Parfüm. Stille. Sie waren irgendwo links abgebogen. Sofort wurde es stiller. Die Häuser hier niedriger, schmaler, genau so schäbig wie zuvor, aber nicht beladen mit Werbetafeln. Schüchterne, schlanke Bäume hier und da, eine vollgeräumte Gosse, ein schlaffer Fußball.

»Sie hat ihre Kinder verlassen.« Es sollte nicht so vorwurfsvoll klingen, wie es jetzt aus Marthas Mund kam.

»Un'?«, fragte die Mutter ruhig zurück. »Ich denke, sie war Künstlerin, deine Niki?«

Natürlich hatte sie sofort verstanden, um wen es ging. Antrainierte Mütterfertigkeit, immer zu wissen, mit wem sich die Tochter gerade beschäftigte, selbst wenn sie keine Namen nannte, gerade, wenn sie keine Namen nannte.

»Na ja ... also. Sie sagte immer wieder, dass sie sich nicht in richtiger Art und Weise um die beiden kümmern konnte.«

»Sie war doch Künstlerin?«, wiederholte die Mutter ihre Frage.

»Und?« Jetzt war es an Martha, die 1-Wort-Gegenfrage zu stellen.

»Na, dann isset doch klar«, sagte die Mutter entschieden. »Sie musste eben tun, was zu tun war. Is eben so.«

Martha blieb vor Verblüffung stehen.

»Na, komm schon, Kind!« Die Mutter ging unbeirrt weiter.

Für sie war die Sache klar. Wenn einer erkannt hatte, was er unbedingt tun musste, musste er oder sie es eben tun. Mit allen Konsequenzen. Diese Niki hatte ihre Kinder doch geliebt, oder? Ja, das sah so aus. Na, dann würde ihr das doch sicher nicht leichtgefallen sein? Und ihren Harry? Na, das kannte man ja, wenn man so jung mit einem Mann zusammengekommen war. Ging im besten Fall für eine Weile gut. Aber dann waren es meist diese Flitzepiepen, die sich blitzflink auf was Neues konzentrierten. Also mit einer neuen Ische ankamen. War eben so. Waren darauf aus, sich möglichst flächendeckend zu verbreiten. Das würde ich mal ganz nüchtern sehen, Kind. Wie gut, dass diese Niki ihre Kunst hatte! Sonst wäre sie vermutlich durchgedreht nach diesen ganzen Aufregungen. Sie war auch tatsächlich ein bisschen irre gewesen, sagte Martha zaghaft, die einerseits das Gefühl hatte, Niki mit dieser allzu schlichten Beschreibung ein wenig zu verraten, andererseits nicht wusste, wie sie Missbrauch, Nervenzusammenbruch, Psychiatrie und Stichwaffen in den Taschen auf eine nachvollziehbare Weise und dabei kurz erzählen sollte.

Irre? Na, das kommt ja auch nicht von ungefähr.

Martha erzählte also von Zusammenbrüchen, von der Klinik, den Elektroschocks. Die Mutter schüttelte bekümmert den Kopf:

»Armet Blach!«

Zu ihrer Verblüffung nahm Martha jetzt Tränen in den Augen der Mutter wahr.

»Mit solchen Problemen war man ja damals völlig aufgeschmissen, gut, dass dat heute anners is«, sagte die Mutter. »... na ja, wenn man Glück hat.«

Und sie erzählte von jungen Müttern, die durchgedreht waren, die nur noch weinten, von solchen, die ihre Kinder nicht annehmen konnten, obwohl sie sich diese doch sehnlichst gewünscht hatten, von ratlosen Vätern und wütenden Schwiegermüttern, von gepackten Koffern im Morgengrauen, schleichend leise davonfahrenden Wagen.

»Furchbar, dat Ganze. Und alles nur wegen dem Druck.«

»Wegen dem Druck?«

Sie bogen wie auf Verabredung um eine Ecke. Etwas weiter vorn eine Eckkneipe. Laute Musik von drinnen, es klang arabisch. Davor eine Horde von jungen Männern, alle mit weißen Hemden, lärmend, Flaschen in der Hand. Die beiden Frauen zögerten. Die Männer warteten auf irgendetwas. Ein paar Security-Leute darunter, muskulöse Typen, mit wachsamen Blicken, Knöpfe in den Ohren, stramm sitzende Hemden, gegelte Köpfe. Dann hielt ein Lieferwagen, es sprangen ein paar junge Frauen heraus, öffneten die Ladeklappe, hievten Kisten heraus. Die jungen Frauen trugen bonbonfarbene Kleider, viel Glitzer darauf, Pailletten, die Haare hochgesteckt. Sie lachten, sie schwitzten. Die Männer rührten sich nicht, schauten aber konzentriert herüber. Die Frauen schleppten jetzt Kisten in die Kneipe. Ein, zwei Männer bequemten sich zum Lieferwagen, inspizierten das Innere, Gelächter. Eine Limousine rollte heran. Jetzt war das Geschrei groß, Jubel, Applaus: Das Brautpaar fuhr vor. Eine Hochzeitsfeier! Die Musik drinnen wurde noch lauter gedreht, das Brautpaar stieg aus, sofort wurde der Mann von seinen Freunden umringt, sie wurden nach drinnen gespült, die Menge strömte hinterher – es wurde still.

»Siehsse«, sagte die Mutter. »Genau dat mein ich. Vielen Dank, Schicksal, für diese Vorführung.«

»Wieso?« Martha fühlte sich etwas begriffsstutzig.

»Da has du sie wieder, deine Hochzeitsindustrie. Das kritisierst du doch sonst immer. Und das macht Druck. Du willst es unbedingt allen recht machen. Das sind so uralte Träume. Aber es sind nicht unbedingt deine. Guck ma, wie die hier die Bräute zurichten.« Sie lachte – das Wort, das ihr gerade eingefallen war, machte ihr Spaß.

»... genau, lauter zugerichtete Bräute! Und deine Niki ... die musste ihren Weg gehen. Is ihn ja auch gegangen. Dat hat eben Konsequenzen. Dat tut erst ma allen weh. Aber dann wird es auch wieder gut, irgendwann. Und keiner hat ein Recht, da reinzuquatschen. Is dein Leben. Dafür zahlst du auch ganz alleine deinen Preis. Dat weiß man.«

Sie schwieg eine Weile. Es war eine ungewöhnlich lange Rede für sie gewesen.

Sie gingen nebeneinander her, bogen hier ab, bogen da. Es funktionierte wortlos, ohne Anstrengung.

»Und? Is sie eine gute Künstlerin geworden?«, fragte die Mutter schließlich. Sie schaute Martha jetzt mit offenem Interesse an. »Is sie wirklich gut – oder is sie nur so 'ne Berühmtheit?«

Martha überlegte. »Doch, Mutter«, sagte sie schließlich, »sie war richtig, richtig gut.«

»Na, dann is ja allet fein«, sagte die Mutter. »Watt regste dich dann immer so auf! Deine Generation, ihr seid immer so moralisch. Komm, da vorn ist eine Bushaltestelle. Ich hab mehr Lust auf Bus als auf diese Ruckelbahn.«

13.

Nachts lag Martha lange wach. Sie dachte über die Worte der Mutter nach, dieses kurzangebundene Mitgefühl. Martha und ihre Mitstreiterinnen brauchten komplizierte Texte, um dasselbe zu erzeugen. Und, ja, es ging immer um Moral. Das machte oft müde. Das strengte an. Das teilte in richtig und falsch oder eben angemessen oder nicht. Marthas Mutter hatte kein Problem damit, dass es komplizierter war. Die meisten aber schon. Hatte Niki de Saint Phalle auch deswegen so provoziert?

Martha stellte sich vor, wie das schöne Paar hier reingeschneit kam. Eingeschwebt. Aus Paris, der Toskana oder New York in das prollige Duisburg. Die aristokratische Lady und ihr piratenbärtiger Kerl in seinem Monteursaufzug.

Zwar sehen die Duisburger sofort, dass der Mann wirklich malochen kann. So was riechen sie. Aber die Lady? Wie kommt die dazu, so ein kreischbuntes Ding da hinzuknallen? Da hatte schließlich mal der olle Bismarck gestanden. Der machte wenigstens was her. Und jetzt – dieser bunte Vogel. Was soll das? Hieß das, dass sie jetzt alle einen Riesenvogel hatten? Die Duisburger schütteln erst die Köpfe, dann beginnen sie zu schäumen, schreiben Leserbriefe, die die Zeitungen mit Begeisterung drucken. Endlich was los! Sie laufen Sturm, sammeln sogar Unterschriften. Die Stadtoberen sind ein wenig eingeschüchtert, aber Verträge sind Verträge. Der Museumsdirektor beschwichtigt, die Journalisten kommentieren. Dann kommt raus, wie viel der Spaß kostet. Du liebe Jüte! Davon könnte man ja eine der maroden Schulen renovieren! Haben sich die Leute zuvor für die Schulen eingesetzt? Eben. Dennoch steigt der Aufregungspegel, der Museumsdirektor wird nervös, beginnt, Sponsoren zu suchen, aber die winken ab: Was soll man mit einer Kunst, die polarisiert? Sie brauchen was Nettes, was die Leute freut! Streit ist schon genug. Da will man nicht vorne stehen. Briefe werden gewechselt, Faxe fliegen hin und her. Mehrfach ist die ganze Aktion gefährdet. Duisburg macht durch, was andere Städte schon hinter sich haben: einen veritablen Kunststreit. Andererseits, sagt sich der Museumsdirektor, andererseits hat das auch sein Gutes – wann hat die Stadt je über Kunst gestritten? Der Bürgermeister schaltet sich ein, beschwichtigt, für die Eröffnung, die feierliche Enthüllung des Brunnens wird noch ein buntes Rahmenprogramm geplant, und dann, 1993, ist es endlich so weit. Die Honoratioren sammeln sich, die Vertreter der Stadt und der Kultur, und da kommt es, das heilige Paar. Sozusagen. Eine schöne Vorstellung.

Aber: Niki de Saint Phalle reist allein nach Duisburg. Jean Tinguely ist bereits gestorben. Hirnschlag. Es war nicht unerwartet, gesundheitliche Komplikationen waren vorausgegangen. Immer wieder hatte Niki alles stehen und liegen lassen, war zu ihm geeilt, immer wieder hatte sie aus der Ferne versucht zu helfen, hatte sich ihren Kummer, ihre wachsende Verzweiflung nicht anmerken lassen, um dann doch ihre Botschaften loszuschicken, ihr Niki-Krickelkrakel in bunten Stiften, heiter in der Gestaltung, kindlich-traurig-trotzig ernst im Ton: Du kannst mich nicht alleinlassen, *Cou-Cou*, wo bist du nur, ich verbiete dir zu sterben, was soll ich nur ohne dich tun, *mon amour. Mon amour*, bis zuletzt. Jean Tinguely, der katholische Anarchist, der Womanizer und Malocher, der Macho und hingebungsvolle Großvater, ihr Lebensmensch. Das sagt sie, das schreibt sie, das hat sie vierzig Jahre lang gelebt. Und nun – allein.

Es ist nicht bekannt, wie Niki de Saint Phalle die Nachricht aufgenommen hat. Wo sie sich aufhält, als man sie anruft. Die Bestürzung ist jedoch allgemein, Tinguely ist beliebt, er ist geschätzt, wer solche eine Begabung zur Freundschaft hat, der besitzt Freunde in aller Welt. Hat sie sich zurückgezogen? Hat sie tapfer alle Anrufe entgegengenommen? Oder hat sie sich nach den ersten Gesprächen entschuldigen lassen und ist abgetaucht?

Niki de Saint Phalle flieht ihr Atelier. Zu viel verbindet sie hier mit Tinguely. Jedes Stück Eisen, der Stahl, die vielen Industrie-Reste, die hier herumliegen, alles fühlt sich nach Tinguely an. Das ist ja das Seltsame am Tod: Er überwältigt einen mit Anwesenheit und mit Abwesenheit zugleich. Wie sich dem stellen, ohne unterzugehen? Vielleicht sitzt Niki sehr still und sehr aufrecht an einem Tisch. Das ist möglich. Vielleicht steht der Tisch in Garavicchio im Tarot-Garten. Das ist wahrscheinlich. Sie muss dort nach dem Rechten sehen, sowieso. Sie ergreift also die erstbeste Gelegenheit und fährt dorthin. Diesmal kein großer Bahnhof, sie sagt niemandem Bescheid, nicht einmal den Frauen aus dem Dorf. Sie kommt abends an. Sie schließt das Tor auf. Es sieht immer noch aus wie der Eingang zu einem Gefängnis oder zu einem teuren Sanatorium, obwohl sich die Macchia darüber hermacht. Niki lächelt bitter. Sie geht schnellen Schrittes nach oben zur *Herrscherin*. Sie schließt auf und schaltet eine Lampe an. Die *Herrscherin* beginnt zu leuchten, kaum dass ein Licht entzündet ist, vervielfältigt es sich schon. Niki schaut sich im runden *Herrscherinnen*-Bauch um. Sie fröstelt, aber das wird sich schnell legen, wenn sie die Heizöfen eingeschaltet hat. Sie legt ihren Mantel nicht ab, nur den Hut mit der langen, eleganten Feder. Sie setzt sich. Sie wartet. Sie legt die schmerzenden Hände vor sich. Die Hände krümmen sich mit den Jahren. Auch die Füße machen ihr zu schaffen, die Lunge, das Herz. Sie atmet schwer. Sie will ankommen.

Sie hat die Tarot-Karten vor sich ausgebreitet, ihre Tarot-Karten. Ruth hat sie vor vielen Jahren dazu ermutigt, einen eigenen Entwurf zu machen. Sie solle all ihre Liebe und ihre Furcht, die Lebenserfahrung und die Hoffnung in diese Zeichnungen legen. Leicht gesagt! Niki hat sich dafür noch nicht reif genug gefühlt. Das ist ja das Feine, hat Ruth gesagt, du erlangst die Reife durch das Tun.

Und nun? Es gibt so viele Möglichkeiten der Legung, es gibt so viele Möglichkeiten der Befragung. Aber jetzt schaut Niki nur eine Karte nach der anderen an, langsam, ausführlich. Sie hat das große Blatt mit den Vorzeichnungen kopiert, einmal, zweimal, sie weiß noch nicht, ob sie Siebdrucke daraus machen soll – soll dieses Wissen in die Welt? Die Karten zu drucken und einfach über die Shops der Museen oder gar über den Buchhandel zu verkaufen, erscheint ihr irgendwie … frivol. Anonym. Andererseits: Es ließe sich Geld verdienen mit einer nummerierten, limitierten Auflage.

So sind die Jahre ins Land gegangen.

Der Stapel ist nicht sortiert; Niki weiß nicht, wann die Karte des *Todes* auf sie zukommen und wie sie das verkraften wird. Die Große Arkana, die den *Tod* darstellt, ist besonders aufwändig gestaltet. Der *Tod* kommt als Sensenmann auf einem Streitross daher. Er schleicht sich nicht an, er ist ein entschlossener Eroberer im schönsten Niki-Pink, das Schlachtross in Yves-Klein-Blau, ein kraftvoller, energetischer *Tod*, mit einer Lanze in der Hand, den linken Arm siegreich erhoben. Nur: Der *Tod* ist eine Sensenfrau, eine *Todin*, wenn man so will; auf der Rüstung sind deutlich die kreisrunden Brüste zu sehen, die ausladenden, weichen Hüften, die so viele Plastiken Nikis schmücken. Niki de Saint Phalle hat den *Tod* zurückerobert; sie verwandelt die Gestalt, die seit Jahrhunderten als männliches Skelett dargestellt wird, in etwas zutiefst Weibliches. Der *Tod* ist ein Verwandter der Engel, auch er ein Bote. Der *Tod* ist bei Niki de Saint Phalle die nur vermeintlich negative, die erschreckende Seite der Mütterlichkeit.

Trotzdem fürchtet sich Niki jetzt vor dem Aufdecken dieser Karte. Es ist nicht das erste Mal, dass ihr die eigenen Figuren unheimlich sind. Den *Teufel* hat sie gleich aussortiert. Soll er beim käuflichen Kartenspiel dabei sein, für ihr eigenes Spiel vermeidet sie ihn.

Der *Herrscher* – was haben sie und ihre Assistenten gelacht, als sie den Entwurf für den Tarot-Garten gestaltet haben! Der *Herrscher* oder *Kaiser* ist ein Symbol der männlichen Macht, schwanzgesteuert, so sagt man wohl, also haben sie ihm einen schönen

Phallus verpasst, der ragt senkrecht empor und ist an der Spitze ganz leicht gebogen, ein echter Männertraum. Im Garten von Garavicchio ist das Ding für die Besucher ein bisschen abstrakter, dafür vergoldet.

Immer haben sie sich über diese Fixierung der Männer amüsiert. Sie haben sogar gemeinsam einen Film mit Phalluskanonen und Riesenschwänzen gemacht, nicht ganz jugendfrei. Aber sind Träume jemals jugendfrei?

Un rêve plus longue que la nuit, heißt der Film jetzt. Ein Traum, der länger dauert als die Nacht. Ihr wäre *Camelia und der Drache* lieber gewesen, aber vielleicht hätte das tatsächlich zu kindlich geklungen, obwohl jeder Frau klar sein muss, dass sie ein Leben lang gegen Drachen zu kämpfen hat, zumindest gegen einen inneren, ein hässliches, gefährliches Ding, das bei jeder Frau einen anderen Namen trägt.

Im Film gerät ein kleines Mädchen in eine seltsame und bedrohliche Märchenwelt. Ein riesiger, zotteliger Drache nähert sich ihr, der nur aus bösen Augen und einem gewaltigen Maul zu bestehen scheint, aber ein freundlicher Zwerg hilft ihr, mit ihm umzugehen. Er wird sogar ganz folgsam, als sich Klein-Camelia auf einen bereitstehenden Thron mit goldener Brezelverzierung setzt und eine Krone erhält: Prinzessin Camelia füttert den Zwerg, dann den Drachen und hat alles im Griff. Dann aber tauscht sie mit dem Zwerg die Rollen, was den Drachen verwirrt. Er reißt dem Zwerg die Gedärme aus dem Leib, und Blut rinnt ihm über das kalkweiße Gesicht. Aus! Camelia irrt durch den Wald und trifft auf ein mechanisches Monster, eine Kopfgeburt, einen Zyklopen, der im nächtlichen Gegenlicht gewaltig rumort und röhrt und sie halb ängstigt und halb fasziniert, wie er da ankämpft gegen die Stille, die dunkle Macht des Waldes. Camelia geht weiter und findet rasch eine Freundin, eine geheimnisvolle und schöne Hexe-zu-Pferd, die ihr anbietet, sie zur erwachsenen Frau zu machen. Eine riskante Sache, warnt die Hexe, aber Camelia will unbedingt erwachsen werden. Die

Verwandlung gelingt. Sie begegnet an einem Wasserlauf dem schönen, blauen Vogel und streichelt dessen Rücken. Sie trägt jetzt ein schönes, weißes Kleid, aber die Braut wird schon sehen, was sie davon hat: gleich zwei Verehrer nämlich, wie es scheint. Der eine ist ein General der Erotik, der gleich zwei Gefolgsleute mitbringt. Sie tragen eine Rakete zwischen den Beinen oder ein drehendes Rad, ein anderer eine mit Federn gefüllt Kanone. Mehr Virilität, mehr Lächerlichkeit geht nicht. Die Männer vergnügen sich mit Nutten, und natürlich explodieren ihre Phallusse, einer nach dem anderen, während Camelia lieber den schönen Vogelmann küsst. Doch da taucht ein anderer auf, ein schwarzer Mann, der mächtiger ist als der Vogelmann und Camelia mit sich führt. Camelia jedoch weiß, dass sie auf einer Suche ist, bei der weder der schöne Vogel noch der schwarze Mann helfen kann. Sie will keine Braut sein, sie lehnt alle Anträge ab, der Mann, der sie vermeintlich über die Schwelle trägt, hält nur ihre leere Hülle in den Armen – dann endlich findet sie ihren Schatz: ein *Mirakeloskop*, ein Gerät, das den Zustand der Welt schonungslos zeigt, ihre Vermüllung, die Gewalt – aber auch die Schönheit der Natur. Der Schatz ist ein Zeichentrickfilm von Niki de Saint Phalle, in dem wundersamen optischen Gerät gebannt, es versammelt alles, was Niki vom Leben weiß, und bündelt es zu einer einfachen, grausamen Geschichte: So wütet der Mensch. Der Film erzählt aber auch von der Liebe, von Babys, von Kindern, die glücklich sind beim Spiel. Vielleicht gelingt Glück überhaupt nur dem, der zu spielen versteht?

Eine schreckliche Schlacht beendet den Film – alle, der General und der schöne Vogelmann, sterben im Kanonendonner, das kleine Mädchen, das Camelia einmal war, am Ende sogar der geliebte, gefährliche Drachen. Er stirbt in Camelias Armen. Der schwarze Mann wartet geduldig. Camelia verlässt ihre treue Freundin, die Hexe, und schreitet mit dem schwarzen Mann durch ein Tor. Sie gehen der Sonne entgegen.

Ein toller Film. Ein Traum- und Lebensfilm.

Wie lange ist das her? Diese Unbeschwertheit, diese Lust an der kollektiven Provokation? Wie lange ist es her, dass sie und Jean sich zu immer neuen Abenteuern gelockt haben? Mit wem soll sie spielen, jetzt, da er nicht mehr da ist?

Eine Karte schaut aus dem Stapel hervor, eine vorwitzige Ecke. Niki zupft daran, zieht: Es ist das *Rad des Schicksals*. Niki schummelt. Sie ignoriert den Fund. Sie deckt eine neue Karte auf: Der *Eremit*. Ja, der ist ihr jetzt näher. Diese nach innen gewandte, furchtlose Figur. Die achte Arkana. Als Spielkarte ist sie vollkommen transparent. Das Libellenhafte, Durchsichtige der Engelsflügel hat sich hier über die ganze Figur gezogen. Im Garten ist die entsprechende Plastik massiver gebaut: eine hoch aufgerichtete, leuchtend blaue Figur, deren Arme sich zu Schlangen auswachsen – Schlangen, deren Freundlichkeit aber durch aufgemalte rote Herzen und ähnliche Ornamente verdeutlicht wird. Die Figur legt die rechte Hand auf die Brust, als wollte sie etwas beschwören, ihre Augen sind seltsam blind, eben nach innen gewandt. Und als ob es heißen sollte: Hey, nehmt euch nicht zu ernst, nehmt das ganze Spiel nicht zu ernst, das Spiel, das das Leben ist, trägt die Figur eine avantgardistische Frisur, halb Undercut, halb Tintin, eine aufgerichtete blonde Welle. Der *Eremit* hält allerhand Widersprüche aus. Behutsam legt Niki die Karte beiseite, lässt sie aber aufgedeckt. Der *Eremit* kommt ihr gelegen.

Jemand öffnet die Tür. Jemand schiebt sich herein. Es ist Rico. Wie hat er es so schnell hierhergeschafft? Geht das mit rechten Dingen zu? Sie schaut auf, sie schaut ihn dankbar an, er eilt auf sie zu. Dünn ist er geworden, das fällt ihr jetzt erst auf. Er sorgt nicht gut für sich, er lebt nur für seine Arbeit. Seit er das Haus in Sankt Ursen hat, ist es noch schlimmer geworden. Und die Güsse, die er macht, all die Abbilder der Alltäglichkeiten, die er zu etwas Sakralem erhebt – ob die seiner Gesundheit guttun? Niki selbst schont sich nicht, aber Rico ist ein Radikaler. Er sieht aus wie eine Jesus-Figur, wie er da vor ihr steht, mager, der dunkle Bart unter seinem schmalen Gesicht macht ihn noch ernster. Die Augen glühen, aber sie sind gerötet, die Schultern gebeugt. Wer hat diesen Mann geschlagen?

Rico!

Niki steht auf.

Er wird für sie kochen. Sie wird kaum etwas anrühren.

In der Halle der *Kaiserin* glimmen viele hundert Kerzen. Es wird sehr warm. Niki und Rico sitzen zusammen und schweigen und sehen dem Widerschein der vielen Flammen auf den verspiegelten, vielfach gebrochenen Wänden zu. Rico spürt, wie er langsam verbrennt. Aber solange Niki da ist, ist es gut. Solange er da ist, ist es für Niki gut. Er wartet, bis sie zu Bett geht. Das Bett ist immer bezogen, es ist ein wenig klamm, aber Rico treibt irgendwo neue Decken auf, ein Schaffell. Er wartet, bis Niki eingeschlafen ist, das bringt sie nur bei ihm fertig, einfach so einzuschlafen. Rico zupft die Decke zurecht, er macht das ungelenk, mit den Fingern eines Arbeiters, aber die Sorge für Niki geht ihm leicht von der Hand. Wie anders das ist mit seiner Mutter, die nach ihm schlägt, sobald sie merkt, dass er sich nähert, immer schon, seit Jahrzehnten, von Anfang an. Seine Schwester hat ihm berichtet, dass sich die Mutter in den Bauch boxte, als sie mit ihm schwanger war, immer wieder, Schlag für Schlag, und damit hat sie eben weitergemacht, als er geboren wurde.

Niki lächelt jetzt im Schlaf, er bildet sich ein, dass ihm das Lächeln gilt, und schleicht vorsichtig zu seinem Lager. Noch mal ins Bad. Kaltes Wasser in die hohle Hand, die Tabletten genommen, alle auf einmal, so sollte man das nicht tun, sondern hübsch in Portionen, aber der Schmerz, der kommt ja auch nicht portionsweise, sondern springt ihn an, springt ihm gegen die Brust, so wie jetzt.

Als Niki am nächsten Morgen aufwacht, sich orientieren muss, zur Besinnung kommt, merkt, dass Jean nicht mehr da ist, nie mehr da sein wird, kann sie sich zunächst nicht bewegen. Sie wird ganz starr und steif und klein in ihrem Kummer. Sie friert.

Sie bleibt liegen. Sie wird für immer liegen bleiben. Ihr Blick fällt auf die Bettdecke. Jemand hat ihr etwas unter die gefalteten Hände geschoben. Eine Karte. Eine Tarot-Karte. Rico! Neugierig setzt Niki sich auf, kramt nach ihrer Brille, muss aufstehen, mit den nackten Füßen über den kalten Boden, schnell die Pelzjacke übergestreift, mit der Karte zurück ins Bett.

Das *Rad des Schicksals*. Schon wieder! Es ist eine Niki-Karte, aber es ist ein Jean-Motiv. Sie haben in Garavicchio eine seiner Räderfiguren in einen Brunnen gestellt. Von drei Zahnrädern angetrieben, sprüht die Figur vergnügt Wasser aus zwei Düsen. Das Ding ist schwarz lackiert, wie Jean das seit vielen Jahren mit seinen Plastiken macht, aber es wirkt heiter wie ein vielfarbiger Vogel, spielerisch. Das Rad ist der Urgrund der Dinge, vor allem für Tinguely, schon auf seinen ersten Reliefs drehten Räder auf der Rückseite allerhand Objekte auf der Vorderseite. Später hat er die Rückseite nach vorn gewendet, hat begonnen, dreidimensional zu arbeiten. Die Muster wechselten, die Räder blieben. Alles ist Bewegung, hat Tinguely gesagt. Nichts bleibt.

Niki weint und muss lächeln, als ihr die verwegene Flugzeug-Aktion von *Jeano* wieder einfällt. 1959 war das, in Deutschland.

Jeano, ausnahmsweise im Hemd und noch ohne Bart, ist Passagier in einer Cessna. Der Pilot schaut nach hinten und unten. Es scheint, als habe die Maschine gerade abgehoben. *Jeano* lehnt sich mit konzentriertem Gesichtsausdruck nach hinten. In der linken Hand hält er Flugblätter aufgefächert wie ein Kartenspiel. *Für Statik*, steht darauf, aber der weitere Text sagt das Gegenteil: *Alles ist Bewegung. Stillstand existiert nicht.* Vergiss, was dir die Leute weismachen wollen, vergiss ihre Einteilung in Tage, Stunden, Minuten und Sekunden. Freunde dich mit der Instabilität an. Sei frei, lebe!

Charles Wilp hat den Beginn dieser Aktion fotografiert, die an die Aktionen der Alliierten am Ende des Zweiten Weltkriegs erinnert. Damals flog die Air Force über die Trümmerlandschaften der deutschen Städte und warf ihre Botschaften ab: Hört auf zu kämpfen – beginnt wieder zu leben.

Tinguely greift das auf, geht aber noch weiter. Haben er und sein Pilot wirklich 150 000 Flugblätter über der Stadt Düsseldorf abgeworfen? Und, wenn ja, wieso erinnert sich niemand daran? Wieso werden nicht wenigstens ein paar hundert oder zweitausend in den einschlägigen Galerien und auf den Märkten gehandelt? Niki lächelt in sich hinein. Eine andere Version der Geschichte geht so, dass an jenem Tag starker Wind herrscht. Alle 150 000 Exemplare des künstlerischen Manifests werden demnach über die Felder um die Stadt herum verbreitet – und verschwinden. Allerdings gibt es auch noch die dritte Möglichkeit, dass nämlich *Jeano* und sein Pilot sehr wohl abheben – dass sie aber nie geplant haben, die riskante und obendrein illegale Aktion zu realisieren. Ein Als-ob genügt ihnen vollkommen. Und womöglich hat die Maschine mit den beiden Männern nie abgehoben. Was heißt das schon, dass das Cockpit auf dem Schwarz-Weiß-Foto nach oben gerichtet scheint? Die Cessna könnte genau so gut aufgebockt sein.

Niki hat das Foto immer bei sich, obwohl ihr der so junge Tinguely nicht viel sagt. Aber die Möglichkeiten sagen ihr etwas und der Mut, das schöne Verwirrspiel mit der politischen Botschaft.

Deshalb steht Niki de Saint Phalle jetzt, über vierzig Jahre später, ziemlich gelassen in der Duisburger Königstraße. Es ist wieder ein windiger Tag, aber der Wind trägt die Buh-Rufe und Pfiffe des Publikums keineswegs davon. Die Leute protestieren tatsächlich. Sie haben sich nicht damit abgefunden, dass an einem derart prominenten Platz solch ein Schmu gefeiert werden soll. Sie äußern sich nicht allzu laut, aber unüberhörbar, und das Grummeln und Raunen schwillt an, wenn einer der Stadtoberen das Wort ergreift. Beim Museumsdirektor schweigen sie verbissen: Der Mann muss ja für die Kunst sein, das ist sein Job.

Und außerdem hat er der Stadt durchaus schon was gebracht. Man denkt jetzt nicht mehr nur Kohle und Stahl und Pleite, man denkt auch an Lehmbruck, diesen schönen, unglücklichen Künstler, der jung gestorben ist, wie es sich für einen richtigen Künstler gehört. Die gute Dame da hinten mit dem roten Hut, die ist über das Lehmbruck-Alter schon deutlich hinaus. Eher frühes Großmutter-Alter, aber keine Spur von Zurückhaltung. Grelle Farben, bunte Muster. Und das soll eine Adelige sein? Sie trägt ja nicht mal 'ne Perlenkette! Gut, ein feines Lächeln. Sie gucken sich ein bisschen an dem Lächeln fest, aber nicht sehr lange.

Das Murren nimmt wieder zu, als der Bürgermeister seinen verehrten Gast aus Paris begrüßt, es klingt, als sei Niki de Saint Phalle eine Mode-Ikone, eine Abgesandte des heiligen Christian (Dior) oder wenigstens der heiligen Coco (Chanel).

Niki hält ihren Hut anmutig mit der Rechten fest und trägt das alles mit Fassung. Hinterher stehen die Stadtoberen mit geröteten Gesichtern bei ihr und wissen nicht, was sie sagen sollen. Die Gesichter sind gerötet vom Wind und ein bisschen von der Verlegenheit, weil die Skepsis der Duisburger, ihr Brass nicht zu überhören war. So viel Geld für so ein buntes, so ein Kinderding! So ein Kokolores!

»Macht nichts«, sagt Niki freundlich. »Sie werden schon sehen: Die Leute werden *The Bird* erst als Fotomotiv nutzen, dann werden sie ihn lieben.«

Sie sagt *The Bird*. Sie spricht vom Lebensretter-Vogel immer nur auf Englisch und immer nur in der abgekürzten Form. Er ist mittlerweile zum Klischee geworden für sie, der Vogel kann vielfältig eingesetzt werden: als Lebensretter, als Vogel der Liebe, als Totem. Sie ist froh, dass sie ihn hat. Sie ist froh über die Beinahe-Serie. Es ist anders als mit dem *Narren*: Der steht immer für Tinguely. Der *Narr* aus dem Tarot mit seinem Sauseschritt, dem Unternehmergeist, dem Mut, ständig Neues auszuprobieren – der fehlt hier. Der fehlt ihr. Niki wendet sich ab. Die Stadtoberen haben von Tinguely voller Respekt gesprochen. Für das Museum haben sie eines seiner Hauptwerke gekauft, das *Märchenrelief*. Sie schätzen Tinguely, den ehrlichen Malocher, der mit seiner Huldigung an Eisen und Stahl so gut zur Stadt passt. Mit dem Sockel für *The Bird* haben sie sich richtig ins Zeug gelegt; Tinguely hat ihn nicht mehr bauen können. Also haben die Duisburger eben selbst Stahl- und Eisenabfälle gesucht und gesammelt, haben nach Tinguelys Zeichnung selbst einen Unterbau für den *Lifesaver* gebaut, sich Tinguelys Kritik an der Wegwerfgesellschaft zu eigen gemacht, so scheint es.

Wäre Tinguely nicht stolz und zufrieden, wenn er das sähe?

Der Mann von der Zeitung hat ein Klemmbrett und einen Stift in der Hand, ein Fotograf steht erwartungsvoll neben ihm. Die Frage ist eigentlich nicht als Frage, sondern als Trostversuch gemeint, denn der junge Mann findet, dass Madame de Saint Phalle blass aussieht und in sich gekehrt, und er kann sich schon vorstellen, wie es ist, ein Denkmal einzuweihen, das einst mit dem Gefährten begonnen wurde, den es nun nicht mehr gibt. Niki schaut ihn mit diesem ganz speziellen Lächeln an, bei dem immer alle glauben, es gelte allein ihnen, und der junge Mann gibt dem Fotografen ein Zeichen, damit dieser beginnt, Bilder zu machen, aber dummerweise versteht der dusselige Fotograf das Zeichen falsch und fotografiert nur Niki, lässt seinen Kollegen außen vor, das sieht der junge Mann ganz deutlich, aber was soll er machen, er kann jetzt unmöglich etwas sagen, dann stünde er als eitler Fatzke da oder, noch schlimmer, als Romantiker, und deshalb werden ihm, das weiß er jetzt schon, keine schönen Erinnerungsfotos bleiben, sondern nur eine ganze Reihe hastig geschossener Niki-Portraits.

Aber was ist das? Plötzlich legt ihm Niki eine schmale Hand auf den Arm: *Venez-vous*, kommen Sie! Sie zieht ihn zur Seite. Er folgt ihr, aufgeregt, denkt, dass sie ihm jetzt sicher etwas Persönliches sagen will, jetzt bekommt er es, sein Zitat – aber da weist sie schon auf den Brunnen hinter sich, und er begreift: Jetzt haben sie endlich das Wasser angestellt, *Bird* beginnt, hin und her zu schwenken, und aus seinen Schultern sprühen freundliche kleine Wasserfontänen, die der Wind bis über den Beckenrand, bis zu den Zuschauern weht. Die lachen jetzt, endlich applaudiert die Menge freiwillig und fröhlich – und Niki und ihr Begleiter bleiben trocken.

»Wenn du das Fließen des Wassers hörst und siehst, lässt es deine Gedanken und Obsessionen verfliegen. Der Brunnen schafft diese Dimension der Freude. Er erfrischt den Geist.«

Das hat sie vorhin in ihrer kurzen Rede gesagt. Als sie sich bedankt hat für den Auftrag. Jetzt sagt sie nichts. Sie lacht ihn nur offen an. Aber er sieht diese schöne, diese tiefe Freude und dahinter eine ebenso tiefe Trauer. Dann ist sie fort. Er wird den ganzen Tag dieses Räuspern nicht mehr los und diese Notwendigkeit, trocken zu schlucken.

Sie wird sich folgsam von den Stadtoberen ihre Stadt zeigen lassen. Sie mussten eine Weile grübeln, bis ihnen etwas einfiel, das man zeigen könnte. Niki macht alles geduldig mit. Der junge Journalist, der wieder dabei ist, sieht, dass sie etwas aufatmet, als sie ins Lehmbruck-Haus kommen, sie bleibt vor Tinguelys *Märchenrelief* stehen. Es quietscht und eiert wie immer bei Tinguely; er lässt das Öl weg, er schmiert seine Maschinen nicht, weil er die Geräusche hören will, die die Mechanik erzeugt. Das *Märchenrelief* ist auch so eine Maschine, sehr breit und recht hoch, aber von nur geringer Tiefe. Eine Ente, ein wie irre zuckender Zwerg, aber im Vordergrund die Tinguelyschen Räder, Räder, die alles bewegen, die alles voranbringen. Sie bleiben stehen, zum Reden ist es sowieso zu laut. Man lässt Niki respektvoll, für eine Weile. Niemand fotografiert. Von dort geht es zum Essen in ein feines Restaurant, Niki rührt kaum etwas an, kein Wunder, dass Sie Ihre Figur so halten, *Madame*, entfährt es einem der Geladenen. Am schlimmsten sind grobe Männer, wenn sie versuchen, galant zu sein, aber Niki schaut den Mann freundlich und nachsichtig an, und da wäre der Mann am liebsten unsichtbar, auf der Stelle. Der junge Journalist, eingeladen auch er, sieht, dass auf Nikis Stirn ein paar Schweißperlen stehen, es mag an der stickigen Luft liegen oder an der Anstrengung. Endlich gibt es das Dessert, die Männer trinken ihr Bier aus, denn dem Wirt wird nichts geschenkt, ha-ha, und dann noch eine Zigarre, und geschafft ist dieser heikle Termin, der gar nicht so heikel war. Eigentlich ganz nett, die *Madame* aus Paris. Sie schaut immer noch freundlich und fragend.

Sie begleiten sie zum Hotel, Wiedersehen, *Au revoir*, sagen die, die es können, Niki hebt die Hand zum Gruß, ist schnell hinter der gläsernen Tür verschwunden, und die Stadt kommt dem jungen Journalisten noch glanzloser vor als zuvor. Weil er nicht weiß, was er sonst tun soll, geht er zum Brunnen zurück, ein paar Passanten stehen davor und diskutieren, das müsste er jetzt eigentlich notieren. Er schaut den bunten Vogel an, der *Lifesaver* sieht aus, als ob er gleich abheben wird, schön wäre das, er wünscht sich selbst anstelle der Frau an seinen Hals, und dann flögen und flögen sie, weit fort, egal wohin, nur weit weg, weg von der Misere im Ruhrgebiet, von dem, was verschleiernd Strukturwandel heißt und was bedeutet, dass erst sehr viele Leute arbeitslos werden und dann werden ihre bisherigen Arbeitsplätze zu Ausflugszielen. Er will weg von der Bedrückung und der Beschönigung, er will dahin, wo die Sonne öfters scheint und die Menschen heiterer sind. Mutmach-Vogel, so wird er das Kunst-Tier nennen, vielleicht kommt er öfters hierher, es wird interessant zu sehen sein, wie sich das entwickelt zwischen den Duisburgern und dem französischen Getier.

Ein paar Stunden später wird es dunkel. Die Leute haben sich längst zerstreut. Ein paar Trinker kramen noch herum. Sie haben sich sofort eingefunden. Sie sind anscheinend die Ersten, die den Brunnen adoptieren, aber nun wird es auch für sie Zeit zu gehen, sich einen Schlafplatz für die Nacht zu suchen. Es wird still, so still, dass man die Bahnen hört, die unterirdisch fahren. Niki nähert sich dem Platz, ihrem Platz. Sie nähert sich

The Bird, der jetzt zur Ruhe kommt, der ganz gelassen dasteht, als warte er ab.

Hast du deinen Ort gefunden?

Es ist nicht klar, wen Niki meint: *Bird*? Oder *Jeano*, von dem sie nicht weiß, wo er geblieben ist. Nur, dass er ihr sehr fehlt, jeden Tag.

Abends sitzt sie auf dem Bettrand in ihrem feinen Hotel. Der Fernseher läuft, aber sie hat ihn stumm geschaltet. Das bläuliche Licht flackert über das Hotelzimmer, über ihr Gesicht, wie ein ungesundes und kaltes Kaminfeuer. Unschlüssig streicht Niki de Saint Phalle mit der Hand über die Bettdecke, sieht bald zum Fernseher, bald zum Fenster. Es wäre an der Zeit, schlafen zu gehen, *Jeano*. Sie greift mit der Hand in die Nachttischschublade. Ihre Tabletten. Sie nimmt eine Handvoll, sie ist es so leid zu zählen. Ihr Blick fällt auf die Minibar. Da wird wohl nichts Rechtes dabei sein, in Duisburg. Zimmerservice! Champagner! Etwas anderes verträgt sie nicht, will sie nicht. Natürlich bringen sie Sekt, aber mit so begeisterter Miene, dass sie nicht protestiert. Seufzen, wieder hinsetzen, den Sekt probieren. Na ja. Vielleicht doch etwas Stärkeres aus der Minibar? Da liegt ein großer, gelb-roter Riegel Schokolade, in der berühmten Trapezform. Diese *Toblerone* liebt man nur in Deutschland, es ist ein Gruß aus der Schweiz. Rumfläschchen, Wodka, Whiskey. Niki schließt die Minibar, geht zu Bett, legt die Schokolade vorsichtig neben sich, lehnt das Piloten-Foto von Tinguely an die schiefe Lampe. Daneben ein anderes Foto, schwarz-weiß auch dieses. Es zeigt Laura, ihre Tochter, mit der Enkelin. Laura hockt auf den Beinen, sie ist nackt, aber ihre Brüste und der Schoß werden verdeckt von der ebenfalls nackten Enkelin. Die Enkelin kauert auf den Beinen der Mutter, ihr zugewandt und hat die Arme um die schöne Nackte geschlungen. Rette mich! Scheint die Geste der Kleinen zu sagen, aber Laura ist nur halb bei der Sache: Sie schaut nicht ihre Tochter, sondern den Betrachter an, sie kann beides: Mutter sein und präsent sein in der Welt des Fotografen.

Er könnte jederzeit abheben, dieser mütterliche Vogel, aber ihr Kind würde er mitnehmen. Laura-Bird ist Schauspielerin geworden, die einzige, die im *Rêve*-Film von Niki wusste, was sie tat. Die anderen haben auf Performance gemacht, was für ein Spaß. Niki denkt an die Geräusche im Film, die Musik von Peter Whitehead, die so viel subtilere Maschinenmusik von Tinguely, sie summt eine Jazzmelodie, die ihr neuerdings immer wieder durch den Kopf geht, nach so vielen Jahren, eine Melodie aus einem Kellerkonzert, gespielt von einem müden, schwarzen Bassisten. Irgendwann wird er kommen, der Schlaf, irgendwann wird sie ihre Träume begrüßen, schwarze Männer, einen blauen Vogel, die Freundinnen im Wald, die schöne, gute Hexe, ihren persönlichen, längst müden Drachen, die vielen Gestalten des Kartenspiels.

Martha schreckte hoch, als jemand an ihre Tür klopfte. Wie konnte das angehen! Sie hatte doch das Schild, das den Zimmerservice abweisen sollte, aufgehängt. Es war Samstag, sie hatte gestern mit der Mutter noch ein paar Cocktails getrunken, das heißt: Martha hatte ein paar genommen und dann die Mutter in die letzte Bahn nach Wanne-Eickel gesetzt. Jetzt wollte sie nur noch schlafen, aber das Klopfen hörte nicht auf.

Komme gleich!

Ihre Stimme, sonst so laut und kräftig, kratzte.

Sie fand ihren Bademantel nicht, zog den Pyjama irgendwie zurecht, entschied sich, das Fenster nicht zu öffnen, riss die Tür auf. Da stand Marie, in einem getupften Kleid, eine große Tasche über der Schulter und ein paar Briefe in der Hand.

»Morgen, Süße! Holst du eigentlich nie deine Post an der Rezeption ab? – Püh, können wir mal lüften?«

Schon war sie an Martha vorbei und riss das Fenster auf. Licht strömte herein, die vom Wochenende gemilderten Geräusche der Stadt.

»Lass uns frühstücken gehen.«

Zwei Stunden später saßen Martha und Marie noch immer an einem der kränklich grünen Resopaltische neben der Rezeption, die den Frühstückraum behaupteten. Ausgeschabte Portionsdöschen für Honig und Marmelade, sich krümmende, verschmähte Käsescheiben, fleckige Kaffeetassen, viel zu klein für den morgendlichen, dringenden Bedarf nach einem bitteren Wachmacher. Aber Martha war jetzt wach. Und wie! Sie hielt zwei Briefe in der Hand, die Umschläge lagen, hastig aufgerissen und halb zerfetzt, vor ihr auf dem Tisch. Der eine Brief kam aus der Westschweiz, aus Murten. Ein Hilferuf der Stadt. Die beigefügten Fotos zeigten den Grund: Eine wohlhabende Familie hatte der Stadt einen von Nikis großen *Birds* geschenkt. Tatsächlich handelte es sich bei der Figur um einen kleinen Bruder des Duisburger *Lifesavers*. Er war etwas pummeliger geraten, durch die andersfarbige Bemalung erkannte man schneller, was dem westschweizerischen *Lifesaver* am Hals hing: eine blonde Frau im buntgestreiften Badeanzug, deren Arme und Beine im schönsten Yves-Klein-Blau leuchteten. Aber: Der Vogel selbst brauchte Hilfe. Er war, sozusagen, nicht gut zu Fuß, denn: Die Eigentümerfamilie hatte *Bird* der Öffentlichkeit zukommen lassen wollen. Also war er aus dem eigenen Park an die Seepromenade gebracht worden. Doch damit nicht genug: Um *Bird* vor Vandalismus zu schützen, hatte man die Figur in einen eigens angelegten Teich gestellt. Einfach so. Ohne einen Sockel! Die Folgen waren nach sechs Jahren offensichtlich. Man musste den *Lifesaver* dringend retten. Nun gab es offenbar den Kostenvoranschlag von Experten aus Paris – aber da wollte oder konnte die Stadt nicht mitgehen. Ob Martha vielleicht …? Mit ihrer Erfahrung?

Martha dachte nicht daran. Niemals würde sie sich gegen die mächtige Restaurierungsfirma aus Paris stellen. Kein Streit, kein nachträgliches Unterbieten, wenn es zuvor keine Ausschreibung gegeben hatte. Eiserner Restauratoren-Grundsatz. Aber der zweite Grund, der war viel wichtiger, und Martha hielt ihn glücklich in der anderen Hand. Sie strahlte über das ganze Gesicht.

»Zeig her!«, sagte Marie schließlich und nahm Martha den Brief aus der Hand.

»He, gib her – meins!«, rief Martha in gespieltem Zorn und riss den Brief wieder an sich. Sie musste es erst einmal begreifen. Der Brief kam aus Hannover, der Absender war das dortige Museum für moderne Kunst, das ein privater Stifter vor mehr als sechzig Jahren ermöglicht hatte. Die Sammlung Sprengel bildete den Grundstock des Museums, später kamen Werke des 20. Jahrhunderts aus den Sammlungen von Stadt und Land dazu.

»Ein privates Museum?«, fragte Marie ein wenig skeptisch. Private Museen hatten ihre Tücken: Knappe Budgets – und man war von Wohl und Wehe der privaten Eigentümer extrem abhängig.

»Nein ... Stadt und Land zu gleichen Teilen«, sagte Martha langsam. »Ein richtig ordentliches Museum. Viel Expressionismus. Französische Moderne. Und ...« – sie machte eine Kunstpause –: »... und mehr als vierhundert Werke einer gewissen Niki de Saint Phalle.«

»Was?!?« Marie, die doch so viel über Niki recherchiert hatte, war offensichtlich verblüfft. »Ausgerechnet in Niedersachsen? Niedersachsen ist der Niki-Hotspot?« Sie lachte.

Martha zuckte die Achseln. So war es anscheinend. Sie hatte keine Ahnung, wie offenbar zentrale Bestandteile des Œuvres nach Hannover gekommen waren. Irgendetwas musste dahinterstecken oder ein Jemand. Ein charismatischer Museumsdirektor. Eine entschiedene Stadt. Und das Beste war: Sie würde es herausfinden.

»Sehr geehrte Frau Grünhold«, las Martha jetzt in übertrieben feierlichem, langsamem Ton vor. »Wir freuen uns, Ihnen mitteilen zu können, dass unsere Auswahlkommission entschieden hat, Sie einzuladen ...«

»Wow!«, sagte Marie.

»Erster Februar«, sagte Martha. »Das ist quasi übermorgen.«
»Das passt ja«, sagte Marie schlicht.
»Warum?«, fragte Martha etwas dümmlich.
»Na, ich bin da. Du wirst Hilfe brauchen.«

14.

Zuerst ist Niki de Saint Phalle in Hannover. Erst ein paar Jahre später folgt Jean Tinguely. Der Direktor des örtlichen Kunstvereins ist regelrecht verliebt in die verspielten, grausamen Werke der jungen französischen Künstlerin. Der Direktor ist wichtig, aber fast noch wichtiger ist der Vorsitzende des Vereins: Es ist der Oberstadtdirektor, ein gewisser Herr Läuffer. Eine Doppelfunktion? Für Kunstverein und Stadt? Oder, anders gefragt, ein Verwaltungsmann als Kunstsachverstand? Die Statuten des altehrwürdigen Vereins sehen genau das vor: Eine honorable Persönlichkeit der Stadtverwaltung möge dem Vorstand angehören. Das ist eine Kriegslist aus den Gründungstagen, ungefähr Mitte der 1830er Jahre. Wenn man die Kommune mit einbindet – wie soll diese dann etwas gegen Ausgaben für den Verein einwenden, gegen provozierende Ausstellungsinhalte? Denn provozieren, herausfordern, das will der Kunstverein von Anfang an. Da passt auch jetzt, 160 Jahre später, diese Aufsehen erregende Französin ins Konzept. Provozierend, aufregend, jung. Dass sie fantastisch aussieht, macht die Sache nicht schlechter. Man kann sich an bereits geplante Ausstellungen dranhängen, Düsseldorf wird die erste Station einer kleinen Niki-Tournee sein, und so wird Niki de Saint Phalle schon 1967 eingeladen in die niedersächsische Landeshauptstadt, und knapp zwei Jahre später ist es so weit: Die erste große Werkschau der Künstlerin findet ausgerechnet hier statt, in der Messestadt, der Stadt der Automobilindustrie, der Zulieferer, der ersten autogerechten Stadt Deutschlands nach dem Zweiten Weltkrieg, sie wird eingeladen in die Hauptstadt der Mittelmäßigkeit, ein Etikett, das der missmutige Dichter Gottfried Benn ihr in einem frühen poetischen Shitstorm angehängt hat. Abwertung, Abschätzigkeit, Durchschnittlichkeit. Und nun Niki. Niki de Saint Phalle ist begeistert, als die Kunstvereins-Oberen sie anschreiben. Die Ausstellung ist eine Chance, sich in Deutschland, auf einem der wichtigsten Kunstmärkte, zu positionieren – aber mehr noch gefällt ihr die Begründung der Hannoveraner: Die zeigen sich nämlich begeistert von HON, der großen, begehbaren Lust-Frau, die zwei Jahre zuvor in Stockholm aufgebaut wurde. Das zeugt noch immer von Mut. Die Kunstfreunde der Stadt wollen, so scheint es, keinem Risiko aus dem Weg gehen. Und sie sehen die Zusammenhänge. Also reist Niki nach Hannover. Tinguely hat keine Lust, mitzukommen, in diese Stadt, deren Name ihm nichts sagt. Mach's gut, *mon amour, au revoir,* lass es dir gutgehen.

Der Flughafen in Hannover, der immer gleiche, bleierne Himmel, die überbreiten Straßen auf dem Weg in die Stadt. Der größte Vorteil von Hannover sei, erzählt der Taxifahrer, seine Lage. Du bist schnell weg. Hamburg, Dortmund, Frankfurt – alles kein Problem, nur nach Osten, da stößt du bald an Grenzen, Braunschweig, Helmstedt und dann ist Schluss. Er macht eine Bewegung, als wolle er sich die Kehle durchschneiden, und Niki zuckt zusammen. Der Taxifahrer versteht den Schrecken im Rückspiegel falsch und ruft lachend nach hinten: »So schlimm ist es auch wieder nicht, eigentlich gar nicht schlimm, nur ...« Er zuckt die Achseln und konzentriert sich wieder aufs Fahren. Sie haben Niki im besten Hotel der Stadt untergebracht, sie sind von altmodischer Höflichkeit dort und sprechen ein langsames, irgendwie hoch aufragendes Deutsch, das Niki kaum versteht, dessen Klang und Ordentlichkeit sie aber wahrnimmt und schätzt. Das Hotel gibt es seit hundert Jahren, dicke Teppiche, schöne Tapeten, eine Bar, die Nikis Herz schneller schlagen lässt.

Wenn sie es womöglich auch tagtäglich mit Langweilern zu tun haben wird – hier lässt es sich aushalten. Im Foyer steht eine Büste dieser Luise, nach der das Hotel benannt ist. Luise von Mecklenburg-Strelitz, buchstabiert Niki mühsam, später Königin von Preußen. Aha? Und wer war der Gatte? Ein gewisser Friedrich II. Das muss Niki erfragen, man sagt es ihr bereitwillig, auf der Büste steht es nicht. Den Hannoveranern ist ihre Königin wichtiger als der berühmte Preußenkönig. Niki ist amüsiert. Recht so! Gleichzeitig wundert sie die Hinwendung zum Höfischen in einer sonst so geschäftig-bürgerlich wirkenden Stadt. Hannover hat es nach dem Krieg ungeheuer eilig, wieder auf die Beine zu kommen, das sieht man. Überall haben sie schon wieder Häuser hochgezogen, breitschultrige, sachliche, kompakte Zweckbauten. Betonfassaden mit großformatigen Fenstern, die Licht in die Gebäude bringen sollen, aber aussehen, als würden sie ständig gähnen. Flachdächer, die die Häuser nach oben abrupt abschließen, als habe jemand hastig einen Deckel auf das Haus geworfen. Und doch: Fleiß ist hier zu spüren, Entschlossenheit. Niki findet schon beim ersten Spaziergang Gefallen an dieser seltsam schmucklosen, sachlichen Stadt, die wirkt, als stehe sie stets mit geballten Fäusten da.

Zum Kunstverein sind es nur ein paar Schritte, trotzdem lassen es sich die Vorstände nicht nehmen, den wichtigen Gast persönlich abzuholen, Oh, guten Tag, Gräfin Niki – auf diese Anrede haben sich die Herren kapriziert, so haben sie zuvor nach Paris geschrieben, »sehr verehrte Gräfin Niki«, das ist ein schöner Kompromiss aus Niki-Nähe und höfischer Artigkeit, mit der sie es hier anscheinend haben. Niki lächelt und lässt sich einen Spazierarm reichen, *voilà*, bitte hier entlang, bitte dort! Es geht an der Oper vorbei, an ein paar Sehenswürdigkeiten, die nur die Hannoveraner sehen, dann sind sie da. Der Kunstverein, das ist nun allerdings eine wirklich prachtvolle Sache. Das Gebäude sieht nicht aus, als beherberge es moderne Kunst, es wirkt eher wie ein Repräsentativbau, und das ist es ja auch. Die

Mitglieder des Kunstvereins von 1832 verstehen sich als Bürgerverein, selbstbewusst sind sie, haben einen Vorstand und einen Beirat. Dazu gehört sogar der Ministerpräsident, ansonsten lauter honorige Herren und ein paar wenige Damen. Die Gesellschaft lässt sich ihre Kunst etwas kosten, also soll sie etwas hermachen, aber in ihrem fortschrittlich-bürgerlichen Sinn, wie der Vorsitzende etwas steif erklärt. Der graue Herr macht Niki ganz nervös in seiner Umständlichkeit, aber dann sind da die Räume, große Räume, fantastische Räume, ein Oberlichtsaal dazu, es sind viele Quadratmeter, und hier, ja genau hier, kann Niki machen, was sie will. Das sagen ihr die Herren mit Nachdruck in der Stimme. *Die Show*, so sagen sie es in frisch gelerntem Amerikanisch, wird eigentlich nur aus Düsseldorf und dann aus Ludwigshafen übernommen, aber es soll hier etwas Eigenes entstehen, den Räumen angepasst, Niki angemessen. Ist das nicht *great*? Niki denkt, dass es gleichwohl immer noch die Herren sind, die bestimmen, wann und wo Frau Künstlerinnen machen können, was sie wollen, aber sie wird sich schon nehmen, was sie braucht. Niki schüttelt Hände, schaut sich um, wird herumgeführt. Sie sitzen im Kunstverein an einem langen Tisch und machen einen Plan.

Fast dreißig zusätzliche Werke von Gräfin Niki sollen aus Frankreich herbeigeschafft werden. Die Ausstellung soll eine Werkschau werden, schön bunt, bitte! Ja, die Basis ist das, was in Düsseldorf und in Ludwigshafen bereits gezeigt worden ist, aber sie wollen ein bisschen mehr. Sie wollen, natürlich, die *Nanas*. Durch Fröhlichkeit provozieren, so sagt es Niki, das begeistert die Herren, aber, so mahnen sie mit ernsten, hannoverschen Stimmen, nicht Fröhlichkeit allein. Ernst soll es schon auch sein, sie können hier was vertragen, sie wollen die schön ramponierten Bräute und die *Schießbilder* und – das ist die Überraschung – dazu ein paar Maschinen von Jean Tinguely. So sagen sie es tatsächlich: Maschinen. Sie hatten schon eine hier, *Casimir II*, vor zwei Jahren, und fänden das eine gute Ergänzung, und Niki freut sich, dass hier ein männlicher Künstler die Frau ergänzen soll und nicht umgekehrt und gleichzeitig ist es erstaunlich, wie sehr sie schon als Duo in allen Köpfen sind, Niki und Jean, Jean und Niki.

Es funktioniert. Es wird immer funktionieren. Sie sind beide so gegensätzlich – und dennoch erscheint es selbst den fremden, höflichen Herren hier völlig logisch, ja: zwingend, dass man sie zusammen ausstellt. Niki ruft Jean an und dann, am Abend, auch Rico.

Rico, du guter Geist, wie läuft es in Lou-Haven? *Lou-Haven* ist Ludwigshafen, dahin hat Niki Rico geschickt. Bei der Ausstellung dort ist etwas schiefgegangen, mehrere Plastiken sind beschädigt, eine begehbare *Nana* darunter, eine *Nana*-Kapelle, eine *Big Lady* ist von ihrem Sockel gestürzt, bei einigen Figuren sind die Farben abgeschabt, schon beim Transport von Düsseldorf nach Lou-Hafen ist einiges passiert, wie soll das nur weitergehen, jetzt, wo die Sachen nach Hannover müssen, und zwar *pronto*? Rico soll nach Hannover kommen, er soll beim Aufbau helfen, Niki will die Dinge nicht mehr aus der Hand geben. Sie ist froh, dass die höflichen Niedersachsen alles Mögliche möglich machen, aber was gemacht wird, das bestimmt sie allein. Rico weiß das und sorgt dafür, dass es die anderen erfahren, er gibt ihr Sicherheit, er ist ihr Angestellter, aber auch ihr Spiegel, ihr Widerpart, so etwas wie ein kleiner Bruder, obwohl er so groß und bärenstark ist. Der Bruderbär brummt jetzt am Telefon und macht sich hörbar Notizen. Der Kugelschreiber kratzt über Papier, das kann sie über die Entfernung hören, und sie wünschte sich, er wäre hier. Sie sind beide aufgeregt, wenn sie miteinander reden, aufgeregt wie Kinder, die man bei verschiedenen Tanten in den Ferien untergebracht hat, sie sind nicht gern lange getrennt.

Niki liegt in ihrem breiten Bett im Luisenhof und schaut zur Decke ihres Zimmers. Es liegt im obersten Stockwerk des Hotels, es hat Oberlichter, tatsächlich sieht man ein paar Sterne funkeln, Sterne wie auf den neuesten, den schwarzen *Nanas*, gute Nacht, Sterne über Hannover!

Ein paar Tage später ist Rico da. Sie haben die Räume gemeinsam ausgemessen, haben sich für Platzierungen und Hängungen entschieden und wieder und wieder mit Jean telefoniert. Und gegessen haben sie, gegessen und getrunken. Viel zu viel! Viele *Nanas* sind in den deutschen Einkaufsstraßen unterwegs, nur nicht so bunt gekleidet, sondern eher dezent, und dazwischen mischen sich junge und sehr dünne Frauen mit kurzen Röcken und langen, glatten Haaren. Die Frauen lächeln Niki an, sie wissen nicht, wen sie da vor sich haben, aber es ist eine Lady, ganz offensichtlich, elegant gekleidet, ein offener, weißer Pelzmantel, darunter ein bunter Hosenanzug, leuchtende Farben, Gold, Rot, Brokatmuster, viele Ketten lässig darüber, ein wehender Schal. Die Lady trägt heute eine Pelzmütze, sonst Hüte, große Hüte, breitkrempige oder auch mal ein avantgardistisches Modell, das aussieht wie eine liegende Brezel, und die Herren in ihrem Tross umschwärmen sie, es ist ganz klar, wer hier der Chef ist, und die jungen Frauen merken sich das Bild und schöpfen Mut.

Abends geht es in den Jazz Club. Seit einem Jahr erst macht der Club Furore. Er liegt im einstigen Arbeiterviertel, auf dem beinahe einzigen Berg der Stadt. Schauen Sie, Gräfin Niki! Gräfin Niki sieht aus dem Seitenfenster des Taxis und findet nichts Bemerkenswertes daran, dass die Straße hier tatsächlich ein wenig bergan führt, aber für ihre Begleiter scheint das etwas Besonderes zu sein, Gräfin Niki amüsiert sich und lässt die Herren schnattern. Sie ist müde und genießt die kleine Pause. Es geht immer weiter hinauf, da vorn, erklärt man ihr, ist ein Friedhof, da hinten der Marktplatz, und das hier ist der Volkspark. Man sieht ein großes Dunkles, sonst nichts, aber die Lichter der Stadt funkeln da unten, und Niki findet, dass die Stadt ungeheuer freundlich ist. Sie halten. Der Jazz Club war mal ein Jugendheim, das Gebäude wirkt von außen wie eine Landesvertretung, Niki ist irritiert. In Paris oder Zürich liegen die Jazzclubs mitten in der Stadt, Bars drum herum und Boutiquen – und hier? Nichts. Musik dringt heraus. Jetzt schnell durch die Eingangshalle, den Gang entlang, eine überraschend enge Treppe hinab und dann – Höllenrot! Der Jazzkeller ist in Teufelsfarben gestrichen, schwarze Möbel davor, eine Band irgendwo ganz hinten, kaum zu erkennen, Bass und Klavier und energische Drums, ein Sound, der *grooved*, und sofort wird Niki ganz heiß. Am Tresen lehnt ein Mann und trinkt eine Cola; er schaut hoch und – sieht Niki.

Niemand weiß später zu sagen, was da eigentlich passiert ist, es hat sich ergeben, sagen die, die dabei gewesen sind. Es hat sich ergeben, oder: Die beiden haben sich ergeben. Für Niki ist das nichts Besonders, den *coup de foudre* trägt man in Frankreich mit Fassung, zwei Leute sehen sich, ziehen sich an, ziehen sich aus, man kann nichts dagegen machen, besser, man ergibt sich gleich, dann ist die Freude länger und der Schmerz kürzer. Denn der Schmerz kommt auf jeden Fall, er ist der treueste Begleiter der Lust, er macht die Lust, wenn man Glück hat, sogar noch intensiver, vielschichtiger, wenn man Pech hat, nimmt man ein Messer und bringt sich um. Niki versteht etwas von Schmerzen, ob sie von Lust versteht, ist nicht überliefert, aber eine Messerträgerin ist sie durchaus gewesen, eine, die gegen sich selbst anging, bevor sie entdeckte, dass Bilder, dass Reliefs eine sehr viel wirkungsvollere Waffe für sie sind. Mittlerweile weiß sie sich zu wehren, richtet den Zorn nicht mehr gegen sich selbst, kann Grenzen setzen, sich behaupten, auch durch die Jahre mit Jean. Die ewig aufgeplatzten Lippen haben sich beruhigt, nur manchmal beginnt es wieder, dieses Kauen und Beißen und Reißen. Nicht hier. Hier gibt es keine Bedrohung, hier ist alles ruhige Durchschnittlichkeit. Und doch: Gegen diesen Mann am Tresen hilft nichts, keine Erfahrung, keine messerscharfe Sottise. Niki versucht es mit Patzigkeit, mit Arroganz, aber der

Mann lässt sich kein bisschen aus der Ruhe bringen, er begegnet ihr mit Selbstsicherheit und Ruhe, und als er nun hinter den Tresen geht, sich nach einer Flasche Wein bückt, sie öffnet und ihr einschenkt, tut er das mit einer Grandezza, die sie außerordentlich überrascht. Der Mann ist nicht besonders groß und eher kompakt, seine Haare schwinden, und er hat kleine, dickliche Hände – aber wie er die Hände bewegt, wenn er spricht, wie sie die Luft durchwirbeln und Pirouetten drehen, das hat Schwung und Leichtigkeit. Und dagegen: die Stimme. Sie ist tief und melodiös, und es hilft, dass der Mann ein breites, ziemlich authentisches Amerikanisch spricht, er war mal dort, er war drüben, und dort hat er Sanitätszubehör verkauft. Ja, Toilettenschüsseln und Waschbecken! Ja, Sie haben richtig verstanden, Mylady, ich bin eben ein Macher, keiner dieser Verwaltungstypen. Er weist mit dem Daumen auf den guten Herrn neben sich, er zeigt auf die anderen, die jetzt hier umherschwirren. Kannste mal? Einer will was von Pete, aber Pete macht nicht mal eine verneinende Geste, er schaut den Kollegen, der seine Hilfe sucht, gar nicht an, Pete ist jetzt da, wo er ist, und Punkt. Niki fixiert ihn mit ihren grünen Augen, die Augen funkeln, aber das scheint ihn nicht aus der Fassung zu bringen. Lässig lehnt der einstige Sanitär-Fachverkäufer am Tresen, das Hemd offen, man sieht eine breite Brust darunter, und Niki versteht nicht, warum sie sich da gleich anlehnen will oder besser noch: hineinkriechen und riechen, wie der Mann riecht – und weitersprechen soll er mit dieser hinreißenden, tönenden Stimme. Von mir aus, denkt sie, auch von *water closets* in Massachusetts.

Er tanzt. Jetzt kommt Rhythmus in die Sache. Er macht sich nichts daraus, dass sie dankend ablehnt, er dreht eben einsam seine Kreise zur Musik des Trios, das immer mehr in Fahrt kommt. Eigentlich ist zu wenig Platz zum Tanzen im Jazz Club, es ist mittlerweile so voll, dass ein paar Zuschauer auf der Bühne Platz genommen haben, aber Pete verschafft sich Platz. Er rempelt nicht, er fährt nicht die Ellbogen aus, er schlängelt und schlingt sich mit fließenden Bewegungen zwischen die anderen, er genießt das, er schließt jetzt die Augen hinter seiner Goldrandbrille und vielleicht hat er Niki schon vergessen. Niki merkt, dass sie plötzlich erstaunlich schüchtern wird, das zu bemerken, macht es noch schlimmer. Schüchtern war sie schon lange nicht mehr, viele Jahre nicht, es ist ein Zustand, den man sich leisten können muss, wenn man Künstlerin ist, aber jetzt lässt sie das Selbstbewusstsein einmal fahren, jetzt spürt sie ihre Aufregung, etwas Neues oder lange verloren Geglaubtes, sie ergreift die Hand, die Pete ihr jetzt entgegenstreckt, und beginnt ihren Tanz. Sie schließt die Augen.

Zwei Männer beobachten die beiden, ein wenig wehmütig vielleicht, vielleicht ein wenig eifersüchtig. Der Oberstadtdirektor ist der eine. Er hat eine Vision von der Stadt. Niki ist ein kleiner Teil davon. Sie soll helfen, die Stadt bunter zu machen. Wie gut sie in den Club passt! Wie viel Glanz um sie ist! Läuffer fühlt sich auf seltsame Weise alt, wenn er sie beobachtet – dabei ist er erst Mitte vierzig. Gewiss, so überlegt er, liegt es an seinem Verwaltungsjob. Läuffer macht sich nichts vor: Aufregend ist der weder auf den ersten noch auf den zweiten Blick, manchmal hat er selbst das Gefühl, sich abends den Staub aus dem Anzug klopfen zu müssen, wenn er in seine protestantisch eingerichtete Wohnung zurückkehrt. Hannover erscheint ihm zunehmend eng und streng und auch prüde – mit dieser Meinung, die er offen äußert, macht er sich beileibe nicht nur Freunde. Aber nun diese Frau! Seufzend bestellt Läuffer noch ein Bier, es ist das dritte für heute Abend, der Gipfel der Exzesse. Sein Tresennachbar prostet ihm zu. Noch so ein Verwaltungsmann, aber unruhig, im Inneren radikal. Ein Sparkassenbetriebswirt, doch was heißt das schon? Heinrich Wegmann, der Chef der Jusos, polarisiert, er lässt keinen Fettnapf aus, und die Stadtgesellschaft entrüstet sich zuverlässig, wenn er wieder einmal die Freigabe der Pornographie fordert oder gar, wie vor zwei Jahren, die Anerkennung der DDR. Obendrein ist der Mann Pazifist, was soll das denn, bitte schön sein? Man ist doch abhängig vom Schutz der drei alliierten Westmächte? Weltfremd! Läuffer aber weiß diesen Heinrich zu schätzen, der Mann ist im Kommen, er hat Ideen, er hat ein Herz und ein Gehirn für die Stadt, das spürt man – und ein Jazzfan ist er auch.

»Waren schon mal schlechter!«, sagt der Mann und meint die Band.

»Da ist mehr drin mit Gräfin Niki!«, sagt Läuffer.

Sein Nachbar nickt.

»Wir müssen etwas tun für die Stadt«, sagt Läuffer streng. Es klingt wie ein Auftrag, und wieder nickt Heinrich Wegmann und schaute ihn über seine riesige Metallrandbrille an. Das reicht, um in Hannover als Abmachung zu gelten.

Nach glaubhaften Augenzeugenberichten landen Niki und Pete später in Petes Wohnung. Kann das sein? Niki kann tanzen, sie kann feiern, sie ist von erstaunlicher Trinkfestigkeit. Aber die Kontrolle verlieren oder sie so schnell aus der Hand geben? Jedenfalls steigen die beiden in ein Taxi, winken dem zurückbleibenden Oberstadtdirektor fröhlich zu – und sind weg. Läuffer kennt Petes Wohnung, er kann sich Gräfin Niki beim besten Willen nicht in dieser Junggesellenbude vorstellen. Und Heinrich erst! Der schlägt die Hände über dem Kopf zusammen, als Läuffer ihm seine Vermutung lächelnd erzählt. Heinrich war mal bei Pete eingeladen. Nun ja – eingeladen. Petes Einladungen sehen so aus, dass er ein paar Freunden Bescheid sagt, es gäbe – zum Beispiel – Kaffee und Kuchen, um sie dann in letzter Minute darüber zu informieren, dass sie den Kuchen doch bitte selbst mitbringen sollen – und der angekündigte Kaffee entpuppt sich als schiere Möglichkeit, als Glas *Nescafé* in der Küche: Ihr wisst schon, ihr kennt euch ja aus … Pete hat eine außerordentliche Chuzpe, wenn es ums Bewirten geht. Er ist selbst völlig anspruchslos, der Cola- und Wassertrinker, der die neuen Science-Fiction-Serien im Fernsehen mag, weil man da zusehen kann, wie sich die Crews der Raumschiffe von ein paar Pillen ernähren. Großartig! Und dann Niki. Gräfin Niki, die überall Champagner verlangt, ultimativ, die auf Beilagenbesteck besteht und lässig Austern öffnet, die in ihrer Wohnung in Paris, so wird gemunkelt, vergoldete Badezimmerarmaturen besitzt. Ein *Ondit*!, sagt Läuffer, der dabei ist, sein Französisch aufzupolieren. Er hat das Gefühl, er wird es noch brauchen.

Champagner! Der muss tatsächlich sein, und so lässt Pete das Taxi nicht etwa in die verschlafene Straße im Stadtteil Waldhausen fahren, in der er wohnt, sondern zum Steintor, in das berüchtigte Rotlichtviertel der Stadt. Drei, vier Straßen nur – aber ziemlich viele Prügeleien, ja sogar Schusswechsel gibt es dort. Als anständiger Mensch meidet man die Gegend. Aber wo sonst soll man um diese Zeit Champagner herbekommen? Es geht auf zwei Uhr. Pete lässt das Taxi vor dem *Pferdestall* halten, so heißt eine der einschlägigen Bars. Rotes Licht schimmert aus einer übergroßen Laterne, künstliche Strohballen sind aufgetürmt, im Schaufenster lehnen Peitschen und ein Sattel. Sehr subtil! Pete steigt widerwillig aus, befiehlt dem Taxifahrer zu warten.

»Lauf nicht weg!«, sagt er zu Niki, vor lauter Anspannung auf Deutsch, aber sie versteht und lächelt, wie ihm scheint, huldvoll. Was macht er sich vor dieser Frau zum Deppen? Kurz ärgert sich Pete, aber nur kurz, denn er hat es eilig, seine Besorgung zu erledigen, den Wirt vom *Pferdestall* kennt er. Jeder kennt ihn, wie alle Luden mischt er sich in das städtische Leben ein, was bilden die sich eigentlich ein?!? Es ist ein übler Bursche, aber das Franzosengesöff wird er ja wohl vorrätig haben. Als Pete wiederkommt, hochrot im Gesicht, das Portemonnaie leer, steht das Taxi noch da – aber Niki ist weg! Pete ist bestürzt, besorgt, bis er sie ein Stück weiter die Gasse hinab entdeckt. In ihrem weißen Pelzmantel mit dem passenden Hut sieht sie aus wie ein Weihnachtsgeist, der auf der Erde hängengeblieben ist. Sie hat, ganz klar, den Zug der himmlischen Heerscharen verpasst und nun, hosianna, ist sie hier in dieser schmutzigen Gasse, verloren.

Allerdings macht Niki überhaupt keinen verlorenen Eindruck. Die Kerle, die sie offen anstarren, nicht wissen, mit wem sie es zu tun haben, ignoriert sie, und ihm winkt sie nun energisch, er möge näher kommen. Pete schiebt sich die Champagnerflasche in die Jacke, winkt dem Taxifahrer, er solle folgen, und trottet unwillig zu Niki, um zu sehen, was da vorn so interessant ist. Es ist ein weiteres dieser Puff-Schaufenster, ein wenig größer als im *Pferdestall*, hier sind echte Frauen zu sehen, die sich hinter dem mannshohen Glas langweilen und nun Niki feindselig anstarren: Was macht die reiche Schlampe da?

Niki aber ist fasziniert wie ein Kind und weist auf die Frauen. Pete schaut hin: Weiße Pumps oder Sandalen tragen alle, weiße Strümpfe, die oben in Tanzgürteln enden – und darüber: Brautkleider, allerdings keine keuschen, sondern kunstvoll geschlitzte, hautenge oder tief dekolletierte – und meist alles auf einmal. Das Bordell wirbt mit Bräuten, und aus dem Inneren der Spelunke dröhnt ein Hochzeitswalzer in einer scheppernden, blechernen Pop-Version.

Niki strahlt ihn an. Und Pete, obwohl er nichts versteht, strahlt zurück.

Eine Viertelstunde später lässt sie sich dann, wenn man den Berichten glaubt, tatsächlich von Petes Zuhause schockieren. Wie kann eine Wohnung derart spartanisch eingerichtet sein – und gleichzeitig so unordentlich? So, wie man Pete kennt, wird ihn ihr Befremden allerdings nicht gestört haben, wahrscheinlich hat er es in seiner Begeisterung gar nicht bemerkt – das ist eine Spezialität von Pete: Schwierigkeiten einfach ignorieren, Skeptiker umarmen. Irgendwann nimmt er Nikis ungläubige Blicke doch wahr und macht das Beste daraus, nämlich das Licht aus.

»Wir haben die ganze Nacht«, sagt er, und im selben Moment erscheint ihm sein Satz selten dämlich.

Sie lacht ihn prompt aus: »Die ganze Nacht? So lange brauchst du?«

Sie hat immer das letzte Wort. Aber zärtlich ist sie und wunderschön.

Vielleicht liegen sie später einfach auf dem weichen Teppich in Petes großem, leerem Wohnzimmer. Ganz sicher ist Petes Bett zu unbequem – und womöglich auch nicht besonders einladend. Niki fröstelt. Da zieht Pete einfach eine Gardine von der Stange, behutsam breitet er sie über Niki aus. Sie lacht. Pete beschließt, dass diese Nacht noch nicht zu Ende sein darf, und tappt zum Plattenspieler in der Ecke. Das ist der einzige Luxus, den er sich gönnt: eine richtig gute Stereoanlage. Pete macht ein kleines Lämpchen an. Es wirft einen sanften Schein auf die Plattensammlung, die sich auf dem Boden an der Wand entlangreiht. Pete weiß, was er sucht, kramt, sortiert Alben. Er scheint alle Zeit der Welt zu haben. Niki beobachtet den etwas plumpen Mann, der sich so selbstsicher bewegt, in seiner Nacktheit ruhig, selbstverständlich. Er hat es! Er packt die Scheibe vorsichtig aus, legt sie auf, bewegt den Arm des Plattenspielers, die Nadel senkt sich. *My funny Valentine*. Chet Baker. Leiser Westküstenjazz. Draußen wird es allmählich hell. Niki schläft noch vor ihm ein, und Pete beobachtet die Schlafende, die, in seine weiße Gardine gerollt, lächelnd schläft wie ein sehr kostbarer Schmetterling in seinem Kokon.

Im März 1969 wird die Ausstellung eröffnet. Ohne Jean Tinguely und vor allem: ohne seine Maschinen-Plastiken. Tinguely hat rundheraus und ziemlich brüsk abgelehnt. Natürlich sind die dafür vorgesehenen Plätze nicht leer geblieben, man hat jetzt mehr Platz für mehr *Nanas*. Niki sieht die Leerstellen dennoch, sie weiß, woran es liegt, sie weiß, dass *Jeano* weiß, dass … Was eigentlich? Immer wieder hat sie ihre Liebhaber zwischendurch, immer wieder begibt sich *Jeano* auf Seitenwege, und immer wieder kehren sie zueinander zurück. *So what*? Aber *Jeano* findet die hannoversche Episode mit diesem Jazzfreak überhaupt nicht komisch, sie hat es ihm erzählt, wie sie ihm immer alles erzählt, er hält es ja nicht anders. Nur dass *Jeano* sofort alarmiert erscheint, er droht zu kommen, er droht, im Gegenteil, für immer zu verschwinden, wenn sie nicht sofort diesen Pete dahin schickt, wo der Pfeffer wächst. Niki muss am Telefon lächeln, *Jeano* wirft den Hörer auf die Gabel, nur um sie abends im Hotel erneut anzurufen.

Jetzt ist seit zwei Tagen Ruhe. Er hat nicht mehr angerufen, oder er hat sie nicht erreicht, es ist ihr egal, denn die Eröffnung der Ausstellung hat alle Aufmerksamkeit erfordert. Sie ist gut geworden, die Ausstellung. Ein letztes Mal schreitet Niki de Saint Phalle mit dem Direktor des Kunstvereins die Räume ab, der Vorstand dahinter, es ist ein Defilee an den *Nanas* vorbei, an den Schießbildern, an den Grafiken, am *Coeur de Monstre*, einem der Reliefs, auf denen Kinderspielzeug und Totenköpfe auf einem Untergrund in Herzform angebracht sind, zum Abschuss freigegeben. Die Herren vom Kunstverein sind zufrieden und besorgt zugleich – zufrieden, weil die Ausstellung etwas Besonderes geworden ist, besorgt, weil sie ein Vermögen gekostet hat. Ob das alles durch Verkäufe wieder einzuspielen ist? Sie lassen sich ihre Besorgnis nicht anmerken – und auch nicht, wie sehr ihnen Jean Tinguely fehlt. Sie hatten vor, seine Maschinen neben die weichen, bunten *Nanas* zu platzieren, weil Tinguely die notwendige gesellschaftliche Kritik geliefert hätte. So sehen sie das. Die Kritik in den Reliefs und den Figuren von Niki de Saint Phalle sehen sie nicht. Der Titel der Ausstellung gilt nur als launig: *Die Nanas an die Macht!* Und so preist der Direktor in seiner Rede lediglich das Bunte und Fröhliche und Lebensbejahende der *Nanas*, die sich kugelig und anmutig zugleich auf Sockeln drehen; die Aggression der Schießbilder, die Gewalt und den Zorn bei den Bräuten sieht er nicht. Es passt nicht ins Bild. In sein Bild. In das Bild der Männer. Niki bemerkt das, aber was soll sie machen? Sie wird zunehmend unzufriedener, als sie die Festgesellschaft betrachtet. Hannover macht sich fein, wenn es um Kunst geht. Die Fotos von der Vernissage zeigen Damen in eleganten Kostümen, nicht wenige sehen maßgeschneidert aus. Perlenketten über Twinsets, Seidenschals über dem kleinen Schwarzen. Die Herren dazu korrekt, gescheitelt, mit blank polierten Schuhen. Es sind Leute, die sich was gönnen, keine, die sich erschüttern lassen. Und die norddeutsche Zurückhaltung tut ihr Übriges.

Aber dann kommt zum Glück Musik, die *Story Ville Jazzband* zeigt, was sie draufhat, sie wird abgelöst von der *Pop Dive Limited Beat Band*, dahinter steckt Pete, immer wenn es um Jazz und Blues in der Stadt geht, steckt Pete dahinter, das weiß Niki nicht, aber sie sieht ihn, so stolz, als würde ihm der Kunstverein gehören. Irgendjemand wiegt sich in den Hüften, irgendjemand schwenkt den Kopf – und dann gibt es kein Halten mehr, und die ganze Gesellschaft tanzt.

Am nächsten Tag bringt Pete Niki zum Flughafen. Das hat er sich nicht nehmen lassen. Niki spricht kein Wort. Sie hat sich in einen Schal vergraben. Darüber hinweg leuchten ihre Echsenaugen. Rico sitzt hinten im Wagen und schafft es, nicht da zu sein. Sie halten direkt vor dem Flughafen. Pete ignoriert alle Verbotsschilder. Er begleitet Niki und Rico zum Flugschalter. Gerede, das übliche Hin und Her. Niki will bessere Plätze, verhandelt, insistiert. Pete zieht sich zurück, jetzt ist Rico an der Reihe, der mit seiner schieren Größe, seinem Märtyrerblick alles Mögliche bewegen kann. Endlich, als alles geregelt ist, schaut sich Niki nach Pete um. Wo ist er geblieben? In der großen Halle sind ringsherum die Counter der Fluggesellschaften aufgereiht, in der Mitte eine Doppelreihe mit schwarzledernen Sesseln – hier und da sitzen oder stehen Reisende herum, die Herren im Hut, die Damen im Kostüm, manche rauchend. Keine Spur von Pete. Ob er einfach gegangen ist? Ob ihm der Abschied zu viel ist – oder zu wenig? Rico geht stumm neben Niki her; er trägt das nicht unerhebliche Handgepäck.

»Willst du *Jeano* anrufen?«

Niki winkt ab, nun langsam doch beunruhigt. Dann entdecken sie Pete: Er lehnt an einer Wand – allerdings im Kopfstand, den schweren Schädel auf die gekreuzten Arme gestützt, die kräftigen, kurzen Beine nur sachte an der Wand abgestützt. Die Sonnenbrille ist auf die Stirn gerutscht. Der Inhalt seiner Taschen liegt neben ihm. Es kümmert ihn anscheinend nicht. Pete verkehrt herum!

»Ich wollte man sehen, wie das so ist!«, sagt er schwer atmend, als ihm Rico wieder auf die Beine hilft. Er grinst schief. »Ich wollte mal sehen, wie es sich so anfühlt.«

»Was?«

»Wie es ist, wenn du gehst.«

Vielleicht hätten sie sie dabehalten müssen, überlegt der Vorsitzende des Kunstvereins. Vielleicht hätten sie darauf bestehen müssen, dass die Künstlerin und dieser Rico, ihr Faktotum, noch eine Weile in der Stadt residierten. Das ist eigentlich unüblich; üblich ist, dass Künstler allenfalls bis zur Vernissage zu Gast sind, um dann in ihren Alltag, in ihre Ateliers zurückzukehren. Bilder und Objekte bleiben allein zurück. Sie müssen sich behaupten in leeren Räumen, die meist nur notdürftig für sie hergerichtet worden sind. Wenn der Künstler fort ist, zeigt sich, wie stark die Werke sind. Niki de Saint Phalles Werke sind zweifellos stark; die Schießbilder und die lädierten Bräute kommen geradezu muskelbepackt daher. Sie bedürfen nicht der Erklärung, gar der Interpretation. Aber das Publikum ist noch ungeübt. Gerade erst lernt es Abstraktion und Performances kennen, die jüngeren Trends, die in anderen europäischen Ländern und erst recht in den USA schon lange dazugehören. Deutschland, wenn es nicht Westberlin heißt oder Frankfurt, hat noch eine Menge aufzuholen. Dazu gehört auch eine gewisse Haltung. Ausstellungen werden vom Publikum besucht wie Gottesdienste – oder teure Partys. Das Publikum schreitet zu den *Nanas* und den Bräuten, als gäbe es Rubens zu sehen oder kostbare Altarschätze aus dem Mittelalter – oder als böte man ihm ein reizendes, leider etwas provozierendes Skandälchen, über das sich bei einem trockenen Martini trefflich lästern lässt. Das Publikum ist bereit, sich beeindrucken zu lassen, es wartet auf die gute, alte Überwältigung durch das große Können – aber es kennt nicht, noch nicht, den Reiz des Unfertigen, die Freude am schieren Machen und Machen-Können, die Niki de Saint Phalles Werke auszeichnet. Unperfekt!, rufen die Kritiker. Schlampig gearbeitet!, nörgeln die Sachverständigen. Was soll das? – Das wollen die ehrbaren Bürger in Wirklichkeit gar nicht wissen. Es fehlt ihnen die Sprache dafür, und es fehlen ihnen vor allem die Fragen dafür.

Der Kunstvereins-Vorstand tut, was er kann. Wieder weiß Pete Rat, der sich mehr und mehr unentbehrlich macht. Man beschließt, dass die Jazzband von nun an jeden Sonntag in den Räumen des Kunstvereins spielt, jeden Sonntag sollen dort Kunst und Vergnügen verbunden werden. Das entspannt, sagt Pete. Lass sie nur kommen! Tanzen die Figuren von Niki de Saint Phalle nicht selbst? Schaut doch her, sagt der Direktor, der sich bei den Führungen den Mund fusselig redet: Schaut doch her, wie die Figuren swingen!

Er erinnert an den Maler Henri Matisse, der 1909 Figuren auf blauem Grund in einem kraftvollen Reigen tanzen ließ, zu schieren Scherenschnitten geronnen, alles schlanke Stilisierung, alles Anmut. Er weist aber auch auf das Gegenteil hin, auf die großen Schreitenden oder Stehenden in der Kunstgeschichte: bei Pablo Picasso, bei Auguste Rodin, bei Alberto Giacometti. Übrigens sind das fast immer männliche Figuren, die hier schreiten, die Bildhauer betonen die Länge der Beine, die schmalen Hüften, die muskulösen Körper. Bei Niki wird nicht feierlich geschritten, geschweige denn gespreizt marschiert – hier schrauben sich die Beine geradezu in die Sockel, hier drehen rundliche Frauen wagemutige Pirouetten, hier ist Schwung drin! Das ist das Leben!

Die Jazzband spielt auf. Die Stadt diskutiert. Die Stadt kriegt sich gar nicht ein über die merkwürdigen Sitten im Kunstverein. So etwas ist die Stadt nicht gewöhnt.

Jetzt wird endlich doch geredet über die Avantgarde-Kunst der schönen Pariserin, über die garstigen Reliefs, aber mehr noch über die dicken, knallbunten *Nanas*. Das soll Kunst sein? Aus Polyester? Die Hannoveraner zerdehnen die Silben: Po-ly-ester. Diese ausladenden Hüften und die prallen Brüste, sogar die Hinterteile sind noch betont! Das, was die Frauen einstweilen noch unter Mieder zwängen, unter die Korseletts, die gerade angesagt sind – das lässt Niki frei. Sie unterdrückt weibliche Rundungen nicht, sie verschafft ihnen Raum, sie betont sie. Sie tut so, als wären sich die Frauen in den Städten und die archaischen Figuren der Sumerer ganz nah. Das Weibliche! Es wird entschieden gefeiert. Glorreich, sagen die einen. Schamlos, sagen die anderen. Frauenfeindlich, urteilen die dritten, meistens Männer.

Fans dieser Kunst aber gibt es doch. Der Direktor des Kunstvereins schreibt einen ziemlich launigen Brief an die Zeitung und berichtet von einer kuriosen Episode. Ein Dieb, offenbar ein Liebhaber der *Nanas*, hat eine kleinere Plastik entwendet. Den Aufsichten ist leider nichts aufgefallen – das spielt er gehörig herunter. Jedenfalls wird sofort Anzeige erstattet, die Versicherung alarmiert, die Agentur der Künstlerin aufgescheucht, nur: Am nächsten Morgen ist die kleine *Nana* wieder da, sorgfältig in Zeitungspapier eingewickelt und in ein Körbchen gebettet. So finden sie die Mitarbeiter des Kunstvereins auf der Treppe, leicht unterkühlt, wie der Direktor diagnostiziert. Offenbar empfand der Liebhaber-Dieb Reue, Ende gut, alles gut! Das ist aber nur die halbe Wahrheit: Die Schau endet am Ostermontag, und finanziell ist sie ein Desaster. 1600 Besucher, immerhin. Aber: 20 000 DM minus auf dem Konto für den mutigen Kunstverein, das will erst einmal verkraftet sein. Die aufblasbaren *Nanas* für 12 DM haben nichts ausrichten können, und gerade mal dreißig Werke wurden verkauft. Etliche Serigraphien erwirbt ein gewisser »Dr. Sprengel«, so verzeichnen es die Akten. Wie man das Minus verkraftete, verzeichnen sie nicht. Die Botschaft wird mit aller Vorsicht nach Paris übermittelt, das Positive wird betont. Wenn sie wüssten, wie gleichgültig Niki die wirtschaftliche Seite ist, wie wenig sie Gewinn oder Verlust kümmern!

Der Oberstadtdirektor und die Leute vom Kunstverein allerdings stehen den Skandal durch. Ob es ihnen leichtfällt? Wie lange müssen sie sich rechtfertigen? Wie sicher sind sie wohl in ihrer einsamen Freude an Nikis Figuren? Fest steht: Ein paar Herren in der Stadt haben Feuer gefangen. Von da an treffen sie sich öfters: der Oberstadtdirektor und der unvermeidliche Pete, und dazu kommt Heinrich Wegmann, dieser junge, radikale Juso-Chef, der seine Sparkasse längst satt hat. Sie wollen, dass Niki zurückkommt. Sie schließen einen Pakt. Und mit diesem Pakt stehen sie die nächsten Konflikte durch.

Die Kunst soll der Stadt Selbstvertrauen geben. Und deshalb muss sie dahin, wo die Leute sind. Die Kunst, folgert Läuffer, die Kunst muss auf die Straße! Und so startet in diesen Jahren eines der ehrgeizigsten Kunstprojekte der Republik. Namen von großen Bildhauern werden gehandelt. Die drei Männer mit ihrem inoffiziellen Hannover-Pakt beratschlagen. Sie reden beim Altstadtfest, sie reden auf dem Flohmarkt. Sie wissen, dass das, wie Wegmann meint, nun wirklich ein dickes Brett wird. Sie wollen am Rand der Altstadt, wo eine Ausfallstraße nach Norden führt, acht monumentale Skulpturen aufstellen. Die Reisenden sollen Hannover mit der Kunst vor Augen verlassen – und mit ihr in die Stadt einziehen. John Henry, Kenneth Snelson, Eugène Dodeigne. Ein Name fällt nicht. Weil er so selbstverständlich ist. Natürlich soll eine Plastik von Niki de Saint Phalle hierher. Ach was – eine! Drei! Und wer soll das vorbereiten? Wer soll dafür sorgen, dass Niki nicht Pariser, sondern möglichst hannoversche Preise aufruft? Wegmann und Läuffer schauen Pete an. Pete, sagt Wegmann, du musst den *Postillon d'*

Amour machen. Pete sagt ausnahmsweise nichts. Er schaut so tief wie möglich in seine Cola, als könne man da auf dem Grund etwas erkennen.

In ihrem Pariser Atelier legt Niki de Saint Phalle die Karten. Hannover hat etwas verändert. Ausgerechnet Hannover! Die Stadt verkörpert die vollkommene Bedeutungslosigkeit, die Folgenlosigkeit, die Leere. Es gibt viele solcher Städte in Deutschland. Sie sind geschlagen vom Zweiten Weltkrieg. Sie liegen mal tief im Westen, mal allzu dicht an der neuen Grenze, die Europa teilt. Sie haben 250 000 oder 350 000 Einwohner. Die meisten wachsen, wegen der Wirtschaft, die wieder in Schwung kommt. Die Wirtschaft nimmt keine Rücksicht. Die Wirtschaft will nach vorn. In Hannover hat ein wagemutiger Baudezernent die autogerechte Stadt erfunden. Schneisen, bis zu hundert Meter breit, sollten Platz verschaffen – den Autos, nicht den Menschen. Die Menschen jedoch besteigen die Autos massenhaft, so scheint es, um der Stadt den Rücken zu kehren: Hannovers Bevölkerung schrumpft. Eine Verlierer-Stadt, so scheint es. Und doch! Lächelnd denkt Niki an den Stolz der Stadtoberen, an den energischen Verwaltungschef, an den feurigen Juso-Mann, an die Musik im Jazz Club, die Höllenfarben. Sie weiß, wie das ist, wenn man kämpft. Sie weiß, wie das ist, wenn man das Unmögliche will. Und: Der Kampf um die Stadt ist ja auch ihr Kampf. Eigentlich träumt Niki de Saint Phalle Zeit ihres Lebens von Architektur. Einzelne Werke, seien es nun Bilder oder Reliefs, Grafiken oder Skulpturen, können nicht viel ausrichten. Sie schmücken die Räume von Galerien und Museen, von wohlhabenden Privatleuten oder Stiftungen. Sie verändern allenfalls die Atmosphäre eines Raums. Aber es geht nicht um Atmosphären. Es geht um eine menschengerechte Stadt. Als Bildhauerin hat Niki de Saint Phalle Möglichkeiten. Ihre Kunst bewegt sich zwischen den *Schönen Künsten*, der Malerei und allem Museumshaften – und der Architektur. Ihre Plastiken wachsen. Der *Golem* in Jerusalem, der in diesen Jahren entsteht, ist ein Spielplatz für

Kinder. Mit seiner dreifachen Rolling-Stones-Zunge leckt er am Althergebrachten. Der *Golem* schafft Raum. Und: Er ist ein Riesenspaß! Der *Golem* steht für Niki de Saint Phalle am Anfang eines Weges. Klar, sie wird Kompromisse machen müssen. Sie wird weitere solcher Spielgeräte bauen, dann aber für reiche Sammler, die die Riesenplastiken in den weitläufigen Parks ihrer stattlichen Anwesen verschwinden lassen. Sie wird 25 Jahre brauchen, um den Garten von Garavicchio zu bauen, und nur eine Stiftung wird ihn und sie vor dem Bankrott retten. Sie will eine Stadt – aber sie hat keine Stadtverwaltung hinter sich, keine Baubehörde und kein kommunales Geld. Dennoch hält sie Zeit ihres Lebens an dieser Idee fest. Eine menschliche Stadt. Eine runde Stadt. Eine, die die Ideen von Antoni Gaudí aufgreift. Nikis Stadt soll aber kein Vergnügungspark werden – es soll eine Stadt werden, in der man leben und arbeiten kann. Eine runde Stadt, eine Stadt der Frauen.

Im Paris des Jahres 1970 legt Niki de Saint Phalle die Karten. Ihr Tarotspiel ist schon ganz abgegriffen, so oft musste sie in letzter Zeit die Karten befragen. Soll sie Tinguely heiraten, wie der immer öfters vorschlägt? Soll sie sich mehr mit Deutschland beschäftigen, mit dieser Nicht-Stadt im Norden, deren Obere so treu an ihr festhalten? Und was ist mit Pete? Niki setzt sich an den riesigen Holztisch in ihrem Atelier, schiebt Farben, Pinsel, Lösungsmittel beiseite. Sie öffnet eine Flasche Wein. Sie schließt die Tür. Sie ignoriert das Klingeln des Telefons.

Niki schummelt wieder einmal. Eigentlich müsste sie die Karten jetzt gründlich mischen. Zwei Stapel machen, noch einmal mischen. Sie müsste die 78 Karten wie einen Fächer, mit den Bildern nach unten, vor sich ausbreiten. Sie müsste sich konzentrieren und dann eine Karte ziehen. Der Zufall soll entscheiden. Der Zufall ist der große Dirigent, im Kartenspiel wie im Leben. Warum sonst würde sie jetzt dauernd über einen dicklichen Mann in Hannover nachdenken? Niki seufzt und zögert. Dann dreht sie den Kartenstapel entschlossen um und geht ihn eilig durch. Sie sucht eine bestimmte Karte, eine der Großen Arkanas. Ja, sie akzeptiert wieder einmal nicht den Zufall, manchmal muss man dem Zufall eben auf die Sprünge helfen …

Wie ist Nikis Verhältnis zum Tarot? Ist sie so abergläubisch wie ihre Freundinnen in Italien? Niki möchte sich nicht zur Sklavin von undurchschaubaren Regeln und Gesetzen machen, das widerstrebt ihr. Aber sie hat sich auch mit Italo Calvino angelegt, dem großen italienischen Romancier, der vom Tarot nichts hält und ihn einfach nur benutzt, um auf Erzählmuster zu kommen. Das ist ihr zu einfach. Und was soll ihr nun diese einzelne Karte sagen? Es ist der *Hängende*. Er ist ihr eingefallen, weil er auf manchen Karten nicht aussieht wie ein kopfüber aufgehängter, bedauernswerter Mann, sondern eher wie ein Yogi, der Kopf steht.

Niki denkt an die Flughafenhalle in Hannover. An Pete, wie er da kopfüber an der Wand lehnte, die Utensilien, die aus seiner Jacke gefallen waren, neben sich. Seltsam, sie kann sich an alles erinnern: an den Schlüsselbund und die Taschentücher, ein paar Kronkorken, zwei Kastanien.

Der Boden neben dem *Gehängten* auf der Tarotkarte ist leer. Die Gestalt auf der Karte hat offenbar nichts mehr zu verlieren. Die Zwölf der Großen Arkana folgt auf die Karte der *Gerechtigkeit*. Nach dem großen Kampf folgt die Entspannung, man könnte sagen: Nun ist Abhängen angesagt. Die Schwerkraft wird aus den Hüften, aus dem Leib in das Gehirn gezogen. Ein Schelm, wer Böses dabei denkt! Niki lächelt. Dass die Kraft des Eros wirklich sublimiert werden könnte, wer könnte daran glauben? Wer würde es auch wollen, solange man noch Lust am Leben hat und an der Liebe? Ruth hat schon öfter versucht, ihr diese Sicht nahezubringen, aber Ruth ist eine alte Frau, da fällt es leicht, vom mönchischen Weg zu reden. Niki ist sowieso spät dran mit der Lust und der Freude an der Erotik. Diskret, aber deutlich hat sich ihr erster Mann über die Dürre des Liebeslebens mit der jungen Niki beklagt, hat aus ihrer Zurückhaltung das Recht abgeleitet, sich nach der Trennung auf Teufel komm raus durch Betten zu tummeln. Dann kam Tinguely. Mit seinem Arbeitercharme, seinem Draufgängertum. Seiner stillen, leisen Geduld. Die Anziehung zwischen ihnen, der Magnetismus, der ihr manchmal Angst macht, wie alles, was sie nicht unter Kontrolle hat. Lass los! Sie betrachtet die freundliche, befremdliche Karte. Der *Gehängte* ist an einem Baum festgebunden. Er formt die untere Hälfte eines *Ankh*, so hat es ihr Ruth erklärt. Das Ankh ist das Symbol für das Leben. Das Ankh ist in Ägypten das Gleiche wie im Hebräischen der Buchstabe Tau. Der Tau wiederum ist der Karte der Welt zugeordnet. Wenn der Mann also buchstäblich zwischen Himmel und Erde hängt, dann befindet er sich auf der Hälfte des Weges – zwischen Gerechtigkeit und Harmonie. Das eine funktioniert nicht ohne das andere. Das *Rad der Gerechtigkeit* und der *Gehängte* bilden einen Prozess ab.

Niki denkt an die kämpferischen Stadtoberen in Hannover. Sie erfährt, dass Pete bald offiziell Angestellter der Kommune ist. Dass er ein Büro in einem Betonquader bezieht und dass er auf ihre Faxe wartet. Sie weiß, dass er überhaupt wartet. Sie weiß, dass alle, die das Geschick der Stadt bestimmen, Sozialdemokraten sind. Gerechtigkeit für jedermann, die bundesdeutsche, die sozialdemokratische Variante von *Egalité*, wenn sie es recht versteht. Willkommen für die Fremden, Aufstiegschancen, Bildung. Bildung für alle. Es nicht ihr Kampf. Aber es fasziniert sie. Mehr noch: Es überzeugt sie. Hannover wird, auf eine gewisse und vollkommen verrückte Art, auch ihre Stadt. Es ist besser, über die Stadt nachzudenken als über Pete. Der passt noch weniger in ihre Vorstellungen.

Als Pete sie anruft und vom Straßenkunst-Projekt berichtet, sagt sie sofort zu. Es erscheint ihr wie ein Zeichen. Die Kunst wird in Hannover aus den Museen ausbrechen und dahin gehen, wo die Menschen sind – oder noch merkwürdiger: Sie wird dahin gehen, wo die Autos sind. Die Stadt plant, eine Reihe von Kunstwerken mitten in die Stadt zu setzen.

Mitten in die Stadt?

Ja, stell dir vor! Es ist ein Riesenprojekt. Und anders als früher – die Sachen kleben nicht mehr an den Häusern. Sie stehen frei, allein. Du kannst dir den Platz wahrscheinlich sogar aussuchen!

Niki hat von dem merkwürdigen Kunstboom der sechziger Jahre in Deutschland gehört, als findige Investoren beschlossen, ihre schmucklosen Wohnungsbauten mit Kunst aufzuhübschen. Kunst am Bau verschlang riesige Summen, machte aber die gesichtslosen Wohnanlagen mit ihrer Rasterarchitektur zumindest unterscheidbarer, individueller. Die Kunst ließ sich bezahlen und stand völlig im Dienst der Bauingenieure. Das ist nun anders. Die Kunst soll sich befreien. Sie soll in niemandes Dienst stehen.

Du kannst machen, was du willst, sagt Pete. Wie immer, sagt er und lacht.

So sind die Zeiten. Mutig. Offen. Endlich scheint sich der Muff der Nachkriegsjahre aufzulösen. Niki fackelt nicht lange. Sie soll für Irritation sorgen, für Herausforderung? Da ist sie unbedingt dabei. Sie ist jedoch nicht mehr die, die auf Bilder feuert, sie ist nicht mehr die Amazone, die im weißen Schießanzug präparierte weiß leuchtende Reliefs in Farben bluten lässt. Sie zeigt keine malträtierten Bräute mehr, die auf Schindmähren durch eine Fantasielandschaft reiten. Sie hat die Assemblagen aus Draht und Alltag und Kriegsgerät im Spielzeugformat hinter sich gelassen. Sie hat ihren Frieden gemacht. Niki de Saint Phalle will jetzt herausfordern mit Freundlichkeit, mit Zuvorkommenheit. Sie findet: Die Menschen in Hannover sind geplagt genug. Sie sollen Freude erleben, Fröhlichkeit – die *Nanas*. Und: Nicht eine *Nana*, sondern gleich drei soll die Stadt erhalten, das beschließt sie sofort. Eine unheilige Dreieinigkeit von Frauen oder ein freundliches Gegenbild zu Vater-Mutter-Kind.

Wie du willst!

Pete lacht.

Sein Lachen ist außerordentlich tief und melodiös. Das Lachen umfasst alle Schattierungen seiner Stimme. Was für eine Stimme der Mann am Telefon hat! Er könnte auch Versicherungen verkaufen. Er lacht, als sie ihm das sagt, er weiß um die Wirkung, gerade auf Frauen, aber er hat keine Policen zu verkaufen, sondern Politik. Stolz berichtet er ihr von seinem neuen Posten, als Stadtimagepfleger. Wie übersetzt man das ins Französische, ins Englische? *Urban Prestige Advertiser? City Marketing Caretaker? City Marketing Representative?* Nein, Peter will das Pflegerische betont haben, er hat ja tatsächlich etwas zu versorgen, er ist der *Caretaker*, der Kümmerer, eine männliche *Nurse*.

Spaß beiseite – wann kommst du zurück?

Wenn die *Nanas* für euch fertig sind.

Bis dahin vergehen fast fünf Jahre. Inzwischen wird Heinrich Wegmann Oberbürgermeister. Inzwischen heiraten Niki und Jean. Inzwischen zieht Pete mit seiner Freundin zusammen, einer gebürtigen Russin, einer Ärztin, die sich in den kommenden Jahren und Jahrzehnten liebevoll um die zunehmende Zahl von Petes Malaisen kümmern wird. Warum wenden sich beide, Pete wie Niki, anderen Partnern zu?

Die Hochzeit ist keine große Sache bei Niki de Saint Phalle und Jean Tinguely, so scheint es. Niki ist schon seit zehn Jahren von Harry geschieden. Harry ist jetzt ohne sie unterwegs, lange hat er sich noch an Niki orientiert, ihren Rat gesucht, sie dafür unterstützt. Verbissen versucht Harry, ein Dichter unter Dichtern zu werden. Er schließt sich in Paris der Dichtergruppe *Oulipo* an. Sie schaffen es, Gedichte zu schreiben, die niemand liebt. Sie dekonstruieren Sprache. Sie dekonstruieren Gewohnheiten. Es ist anstrengend, es besitzt keinen Glamour. Harry, der doch für Glamour gemacht ist, der Seidenhemden trägt und ausgesuchte Weine trinkt, ist literarisch auf Selbstkasteiung aus. Er lebt mal in Paris, mal in Deutschland, er ist von bemerkenswerter Liebenswürdigkeit und Erfolglosigkeit, wie Freunde bewundernd berichten. In Berlin lässt Harry dem Lebemann in sich die Zügel schießen, er heiratet noch öfters, er schreibt schließlich ein Buch über Masturbation, das genauso wenig einschlägt wie die vorherigen: *Singular Pleasures* – also einzigartige, aber auch einsame Freuden – übersetzen wagemutige Verlagsleute erst zehn Jahre später ins Deutsche, dann aber mit dem apodiktischen Titel *Die Lust an sich*. Wer's glaubt! Die Deutschen, kommentiert Harry gelassen, werden eben gern grundsätzlich.

Bei Tinguely dauert die Scheidung. Aber dann sind endlich beide frei, Niki und Jean heiraten. Als Paar inszenieren sich Niki und Jean schon viel länger. Sie treten gemeinsam in den frühen Talkshows des Fernsehens auf und berichten, kaum verlegen, davon, wie sie ihre Liebesbriefe und Liebeszeichnungen per Fax verschicken. Meterlange Faxe, wie Tinguely nicht ohne Stolz anmerkt. Sie treten mit Vehemenz und Treue füreinander ein und miteinander auf, und wenn Jean, wie in Hannover, in einer Ausstellung von Niki ausdrücklich nicht vorkommen will, dann offenbar als Reaktion auf ein Verhalten, das ihm missfällt. Sie sind aufeinander bezogen, das künstlerische Leben des einen ist mit dem anderen verwoben. Und kein Wort zur Heirat. Es ist kaum anzunehmen, dass die beiden durch eine Kirche schreiten oder – das sähe Niki ähnlicher – tanzen. Niki in einem weißen Brautkleid? Selbst in ihren Filmen lässt sie sich bei entsprechenden Szenen durch Schauspielerinnen vertreten. Dass Niki de Saint Phalle ihre Verletzlichkeit in einem weißen Brautkleid ausstellte – *no way*! *Laisse tomber*! Vergiss es. Man kann mit Fug und Recht annehmen, dass es darum geht, sich zu versorgen, dass es darum geht, einander gut zu sein. Niki de Saint Phalles materielle Lage ist zwischendurch immer noch recht prekär, während Tinguely zu Beginn der 1970er Jahre fest im Kunstbetrieb angekommen ist. Nikis Arbeiten werden nicht nur größer, sondern auch teurer. Während Tinguely begeistert mit Schrott und Altmetallen hantiert, beginnt Niki, ihre Figuren zu gießen. Immer mehr Arbeitsschritte müssen von Profis verschiedener

Gewerke ausgeführt werden. Und dann sind da Nikis Kinder. Und bald auch Enkel. Immer wieder schreibt Jean besorgt an Niki, ob man Kindern und Enkeln nicht wieder einmal unter die Arme greifen müsse? Er bietet Hilfe an, ausdrücklich auch finanzielle. Und schließlich: Was soll aus ihnen werden, aus ihnen beiden, aus ihrer beider Arbeiten, wenn sie selbst sich nicht mehr werden darum kümmern können? Was wird mit ihrem künstlerischen Erbe? Sie sind noch keine vierzig, als sie diese Frage umzutreiben beginnt, schon beim Pariser *Zyklopen* ist die Sache klar: Du sorgst für mich, ich sorge für dich. Gemeint ist: für dein Werk.

Bei aller Improvisiertheit, bei aller Begeisterung fürs schiere Machen – es ist auffällig, wie sehr sie sich damit beschäftigen, das Werk des jeweils anderen zu erhalten, das Erbe zu bewahren. Sie vertrauen einander auch später noch, als sich ihre Wege längst wieder getrennt haben, das Wichtigste und das Intimste an: ihre Kunst.

Insofern ist die Sache mit der Heirat nur folgerichtig, ein konsequenter Schritt, warum darum ein großes Gewese machen?

Pete in Hannover ist trotzdem nicht begeistert. Herrje, was soll das eigentlich? Gerade ist das Jahrzehnt der Beatles zu Ende gegangen, *Flower Power* überall und Tiefenentspannheit mit Räucherstäbchen und *Lapsang-Souchong-Tee* aus braunen Tonkannen – selbst in Hannover, selbst in Duisburg. Und dann so ein spießiger Akt? Es versetzt ihm einen Stich, als er die Nachricht aus Paris hört, und dass ihm Heinrich wohlwollend auf die Schulter klopft, als er im Jazz Club die Nachricht weitergibt, macht es nicht besser.

15.

Martha stürzte sich den Berg hinab. Sie raste bergab, sie schrie vor Freude.

Hannover, Hannoooooover! Die wenigen Passanten drehten sich um, schüttelten den Kopf über die verwegene Radfahrerin. Marthas Mantel flatterte. Sie drückte mit der Linken den Helm fest auf den Kopf. Was für ein Spaß! Seit zwei Tagen war Martha in Hannover. Sie hatte aus der Ferne, sozusagen blind, eine Wohnung im Stadtteil Linden gemietet, unweit des Stadtfriedhofs, oben am Lindener Berg, und sie fand, dass sie das große Los gezogen hatte. Mit der kleinen Wohnung, mit dem Job.

Oh, da war eine Ampel – schnell bei Rot hinübergehuscht. Jemand winkte, jemand grüßte, Martha raste weiter, genoss die Geschwindigkeit, wie ihr warm wurde, wie die Stadtlandschaft vorbeizischte, all das Neue, wie im Zeitraffer.

Das Sprengel Museum ist ein großes Haus für moderne und zeitgenössische Kunst. Seit die Unternehmer Margit und Bernhard Sprengel ihre Sammlung der Stadt überließen, war viel passiert. Die Schenkung erfolgte 1969, im hannoverschen Niki-Jahr. Sechs Jahre später wurde das Haus eröffnet, und es ist auffällig, wie lange seine Direktoren bleiben. Offensichtlich lässt es sich gut sein im Haus am Maschsee, einem städtischen Weiher, der für Martha nach Flanieren aussieht, nach Tretbootfahren. Direkt am Ufer schachtelt sich das Museum über einen künstlichen Deich, eine Hauptverkehrsstraße zerschneidet die moderne, die kühne Idylle, die sonst entstanden wäre. Trotzig recken sich vom Seeufer riesige Plastiken dem Museum entgegen, als wollten sie wenigstens durch die Luft eine Verbindung schaffen. Jogger jagen ihren Traumfiguren nach, Eltern schieben Zukunft im Kinderwagen, Pärchen-to-be schlecken eiskalte Hoffnung in Tüten: Erdbeereis, Stracciatella. Und dann: das Haus.

Martha hatte vor ihrem Vorstellungsgespräch eine Weile gebraucht, um sich hineinzuwagen. Sie hat sogleich gespürt, wie sie sehr sie das alles ansprach, wie viel Verheißung hier lag, wie viel Vielfalt und ja, auch: Sicherheit. Gestern dann, an ihrem ersten Arbeitstag, hatte sie die Freude kaum unterdrücken können, sie wäre am liebsten durch die Räume getanzt, hätte die Figuren umarmt, die Plastiken und Objekte, mitsamt den neuen Kollegen und ihrem milde lächelnden Chef.

Martha, Martha! Über die lange Zeit der Beschäftigung mit Niki war ihr ziemlich viel Distanz verloren gegangen. Ziemlich viel ... dessen, was sie eigentlich ausmachte. Professioneller Abstand. Eine gewisse Art von Sarkasmus, von Ruhrpott-Direktheit. Und nun würde noch mehr Niki sein: Das Museum in Hannover beherbergte eine der größten, wenn nicht die größte Sammlung von Niki de Saint Phalle. Eine gewaltige Schenkung, die die Künstlerin dem Haus gemacht hatte. Ach was, dem Haus! Dem Direktor persönlich – und der Stadt. Auch persönlich. Martha war auf beides sehr neugierig. Der Direktor, Frido Riechel, besaß ein Strahlen, das einem Filmstar Ehre gemacht hätte. Martha hatte sich erkundigt: Das Sommerstrahlen konnte offenbar rasch und mächtig in ein gewaltiges Gewittergrollen umschlagen, aber davon konnte natürlich bei der Begrüßung keine Rede sein. Willkommen, willkommen! Der Mann war nicht besonders groß, aber von auffallender Wohlgestalt, eine Mozartfrisur samt neckischem Zopf schmückte seine Erscheinung, die ganz federnde Spannung war, ganz Entgegenkommen, ganz ansteckende Fröhlichkeit. Er war polyglott, wie es sich für Kunsthistoriker gehört, sprach neben deutsch und englisch auch noch französisch und italienisch und leidlich spanisch, aber das Verblüffendste waren seine wechselnden Alltagsidiome: Schon im ersten Gespräch mit Martha hatte er behände vom allergehobensten Kunsthistorikersprech, in dem viel von Diskursen und Ästhetiken und Paradigmenwechseln die Rede ist, in zupackendes Ruhrpott-Sprech gewechselt und damit sofort Marthas Herz höherschlagen lassen: Der Mann kam aus Bochum!

Damit war die Sache geritzt, die beiden hatten sich verstanden, und nun war sie hier am Seiteneingang des Museums. Martha stand aufgeregt auf der Schwelle und ließ einige Arbeiter mit Koffern, Boxen, einer Leiter an sich vorbeiziehen. Die breite Tür öffnete und schloss sich automatisch. Na, komm schon! Sie gab sich einen Ruck.

Drinnen Geschäftigkeit, Geschiebe, Morgengrüße, eilig hingeworfen. Ein Pförtner, der über viele Jahre offenbar mit seinem grauen Schreibtischstuhl verwachsen war. Sie musste in seine gläserne Box, um sich Schlüssel und Ausweis geben zu lassen. Der Mann brummte ein Willkommen.

»Ich bin der Herr Menke.«

»Ich bin Grünhold.«

»Ah ja.«

Und vorbei. Sie war drinnen. Ihr leutseliger Chef holte sie ab, das ließ er sich nicht nehmen, begleitet von einer Sekretärin, die so klassisch neben ihm her trippelte, dass es zum Lachen war. Riechel schien es nicht zu bemerken. Er ging schnell, die Assistentin hatte Mühe zu folgen, aber auch Martha in ihren schweren Arbeitsschuhen fiel in eine Art Arbeitstrab, um hinterherzukommen. Ein paar Treppen hinauf, ein paar Treppen hinab, zwei Sicherheitstüren, ein großzügiges Foyer mit Pflastersteinen und fröhlich winkende Kassenfrauen – und hinein in die Ausstellung. Riechel bremste abrupt und strahlte Martha an. »Da wären wir. Unsere neueste Sache.«

Es war seine Sache. Jeder wusste das. Zwar hatte die in Paris lebende amerikanische Künstlerin Elaine Sturtevant gerade einen Preis bekommen und ihr Werk musste schon allein deshalb ausgestellt werden – aber Martha war sofort klar, was für ein genialer Schachzug von Riechel das war.

Wow! Sie standen vor einer leibhaftigen Geisterbahn. Ihre Lämpchen blinkten einladend. Die Geisterbahn füllte die riesige Halle bis in den letzten Winkel aus. Riechel grinste sie an: »Na, wollen wir mal?«

»In echt?«

Unwillkürlich fiel Martha in eine Art Jugendsprech. Geisterbahn war Jugend! Seit Generationen. War Rummelplatz, Verheißung, Vergessen. Aber – mit ihrem Chef? Riechel sah ihr Zögern und lachte: »Sie können auch gern allein fahren. Oder mit Timmermann.« Er dreht sich zu seiner Assistentin um, die zu Marthas Verblüffung heftig nickte.

»Au ja!«

Von wegen klassische Sekretärin! Timmermann musste sich erst einmal verstauen. Sie reichte ihrem Chef die Handtasche, der sie, ohne zu zögern, nahm und sich an den Arm hängte. Es ruckte – die Fahrt begann.

Sie tauchten ab in eine spektakuläre Dunkelheit. Musik setzte ein, hart, laut, nervenzerfetzend. Und da! Es streifte sie etwas. Martha kreischte. Timmermann, die sicher nicht zum ersten Mal hier ihre Runden drehte, lachte laut auf. »... Angst?« Sie legte Martha beruhigend eine Hand auf den Arm.

Schemenhaft erkannte man etwas. Dann gleißendes Gegenlicht. Die Silhouetten von Fledermäusen und eine erbarmungswürdige Gestalt: ein Mann, der mit lautem Geschrei immer wieder auf die eigene Hand einhackte. Weiter! Beinahe schon Erleichterung, als sich ein alter Bekannter einstellt: Frankensteins unirdische Augen irrlichtern durch diese Hölle. Türen schlagen zu. Ein toter Kopf. Ein Raum, in dem anscheinend gefoltert wird. Und ein Mann, der seine Nase dicht über den Haufen eines Pudels hält. Endlich wieder ein alter Bekannter: ein Gerippe, das jämmerlich zappelt und klappert – bedenke, du bist sterblich, alte Freundin. Martha staunte. War diese Sturtevant nicht eine Konzeptkünstlerin, also intellektuell, überlegt, eher streng und programmatisch? Aber hier: grässliche Figuren rechts und links! Geköpfte im Schleim, rasende Albträume, Szenen wie in einem miesen Splatter-Film. Eben wurde es wieder mal heller, für ein paar Sekunden nur. Das reichte, damit Timmermann Martha unternehmungslustig anblinzelte: »Festhalten!«

Und schon ging es wieder rasant in die Kurve. Und noch einmal! Und das Ganze von vorn. Im Vorbeirasen sahen sie Riechel mit Timmermanns Handtasche stehen, ganz ruhig, als hätte er alle Zeit der Welt.

Beim zweiten Mal konnte man schon ein paar Bezüge erkennen, Bezüge zu Filmen, zu anderen Kunstwerken, aber es ging zu schnell, es war zu intensiv, um sich Klarheit zu verschaffen. Hui – hatte da nicht eben das Gerippe …? Genau! Bitte noch eine dritte Runde. Die Einstellung der Bahn gestattete das. Beim dritten Mal allmählich Beruhigung. Gewöhnung. Und aus.

Mit schwankenden Beinen fand sich Martha auf dem Boden des Museums wieder. Timmermann klopfte ihr Kostüm nach Spuren ab, die es nicht gab, sagte cool: »Dann will ich mal wieder!« – und verschwand, ohne Riechel ihre Tasche wieder abgenommen zu haben.

»Und?«, sagte Riechel. »Haben Sie eine Idee, was das soll?«

»Spaß«, sagte Martha etwas lahm, um dann zu ergänzen: »… und Routinen? Wenn du den Schrecken mehrfach erlebst, verliert er seinen Schrecken. So was?«

Riechels Augen blitzten. »Genau«, sagte er. »Aber nicht nur Routinen. Auch Rituale. Sturtevant ist die Antwort auf den Kunstbetrieb. Und ein schöner Kommentar zum Rest hier.« Er holte weit aus.

Martha überlegte, während Riechel sie erwartungsvoll ansah. Aha. Der Trip mit der Geisterbahn war also nicht die schiere Großzügigkeit gewesen, Riechel stellte sie auf den Prüfstand. Martha verweigerte sich gewöhnlich solchen Examina, vor allem wenn sie, wie meistens, von Männern veranstaltet wurden. Sie hatte ihre Befähigung längst bewiesen, sonst wäre sie ja nicht hier. Und wenn hier eine Hackordnung klargemacht werden sollte – dann bitte schön. Für gewöhnlich ließ Martha es gut sein, zog sich zurück auf ein Brummen und Schweigen und hatte nichts dagegen, unterschätzt zu werden.

»Kommen Sie schon!«, sagte Riechel. »Lassen Sie uns ein bisschen fechten!« Er machte einen Ausfallschritt nach hinten, zog ein imaginäres Florett: »Allez!«

Unwillkürlich musste Martha lachen. Erst die plumpen Grässlichkeiten in der Geisterbahn und nun dieser elegante *Monsieur le Directeur*, der aber offenbar eine kindliche Lust am Spiel hatte – und an der Diskussion.

»Nun sagen Sie schon … wie hat es Ihnen gefallen? Und was hat das wohl alles mit dem schicken Rest hier zu tun?«

Martha tat ihm den Gefallen – freilich, ohne sich auf das Fecht-Spiel einzulassen. Sie ging einfach weiter, sodass Riechel gezwungen war, ihr zu folgen.

Das Sprengel Museum, das wusste Martha spätestens seit ihrer offiziellen Bewerbung, die sie auf Geheiß des Vorstands der Form halber noch schriftlich eingereicht hatte, war von der klassischen Moderne geprägt, von Nolde, Leger, Picasso, Beckmann. Dann von der Kunst nach 1945, von der Pop-Art eines Andy Warhol, vom Alleskönner Gerhard Richter. Aber vor allem von Niki de Saint Phalle. Auf die konnten sich längst alle einigen. Ihr Postulat der freien Frau, ihre Hymnen auf das Weibliche, das Anarchische war zur Marke … – ja, was? Heruntergekommen? Aufgestiegen? Martha wusste es nicht so recht. Sturtevants aber bezog auf jeden Fall eine radikale, gegenwärtige Position. Mit Niki de Saint Phalle hatte das schon lange nichts mehr zu tun.

»… und natürlich hat das einen ganz starken Bezug zu Niki«, sagte Riechel jetzt prompt.

Hatte es?

»Klar«, wiederholte Riechel. »Überleg mal!«

Jetzt duzte er sie also schon.

Martha überlegte oder tat jedenfalls so.

»… die Geisterbahn! Das ist doch wie bei Niki. Sie macht den *Golem* in Israel – eine echte Horrorfigur, aber als Kinderspielplatz. Sturtevant baut eine Geisterbahn. Das gleiche Prinzip, aber Sturtevant führt uns vor Augen, dass der Horror gut organisierter Kommerz ist. Bei ihr kannst du den Horror kaufen.

Horror in Tüten, sozusagen.« Er lachte. »Und dadurch wird der Horror gleichzeitig domestiziert. Du kannst ihn dir portionieren, als mündiger Kunde, sozusagen.«

»... auch als Kundin ...«, verbesserte Martha eilig, aber Riechel ignorierte das.

»Ich weiß gar nicht, welche Methode zwingender ist«, sagte er nachdenklich und malte wie zur Erklärung Zeichen in die Luft. »Bei Sturtevant funktioniert es über Wiederholungen und Rituale. In eine Geisterbahn zu gehen, das ist ja ein Ritual, das den Konsumenten ...«

»... Konsumentinnen!«

Riechel schaute einen Moment irritiert, redete dann aber weiter.

»... das den Leuten bekannt und vertraut ist. Dadurch verliert es irgendwann einen großen Teil seines Schreckens. Wenn der vertraute Horror der Geisterbahn dann noch in die Sphäre der Kunst transferiert wird, findet die nächste Stufe der Abstraktion statt – und der Museumsbesuch ist dann wieder ein Ritual.«

»Aha«, sagte Martha. »Und bei Niki de Saint Phalle?«

»Was meinst du?«, fragte Riechel, offenbar entschlossen, beim Du zu bleiben.

»Bei Niki sind es Routinen.«

»Genau!«, jubelte Riechel. »Sieh mal an, du siehst es auch.«

Er klatschte zufrieden in die Hände.

»Schau mal, wie viele *Nanas* sie allein gemacht hat! Dutzende! Ganze Serien. Nach dem Schrecken der Bräute kommt die Fröhlichkeit der *Nanas*. Eine Serie nach der anderen. Und irgendwann: Routine.«

Martha wusste nicht, ob Riechel das kritisch meinte. Aber sie verstand, warum er die Werke der beiden Künstlerinnen aufeinander bezog. Eine mit der anderen ins Gespräch bringen, obgleich die eine, die wesentlichere, längst gestorben war, klarmachen, was das eine mit dem anderen zu tun hatte – das begeisterte ihn offenbar.

Martha ließ es zu, dass er sie weiterzog.

»Erst mal genug Horror, oder? Wir haben noch mehr zu sehen.«

Sie bogen um eine Ecke. Das Museum war licht und hell. Martha frohlockte innerlich. Wie weitläufig das war. Geordnete Geometrie. Grautöne, weiß. Gemäßigte Sachlichkeit. Und: groß.

»... und hier«, sagte er lachend, »hier hast du unseren Hausgeist, den Schutzpatron – übrigens auch den Künstler, den Niki de Saint Phalle seit ihrem ersten Besuch bei uns als ihren Hausgott bezeichnet hat, aber das weißt du vermutlich. Da-dä!«

Er machte einen ausgelassenen Tanzschritt.

»Schwitters?«, fragte Martha verblüfft. Sie standen vor einem riesigen Zimmer, das aussah, als hätte jemand versucht, mit Möbelschrott und Pappmaché ein Alpenmassiv nachzubauen.

»Der *Merzbau*!«, rief Martha.

»*Ein Merzbau*«, korrigierte Riechel erfreut. »Das Original ist im Zweiten Weltkrieg zerstört worden, die anderen Fassungen auch. Das hier ...« – er klopfte vorsichtig an eine der Wände – »... das hier ist ein Nachbau. Hat eine Kleinigkeit gekostet. Aber so kann man sich's wenigstens vorstellen.«

Das Machen. Das Bauen. Das In-die-Tat-Umsetzen. Und die Verständigung mit dem Publikum. Martha verstand sofort den Bezug zur Welt von Niki de Saint Phalle. Und sie verstand, was Riechel mit den beiden verband – mit Schwitters und mit Saint Phalle. Staunend durchschritt sie mit Riechel den weißen *Merzbau*, der sich im Inneren als eine Art Kreuzung aus Pavillon und implodierter Kapelle zeigte. Eine Riesencollage. Im Original war sie voller Erinnerungsstücke gewesen, viele Jahre hatte Schwitters die seltsame, sinnfreie Grotte in seinem Haus in Hannover immer mehr Raum einnehmen lassen, bis sie ihm buchstäblich über den Kopf wuchs. Unwillkürlich musste Martha an *Alice im Wunderland* denken und daran, dass Kurt Schwitters wohl so eine Art Künstler-Alice gewesen war, immer weiter an den Rand seiner Behausung gedrängt –nicht, weil er wuchs, sondern weil sein Werk wuchs. Es gebe eine Fülle von Zeichnungen zum *Merzbau*, referierte Riechel, sein Museum besitze die meisten; sie zeigten, dass Schwitters einen Traum verfolgt habe: ein begehbares Kunstwerk. Ein frühes *Environement*.

»Warum ist Schwitters eigentlich nicht viel populärer?«, fragte Martha eher sich als den Museumsmann. Riechel zuckte die Achseln.

»Zu bescheiden? Er machte gern einen auf graue Maus.«

Martha stutzte. »Ein Künstler, der solche Riesenplastiken baut?«

»Das wusste ja erst mal keiner. Und dann ... man kennt eher die Gedichte. Schön absurd. *Anna Blume* und so weiter. Und Hannover war vielleicht auch nicht der ideale Ausgangspunkt für eine steile Karriere. Der Rest der DADA-Truppe saß in Zürich und sonst wo. Schwitters hat sich mit ihnen verkracht. Das konnte er gut, sich verkrachen.«

Riechel lachte sehnsüchtig. »Daher ja auch MERZ.«

Er malte die Blockbuchstaben in die Luft.

»... MERZ statt DADA. Er hat sein eigenes Ding gemacht – zurückgezogen, für sich. Aber ...« – Riechel lächelte – »... um es mit Schwitters zu sagen: Es ist auch immer das Gegenteil wahr.«

Der restaurierte *Merz-Bau* war gut in Schuss, stellte Martha rasch und mit einiger Erleichterung fest. Ein eigener Kurator war dafür abgestellt, der sich besonders auf Plastiken aus Papier und Pappen verstand. Seit Riechel hier Direktor war, ging es den Schwitters-Werken besser. Nach und nach rückte Riechel sie mehr in den Vordergrund, und die Leute, so erzählte er, kamen und staunten. Selbst Schwitters Grab auf dem schönen historischen Friedhof wurde besucht, und die Leute hinterließen gelegentlich Blumen. Schwitters war 1948 in England gestorben, im Exil, aber man hatte den Toten zurückgeholt in seine Stadt. Das war vor mehr als vierzig Jahren gewesen. Schwitters hatte Hannover geliebt, die Stadt gab ihm Obhut. Und Hannover liebte bescheiden zurück.

Riechels Handy brummte. »Schon wieder … Kommst du mit?«

Es ging energisch voran. Riechel hatte es nun wieder eiliger, aber einen ersten Überblick über das Haus verschaffen wollte er Martha schon. Treppauf und treppab. Die Moderne. Bilder von Max Beckmann, Francis Bacon, Paul Klee. Plastiken von Henry Moore, Henri Laurens. Räume, um mit Kindern zu arbeiten, Räume für Diskussionen. Ein stattlicher Hörsaal, ein Medienraum – und endlich: der Verwaltungstrakt. Riechel drückte ihr feierlich einen Schlüsselbund in die Hand und öffnete eine Tür.

»*Voilà* … dein Büro. Frau Timmermann zeigt dir den Zugang zum Depot. Bestimmt willst du dich erst mal einrichten, oder? Wir sehen uns zum Mittagessen, dann kommen auch die anderen dazu.«

Und schon war er verschwunden. Frau Timmermann folgte ihm, jetzt wieder ein höflicher Schatten.

Am Nachmittag radelte Martha zum Leineufer, sie wollte zu den *Nanas*, die seit vierzig Jahren an einer der großen Straßen standen. Drei monumentale Figuren von Niki de Saint Phalle, die längst zu einer Touristenattraktion geworden waren.

Hatte Riechel von Bescheidenheit gesprochen? Das traf es wohl ganz gut. Der Weg führte durch einen kleinen Park, hinter dem sich ein schlossartiges, dunkles Gebäude erhob: das Neue Rathaus. Neo-Gotik. In Marthas Kopf rastete der Begriff sofort ein. Der Park drum herum lieblich, ein Park für Kinder und Fußgänger. Martha bremste ab. Das da hinten musste das Landesmuseum sein. Und da vorn? Ein Skulpturenensemble, riesig. *Die Göttinger Sieben*, las Martha. Ein Denkmal für sieben Professoren, die in einer Verfassungskrise treu zur Demokratie gestanden hatten. 1837. Aha. Die Skulpturen waren jünger, wahrscheinlich Gegenwartskunst, aber ziemlich zopfig für ihren Geschmack. Martha stieg wieder aufs Fahrrad, wandte sich nach Norden. Die Autos schossen neben dem schmalen Radweg vorbei, mehrspurig. Eine Einmündung, das Handy befahl, sich halb rechts zu halten. Die Straße jetzt noch breiter – aber da, auf dem Grünstreifen – eine Art Riesen-Mikadospiel! Kunstvoll verschränkte Aluminiumstreben bildeten eine Art Spalier. Seile dazwischen. Martha stieg erneut vom Rad, um sich die Sache genauer anzusehen. Es war eine Plastik für den zweiten Blick, trotz ihrer Größe filigran – und puristisch. Hier war kein Element überflüssig, würde man eine der Stangen entfernen, bräche das Ganze zusammen. Druck und Zug. Alles im Gleichgewicht. Struktur und Ordnung. Das passte gut zu Hannover. Es war offenbar der Beginn der berühmten Skulpturenmeile, in deren Mitte sich die Nanas befanden. Plötzlich wurde Martha aufgeregt. Sie hatte keine Zeit mehr, das schöne, zarte Metallstrebending besser zu verstehen. Weiter!

Auf dem Radweg war jetzt mehr los, sie musste aufpassen. Hoffentlich würde sie die *Nanas* überhaupt entdecken! Sie sollten am Flussufer stehen, am Rand der Altstadt – aber es war gar kein Fluss zu sehen, das Einzige, was hier rauschte, war der imposante Autoverkehr. Jetzt zur Rushhour wollten offenbar alle weg, raus aus der Stadt. Martha fädelte sich zwischen den vielen Radfahrern ein. Aber dann! Marthas Herz begann, schneller zu schlagen. Da vorn! Da vorn leuchtete es. Aquamarin. Königsblau. Weiß. Ein strahlendes Orange. Martha trat in die Pedale. Da waren sie. Die drei prominenten Figuren. Kopfstehend die eine, tanzend die zweite, die dritte sich in den Hüften wiegend. Sie leuchteten. Dahinter stapelte sich die Stadt. Martha lehnte das Fahrrad gegen einen Straßenbaum und näherte sich den Figuren. Die *Nanas* waren größer als gedacht. Martha legte den Kopf in den Nacken. Und viel stärker.

»Weg mit der Krüppel-Kunst!«

»Raus hier!«

Eine aufgebrachte Menge hat sich am Leine-Ufer versammelt. Es sind auf den ersten Blick anständige Bürger. Die Mehrzahl Männer, sie tragen Anzüge unter grauen Wollmänteln, auffallend viele dazu einen kleinen Hut auf dem Angestelltenkopf, wuchtige Brillen lassen sie älter erscheinen, als sie sind. Es sind Sachbearbeiter, Bürovorsteher, Versicherungsleute, kleinere Schlips-und-Kragen-Typen, aber von großem Zorn getrieben.

»Das ist doch keine Kunst!«

»Das verhunzt die Stadt!«

»Früher hätte man so eine vergast.«

Ein paar Junge protestieren gegen die Protestierenden, aber sie werden niedergeschrien. Man schreit gegen große Holzkäfige an. In den Holzkäfigen schweben, von Kränen bewegt, drei große Figuren von Niki de Saint Phalle. *Sophie, Charlotte* und *Caroline*. Die französischen Namen lauten eigentlich anders, sie bezeichnen nüchtern die skulpturalen Unterschiede: *Nana dansante* – die tanzende *Nana*, *Nana boule* – die Kugelige, *Nana tête en bas* – die Kopfstehende. Die neuen Namen sind eigentlich ein Scherz aus Hannover, ein Scherz der Verwaltungsspitze. Die saß beim Italiener, ließ den Tag ausklingen und plante die bevorstehende Kunstaktion. Wild würde es schon werden, das war ihnen klar. Die Widerstände waren groß. Wer die Idee hatte? Vielleicht Wegmann selbst, der kluge Bürgermeister, der seine Hannoveraner gut kannte und sich mit dem Amt wandelte: vom revolutionären Jungsozialisten zum sozialdemokratischen Diplomaten. Wenn die Hannoveraner, was absehbar ist, mit den knallbunten Polyester-Plastiken fremdeln würden – warum sie dann nicht von vornherein eingemeinden? Ihnen also Namen geben, mit denen die Bewohner der Stadt etwas anfangen könnten? Die Idee wurde von Rotwein befeuert und von Zaghaftigkeit im Zaum gehalten.

Hedwig? Nach Hedwig Kettler?

Fragende Blicke.

Hedwig Kettler gründete den Deutschen Frauenverein Reform. Gleiche Bildungschancen für die weibliche Jugend – das war ihr Thema. Mädchengymnasien, Mädchenbildung – seit 1900.

Männliches Kopfschütteln. Verdienstvoll, klar. Aber zu einseitig, irgendwie. Und auch zu unbekannt. Ein Weg in Hannover ist nicht etwa nach ihr, sondern nach dem Gatten, einem gewissen Julius Kettler benannt – der war Chef des städtischen statistischen Amtes gewesen. Läuffer lacht: So geht's. Immerhin hat Wegmann jetzt Recherchen über die Frau beauftragt, eine Biografie soll entstehen.Grübeln. Hannah Arendt? Die Philosophin wird verehrt, aber nicht verstanden. Zu intellektuell. Mary Wigman? Zu sehr das Gegenteil. Eine Tänzerin, die erst mit 22 das Tanzen lernte, dann aber, von Dresden aus, das Ballett revolutionierte. Emil Nolde hat sie oft gemalt, ihre disziplinierte Wildheit, ihren Furor. Köpfewiegen. Hatte Wigman nicht die Disziplin der Nationalsozialisten bewundert? Hitler als starken Mann gepriesen? Abwinken.

Aber dann: Sophie. Na klar. Charlotte? Auch gut, für die Kulturbürger. Und Caroline – unbedingt. Sie sind stolz auf sich, ziemlich zufrieden. Prost! Wir schaffen das schon! Sie schauen sich aufmunternd an.

Caroline ist Caroline Herschel, die berühmte Astronomin und Künstlerin aus dem 19. Jahrhundert, auf die die Entdeckung etlicher Kometen zurückgeht und die einen regelrechten Sternenkatalog anlegte. *Charlotte* ist die Goethe-Freundin Charlotte Buff, *Sophie* die allseits geliebte Kurfürstin, eigentlich Sophie von der Pfalz, die schon ein turbulentes Leben hinter sich hatte, als sie achtundzwanzigjährig Ernst August von Hannover heiratet. Jeder in Hannover kennt sie. Und: Die *Nanas* sollen ja nur den Auftakt bilden zu einem viel größeren Projekt. Straßenkunst soll überall in Hannover entstehen. Die Kunst soll die Gräben überwinden, die der Krieg buchstäblich hinterlassen hat, soll Wunden heilen – aber auch den Weg in die Zukunft weisen. Der Kulturdezernent hat da so seine Pläne. Und die *Nanas* in ihrer bunten Volkstümlichkeit – kann gegen diese charmanten Pummelchen irgendjemand etwas haben? Ernsthaft? Jetzt, Mitte der siebziger Jahre?

Viele, so stellt sich jetzt heraus. Tausende. Die Menge kocht.

Es nützt den bedrängten Figuren nichts, dass sie nach Identifikationsfiguren der Niedersachsen benannt werden: intellektuelle Frauen, geliebte Frauen – das bringt die Leute noch mehr in Rage.

»Eine Usurpatorin!«, sagt einer, der sich für gebildet halten will, dem Rundfunkreporter ins Mikrofon. »Eine unmögliche Frau. Sie soll ja eine regelrechte Femme fatale sein!«

»Schlampe!«, ruft einer schon deutlicher und freut sich über seinen Mut, »Hexe!«, ein anderer.

Die hölzernen Gitterboxen mit den Figuren senken sich endgültig aufs Pflaster. Das Geschrei der Protestierenden schwillt an. Die Holzgitter werden abgebaut, aber kein Löwe entweicht. Trotzdem verstummt die Menge für einen Augenblick, schiebt sich aber bedrohlich näher. Man hat den Eindruck, dass immer mehr Leute kommen. Man beginnt, sich um die Sicherheit zu sorgen.

Schaulustige bleiben stehen, der Verkehr staut sich.

Ein paar Gegendemonstranten tauchen auf, jüngere Leute in lässigen Pullovern, weiten Jacken.

»Ich find's gut, dass die *Nanas* hierher …« Weiter kommt der junge Mann nicht.

»Hau ab!«

»Los, verschwinde! Geh doch rüber in die Zone!«

Der junge Mann hält schützend die Hand vors Gesicht. Die Reporter feixen. Sie haben ihre tolle Geschichte.

Die Stadtoberen beginnen, sich zu fürchten. Aber nicht alle. Zwei stehen, allem Anschein nach, seelenruhig da, Seite an Seite: Oberstadtdirektor Läuffer und der junge Oberbürgermeister. Die *Nanas* sind ihr Projekt. Die *Nanas* bilden den Auftakt zum großen Straßenkunstprojekt. Genau hier an der viel befahrenen Ausfallstraße soll die Kunst wachsen: auf dem Mittelstreifen, an den Rändern. Die Kunst soll zu den Leuten, die stille, unbewegliche Kunst soll kleine Momente der Irritation bilden. Intelligente Stopps für eine autoverrückte Gesellschaft. Kunst mitten im Verkehr. Die autoverrückte Gesellschaft schreit. Irgendjemand hat ausgeplaudert, was die *Nanas* kosten: unvorstellbare 180 000 Mark! Dafür könnte man eine Menge … Kindergärten werden angeführt, Schulen und Altenheime. Der Oberstadtdirektor und der Bürgermeister ziehen den Zorn der Menge auf sich und halten das aus.

Läuffer, der Verwaltungschef, denkt an die Studie, die so ein vernichtendes Urteil für Hannover ergeben hat: Kühl, steif und beamtenhaft sei die Stadt, wenn sie ein Mensch wäre, dann einer, der keinen Spaß verstehe, provinziell denke, engstirnig und rückständig lebe – und dabei von großer Selbstgewissheit. Läuffer denkt daran, wie viele Menschen in den letzten Jahren aus Hannover weggezogen sind. Dass sich der Verkehr vor ihm jetzt staut, dass es einstweilen eine Unterbrechung der ewig gleichen Fluchtbewegung gibt, scheint ihm symbolisch, denn sie wollen die Menschen ja zurückholen, zum Bleiben bewegen. Und dafür reicht es nicht mehr, anständige Arbeitsplätze zu bieten, nein, neuerdings sind andere Faktoren gefragt, weiche Standortfaktoren heißen sie – und dazu zählen auch die *Nanas*. Läuffer lächelt, für die Umstehenden scheinbar grundlos, in sich hinein. Weich sind die *Nanas* allemal, zumindest ihre Konturen sind es – und genau das bringt die Leute so auf die Palme. Diese prallen Brüste! Die stattlichen Hüften!

»Obszön!«

»Frauenfeindlich!«

Nun hält es Heinrich Wegmann nicht mehr aus. Der Oberbürgermeister besitzt nicht Läuffers Stoizismus, er kommt von ganz unten, er hat nicht vergessen, wie man kämpft, also stürzt er sich in die Schlacht:

»Sie haben ja keine Ahnung!«, ruft er entschieden. »Niki ist eine …«

Natürlich wird er überschrien, aber er gibt nicht auf. Man sieht, wie er argumentiert, wie er streitet, wie er sich bald diesem, bald jenem zuwendet, im Rücken immer einen kleinen drahtigen Kerl, der ebenfalls kräftig austeilt mit Worten, hitzig, ungestüm: Pete.

Abends sitzen sie erschöpft beisammen. In der *Klickmühle* gibt es die besten Bratkartoffeln der Stadt, ein kühles Bierchen dazu. Aber die Stimmung bleibt gedrückt. War das Risiko doch zu groß? Haben sie die Leute überfordert?

»Du kannst das nur so machen«, sagt Pete, der sich von Widerstand eher angeregt fühlt. »Du kriegst es nur hin, wenn du provozierst. Immer schön überfordern. Überfordern – und wiederholen, so lernen die Leute.«

»Ich will sie aber nicht belehren«, sagt Wegmann unglücklich. »Die *Nanas* wollen die Leute doch einfach nur fröhlich machen. Hast du selber gesagt.« Er klingt etwas vorwurfsvoll. »Was, wenn die Leute gar nicht fröhlich sein wollen? Wenn sie sich erst mal abreagieren müssen? Wegen was ganz anderem.«

»Achtzehntausend«, sagt Läuffer erschüttert, den Zahlen mehr beeindrucken als psychologische Vermutungen. »Achtzehntausend Menschen haben gegen die *Nanas* protestiert.«

»Noch ein Pils, Rosi!«

Sie ertränken ihren Kunstkummer in Bier, nur Pete bleibt bei seiner Cola – und schmiedet schon wieder Pläne. Er wird einen Weg finden, den *Nanas* beim Ankommen zu helfen. 1974 ist er noch ganz Zuversicht, ganz Unternehmungslust.

Ein paar Tage später wird Wegmann in seinem Büro angerufen. Die Polizei ist dran, ein hörbar nervöser Beamter. Menschenauflauf, Pöbel, junge Radikale ... hört Wegmann. er wirft sich den Mantel über, reißt im Vorbeirennen Läuffers Bürotür auf: »Kommen Sie!«

Es geht schon wieder zu den *Nanas*, zu Fuß, es sind nur wenige hundert Meter – und mit dem Wagen käme man sowieso nicht durch. Sie eilen mit fliegenden Mänteln. Wegmann fährt sich unterwegs durch die Haare, wie immer, wenn er nervös ist, Läuffer beißt die Zähne zusammen, dass man die Kiefermuskeln sieht. Was wird sie am Leine-Ufer erwarten? Wieder hat sich eine Menge versammelt, und wieder wird gebrüllt, und wieder geht es um die *Nanas*. Nur dass sich diesmal die Verteidiger der Figuren finden: Junge Menschen zumeist, in Jeans und Parka und bunten Kleidern, aber auch viele Ältere mit hochgeklapptem Mantelkragen:

»Ein Hoch auf die *Nanas*!«

»Wir wollen Niki!«

»Hannover für Niki!«

Die Stimmung ist bestens. Wegmann und Läuffer strahlen sich erleichtert an. Das sind ihre Leute.

»Das sind die Guten!«, ruft Läuffer. Sie gehen in der Menge unter.

Ein paar Redner mit Megaphonen geben die Parolen vor, die Menge skandiert und schreit, und dann hat jemand eine Musikanlage irgendwoher geholt und wirft sie an, und die Hits der Saison ertönen. *The Air That I Breathe*. Die Menge wiegt sich, drängt sich um die *Nanas*, es wirkt, als wollte sie sie zum Tanz auffordern, sie bildet einen schützenden Wall um die drei Frauenfiguren, die sich stolz und bunt über die Köpfe erheben. Die Menschen feiern die Frauen, feiern das Runde, Unperfekte, Anarchische. Der Protestzug verwandelt sich immer mehr in eine Party, und das wird der Polizei irgendwann doch zu bunt: Was, wenn eine der teuren Figuren beschädigt wird, bitte Abstand halten, bitte gehen Sie zurück. Wegmann und Läuffer mischen sich ein, beruhigen nach allen Seiten, strahlen, das wird mal schöne Fotos geben! Und mitten in dem heiteren Chaos steht ein hochzufriedener Pete und wirkt, als sei das seine ganz persönliche Fete. Persönlich ist es ja auch. Aber das geht niemanden etwas an. Auch nicht, wie diese scheinbar spontane Gegendemo so schnell zustande gekommen ist. Er summt den Song leise mit, obwohl die *Hollies* eigentlich gar nicht sein Ding sind. Zu dominant, diese E-Gitarren, zu sentimental das Ganze. Und doch.

»Sometimes, all I need is the air that I breathe
And to love you ...«

Vierzig Jahre später stand Martha keineswegs allein vor den drei *Nanas*. Ein Mann hockte auf dem Sockel der tanzenden *Sophie*. Zwei Skater umkurvten die beiden anderen. Zwei Frauen kamen, lehnten sich an das Geländer zum unsichtbaren Fluss, rauchten. Einer mit Einkaufstasche näherte sich, setzte die Tasche ab, rieb sich die Hände. Keine Frage: Das hier war ein Treffpunkt. Kaum vorstellbar, dass diese netten, aufrechten Polyester-Damen mal den berüchtigten Volkszorn entfesselt hatten. Martha nahm die Figuren in Augenschein. Zwei waren richtig gut in Schuss. Sie waren vor wenigen Wochen gereinigt worden – eine ziemliche Show, wie ihr Riechel vergnügt berichtet hatte. Martha schauderte, als ihr Riechel das hannoversche Verfahren beschrieb: mit einem feuchten Schwamm und Neutralreiniger. Neutralreiniger? Nicht alles, was neutral hieß, war auch schadstofffrei. Natürlich wusste Riechel nicht, was genau benutzt worden war, die Außen-*Nanas* gehörten nicht zu seinem Verantwortungsbereich. Aber er hatte recht: Die Figuren sahen gut aus. Nach der behutsamen, feuchten Reinigung war eine Feinpolierpaste aufgetragen und vorsichtig eingearbeitet worden. Du liebe Güte! Das erinnerte Martha eher an die gebohnerten Böden der Großmutter in Hagen. Schließlich war eine Hochglanzversiegelung aufgebracht worden. Martha wiegte den Kopf. Die Versiegelung tat, was sie sollte: Sie schirmte hermetisch ab. Sie vervollständigte den Eindruck der Glättung. Es war ein perfekter Schutz vor den Autoabgasen. Und es war ein perfektes Lifting. Nur: Wollte man das? Wollte Niki de Saint Phalle das? Sollten die drei Grazien alterslos und perfekt das Leine-Ufer verschönern, unberührt vom Wandel, ja – auch vom Altern der Stadt? Martha sah sich um. Das Publikum hatte mittlerweile gewechselt. Die rauchenden Frauen waren davongeschlendert, dafür waren mehr Skater unterwegs. Sie lachten und tobten – hielten aber respektvollen Abstand zu den Figuren. Die schimmerten im Nachmittagslicht. Nur die dritte, *Charlotte*, die Tanzende, war ein wenig in den Hintergrund getreten. Ausgerechnet die schöne

Nana dansante, die mit ihren fünf Metern Höhe und fast vier Metern Breite die anderen deutlich überragte. *Charlotte* musste sich noch gedulden, so viel hatte Martha erfahren. Ihr stand eine gründlichere Reinigung bevor. Dafür musste sie sogar eine Reise antreten, zum Restaurierungsunternehmen nach Wunstorf. Wunstorf? Eine der kleinen Städte im Umland, mit hoch spezialisierten Firmen, wie sie typisch waren für die Region. So hatte Riechel sie beruhigt, als Martha hochfahrend fragte, warum nicht die Firma, die die *Nanas* gegossen hatte, warum nicht in Paris, warum nicht wenigstens sie ...

In Wunstorf würde *Charlotte* grundgereinigt werden, dann würde sie einen neuen Farbauftrag erhalten. In ein paar Jahren wären die beiden anderen dran. Immer schön der Reihe nach! Natürlich hatte man in Hannover einen Plan. Musste man auch. Die aufwändige Reinigung mit dem neuen Farbauftrag kostete 10 000 Euro pro Figur – viel Geld für eine Stadt, die sich um viel Kunst im öffentlichen Raum kümmern musste, Kunst aus den siebziger und achtziger Jahren, als noch reichlich Geld in der Stadtkasse war. Und nun kam die Kunst in die Jahre.

Ein junger Mann zu Füßen von *Charlotte* telefonierte. Martha war amüsiert. Es sah aus, als ob er versuchte, die Figur mit seinem Handy zu erreichen. Die Figur tanzte auf einem Bein. Aber es sah nicht so aus, als ob sie Lust hätte zu telefonieren – es sah eher so aus, als ob sie gleich abheben würde. Eine Flugfigur! Die kopfstehende *Nana* hingegen die Ruhe selbst. Durchtherapiert wahrscheinlich. Yoga mit einem BMI von 27. Obwohl sie die Welt verkehrt herum betrachtete, war sie es doch, die Ordnung hielt. Massiv war sie, strukturierte den Raum. Die Gliedmaßen leuchteten meergrün, der Corpus war als Kontrast besonders filigran bemalt. Assoziationen an die verspielten Kacheln von Joan Miró wurden wach, an Antoni Gaudí. Vielleicht sollten die drei *Nanas* hier ja bewusst an den Vergnügungspark von Gaudí in Barcelona erinnern, waren als Beginn eines solchen Parks gemeint.

Hannover, so schien es Martha, war eine ernste Stadt. Viel Verwaltung. Auf der anderen Straßenseite erhoben sich die gewichtigen Bauten der Ministerien. Viel Industrie, die aber schon lange kriselte, weil hier alles auf das Auto setzte, der größte Autobauer hatte seine Zentrale nur dreißig Kilometer weit weg, in Hannover wurden die LKWs gebaut, eine Branche im Umbruch. Wenn Hannover ein Mensch wäre ... grübelte Martha, dann ... wäre das ein Mann mit Hut, die Stirn in Falten gelegt. Aber der Mann ..., grübelte Martha weiter, ... würde vielleicht einen Ausfallschritt machen. Einen Tanzschritt.

Die *Nana*-Figuren waren Komplizinnen der Fortschrittlichen in der Stadt. Sie waren prächtig. Sie waren nicht zu übersehen. Sie verströmten eine heitere, lebenszugewandte Art. Sie sahen aus, als ernährten sie sich von Sahnetorten und Wein. Keine Fitness, kein Body-Shaping, keine Selbstoptimierung. Und trotzdem dienten sie als Vorbilder: Gerade kamen wieder zwei Mädchen vorbei, aus Asien, wie es schien. Sie drapierten sich sorgfältig vor *Caroline* und machten Selfies.

Martha beschloss, Riechel anzurufen. Vielleicht konnte sie mit diesen Restaurierungskollegen in diesem Wunstorf Kontakt aufnehmen. Jeder machte sein Ding, jeder hatte seine Technik.

Sie zog ihr Handy aus der Tasche und wählte die städtische Nummer des Museums. Es klingelte. Und klingelte. Dann eine Stimme, unterbrochen von Jazz-Akkorden:

»Stadt Hannover, willkommen ... bitte warten Sie. *Please, hold the line.*« Ein musikalischer, verheißungsvoller Auftakt, Klaviertöne, schwungvoll, die Stimme meldete sich zurück: »Sie werden gleich verbunden.« Und wieder ein Takt aus drei Akkorden, die Stimme erneut, gutgelaunt: »Sind Sie noch da? Sie werden gleich verbunden!« Das war mal ein Kunststück von Warteschleife! Martha hoffte geradezu, nicht verbunden zu werden! Sie lachte. Schließlich war doch Riechel dran, mit einer nachmittäglich gestressten Stimme:

»Ach, du … Und – *Nanas* gefunden?«

Er lud sie zu sich nach Hause ein. Die Timmermann komme auch. Und ein, zwei Freundinnen.

Riechel wohnte in einem Gründerzeithaus, in einer kunstvoll vernachlässigten Wohnung. Bilder, Plastiken, Objekte überall. Kinderspielzeug dazwischen, Zettel, Ordner. Im riesigen Wohnzimmer Gebirgsmassive aus Büchern, die Beistelltische beladen mit Kunstkatalogen, ein Bügeleisen stand mitten im Zimmer.

»Tja, Haushalt gibt es auch noch!«, sagte Riechel, der ihren Blick richtig deutete, und nötigte sie auf eines von zwei zerschossenen Designer-Sofas. Außer Frau Timmermann waren noch zwei Frauen da: »Conny … Françoise.«

Aus den USA die eine, aus Frankreich die andere. Riechel parlierte dreisprachig, bot Kaffee an, einen Cognac dazu. Keine Frage, als Gastgeber war er in seinem Element. Martha setzte sich eingeschüchtert. Ganz schön viel Welt in dieser Altbauwohnung! Sie hörte den lebhaft plaudernden Frauen zu, versuchte zu folgen, stand aber gleich wieder auf, folgte Riechel in die Küche. Der ließ sie lächelnd helfen, plauderte mit ihr, sagte: »Ich hab was für dich …«, und reichte ihr ein Tablett mit kleinen Kuchen. »Warte mal kurz …«

Riechel nahm ihr im Zimmer, das man einen Salon nennen musste, das Tablett wieder ab, servierte. Entzückte Rufe. Weiteres Geplauder, konzentrierter jetzt. Die beiden Frauen waren Kuratorinnen. Es ging um Leihgaben, es ging um Zeiträume. Das war Marthas Terrain: Wenn Kunstwerke auf Reisen gehen, ist die Restauratorin gefragt, aber Martha war abgelenkt. Vom Salon führte ein Durchgang in ein weiteres, großes Zimmer, ebenso bücherumstellt, ebenso bildergerahmt. Dort hatte Riechel auf einem massiven Esstisch mehrere Kataloge ausgebreitet. Sie waren, offenbar mit Bedacht, aufgeschlagen. Daneben Flyer, zwei Ordner mit Korrespondenzen und Rechnungen, Plakate. Martha stand auf, als würde sie angezogen, es war womöglich ein wenig unhöflich, aber sie konnte nicht anders. Martha war elektrisiert: Da lag, absichtsvoll lässig nur halb entrollt, das Plakat einer Niki-de-Saint-Phalle-Ausstellung: *La Fête*. Martha nahm den Katalog in die Hand, schlug ihn auf. Schwarz-Weiß-Fotos, vorneweg: Niki, schon älter, wie sie mit konzentriertem Gesicht etwas unterschreibt. Der junge Riechel, mit einer ebenso jungen Frau an seiner Seite und einem Kind auf dem Arm. Riechel, mit großer Geste etwas erklärend. Martha zuckte zusammen: Da war auch der Schatten! Der dunkle, bärtige Mann, den sie so oft glaubte, irgendwo auftauchen zu sehen. Er gehörte zu Nikis Crew, auf einem Gruppenfoto posiert er neben ihr, strahlt, auf einem anderen sah man ihn im Blaumann, bei der Aufbauarbeit im Museum. Noch ein Gruppenfoto, Niki neben Riechel, den es förmlich zerreißt vor Freude, Niki im Rollkragenpullover, schön und leuchtend. Ein dicklicher Mann wie ein glückliches Kind, im Vordergrund in der Hocke, auch er strahlend. Auf einem anderen Foto Niki und ein Mann, der der Bürgermeister sein muss, denn er trägt seine Amtskette, die beiden gucken förmlich und festlich. Weitere Fotos, weitere Helfer, eine Menge, die sich vor dem noch geschlossenen Museum drängt, vor der Glastür zurückgehalten wird – und wieder der dickliche Mann mit Glatze und Metallrandbrille, der nun im Museum steht und so glücklich strahlt, als wäre es sein Museum und seine Schau. Der Mann war Pete. Die Schau war eine Schenkung. Es war das größte Präsent, das der Stadt Hannover je gemacht wurde – und es war der größte Coup von Nepomuk Riechel, genannt Frido.

16.

Niki geht auf die siebzig zu. Sie ist krank. Jahre der Einsamkeit haben ihr zugesetzt, am meisten vielleicht die Arbeiten am italienischen Tarot-Garten. Es ist ihr Traum, aber es ist auch ihr Gefängnis. Über viele Jahre arbeitet sie dort, meistens hoch konzentriert, meistens wohnt sie in der *Herrscherin*, meistens ist sie allein. Sie sehnt die Momente herbei, in denen die *Schweizer Bande* einfliegt, Tinguely mit seinen fröhlich lärmenden Mannen, aber gleichzeitig fürchtet sie diese Momente, denn Tinguely ist nicht mehr ihr Mann, er ist weitergezogen, er hat eine neue Frau und ein neues Kind, und er hat mit Brunner und den anderen eine eigene Art zu reden entwickelt. Sie sind auf eine Weise vertraut, die ihr schmerzlich bewusst macht, dass sie nicht mehr dazugehört. Sie sind freundlich zu ihr, sie bewundern sie, sie führen aus, was sie ihnen vorgibt. Niki baut viele der Skulpturen, die im Tarot-Garten stehen sollen, zunächst als Maquetten, als kleine, tönerne Modelle. Die stellt sie auf Tapeziertischen auf, führt sie den Männern vor, wie ein Kind, das seine Hausaufgaben gemacht hat. Die Männer, angeleitet von Tinguely, übersetzen die Kleinode ins Große, ins Monumentale, und dafür braucht Tinguely keinen Plan, keine Berechnungen, er macht einfach, wie er es immer gemacht hat, mit seinem untrüglichen Blick. Niki spürt dann, wie sehr sie ihn vermisst, aber das kann sie ihm nicht sagen, nur schreiben, ihre Briefe und Faxe werden inniger und intimer, je weiter sie sich voneinander entfernen. Wenn er da ist, ist sie stumm. Die anderen sehen zu ihr auf. Sie wird immer erfolgreicher, auch Nikis Crew hat sich vergrößert, aber mit der Berühmtheit ist Verantwortung dazugekommen, eine Menge Leute sind nun von ihr abhängig – eine falsche Entscheidung, und es ist nicht nur ein Projekt gefährdet, sondern auch das Wohlergehen ihrer Leute. Aus Niki, der grazilen, ein wenig verrückten Künstlerin, aus Niki, dem Stern am Männer-Künstlerhimmel, ist eine Projektleiterin geworden, eine Bauleiterin, die sich verausgabt, um Mittel für den Tarot-Garten zu beschaffen, die organisiert, überredet, bettelt und koordiniert, sich durchsetzt, kontrolliert und korrigiert. Sie spürt eine neue Härte in sich, die sie nicht leiden kann. Sie spürt, dass die Leute sie anders anschauen, seit sie berühmter ist. Immer mehr Leute stellen Ansprüche an sie: Niki, kannst du mal, Niki, wir brauchen von dir. Wann hat das eigentlich angefangen, dass auch Fremde sie nur Niki nennen? Dass alle sie duzen? Niki hat früher nicht darauf geachtet, es war ihr egal, sie, die ihre Eltern noch siezte, genoss es, ein Kumpel zu sein, jedenfalls scheinbar, im Kreis der *Nouveaux Réalistes*. Die Vertraulichkeit bezog Galeristen mit ein, Museumsleute, irgendwann wechselte selbst die Presse von *der Gräfin* über die *sexy young woman* zu – Niki, und dann war es passiert.

Niki hört Tinguelys Crew zu, die unentwegt redet, in diesem weichen, langsamen Schwyzerdütsch, das sie mag, es ist Musik, aber niemand erklärt ihr den Text.

Niki spürt, dass sich der Wind dreht, dass sich der Erfolg langsam gegen sie wendet, ja, gerade die Popularität beginnt, ihr größtes Problem zu werden. Sie denkt an den Brunnen von Paris zurück, an den Brunnen von Duisburg, sie denkt an die *Nanas*, die Museen überall auf der Welt beleben, aber auch Parks von reichen Gönnern. Die *Nanas*, die ihre Versöhnung mit der Welt zeigen sollten, Versöhnung auch mit der eigenen Weiblichkeit, werden, wenn sie nicht achtgibt, zu verhätschelten Luxus-Geschöpfen. So waren sie nie gedacht! Die *Nanas* sind ihr auf eine gefährliche Weise gut von der Hand gegangen, sie lassen sich leicht variieren, viele verschiedene sind entstanden – verschieden und einander doch ähnlich. Tanzende, rotierende, schwebende *Nanas*. Engel-*Nanas*. Schwarze *Nanas*. Solche im Badekostüm und solche im knappen Kleidchen. Sie werden kopiert, sie werden gefälscht. Das ist ärgerlich für einen Künstler, aber auch ein gutes Zeichen: Es beweist seinen Marktwert. Mehr geschadet hat ihr das Parfüm, das sie auf Bitten einer großen

Kosmetikfirma entwickelt hat. Oder der Lippenstift, der unter ihrem Namen produziert wurde. Das verzeiht man nicht, auch Paloma Picasso ist diesen Weg gegangen. Paloma macht jetzt in Bettwäsche, auch sie verkauft Lippenstifte – und dann ist sie weg, die Paloma, als Künstlerin. Niki seufzt. Natürlich ging es ums Geld. Sie ist nun auch Unternehmerin. Ist sie nur noch Unternehmerin? Sie hustet. Die Lunge macht ihr zu schaffen. Jahre, in denen sie ohne Schutzkleidung mit Polyester umging, mit Fiberglas, Jahre, in denen sie gegossen und gespritzt haben, oft in geschlossenen Räumen, haben ihr schwer zugesetzt. Ständig ist sie bei Ärzten, die ihr jedoch nie helfen können, ihr Reservoir von Tabletten muss ständig neu aufgefüllt werden.

Sie ist schließlich in die USA zurückgezogen, aber nicht nach Hause, nicht nach New York, sondern an das andere Ende des riesigen Landes, von oben rechts nach unten links, wie sie immer lächelnd sagt. Sie hat ein neues Zuhause in La Jolla, Kalifornien, gefunden, nah der mexikanischen Grenze. La Jolla ist ein Vorort von San Diego, eine Stadt, die mit nichts wirbt als mit ihrer Leichtigkeit, mit ihrem guten Wetter, mit dem Strand, der fast das ganze Jahr über lockt, mit zwei veritablen Golfplätzen. Der Name der Stadt bedeutet *der Schatz,* und so bietet sich der Ort auch dar, seine schicken, glitzernden Villen und Haziendas schmiegen sich an die zerklüftete Küste wie ein Collier an den dürren Hals einer alternden Diva. Das Glitzernde, das Leichte – das passt gut zu ihr, aber eben allzu gut, und manchmal vermisst sie die einfache Behausung in Paris, sie vermisst die *Impasse Ronsin*, das offene Feuer, die klammen Decken, unter die sie abends krochen, die Wärme von Tinguely, die Hoffnung, die Aussicht auf eine Zukunft, die es nun nicht mehr gibt.

Niki hadert keineswegs mit dem Alter, sie erlebt es bewusst, sie studiert ihr Gesicht im Spiegel wie die Oberfläche einer Plastik. Sie spürt, wie ihr Körper sich immer mehr in sich zurückzieht, sie sitzt am Morgen auf dem Bett und betrachtet ihre Hände, kleine

Hände, trockene Hände, deren Finger sie jetzt allmorgendlich geradebiegen muss, langsam, vorsichtig, so sehr schmerzt die Arthritis, die sie zwingt, langsamer zu arbeiten, noch mehr abzugeben, noch mehr zu lassen. Irgendwann wird sie alles lassen können, dann kann sie gehen, davor fürchtet sie sich nicht, denn sie hat genug gelebt und genug gedacht. Manchmal hört sie Kinder in der schönen Hazienda toben, die sie jetzt bewohnt, es sind ihre Enkel, die mit anderen Kindern spielen. Niki pflegt ein offenes Haus, das wird bleiben. Nachdem sie ihre Kinder verlassen hat, sind die Enkel zurückgekehrt. Niki ist dankbar dafür. Von ihren beiden Kindern ist ihr nur die Tochter Laura geblieben; der Sohn hat sich abgewandt, er lebt seinem Groll. Sie kann das verstehen, wie könnte sie nicht, aber der Schmerz ist immer bei ihr. Nun ist Tinguely auch noch fort, er ist vor Jahren gestorben, er fehlt ihr an allen Ecken und Enden. Die Welt sehen ohne seinen Blick. Die Welt wird kleiner. Die Menschen werden weniger, diejenigen, die die eigene Geschichte teilen.

Und dann kommt ein Brief aus Hannover. Den Absender kennt sie nicht, das Wort *Grünflächenamt* muss sie sich übersetzen lassen, aber das Papier ist gut, der Stil überaus höflich, und der Mann, der ihr schreibt, hat eine Empfehlung vorzuweisen. Die Empfehlung lässt ihr Herz schneller schlagen: Pete. Pete hat diesem Herrn vorgeschlagen, ihr zu schreiben, und ihn ermutigt, mit seiner Idee an sie heranzutreten.

Der Herr ist der Leiter des Grünflächenamts, und er möchte, dass Niki etwas baut. In den barocken Gärten der Stadt Hannover gibt es eine historische Grotte, und der Herr, der da so anmutig formuliert, hat eine Idee.

Pete, mit dem sie sogleich telefoniert, nennt den Herrn vom Grünflächenamt nur *Mister Gardener* oder den *Chief Gardener*, den *Großen Gärtner*, und so muss man sich den Behördenchef wohl vorstellen. Er ist Landschaftsarchitekt und steht einem Amt mit mehr als tausend Mitarbeitern vor, er ist zuständig für alles Grün in der Stadt, aber vor allem ist er ein Mann mit einer

Vision. Immer wieder treibt er die Stadt vor sich her, erfindet Projekte, Gartenanlagen, Schaustücke, belebt alte Ensembles wieder, füllt Parks mit Leben, lädt Schauspieler und Tänzer ein. Die Stadt, berichtet Pete amüsiert, verzweifelt regelmäßig an den Ideen des Mannes, kann ihm aber zugleich nicht widerstehen. Niemand kann das. Mister Frost hat man sich offenbar vorzustellen wie eine Mischung aus großem Strategen und Emil Noldes *Großem Gärtner*. Niki denkt sich einen alten Mann mit weißem Bart, der sich liebevoll über Pflanzen beugt. Das Foto, das ihr Pete ein paar Tage später schickt, zeigt allerdings einen ganz und gar heutigen, offenbar ziemlich agilen Mann im eleganten Anzug, zum Hemd mit dem Haifischkragen trägt er die passende, breit gebundene Krawatte, eine schwarze Architektenbrille rahmt sein schmales Gesicht, und ein Ohrstecker weist ihn als Nonkonformisten aus. Niki antwortet. Sie schreibt, sie sei interessiert. Der Nonkonformist schreibt zurück. Es geht ein paarmal hin und her, dann sitzt Niki im Flugzeug. New York, Amsterdam, Hannover. Sie ist völlig erschöpft, als sie ankommt, und doch fällt ihr die Szene ein, die nun schon so viele Jahre zurückliegt: wie Pete in der Halle einen Kopfstand machte, selbstvergessen, traurig, um auszuprobieren, wie sich die Welt ohne sie anfühlen würde. Fast zwanzig Jahre! Und da steht er wieder. Diesmal nicht kopf, sondern aufrecht, er hält ein paar Blumen in der Hand, die ziemlich zerknautscht aussehen – und weiter hinten entdeckt sie einen hochgewachsenen Mann von aristokratischer Haltung, der sie freundlich begrüßt: Robert Frost. Ja, wie der berühmte Dichter. Nur aus Niedersachsen.

Niki nimmt Petes Arm, das wird sie jetzt öfters tun, es ist eine Notwendigkeit und eine Frage des Alters; man braucht neue Gesten, man muss entschieden Nähe suchen, nichts ergibt sich mehr einfach so. Pete freut sich, sein Gesicht ist hochrot und glänzt, das sieht ungesund aus.

Geht es dir gut, mein Freund?

Wenn du da bist!

Es sollte locker daherkommen, aber Petes Stimme ist noch kratziger als sonst und hat an Kraft verloren über die Jahre.

Robert Frost hingegen federt geradezu durch die Ankunftshalle. Er sieht aus wie ein britischer Landadeliger. Er nimmt ihr den Koffer ab und die Handtasche. A *smart boy*, findet sie. Frost hört auch Komplimente, die man gar nicht ausspricht.

Sie brausen in die Stadt, die immer noch nur aus Einfallschneisen zu bestehen scheint. Niki schüttelt den Kopf über eine Stadt, die es sich so schwer macht und in der doch so viele engagierte Leute leben, Leute mit einem Plan. Wie geht es dem Bürgermeister?

Oberbürgermeister! Da ist man genau. Dem geht es gut, er ist viel beschäftigt. Wenn er einen Abend frei hat, erzählt Pete kichernd, ruft er seinen Referenten dreimal an: Das kann doch nicht sein, dass ich keinen Termin habe … Geht es jetzt bergab? Wollen die Leute mich loswerden? Habe ich Feinde? Hast du was übersehen? Bestimmt hast du was übersehen …

Pete arbeitet eng mit ihm zusammen, der *Stadtimagepfleger* und sein Chef tauchen meistens im Tandem auf, Pete erzählt von Empfängen und Festen, von neuen Spektakeln, die längst etabliert sind, vom Altstadtfest und dem Flohmarkt, von Jazz vor dem Rathaus und der vielen Arbeit für die Migranten, die früher Gastarbeiter hießen, aber nun bleiben sollen und die Stadt bereichern. Im Rückspiegel beobachtet Frost die beiden. Er kommt sich vor wie ein Chauffeur, aber das macht nichts, so kann er sich innerlich besser auf die kleine Führung vorbereiten, die er gleich beginnen wird. Niki muss begeistert werden, das Feuer muss entfacht werden, sonst hat er keine Chance.

Sie kommen in Herrenhausen an, dem früheren Sitz der früheren Herrscher von Hannover. Da ist der berühmte Park, der Barockgarten. Bitte, nach Ihnen! Frost ist von ausgesuchter Höflichkeit, jetzt ist es an ihm, Niki den Arm zu bieten, und so schreiten sie, man kann es nicht anders sagen, an etlichen ehrfurchtsvoll starrenden Angestellten vorbei, in den Garten, zur

Rückseite des ehemaligen Schlosses, und da ist die Grotte. Beziehungsweise: Da soll sie wieder stehen.

Die Grotte war eine dieser liebenswerten Marotten des Barock. Sie ist kein Naturdenkmal, sondern Ende des 17. Jahrhunderts gebaut worden, ausgeschmückt mit Muscheln, Kristallen und Glas – eine maritime Fantasie mitten in Niedersachsen, ein Rückzugsort für die Schlossbewohner, der bei großer Hitze Kühlung bot. Die Kühlung allerdings war auch das Problem; immer war es feucht in der Grotte, die Damen des Hofes klagten, sie bekämen Rheuma, die Herren spürten eine merkwürdige Beklemmung – aus der aparten Idee wurde eine Belastung, und so wurde die Grotte bald wieder aufgegeben, ihr Schmuck im 18. Jahrhundert entfernt und nun … liegt sie einfach da. Niki lauscht den Erklärungen Frosts, während Pete mit einer Taschenlampe vorangeht.

Das ist eine Aufgabe! Niki atmet schwer. Es ist düster hier, feucht, das wird eine aufwändige Baustelle werden. Weiß Frost, was er da tut? Niki ist skeptisch, und doch:

Es gilt – endlich mal wieder –, einen Raum zu schaffen, und die Verbindung von sehr alter, höfischer Tradition und neuen Ideen reizt sie. Die Herrenhäuser Gärten mit ihrer akkuraten Parkanlage, ihrer strengen Symmetrie und ihrem Maß sind das genaue Gegenteil von La Jolla, dem heiteren, geschichtslosen Ort in Kalifornien. Die barocke Vergangenheit von Herrenhausen, so kommt es ihr vor, bedeutet noch einmal ein Schritt nach vorn. Es ist wieder Architektur, und es ist gleichzeitig etwas Neues. Und: Man will sie hier. Sie trauen ihr viel zu. Ja, die Beziehung zur Stadt ist eine besondere. Robert Frost ist ziemlich überrascht, als ihn Niki umarmt, aber er nimmt es für eine Zusage.

Pete ist im Stress. Das weiß Niki nicht. Sie ist voll und ganz mit dem neuen Projekt beschäftigt. Er kann sie sogar ein paar Stunden allein lassen. Das tut er nicht gern, aber es muss sein. Pete rast durch die Stadt, mal mit dem Fahrrad, mal zu Fuß, und sucht die Andenkenläden auf. Die machen ihn wahnsinnig. In den letzten Jahren ist eine ausufernde Souvenir-Kultur um die *Nanas* entstanden. Nach dem ersten, riesigen Widerstand war es eine Weile still um *Caroline, Sophie* und *Charlotte*, aber längst haben die Bürger Hannovers die drei Plastiken am Hohen Ufer adoptiert. Unmerklich haben die *Nanas* die Herzen der Leute erobert und sind mittlerweile zu einer Art Wahrzeichen geworden. Also wollen die Leute Andenken: die *Nanas* im Miniaturformat, als Puppen und als Figuren für den Schreibtisch, als Schlüsselanhänger, Kuschelkissen, Räuchermännchen und Flaschenöffner. Wenn das Niki wüsste! Sie darf es nicht wissen! Niki und die Stiftung, die sie gegründet hat, sind wie der Teufel hinter der armen Seele her, wenn es um die Rechte an Nikis Kunstwerken geht. Und: Niki, die angeblich so Kommerzielle, die angeblich ihre Seele an einen Kosmetik-Konzern verkauft hat, will kein Merchandise. Was für ein Aufwand, allein die Rechte an den paar armseligen Postkarten zu klären, die nach langen Verhandlungen in den Buchhandlungen der Stadt verkauft werden dürfen! Findigen Geschäftsleuten ist das egal. Wo ein Bedarf ist, ist ein Markt. Und wo ein Markt ist, werden Produkte geliefert. Also gibt es seit längerer Zeit *Nana*-Figuren in allen erdenklichen Größen und Preisklassen. Illegal, aber begehrt. Und Pete muss dafür sorgen, dass all diese Andenken verschwinden, bevor Niki *in town* ist. Oder spätestens jetzt. Vorhin hat ihm jemand einen Wink gegeben, dass in einem Fotoladen, gar nicht weit von Nikis Hotel, Figuren aufgetaucht sein sollen. Das darf doch nicht wahr sein! Pete schwitzt. Er ist der Abräumer, der Security-Man, der Organisator, der Vertraute. Pete ist Nikis Mann.

Heute Abend im *Chimú*?, fragt Frost jetzt.

Klar, sagt Pete und tut so, als sei er entspannt.

Er muss unbedingt vor Niki im Stadtzentrum sein.

Abends sitzen sie beim Chilenen. Das *Chimú* gehört einem Exil-Chilenen, der es auf angenehme Weise offenlässt, ob sein

Etablissement ein Restaurant ist oder eine Bar. Es gibt köstlichen *Pisco Sour* und dann *Mole Poblano*, ein Nationalgericht, das Geflügel mit einer schweren Schokoladensauce verbindet. Niki ist befremdet, Niki ist begeistert. Der Wirt tüftelt seit Jahren daran, ausgerechnet hier die chilenische Küche zu erneuern – und er hat eine bemerkenswerte Emigrantengeschichte. Die Geschichte ist traurig und gut, der Rotwein schwer und köstlich, sie sitzt neben Pete und spürt seine Wärme, und ihr gegenüber sitzt dieser ungemein gepflegte Gartendirektor und malt mit seinen langen Fingern in die Luft – erst in die Luft und dann auf ein winziges Blatt Papier, das die Bedienung entgegenkommend vom Quittungsblock abreißt.

Ach was, schau mal her!

Niki bestellt Champagner.

Sie kramt in ihrer Tasche und klaubt Stifte hervor. Das Geschirr wird beiseitegeräumt, und dann beginnt Niki auf der Tischdecke zu zeichnen. Mit ein paar Strichen wird die Grotte lebendig, sie sehen Spiegel vor sich, Mosaike, Tiere, die sich in die Krümmungen schmiegen, kleine Brunnen und Sterne.

Voilà!

Es könnte etwas werden.

Am nächsten Morgen holt Pete Niki in ihrem Hotel ab. Er hat Abstand gehalten, ehrfurchtsvoll. Sie ist so zerbrechlich geworden. Sie ist blass. Offenkundig hat sie Schmerzen. Schmerzen machen ihn immer stumm, auch die eigenen. Die Frauen, die eine große Rolle in seinem Leben spielen, finden ihn deshalb geheimnisvoll, interessanter als früher – und das sagen sie ihm. Pete findet, das sei die Ironie des Lebens, und trägt es mit Fassung, so wie das meiste. Neulich hat er in alten Zeitungsausgaben gewühlt und Tränen gelacht, als er ein paar Artikel über sich fand. Die hiesige Zeitung hatte eine Homestory über ihn gemacht, eine ganze Seite mit Fotos und allem drum und dran. Das Foto zeigt Pete im seidenen Morgenmantel, auf ein Schaffell gebettet. Der Morgenmantel steht so weit offen, dass man die breite, nicht besonders konturierte Brust sieht, auf der eine Kette unklarer Provenienz baumelt. Der Blick unklar unter der riesigen Sechziger-Jahre-Brille, der Schnauzbart entschieden zum Kinn weisend. Der Mann ist barfuß, nach hinten gelehnt. Überschrift: *Der einsame Kämpfer für die Stadt*. Du liebe Güte! Da hätte man ja gleich *Kontaktanzeige* drüberschreiben können! An Kontakten mangelt es Pete freilich nicht. Wohl aber an Gesellschaft, an Gefährten. An jemanden, der ihn wirklich interessiert. Pete ist womöglich noch schneller gelangweilt als früher, und wie früher versucht er die Leere durch noch mehr Geschäftigkeit zu füllen. Ein Altersproblem. Er weiß das. Er geht seinen Kollegen im Rathaus auf die Nerven mit seinem Tempo, mit seinen ständigen Forderungen. Er ist nie angekommen in der Verwaltung, trotz seiner Erfolge, denn auch in dreißig Jahren ist kein Verwaltungsmann aus ihm geworden. Man kann sagen, dass Pete Wahrninger, der Stadtimagepfleger der Landeshauptstadt, eher die Verwaltung verändert hat als sie ihn. Darauf ist er ein bisschen stolz. Aber es ist ein einsamer Job. Er sitzt tagaus, tagein in seinem Beton-Kubus in der Nähe des Rathauses – in Sichtweite, aber doch deutlich getrennt. Er hat eine Sekretärin, aber kein Team, er hat ein Telefon, aber keine Verbindung.

Pete biegt in die Luisenstraße ein. Er schwitzt, er bremst seinen eiligen Gang. Niki soll ihn nicht so atemlos erleben. Vor dem Hotel bleibt er stehen, kramt in seiner Manteltasche, holt ein paar Tabletten hervor, schluckt entschieden. Das Herz. Er klopft sich aufmunternd auf die Brust. Komm schon!

Der Rezeptionist erkennt ihn, ruft Niki auf ihrem Zimmer an, bedeutet ihm, zu warten.

Ja, klar.

Hier kann man schon lange nicht mehr rauchen.

Niki ist nach dem gestrigen Abend sehr müde. Sie lässt sich Zeit. Es geht nicht darum, Pete warten zu lassen, es geht darum, einem neuen Tag zu begegnen. Das kostet sie immer größere Anstrengung. Mit Pete ist es kein Problem. Sie weiß, dass er versteht. Sie legt sich den weißen Fellmantel über den Arm und verlässt ihr Zimmer. Der Mantel ist eine Leihgabe von Pete, sie hat vergessen, wann er ihr den geliehen hat, aber irgendwie schiebt sie es immer wieder auf, ihn zurückzugeben – und ihm ist es egal oder es freut ihn womöglich.

Er steht in der Hotelhalle und sieht unendlich allein aus. Er ist ihr Spiegel, wie es scheint. Sie verstehen einander ohne Worte. Er liest ihre Wünsche. In der Bar des Hotels bekommt sie einen starken, schwarzen Tee, das wirkt belebend.

Pete, sagt sie, Pete, *you are my guardian angel.*

Du bist mein Schutzengel. Immer da.

Leider nicht immer, sagt er lachend. Komm, wir müssen los! Lass mich den Mantel tragen.

Sie sieht aus, als könnte sie eine Aufmunterung vertragen. Er versteht das, obwohl der gestrige Abend ein großer Erfolg war. Aber auch Erfolge machen müde. Er überlegt, ob er ihr den Fußweg zum Hohen Ufer zumuten kann, aber sie geht schon energisch voraus, mit kleinen, festen Schritten.

Sie spazieren wieder durch die Luisenstraße, umrunden die Oper, Niki möchte am Rathaus vorbei, weil sie das riesige Gebäude so amüsant findet, es ist so sehr *nineteenth,* wie sie das formuliert, so sehr 19. Jahrhundert, mit seiner Herbeizitiererei von Burgen und Schlössern, den nachgeahmten mittelalterlichen Bögen und Spitzen – herrlich! Sie mag das. Sie mag das Eklektizistische, es ist unverfroren, frech – und heiter. Das Rathaus könnte die Stadt auf wundervolle Weise öffnen – wenn, ja wenn nicht auch hier eine überbreite Straße das Gebäude von der Stadt trennen würde. Das ist der Tangentenring, der sich um die Innenstadt legt. Gegenüber dem Rathaus ein fetter Betonbau – ein Hotel, das schon mal bessere Tage gesehen hat. Pete weist auf das Laveshaus hin, eine bei allem Ernst des 18. Jahrhunderts verspielte, heitere kleine Villa, in der der große Architekt selbst wohnte. Und das ist das Wangenheim-Palais, ganz Herrschaftlichkeit, ganz Repräsentanz. Davor eine Bushaltestelle, die wirkt, als sei sie von Kindern gestaltet worden: Auf einem Sockel thront ein knallgrünes Boot, ein buchstäbliches Luftboot, gar mit einem Vogelhäuschen an der Spitze! Als ob man hier wählen könnte: Nehme ich den Bus oder das Schiff? Noch so ein Kunstprojekt von Pete und seinem Oberbürgermeister. Aus etlichen Haltestellen sind Kunstpunkte geworden, statt öder Haltestellen sind unverwechselbare fröhliche Stationen entstanden. Pete nickt, als Niki ihn danach fragt.

Ja, es ist viel passiert.

Er zieht sie weiter, er hat noch viel vor. Auf dem Weg zum Hohen Ufer weist er hierhin und dorthin, zieht sie zum Ufer, wo man die arme, geplagte Leine allmählich wieder freilegt.

Und hier, hier findet jetzt jede Woche wieder ein Flohmarkt statt.

Niki gibt sich Mühe, das für besonders zu halten. Flohmärkte sind mittlerweile in jeder größeren Stadt eine Attraktion. Die Leute kaufen mit Begeisterung angeschlagene Vasen, nicht funktionstüchtige Lampen, dubiose Bad-Armaturen, ausgemusterten Schmuck und neuerdings wieder Schallplatten. Niki mag, wenn Leute sich mit unnützem Zeug beschäftigen, wenn sie sammeln, schöne Dinge retten. Aber was soll daran besonders sein? Pete zieht sie weiter. Und dann begreift sie es: Da vorn, kaum fünfzig Meter weiter, stehen ihre *Nanas*! Jetzt stehen sie allein, wirken trotz ihrer Größe ein wenig verloren – aber am Wochenende, wenn hier gehandelt und gehökert wird, dann sind die *Nanas* Teil des Spiels. Dann, erzählt Pete, wirken die drei Figuren wie riesige, gütige Gastgeberinnen, die sich so über ihre ausgelassenen Gäste freuen, dass sie selbst beginnen, Kapriolen zu schlagen.

Großartig!

Niki bleibt stehen.

Heute sind die *Nanas* nicht allein. Eine Gruppe von Menschen hat sich darum versammelt. Kleine Menschen. Kinder! Jetzt ist es Niki, die Pete energisch weiterzieht. Die Lehrerin erkennt Niki de Saint Phalle, ruft ihren Namen. Sie ist ein Fan. Und dann stürzen alle auf die Künstlerin los. Pete wird zur Seite geschoben. Die Kinder umdrängen Niki und bestürmen sie mit Fragen, und die Lehrerin entschuldigt sich, versucht vergeblich, Ordnung zu schaffen, bis sie schließlich lachend aufgibt. Eine halbe Stunde später lagert eine sehr zufriedene Runde von Kindern vor den Nanas. Mittendrin sitzt Niki in Petes weißem Fellmantel und blinzelt in die Sonne. Sie haben gelacht und geredet, sich auf deutsch-englisch-gestisch verständigt, und Niki hat mit den Kindern ein bisschen gezeichnet. Jetzt ruhen sie sich gemeinsam aus.

Während Niki hier sitzt und den Kindern zuhört, rücken die Schmerzen ein wenig weiter weg. Liegt es an der überraschenden Anerkennung, ja Begeisterung, die ihr hier entgegenschlägt? Niki ist Bewunderer gewöhnt, aber die Kinder sind offener, sie sind ehrlich, sie belagern sie mit Fragen und Vorschlägen, sie lassen sie spüren, dass diese kleine, zufällige Begegnung für sie bedeutungsvoll ist. Das ist schön. Ist es die großäugige Lehrerin mit ihrem heldenhaften Versuch, alles zu ordnen? Ihr überraschender Humor, ihre ebenso überraschende Kenntnis von Nikis Werk? Oder ist es Pete, der sie hierhergebracht hat? Pete, ihr *guardian angel*? Niki schaut den Kindern zu, wie sie nun schon wieder selbstvergessen auf Papier kritzeln, wie die, die kein Papier mehr haben, mit den Fingern auf dem Asphalt imaginäre Linien und Figuren zeichnen, wie sie sie anstrahlen, wenn sie merken, dass sie sie beobachtet, wie sie Kaugummiblasen machen, lachen, sich anrempeln, dösen. Ja, es sind die Kinder. Sie macht sich nichts vor. Etwas in ihr beginnt endlich zu heilen, ein scharfer Schmerz, der sie über viele, viele Jahre verfolgt hat.

Sie schaut Pete entschlossen an.

Listen ... oder: *Écoute ...*

Sie will der Stadt, die so gut zu ihr ist, etwas schenken.

Pete rappelt sich mühsam auf, klopft sich den Hosenboden ab und reicht ihr den Arm: Gehen wir noch ein Stück.

Die Kinder winken.

Abends besuchen sie den Jazz Club. Schon von draußen hört Niki das Klavier. Ein wärmerer Ton gesellt sich dazu. Ein Vibraphon! Lionel Hampton? Der müsste doch schon ... weit über neunzig sein?

Pete nimmt sie bei der Hand, führt sie vorsichtig die Treppe hinab. Die Musik kommt ihnen entgegen, perlt, schraubt sich die Treppe hinauf, die wie ein übergroßer menschlicher Gehörgang ist. Tiefer und tiefer. Das ist ein Abstieg in etwas tief Leuchtendes, Dunkles, feurig Flackerndes. Gelb, orange, rot.

Was für Farben! Niki hatte es über die Jahre vergessen, kann auch sein, dass sie bei ihrem ersten Besuch, vor so vielen Jahren, noch keine Augen für Hannovers Architektur hatte, für Hannovers gut verborgene Schätze. Jetzt ist sie begeistert. Das hier ist die Hölle, ganz klar. Das Klavier vibriert, das Vibraphon swingt, keine Chance, noch zu reden. Lichter zucken. Eine Discokugel dreht sich wahrhaftig. Plötzlich fällt Niki ihr italienischer Tarot-Garten ein. Schade, dass sie nicht daran gedacht hat, ihm einen unterirdischen Spiegel anzufügen, ein Kellergewölbe. Das Kellergewölbe ist hier. Alles leuchtet in einem dunklen Feuerrot, schwarz lackierte Möbel dazu, schwarz lackierte Absätze. Die Wege verlieren sich, es ist labyrinthisch, es ist unübersichtlich, es ist herrlich! Irgendwo dahinten ein Tresen. Sie steuern darauf zu, an Leuten vorbei, deren Gesichter sich aufhellen, als sie Pete sehen und erst recht Niki.

Lippen formen ein *Welcome*, ein *Bienvenu*. Hände werden im Vorbeigehen gereicht, Schultern gestreift. Es ist heiß. Niki überlegt, ihren Hut abzusetzen, lässt es, es gäbe keinen Ort dafür, alles ist voller Menschen, die lachen, atmen, Gläser ansetzen, der Musik zuhören.

Der Jazz Club könnte der Untergrund, eine Art Hades zu ihrem Tarot-Garten sein! Niki muss lachen. Sie beugt sich zu Pete und versucht, ihm ihre Gedanken mitzuteilen. Pete versteht nur *hell* und *fire* und *Italy* und zeigt auf die Bühne. Die Bühne ist leer. Aber ein Klavier steht dort und neben dem Klavier ein Vibraphon. Das Vibraphon wird von einem Spot beleuchtet. Für einen Augenblick ist Niki enttäuscht, denn natürlich spielt der weltberühmte, greise Lionel Hampton hier nicht live. Aber seine Musik ertönt. Und sie haben ihm zu Ehren ein Set aufgebaut, das fein illuminiert ist.

»Hampton … 1972 …«, ruft Pete Niki zu, die vorsichtshalber nickt. »… *was here* … you know, Heinrich …«

Pete gibt auf. Er will Niki erzählen, wie es den großen Lionel Hampton nach Hannover verschlug, nein: wie er es schaffte, den Musiker in den Jazz Club zu holen, wie der hier konzertierte und wie er den jungen Oberbürgermeisterkandidaten Heinrich Wegmann unterstützte. Jahrzehnte bevor alle Welt *Testimonials* einsetzte und *Influencer* ihre *Follower* vom Nutzen von Kosmetika und Lifestyle-Produkten überzeugten, hatte Pete die Idee, den weltberühmten Jazzer für die Sozialdemokratie aufspielen zu lassen. Pete dachte dabei an die Marching Bands aus dem Mississippi-Delta, er dachte an New Orleans und an die Kraft, die einmal aus dem Jazz gekommen war. Auch Wegmann, der so bürgerlich daherkam, wollte ja etwas verändern – und wie!

Bildung für alle war keineswegs nur ein Schlagwort. Herkunft sollte keine Rolle mehr spielen. Aus Gastarbeitern sollten Bürger werden. Aus Kindern willkommene kleine Mitmenschen mit gleichen Chancen. Alle sollten bezahlbaren Wohnraum haben. Und die Kultur sollte für alle zugänglich, bezahlbar und verständlich sein.

Dass Hampton dazu nicht etwa die Posaune blies, sondern das leise Vibraphon spielte, dass er keinem Bläserensemble vorstand und eher für Boogie als für New Orleans Jazz stand – umso besser. Pete wollte sich nicht anbiedern, er wollte den schwarzen Jazz nicht für die weiße, deutsche Sozialdemokratie kapern – aber er wollte klarmachen: Uns geht es auch um etwas. Wir wollen Veränderung – und zwar eine ziemlich radikale.

Die Idee war aufgegangen. Die Bürger Hannovers fühlten sich geschmeichelt von der Aufmerksamkeit des Weltstars. Wenn der ihren Wegmann unterstützte! Und bei dieser Gelegenheit hatte der umtriebige Pete gleich noch ein Event erfunden: Jazz vor dem Rathaus. Kostenlos für alle. An jedem Himmelfahrtstag versammelten sich von da an Hunderte auf dem schmucklosen Platz vor dem prächtigen Gebäude, picknickten – und jammten.

Das alles weiß Niki nicht. Pete kann es ihr erst später erzählen, wenn überhaupt. Aber sie spürt, dass das hier Geschichte ist. Dass es Petes Heimat ist. Dass der schwere Mann, der in den vergangenen zwanzig Jahren allzu viele Kämpfe gekämpft hat, hier loslassen kann, ein wenig jedenfalls.

Neue Leute kommen herein. Eine junge Frau schleppt einen Bass. Zwei junge Männer folgen ihr. Instrumente werden herbeigeschleppt. Es wird aufgebaut für ein Live-Konzert. Die Gäste murmeln erwartungsvoll.

Jetzt! Niki will Pete fragen, was er ihr erzählen wollte, aber Pete wird gebraucht. Er entschuldigt sich kurz, verschwindet mit ein paar Helfern. Er taucht kurz auf der Bühne auf, dann hinter dem Tresen. Er dirigiert, er bestimmt. Alle wuseln für eine Weile durcheinander. Dann ist das Set für das junge Trio Infernale aufgebaut. Das Licht verändert sich, die Spots weisen auf die drei jungen Musiker, die ihre Instrumente stimmen.

Und plötzlich steht Peter wieder neben Niki.

»Mit dem Lionel, das war so …«

Die Musik setzt ein. Keine Chance. Sie geben lachend auf. Jetzt ist nur noch Musik.

Am nächsten Morgen hat Pete es eilig, aus Nikis Hotel wegzukommen. Das ist ihm doch eine Nummer zu fein hier. Diese Brokatvorhänge. Die polierten kleinen Tischchen. Die Silberkännchen, in denen auf Nikis Geheiß schon früh um sieben Kaffee und Tee gebracht wurden. Blumen waren dabei und ein paar Früchte – der Hotelmanager gibt sich die Ehre. Man weiß den berühmten Gast zu schätzen.

Der berühmte Gast ist drauf und dran, wieder einzuschlafen. Es war reichlich spät gestern Abend, und nach dem guten Roten im *Chimú*, den Drinks im Jazz Club musste Niki noch unbedingt einen letzten Champagner trinken im Hotel. Für die Tabletten! Ernsthaft? Da kennt Niki kein Pardon. Wenn sie schon so viele Pillen schlucken muss, dann wenigstens mit dem Getränk, das ihr am liebsten ist. Nun liegt sie hier, auf die Seite gerollt, mit dem Gesicht eines sehr müden, kleinen Mädchens und blinzelt ihm zu. Seine Unruhe amüsiert sie. Sie weiß ja, dass er zu Hause erwartet wird. Erwartet werden könnte. Zwar lebt Pete seit Jahren oder immer schon allein, aber immer schon gab und gibt es Natascha. Die hat sich über die Zeit daran gewöhnt, dass Pete sein eigenes Ding macht – aber zu eigen darf es eben nicht sein.

»Die Regeln sind unklar, aber wir halten uns beide daran«, hat Pete erklärt.

Auch Niki ist eine Bestimmerin. Auch sie hat Menschen in ihr Leben gelassen, hat Männer verzaubert und angelockt, hat es für kleine Weilen genossen, nicht allein zu sein, oder sich wenigstens darüber hinwegtäuschen zu können, dass sie immer allein ist. Sie kennt das. Sie kennt die Mechanismen der schnellen Anziehung und des ebenso schnellen Rückzugs; in Frankreich macht man nicht so ein Gewese davon. Schließlich sind die meisten französischen Filme, die von Liebesbeziehungen handeln, Komödien. Sie lächelt Pete also an, als wollte sie sagen: Geh du nur. Tu, was du tun musst.

»Ich komme nachher und hole dich ab«, sagt Pete und kämpft mit seiner Hose.

Sie legt ihm kurz eine Hand auf den Rücken, dann dreht sie sich um – und ist schon wieder eingeschlafen.

Pete atmet auf, als er das feine Hotel verlässt. Er hat noch etwas zu erledigen. Im Büro muss er sich auch mal wieder blicken lassen. Pete setzt sein Alltagsgesicht auf und stürmt los. Bis nachher!

Niki braucht länger als sonst, um sich fertig zu machen. Mühsam geht sie ins Bad, beginnt ihr Morgenritual. Sie schaut sich mit festem Blick in die Augen. Wie geht es dir heute? Die Prüfung dauert lange, sie ist fair zu sich, halbwegs gerecht. Es gibt nicht mehr so viele Dinge, die sie sich übelnimmt.

Sie cremt das Gesicht sorgfältig ein, so als wollte sie es für eine Maske vorbereiten, für einen Gipsabdruck. Sie wartet, bis die Creme eingezogen ist, stellt sich ans Fenster des großzügigen Zimmers, schaut nach draußen. Wie gleichgültig ihr diese Stadt eigentlich ist. Und wie gut sie zu ihr ist. Niki empfindet eine tiefe Dankbarkeit.

Vor dem Haus geht Mister Frost wartend auf und ab. Diesmal trägt er einen eleganten Mantel mit verdeckter Knopfleiste, eine Schiebermütze dazu, schräg aufgesetzt. Der Mann ist eine Fashion-Freude, auch das. Niki schiebt ihre Hand in seinen angewinkelten Arm. Wie herbeigezaubert ist Pete wieder da.

Guten Morgen!

Er lächelt und öffnet den Wagenschlag. Es sind nur wenige hundert Meter bis zu *Max Walloschke*, aber heute ist Niki nicht gut zu Fuß. Frost setzt sie nur ab, er muss weiter, noch etwas vorbereiten. Wir sehen uns später! Er scheint ein wenig angespannt. Jetzt bietet Pete Niki den Arm.

Max Walloschke ist eine Institution – sieben Jahre nach dem letzten Krieg gegründet. Max Walloschke stammte aus Breslau, ein Berufsringer, der sich in der Stadt rasch einen Namen erworben hatte. Anders als so mancher Profi-Sportler erkannte Walloschke aber früh, dass es günstig wäre, neben dem Sportler-Beruf noch einen zweiten zu haben, für die Zeit danach vorzusorgen – und so gründete er ein Restaurant, in dem sogar er und seinesgleichen satt werden würden. Der Einfachheit halber nannte er es nach sich selbst: *Max Walloschke*. Warum das simple Lokal so erfolgreich wurde? Vielleicht weil es am Rand des Rotlichtviertels liegt? Weil man sich hier stärken kann für einen Ausflug in die Nacht? Das *Walloschke* schafft eine gute Grundlage, wer das Haus mit einem Eisbein im Bauch oder einer veritablen Haxe verlässt, kommt so schnell nicht ins Wanken …

Heute aber muss das *Walloschke* nicht für die Nacht, sondern für den Tag rüsten. Pete hat Katerfrühstück bestellt, für alle, obwohl er selbst nüchtern geblieben ist wie stets. Die Wirtin reißt die Tür auf: Obwohl das hier alles *karo-einfach* ist, wie die Leute sagen, ist man doch von großer Höflichkeit. Innen steht sofort der Tresen im Weg, dann eng gestellte Tische, Stuhlscheußlichkeiten. Es ist ein Etablissement von beeindruckender Nüchternheit. Es sieht aus wie ein Warteraum, nicht wie eine Gaststube. Niki zieht die Augenbrauen hoch, aber Pete führt sie zielstrebig zu einem Tisch.

»Madame Niki!« An dem Tisch wartet schon Heinrich Wegmann, der Oberbürgermeister, im feinen Anzug, wie immer, aber anders als früher mit einer bunten Krawatte und einer modischen Brille. Irgendwie sieht der brave Stadtobere verändert aus – jünger, obwohl auch er zwanzig Jahre älter geworden sein muss.

Niki ist hocherfreut.

»Mister Wegmann!«

Sie weiß den Namen noch nach all der Zeit.

»Pep, please. Einfach Pep!«

Heinrich Wegmann hat seinen altertümlichen Vornamen abgelegt. Das heißt: Er wurde ihm abgenommen. Den neuen Vornamen, der eigentlich ein Spitzname ist, hat eine Frau erfunden. Heinrich – also: Pep – Wegmann hat seit ein paar Jahren eine neue Frau an seiner Seite. Man hat dem immer noch bodenständigen, immer noch ein wenig braven Mann ja allerhand zugetraut, aber doch nicht diese Franziska Spreng! Franziska, von Freunden Fritzi genannt, ist nicht nur Niedersachsens Justizministerin, sie ist auch eine engagierte und scharfzüngige Feministin. Der traut sich was! Hat der eine oder andere in der Stadt gesagt, als die Liaison zwischen Oberbürgermeister und Ministerin ruchbar wurde. Wegmann aber tat, als ginge ihn das alles nichts an, nahm Fritzi nun mit zu offiziellen Terminen, ließ sich von ihr über die Ungerechtigkeiten des Asylrechts aufklären, reiste nach Spanien, nach Kurdistan, in die Türkei – und wurde allmählich zu Pep.

Passt auch viel besser zu Pete. Pete und Pep.

Pete rückt Niki einen Stuhl zurecht, glättet das Tischtuch. Nervös ist er – das *Walloschke* ist nicht gerade ein feines Frühstücks-Café, und auch wenn er schon früh am Morgen eine Flasche Champagner vorbeigebracht hat, kann man doch bezweifeln, dass hier das geboten wird, was Niki gewöhnt ist ... Vielleicht war die Idee doch nicht so glorios, wie sie ihm noch vor Tagen erschienen ist? Niki aber setzt sich umstandslos, legt Wegmann die Hand auf den Arm und versichert, dass sie grässlichen Hunger habe. Schon wieder! Sie lachen. Sie trinken den einfachen, starken Kaffee, den es hier gibt, bestellen Schinkenbrote und sauren Hering dazu, Rühreier gibt es und für Niki sogar einen kleinen, süßen Mandelkuchen. Die Wirtin serviert ihn persönlich, auf einer rotkarierten Serviette. Um sie herum ein paar Vergessene der Nacht, müde Gestalten, die stumm in ihren Kaffeebechern rühren, einer wagt sich an Würste.

Champagner!

Die anderen Gäste staunen. Niki wird immer munterer. Pete weist auf ein Foto an der Wand: Schau mal! Auf dem Foto sieht man Lionel Hampton. Der ist damals auch hier eingekehrt. Wegmann erinnert sich gut. Hampton wagte, ein Eisbein zu bestellen, das deutscheste und schwerste aller Gerichte. Und zur allgemeinen Überraschung: Es schmeckte ihm. So gut, dass er einen *Eisbein-Boogie* komponierte. Die ersten Takte gleich hier auf die Tischdecke notiert! Zwar weiß man nicht, ob diese Musik je zu Ende geschrieben, geschweige denn irgendwo aufgeführt wurde – aber die Kneipe fühlt sich dem Musiker verbunden, bis heute. Wegmann lacht.

Soso! Niki ist amüsiert. *Eisbein- oder Icebein-Boogie*. Pete versucht, ihr zu erklären, was Eisbein ist, aber Niki ist nicht sicher, dass sie das wissen möchte.

Am Nebentisch werden Haxen serviert, mit viel Kraut. Niki findet es jetzt doch ein bisschen bedrohlich, so viel Deutsches auf einmal.

Niki?

Sie beeilen sich, aufzubrechen, es ist höchste Zeit!

Höchste Zeit wofür?

Niki fragt nur scheinbar irritiert nach. Pete weiß, dass sie kleine Überraschungen liebt, und auch diesmal hat er vorgesorgt. Es geht nach Herrenhausen zu den Gartenanlagen, aber nicht in die kalte, klamme Grotte, sondern zu einem der Gewächshäuser, in denen Frost seltene Pflanzen zieht; er züchtet alles Mögliche, und nur das Beste wird dann in den eigentlichen Garten versetzt. Frost kann sich vertiefen in die Geschichte einer Pflanze, bis er alles über sie weiß, und er tauscht sich mit Gelehrten in der ganzen Welt aus. Seit vielen Jahren gibt er eine renommierte Fachzeitschrift heraus und trägt es mit Würde, dass die Bewohner der Stadt ihn immer noch für ihren Obergärtner halten, dem man auch mal eine kranke Yucca-Palme bringen kann.

Frost ist sichtlich aufgeregt. Er hat die Hände ineinandergelegt, wie um sich festzuhalten, aber die Hände wollen auseinander. Er lächelt sein einladendes Manor-House-Lächeln, als er Niki nun am Tor begrüßt, aber es wirkt ein wenig flüchtig, der Mann ist auf unbestimmte Weise abwesend, unkonzentriert. Niki wundert sich. Alles in Ordnung bei Ihnen? Frost reißt sich zusammen. Sie soll seine Sorgen auf keinen Fall bemerken. Alles muss leicht wirken, wie selbstverständlich. Aber haben die Vorbereitungen wirklich funktioniert? Sind alle auf ihren Plätzen? Ist endlich auch der Cellist eingetroffen, auf den man so lange gewartet hat? Frosts Hände arbeiten in der Luft, als könnte er jetzt noch etwas ändern. Er reißt sich zusammen: *Okay, let's go!* Das ist nun wirklich ungewöhnlich salopp für ihn! Er versucht es mit einem Scherz: »*Sovereignty – may I go ahead?*«

Gottlob, sie lacht.

Frost geleitet Niki zu einem Gewächshaus. Es ist innen festlich erleuchtet. Ein feiner Rosenduft bezaubert Nikis Nase. Hier rankt die edle Pflanze in ihren schönsten Ausprägungen an fein ziselierten Stäben und Gittern, plätschert ein kleiner Brunnen, dort entfalten sich die Blätter einer edlen Staude.

Voilà!

Da vorn sind ein paar Lehnstühle im Halbkreis gruppiert, davor … tatsächlich eine kleine Bühne! Scheinwerfer daneben. Auf einem Hocker wartet ein junger Mann, ein Cello zwischen den Knien. Sobald er Niki entdeckt, beginnt er zu spielen. Niki klatscht vor Begeisterung in die Hände.

Frost komplimentiert Niki zu ihrem Stuhl, dem besten und bequemsten in der Mitte. Ein Fell sorgt für Wärme, eine Decke wird sorgfältig über Nikis Beine gebreitet. Dann gibt Frost ein Zeichen, und die Show beginnt.

Frost hat ein Puppenspiel vorbereitet, einen Tanz. Sie werden hier eine veritable Opernaufführung sehen, aber als Puppenspiel. Mozarts *Zauberflöte* entfaltet als Singspiel für Marionetten einen ganz anderen Zauber als auf einer normalen Bühne. Wie die filigranen Figuren an ihren Fäden, sich so steif und scheinbar zeremoniell einander zuwenden, wie die Gesten ihrer überlangen Hände und Finger bedeutungsvoll werden, weil der Rest des Körpers eher starr ist – das betont das Rhythmische der Musik, aber auch den Kunstcharakter der Geschichte. Puppentheater ist ganz Erfindung.

Die Figuren hat die Puppenspielerin selbst entworfen und gebaut. Der Bühnenvorhang öffnet sich – und Niki erschrickt. Sie kennt diese Puppen, glaubt jedenfalls, sie wiederzuerkennen. Sie sind nur kleiner geworden über die Jahre. Pete sieht, wie Niki blass wird, will ihr die Hand auf den Arm legen, lässt es.

Auf der Flucht vor einer riesigen Schlange verirrt sich Prinz Tamino in das Reich der Königin der Nacht. Drei Damen retten den vor Schreck in Ohnmacht gefallenen Prinzen im letzten Moment. Sie sind entzückt von dem schönen jungen Mann und eilen sogleich zur Königin, ihrer Herrin, um ihr von dem Vorfall zu berichten …

Niki sieht die drei Damen, sie sieht die drei weiblichen Puppen, die gestaffelt geführt werden, und sieht die Schlange davor. Die drei Puppen erinnern sie an Eva Aeppli, an Tinguelys erste Gefährtin, und an deren kunstvolles, finsteres Puppenspiel.

Sie haben Eva damals übel mitgespielt. Die Künstlerin hat sich völlig zurückgezogen, nachdem Tinguely sie verlassen hat. Er hat sie nicht wegen Niki verlassen, so heißt es immer – aber ist das nicht beschönigend? Gibt es nicht eine tiefe, schmerzvolle Verbindung von Niki zu Eva? Und wie war das, als Eva Aeppli ihren Teil zu Tinguelys *Zyklopen* beisteuerte, als sie beschlossen, dass Evas überschlanke, trauernde Witwen in den Eisenbahnwaggon einziehen sollten? Hat sie da nicht lange gezögert, hat sich, wie es schien, bitten lassen? Eva Aeppli war nicht sicher, dass sie neuerlich Kontakt zu *denen* wollte, zu Tinguely und zu Niki de Saint Phalle, es hatte sie so viel Mühe gekostet, sich zu trennen, was sollte sie sich da auf eine neue Verbindung einlassen?

Es war viel Schmerz in den Werken von Eva Aeppli gewesen, immer schon, sie war eine Künstlerin, die den Schmerz geradezu anzog, die immer neue Ausdrucksformen dafür fand, aber auf eine diskrete, auf eine noble, streng ritualisierte Art. Niki denkt an die anderen Künstlerinnen der Zeit. Sie haben alle mit Schmerz zu tun, auf die eine oder andere Weise. Es ist der individuelle Schmerz – natürlich –, aber in der Betrachtung aus einer gewissen Distanz verschmilzt dieser individuelle Schmerz mit dem der anderen Frauen: mit dem Schmerz der Zurückgesetzten, der chronisch Unterschätzten, der Missachteten und der Missbrauchten.

Niki denkt an Louise Bourgeois, die einzige Künstlerin, zwanzig Jahre älter, die, wie sie selbst, in Räumen denkt. Ihre *Cells*, ihre Zellen genannten Kabinen drücken Emotionen aus, schmerzliche zumeist, man betritt sie wie Gefängniszellen. Niki hat mit klopfendem Herzen eine ihrer *Passages dangereuses* durchschritten, einen von Maschendraht umspannten Gang, in dem Bourgeois Erinnerungen aus ihrer Kindheit und Jugend drapiert hatte. Ein federleichtes Spielzeugpferdchen, eine Puppe. Dazu aber Hinweise auf den Tod – schreckliche wie einen elektrischen Stuhl und banale wie eine Binde. Zerrissen aber das Ganze, blutig, martialisch und unverhohlen autobiografisch.

Niki fühlte sich abgestoßen von dieser sorgfältig arrangierten Schamlosigkeit – und angezogen zugleich. Bourgeois konnte etwas, was sie nicht vermochte.

So wie Jenney Holzer mit ihren feministischen Textflächen, so wie die viel jüngere Tracey Emin. Ein ungemachtes Bett mit blutiger Wäsche, nein, das ist nicht Nikis Ding. Oder erst Marina Abramovic: Die richtet gleich den eigenen Körper zu, bietet dem Publikum ihrer Performances Waffen an, mit denen man sie in der folgenden Stunde traktieren darf, wie man will – eine geladene Pistole inklusive. Fremd ist ihr das, aber kraftvoll ist es schon. Es ist unerhört. So wie ihre eigenen Werke auf andere Weise früher unerhört waren. Aber: Sie musste Umwege gehen oder jedenfalls andere Wege. Auch bei Niki ist es blutig gewesen – und wie! Aber die Schusswunden, die trugen andere davon: grausame Liebhaber, abgelegte Partner, miese Patriarchen, wenn es sein musste, Präsidenten. Es kriegte jeder sein Fett weg – also seine Farbkugel, in die sie hineinschoss. Es hatte Jahre gedauert, Jahre elender Selbstbefragung, die Wut nicht mehr gegen sich selbst zu richten, die Schuld nicht mehr bei sich zu suchen, sondern den ganzen Dreck nach draußen zu schleudern. Auf die Leinwand, die Holzplatte, den vorbereiteten Gips. Anlegen – Schuss! Und doch. Die anderen sind … unmittelbarer. Ihre Werke haben etwas von Bekenntnis, von Selbstoffenbarung. Bourgeois, Emin, Abramovic – sie haben ihr Inneres nach außen gekehrt. Niki hat dafür Figuren gefunden, Stellvertreter. Und Kopf ab!

Sie hat niemandem davon erzählt, nicht einmal Tinguely, so wie sie die meisten intensiven Kunsterfahrungen mit den Werken anderer, noch lebender Künstler verschwiegen hat. Konkurrenz. Aber auch die Furcht, sich zu sehr um das andere zu kümmern statt um das eigene. Stimmt das? Über Spoerri hat sie durchaus geredet. Auch über Rauschenberg. Über Yves Klein. Warum hat sie die Männer nicht als Konkurrenten gesehen, wohl aber die gleichaltrigen Frauen? Konkurrierten sie denn wirklich in ihrer Kunst? Oder ging es nicht vielmehr um die Männer? Um Tinguely, zum Beispiel?

Niki schüttelt sich. Sie will den Männern nicht diese Macht zugestehen, auch nicht in der Betrachtung der Vergangenheit. Aber es nützt nichts. Sie kann nicht aufhören, darüber nachzudenken.

Die Handlung auf der Bühne schreitet voran. Gerade sind die drei Damen wieder mit Tamino beschäftigt. Auch diese drei Damen sind sich nicht einig, sie zerren aneinander, jede will Tamino am besten gefallen.

Die Gedanken sind unangenehm, aber sie entkommt der Selbstbefragung nicht.

Hat sie nicht durch ihre eigene Art diesem allgemeinen Schmerz der Frauen, dieser kollektiven Schmerzerfahrung noch weitere Schmerzen hinzugefügt? Das hat sie, sie macht sich nichts vor. Sie ist als Künstlerin Feministin, aber in ihrem privaten Leben eine Männerfrau. Sie findet Männer abenteuerlicher, geheimnisvoller, herausfordernder. Sie bekämpft sie, aber sie ist auch auf sie fixiert. Die Erste und Einzige, die bei den *Nouveaux Réalistes* Aufnahme findet, die Einzige, die den Ausstellungsmacher Pontus Hulten überzeugt – sie ist umgeben von Männern, Männern, die entscheiden, Männern, die Gelder vergeben. Was kann sie dafür? Auch ihre Assistenten sind Männer, ihre Freunde. Niki ist großzügig zu den Mädchen von Capalbio, sie schenkt ihnen Kleider, sie schenkt ihnen Aufmerksamkeit – aber die Mädchen von Capalbio kommen ihr nicht zu nah, es ist nicht dieselbe Ebene wie Eva und die anderen. Warum denkt sie, dass Eva, ausgerechnet die introvertierte und bescheidene Eva, ihr gefährlich werden könnte? Warum denkt sie in solchen Kategorien? Niki ist siebzig und bedauert das Rivalisieren.

Der Cellist legt sich nun richtig ins Zeug. Er muss ein ganzes Orchester ersetzen, aber das gelingt ihm vortrefflich. Wie schön grässlich er jetzt das Cello aufjaulen lässt, als der die berühmte Arie der Königin der Nacht spielt, er übertreibt es, er persifliert den Machtrausch, der die Figur ergreift, wenn sie ihre irren Koloraturen singt. Und dann die Weisheit Sarastros, der den Frieden seiner heiligen Hallen beschwört.

Niki amüsiert sich. Das Cello brummt, als wollte es sich in einen Bass verwandeln. Natürlich ist auch hier wieder ein Mann der Bescheidwisser! Zwar sind alle bei Mozart verpflichtet, sich strengen Prüfungen zu unterziehen, aber Tamino und Papageno unterlaufen das System durch ihr Spiel.

Was für eine heitere, menschliche Botschaft! Allmählich entspannt sich Niki wieder, und die drei Männer, die sie möglichst unauffällig beobachten, werfen sich Blicke zu. Frost hatte schon Bedenken, dass das Puppenspiel vielleicht doch nicht Nikis Geschmack entsprechen könnte. Wenn sie wüsste, wie viel Zeit und Mühe es gekostet hat, das alles zu arrangieren! Aber Frost macht so etwas gern. Er liebt theatralische Inszenierungen, er liebt es, seinen Garten zu beleben, an die alte, höfische Tradition mit neuen Mitteln anzuknüpfen. Er macht das natürlich, um Niki endgültig von seinen Plänen zu überzeugen. Die Grotte ist ein lang gehegter Traum. Stück für Stück soll dem alten, herrschaftlichen Park in Herrenhausen seine Funktion zurückgegeben werden. Ein Landschaftsgarten ist viel mehr als eine Ansammlung von Rabatten und Beeten, Büschen und kunstvoll beschnittenen Bäumen, durch die sich Kieswege ziehen. Ein Landschaftsgarten ist eine Welt für sich, ein Kosmos und auch ein großes Theater. Und Robert Frost ist Intendant und erster Regisseur.

Applaus! Es gibt eine kleine Pause vor dem zweiten Aufzug, und das mit dem Champagner, das funktioniert schon wieder ganz gut.

17.

»Wie die Cowboys sind wir durch die USA geritten«, sagte Riechel und lachte herzhaft bei der Erinnerung. Martha saß immer noch neben ihm auf dem ehemals edlen Designersofa und hatte einen Karton mit Fotos auf dem Schoß. Die beiden Kuratorinnen hatten sich längst verabschiedet, nur Timmermann war noch da. Obwohl die Assistentin die Geschichte kannte, konnte sie anscheinend nicht genug davon bekommen.

»Es war eine unglaubliche Erfahrung.«

»Es war toll«, sagte Timmermann. »Es war das Beste, was je passiert ist.«

Es beginnt damit, dass Niki de Saint Phalle in ihrem Haus in La Jolla Bilanz zieht. Es ist ein prächtiges Haus mit einem Patio, einer mexikanischen Hazienda nachempfunden. Ein Haus, geeignet für Rituale. Die intensive Bilanz, das hat sie von den *Natives* gelernt. Die fangen nicht erst auf dem Sterbebett an, ihre Besitztümer zu verteilen. Nein, die Navajos und die Sioux bestellen beizeiten ihr Haus. Sie rufen die Kinder und Kindeskinder zusammen, sie bereden und besingen, was war – und der, der wohl als Nächster gehen wird, erzählt, was alles gut gewesen ist in seinem Leben. Unmerklich werden dabei die Besitztümer aufgezählt, kommen Häuser, Motorräder, Werkzeuge zu Ehren. Man merkt beim Erzählen, was wirklich zählt. Meist gar nicht so viel. Also entspannen sich alle. Keine große Sache, das Sterben. Wenn man es richtig angeht. Eine Auflösung eher. Eine Haushaltsauflösung, die eben beim sperrigsten Gegenstand endet, beim menschlichen Körper. Tom, der Medizinmann, der Pomo, der ihr das erklärt, lacht. Wenn er lacht, schüttelt sich sein schwerer Körper. Bis vor kurzem hatte Niki gar nicht gewusst, dass es noch amtierende Medizinmänner gibt. Nun sucht sie seinen Rat. Warum auch nicht? Es erscheint ihr hier ganz natürlich. Kalifornien hat die größte Population von *Natives* in den gesamten USA. Ist es vielleicht vernünftiger, zu einem der vielen weißen Quacksalber zu gehen, die sich hier oft Heiler nennen und, wenn man Glück hat, eine halbgare Heilpraktiker-Ausbildung hinter sich haben? San Diegos Straßen sind gepflastert mit Gesundheitsanbietern jeder Art, aber die alten Leute sehen kein bisschen gesünder aus als anderswo – nur teurer gebräunt. In La Jolla mit seinen vermögenden Bewohnern ist die medizinische Elite Kaliforniens versammelt, aber sie können nicht mehr tun, als das Altern ein wenig abzumildern. Die Internisten, Pneumologen und Neurologen kennen die neuesten medizinischen Innovationen, aber einen Trost wissen sie nicht. Niki mit ihrem komplizierten Asthma, der rheumatischen Arthritis, den Folgeschäden der Arbeiten unter Dämpfen widmen sich mehrere Ärzte. Sie tun es mit Engagement. Ihr Wissen ist, wie es der berühmteste von ihnen nicht ohne Stolz sagt, absolut *State of the Art*. Toms Wissen hingegen ist Jahrhunderte alt. Er wägt ab und wägt ab. Er berät sich mit den Seinen. Er bringt Räucherwerk mit und verwandelt Nikis Hazienda in eine duftende Höhle. Rosmarin, echter Salbei und Rauch und Rauch. Er singt dazu, er tanzt. Was er weiß, ist mit dem Land und seiner Geschichte verbunden. So erklärt sie es ihrer skeptischen Familie. Und außerdem: Sie mag ihn einfach. Basta! Niki hat mit der Faust auf den Tisch gehauen. Tom hat eine Art, die Dinge zu erklären, der sie folgen kann. Er tut mir gut, sagt Niki. Weisheit tut gut. Sie macht die Welt weit.

Seit dem Gespräch mit Tom und dem Reinigungsritual, das er zelebriert hat, denkt Niki nicht nur anders über ihren Abschied von der Erde nach, sondern auch öfters. Die Gedanken begleiten sie wie die spektakulären Sonnenaufgänge hier am Pazifik, wie der Wind. Es wird natürlich, sich mit dem eigenen Ende zu beschäftigen. Denk dran, wir müssen noch einkaufen, denk dran, bald musst du gehen.

Bei einer Künstlerin ist es jedoch, wie beinahe alles, ein wenig komplizierter. Niki hat über Jahrzehnte ihre Werke geschaffen. Sie ist berühmt und enorm produktiv. Überall auf der Welt gibt es Depots mit ihren Werken – in der Schweiz, in Frankreich, in den USA, und seit eine japanische Sammlerin ihr Herz für die bedeutende Bildhauerin entdeckt hat, sind auch in Asien etliche Werke gelagert. Was soll aus ihnen werden? Wie kann ein Streit zwischen den Kindern und Enkeln, zwischen der Familie und einigen Galeristen verhindert werden? Niki schreibt an eine Reihe französischer Museen und bietet an, über ihren Nachlass zu sprechen. Das fällt ihr nicht leicht – und wie empört ist sie, als keine Antwort kommt! Nicht gleich jedenfalls, nicht in einem zeitlichen Rahmen, der ihr angemessen erscheint!

Pete hört der Entrüsteten am Telefon geduldig zu. Er weiß, dass Niki empfindlich ist wie alle Künstler, wenn es um Achtung geht. Er weiß, dass sie, von den vielen Schmerzen und den entsprechenden Medikamenten zermürbt, leicht reizbar und neuerdings auch leichter zu entmutigen ist. Auch deshalb braucht sie Tom, von dem sie Pete seit einiger Zeit erzählt. Tom, der Weise, hat allerdings nichts gegen Nikis Zorn. Ebenso wenig Pete. Denn der Zorn hat sein Gutes. Für Pete, so scheint es, öffnet sich unerwartet eine Tür. Also wagt er zu sagen:

»Have your ever thought about us? About Hanover?«

Niki schweigt. Das kommt überraschend. Pete befürchtet schon, dass er sie noch mehr verstimmt hat und sie womöglich aufgelegt hat. Allerdings hört er sie atmen, ein wenig rasselnd und unregelmäßig. Dann sagt sie: Okay, lass mich nachdenken. Denn: Pete hat Recht. Nie wurde sie derart zuvorkommend behandelt wie in dieser seltsamen Autostadt in *Lower Saxony*. Sie denkt an die erste große Ausstellung in dem wagemutigen Kunstverein, an den braven Bürgermeister und seinen Verwaltungschef: wie sie den Widerstand aushielten und zu ihr standen. Sie denkt an die Skulpturenmeile, deren Zentrum und Krönung ihre drei Figuren sind; sie denkt an die Schulkinder, die im Unterricht *Nanas* malen oder töpfern; sie denkt an die Abende in den Restaurants mit Hühnchen in Schokoladensauce; sie denkt an den Jazz Club und die Musik von Lionel Hampton; sie denkt an das Hotel mit der Büste der schönen Königin, an die Puppenspiele von Frost, an die Überraschungen, die man ihr dort immer bereitet, sie denkt an Petes Wohnung eines *lonesome hero*, an die Verlorenheit, an die Geborgenheit.

»Let me think about it!«

Das ist immerhin etwas.

Gleich am nächsten Tag ruft Pete Frido Riechel an, noch bevor er pflichtschuldig seinem Chef Bescheid sagt. Und so bricht in zwei Abteilungen der Stadt Hannover die größte denkbare Hektik aus.

Zunächst einmal wird Riechel zum Oberbürgermeister bestellt. Ach was: Wegmann ruft Riechel gleich selbst an. Da fackelt er nicht lange. Geduld ist dem ewig jungen Oberbürgermeister nicht in die Wiege gelegt. Kommen Sie? Sehr gut!

Klar, dass Pete mit von der Partie ist. Es gibt dünnen Tee und Leibniz-Kekse. Sie sind in äußerst angeregter Stimmung: Sie könnten einen Teil aus dem zu bestimmenden Nachlass von Niki de Saint Phalle bekommen. Erste Frage an Riechel: Können Sie das bewerkstelligen, organisieren, verwalten – und bezahlen? Wie teuer werden die Leihgaben sein? Woher können Zuschüsse kommen? Vor allem aber: Wollen wir das? Eine Dauer-Leihgabe dieser Größenordnung verändert ein Museum. Das Sprengel Museum steht immer noch in erster Linie für die Klassische Moderne. Doch Riechel ist schnell überzeugt. Zwar hat er wenig Sinn für die geradezu seriell gefertigten neuen *Nanas*, aber das frühe Werk, das begeistert ihn. Ihm ist wichtig, dass sie Werke aus den verschiedenen Phasen der Künstlerin bekommen. Wegmann hört jetzt vor allem zu. In seinem Kopf entsteht das Bild eines Zentrums für die Kunst von Niki de Saint Phalle. Niki und Hannover. Hannover und Niki. Wegmann hat kein Problem mit den allzu populären *Nanas* – ja, hätte er doch mehr in der Stadt, das so populär wäre wie das Ensemble der runden Stadtregentinnen am Hohen Ufer!

Ein Plan wird gemacht, der Rat informiert.

Und Sie fahren!

Zwar ist Wegmann gegenüber Riechel nicht direkt weisungsbefugt, aber er findet, es schadet nicht, seine Autorität jetzt mal auszuspielen. Hier darf auf keinen Fall etwas schiefgehen. Die Ansprache muss stimmen, das Timing.

Pete, der alte Postillon d'Amour, wird wieder einmal vorgeschickt.

»Wir mussten ja, weiß Gott, den richtigen Moment erwischen«, sagte Riechel jetzt zu Martha. »Es war das Heikelste und das Größte, was mich je im Berufsleben erwischt hat. Ich habe also einen Brief an Niki de Saint Phalle geschrieben – und habe mir, das kannst du glauben, noch nie so viel Mühe gegeben wie bei diesem Brief. Die Antwort kam sehr schnell, per Fax.«

Riechel streckt sich, als wollte er den inneren Jubel von damals gestisch vorführen. Martha konnte förmlich sehen, wie er damals die Nachricht aus dem Fax gezogen hatte, Nikis typische Schreibschrift erkannte, kleine Verzierungen. Ein gutes Zeichen? Martha spürte, wie sie jetzt noch, so viele Jahre später,

Teil eines Abenteuers wurde – und sei es nur in der Erzählung. Auch Timmermanns Augen leuchteten. Riechel sprach weiter:

»Nikis Fax war eine Einladung. Sie freute sich, mich in San Diego zu begrüßen.«

In La Jolla geht es bergauf und bergab. Niki mag die Serpentinen, die von ihrer Hazienda aus zum Meer führen. Sie mag es, von ihrer neuen Freundin Marina chauffiert zu werden. Sie bemüht sich, nicht zu zeigen, wie schwer es ihr fällt zu atmen. Atmen, atmen! Das wird ihr Mantra in diesen Jahren. Sie führt ein Sauerstoffgerät dabei, im Alter trägt man keine Handtasche mehr, sondern Utensilien. Sie hasst es, genau wie den Gehstock, den Marina unauffällig im Kofferraum platziert. Nikis Augen leuchten. Das Grün von Nikis Augen reflektiert das Wasser des Pazifiks. Sie fahren und fahren. Sie cruisen, wie man es nur in Kalifornien tun kann. Sie hören coolen Westcoast-Jazz der sechziger, siebziger Jahre. Marina trommelt den Rhythmus auf dem Lenkrad mit. Unwillkürlich verbindet Niki das Programm mit einer warmen, rauen Stimme, die moderiert, die die Titel verbindet und leise Hinweise gibt, wie sie gemeint sein könnten. Pete hat ihr eine Sammlung mit CDs geschickt, seine Sammlung, er selbst ist darauf zu sehen, eine Karikatur: Pete in einem weißen Anzug mit dunkler Krawatte, die übertriebene Hornbrille scheint die Nase und den hängenden Schnauzbart festzuhalten, das einzige Farbige ist ein dicker, roter Ring mit einem fetten Buchstaben darauf. Die CDs versammeln Radiosendungen, die Pete neuerdings macht. Pete sieht auf dem Cover wie ein müder Barbesucher aus, der keine Lust hat, die Lounge zu verlassen, und ein letztes Glas in der Hand hält. Es ist ein Sektglas – und das bei Pete, der doch nie trinkt, aber die Kollektion heißt *Jazz-Cocktail*, und dann muss das wohl sein. Das Cover wirkt unfassbar traurig, aber das sieht man jetzt nicht, Marina hat die CD-Hülle im Handschuhfach verstaut, und sie hören der Musik zu, während es weiter bergauf und bergab geht, bergauf und bergab, unendliche Schlaufen, unendliche Bögen der Landschaft, die Verheißungen des Pazifiks mal vor sich, mal neben sich aufblitzend, das ganze Land ist eine Verheißung, wäre ein Verheißung, wenn man nur genug Luft in diese kaputten Lungen bekäme. *Sunset Eyes.* Das Saxofon von Teddy Edwards hilft beim Atmen! Marina wirft besorgte Blicke zur Seite: Wird Niki es schaffen? Aber die lächelt, sie lauschen den Aufnahmen von *Pacific Jazz Records*, der Stimme, die die Titel verbindet, sie ist fest entschlossen, sich zu amüsieren, Hauptsache, mal raus hier. Für Marina ist die deutsche Moderatorenstimme Teil der Musik, das ist kein Wunder, die Stimme groovt sich ein, die Stimme groovt mit. Die Frauen schweigen und fahren, die Musik trägt sie weiter und weiter.

Niki fremdelt mit Kalifornien, sie fremdelt ganz besonders mit La Jolla, sie ist schockiert vom ungenierten Konsum der Leute hier, von den grell, eiskalt gekühlten Einkaufszentren, von der Reibungslosigkeit dieses *American Way of Life*. Was würde Tinguely dazu sagen? Hilfe!, schreibt sie in ihr Tagebuch. Hilfe!, schreibt sie an Freunde. Jetzt aber lässt sie sich tragen, vom Klavier, dem Schlagzeug, dem entschiedenen Sound des Saxophons.

Marina chauffiert Niki zu einem besonderen Ort. Er wird sie entsetzen – oder begeistern: *Sea World*. Sie steigen aus. Es ist laut. Die Mission Bay empfängt sie mit dramatischem Musical-Sound. Man hört den Vergnügungspark mit seinen berühmten Delfinen lange, bevor man ihn sieht. Niki ist skeptisch, aber Marina nimmt sie entschlossen bei der Hand. Du wirst sehen! Und Niki sieht Seelöwen und Delfine, kreischende Kinder und Mütter mit riesigen Sonnenbrillen. Und dann die Orcas. Die vermeintlichen Killerwale, tonnenschwer, die größten Delfine Welt. Die schwarz-weißen Riesentiere rasen durch das Wasser, sie wenden, schneller, immer schneller, schießen aus dem Wasser wie gefrorene Fontänen, überschlagen sich, drehen sich, alles auf die leisen Kommandos einer Frau, die neben ihnen winzig aussieht, winzig und wehrlos. Niki ist vollkommen fasziniert. Sie sitzt da, vornübergebeugt, Sauerstoffflasche und Trinkreservoir sind vergessen, Marina ist vergessen. Sie hat nur noch Augen für die Tiere. Das hier ist etwas Großes, etwas völlig Unbekanntes. Die Orcas, die Stars in einer durch und durch kommerziellen Welt, in einer streng durchchoreographierten Show, in einem eng getakteten Event, eröffnen Niki eine neue Welt.

»Sind sie nicht großartig?«, fragt Marina überflüssigerweise. Niki zieht die Stirn kraus: »Sie sollten nicht in Gefangenschaft leben. Sie sind zu groß für uns Menschen.«

Sie kramt ein kleines Heft aus ihrer Tasche, sie beginnt zu zeichnen.

Mit den Orcas beginnt eine neue Phase im Werk von Niki de Saint Phalle. Niki arbeitet jetzt kleinteiliger, filigraner, sie zeichnet, und sie radiert. Eine Reihe von Grafiken wird erarbeitet; das *Kalifornische Tagebuch* entsteht. Niki, die sich in ihrem Schreiben immer an andere gewandt hat, Niki, die große Kommunikatorin und Briefeschreiberin, die Heerscharen von Freunden und Bewunderern, von Galeristen und Museumsleuten mit ihren leutselig-fantastischen Faxen unterhält, betreibt Introspektion. Warum schreiben? Um sich zu verstehen. Warum Notate machen? Um sich die Welt vom Leib zu halten oder doch auf eine Distanz zu bringen, die erträglich ist. Niki findet einen neuen Ton. Und dann kommt der erste Auftrag in den USA, ein großer Auftrag, orcagroß. Niki ist davon überzeugt, dass die Riesendelfine ihr Glück gebracht haben. Ein Film über sie entsteht. Eine Psychotherapeutin wird ihre Freundin, John, der lange abgelehnte, lange herbeigesehnte Bruder taucht wieder auf. Er lebt jetzt in San Francisco. Niki schafft es, ihre Jugend aufzuschreiben. Es wird keine Anklageschrift, sondern eine Sammlung bemerkenswerter Erinnerungen, sie arbeitet alles durch, den Schmerz und die Freuden, die fehlende Zärtlichkeit und das Glück der Imagination. Sie erfreut sich an ihren Enkeln. Sie lässt sich Videokassetten mit aktuellen Filmen schicken und gluckst vor Freude über die Albernheiten von *Mister Bean*. Sie liebt diese englische Serie, sie liebt überhaupt Komödien, es ist heilsam zu lachen. Wie verblüfft ist Rico Weber, als sie ihn eines Tages in Fribourg anruft – nun ja, es ist nicht eines Tages, sondern eher eines Nachts, aber Rico ist noch wach, er arbeitet jetzt immer öfter die Nächte durch, er arbeitet an seinem eigenen Werk, als gäbe es kein Morgen. Niki befiehlt ihm zu lachen!

Wie?

Ja, lachen!

Und dann lacht sie selbst los, rau, ein wenig abrupt, es gelingt nicht gleich, und Rico findet das dermaßen befremdlich, dass er selbst zu lachen beginnt, erst nur als Kommentar, kurz und gezwungen, aber dann verselbständigt sich das Lachen, wird größer in der Brust, die sich weitet, endlich fließen ganze Lachkaskaden aus ihm heraus, Lachgirlanden, die Niki wiederum mit ihrem Lachen auffängt und zurückwirft, sie lachen und lachen, bis sie beide atemlos sind und gar nicht mehr reden können, aber das müssen sie auch nicht, weil Niki jetzt sagt, lass uns das öfter machen, und dann wünscht sie noch liebevoll *Bonne nuit!* Sie weiß also durchaus, wie spät es ist.

Diese Lachtherapie wiederholen sie von da an regelmäßig, sie machen das völlig ungeniert. Auch wenn Niki Besucher hat, verordnet sie das Lachen.

Das kalifornische Lachen. Das durchgearbeitete, das befreite Leben.

Es gibt Untersuchungen darüber, dass die rein mechanische Aktivierung bestimmter Gesichtsmuskeln beim Vorgang des Lachens die Psyche beeinflusst. Also: Zuerst lacht man, dann stellt sich die entsprechende Laune ein. Die muskuläre Anstrengung erzeugt psychische Heiterkeit. Dieses sehr protestantische Prinzip funktioniert bei Niki wie der Protestantismus auch sonst. Ist sie je disziplinierter gewesen als in Kalifornien? Hat sie je härter gearbeitet? Sie arbeitet an mehreren großen Projekten gleichzeitig. Sie dirigiert eine ständig wachsende

Zahl von Mitarbeitern. Sie kümmert sich um ihre Familie. Ihr Haus in der 7907 *Princess Street* in La Jolla erlangt schnell eine gewisse Berühmtheit, denn Niki erweist sich wieder einmal als großzügige und geübte Gastgeberin. Sie freundet sich mit dem großen Filmregisseur Billy Wilder an, der hier ebenfalls lebt. Aber was heißt schon: Sie freundet sich an? Sie lädt ihn ein – und von diesem Moment an bereitet sie sich akribisch auf das Treffen vor. Natürlich kennt sie *Manche mögen's heiß*, aber das ist ja nicht alles. Er hat sechzig Filme gedreht, er war einundzwanzigmal für den Oscar nominiert und hat ihn sechsmal bekommen! Niki schaut zur Einstimmung alle Filme. Alle Filme? Alle. Als sie eine mexikanische Haushaltshilfe einstellt, dauert es nicht lange, bis sie beschließt, Spanisch zu lernen. Sie blinzelt nervös, wenn man sich über ihren Bienenfleiß wundert, über ihren ständigen Einsatz. Sie ist immer wach. Sie ist immer alert. Sie überlässt nichts dem Zufall. Sie will gewappnet sein. Sie fühlt sich verpflichtet.

Ähnlich gewissenhaft begegnet sie ihrer neuen Umgebung insgesamt. Kalifornien, das ist nicht nur Sonne und Meer, das sind nicht nur die Berge, die Wüste. Kalifornien, das ist auch jahrtausendealte Geschichte. Niki sammelt begeistert Muscheln und Steine am Strand. Noch nie hat sie beides so mannigfaltig erlebt. Manchmal hätte sie Lust, den Tarot-Garten in Garavicchio neu zu planen, noch einmal aufzubauen – mit den Steinen und Muscheln von San Diego. Rauer würde das Ganze, jeder Stein eine winzige Plastik für sich. Die Steine und Muscheln, das ist Kalifornien, das ist *Assembling California*. Sie liest das Buch von John McPhee und ist fasziniert, wie hier die Erdgeschichte geschürft wird. John McPhee führt aber nicht nur geologische Details an, er erzählt auch vom Mythos der Entstehung des Landes. So bestand Kalifornien einer alten Legende nach ursprünglich aus einem Archipel vieler kleiner Inseln, die sich von anderen, weit entfernten Gegenden der Erde, von Afrika, von Griechenland und sogar von China gelöst hatten. Es bedurfte einer weisen Kriegerin, der schwarzen Königin Califia, diese Inseln zusammenzufügen – eben zu Kalifornien. Diese Califia, eine Gestalt aus einer spanischen Legende des 15. Jahrhunderts, begeistert Niki. Sie erscheint ihr wie eine Summe aller ihrer bisherigen Frauengestalten, ihrer frühen Heldinnen. Califia ist erhaben und groß. Sie ist allerdings keine Europäerin, sondern schwarz – so wie eben die meisten Menschen auf der Erde nicht Weiße sind und so wie Cora, die Köchin der Saint Phalles, schwarz war – auch eine Königin in ihrem Reich. Warum fällt Niki jetzt Cora ein? Cora pflegte sich auf den Stufen der Treppe auszuruhen, die in die im Keller gelegene Küche führten. Sie trank ein Bier dazu – nein, sie stemmte es, sie genoss es, sie schien dann alle Zeit der Welt zu haben, während das Lamm im Ofen briet. Niki liebte Cora, ihre Wärme, ihre Souveränität. Auch etwas von Cora liegt in Nikis *Califia*. Califia ist von einiger Attraktivität, aber keine Schönheit. Sie ist wehrhaft, aber nicht aggressiv. Sie sammelt eine Heerschar ebenso wehrhafter Frauen um sich, deren höchstes Ziel die Unabhängigkeit ist. Sie wissen, dass sie Männer nur so lange dulden dürfen, wie sie sie unbedingt brauchen. Begleitet von wilden Hunden, ziehen die Frauen ihre Bahn – wie eine Symbiose aus Nikis wehrhafter Amazonenzeit und der nun schon sehr lange währenden Phase der versöhnlichen *Nanas*. Califia ist beides – fürsorglich und kampfesmutig, vorausschauend und unabhängig, eine schwarze Königin, die Männern einen untergeordneten Platz zuweist. Califia, so entscheidet Niki, soll die Protagonistin einer großen Figurengruppe werden, die sie als Hommage an ihre neue Heimat plant. Hat sie einen Auftrag dafür? Hat sie nicht. Zwar hat es endlich eine große Retrospektive in den USA gegeben, zwar hat endlich auch dort ein Museum eine große Niki-Schau veranstaltet. Niki ist glücklich, als kurz hintereinander erst eine Schau in San Diego und dann sogar im weit entfernten Tokio zustande kommt. Dennoch steht sie in den USA nicht in der ersten Reihe. Darum geht es auch nicht. Jetzt geht es darum, künstlerisch anzukommen. Es geht darum, sagt die pflichtbewusste neue, alte US-Bürgerin, dem Land etwas zurückzugeben. Es erscheint ihr wie ein Zeichen, dass Martha Longenecker, die Museumschefin in San Diego, vor allem volkstümliche Kunst aus allen Kulturen der Welt im Sinn hat. Sie sieht Niki de Saint Phalle als Teil davon, sie betont das Ethnografische, das Populäre, sie rückt die Plastiken von Niki de Saint Phalle in die Nachbarschaft indigener Kultur.

Also macht sich Niki an die Arbeit. Sie baut für ihr neues, großes Projekt wie immer zunächst die Maquetten, die, in ihren Farben glasiert, eine Vorstellung von dem geben sollen, was da kommt. Diese halbwüchsigen Figuren geben ihr selbst eine räumliche Orientierung – und sie können dabei helfen, Sponsoren zu gewinnen, denn vorfinanziert wird das Projekt durch die Künstlerin selbst. Das Risiko trägt sie gern, weil sie auf diese Weise unabhängig bleibt. Sie ist in der Tat, wie ihre neue Freundin Martha Longenecker das sieht, *Insider / Outsider*, aber diese Position zwischen allen Stühlen hat sie nicht zuletzt davor bewahrt, den geringsten Dünkel zu entwickeln. Es wird Weihnachten. Niki, die Festbegeisterte, ist vorübergehend abgelenkt. Sie packt Pakete. Sie macht Geschenke. Sie beschenkt ihre ganze Familie, wobei sie den Begriff Familie sehr weit fasst. Niki ist bekannt für ihr großes Herz, für ihre Gabe, die Bedürfnisse ihrer Mitmenschen wahrzunehmen und darauf einzugehen. Ihre Enkelin, die zunehmend Verantwortung übernimmt, versucht manchmal vergeblich, sie zu stoppen.

Sie muss es ja tun. Sie ist rastlos in ihrer Rolle als Gastgeberin, rastlos als Gesprächspartnerin, rastlos in ihrem Atelier. Sie mietet, weil das Haus in der *Princess Street* ziemlich feucht ist, zusätzlich ein Appartement. Es liegt in einem der wenigen Hochhäuser von San Diego, unmittelbar am Strand. Nun schwebt sie, so kommt es ihr vor, ein wenig über den Dingen. Tom wird wieder einbestellt, er räuchert auch hier, er sieht Niki genau an, er meditiert mit ihr. Niki liebt das Appartement. Sie ist begeistert von diesem neuen, zweiten, sehr amerikanischen Wohnsitz. Niki sieht sich selbst zwar als große Träumerin, aber nie hatte sie den Kopf in den Wolken. Hier arbeitet sie weiter an *Königin Califias magischem Zirkel.*

Den Ort dafür findet ein Freund beim Joggen. Es ist der Kit Carsons Park, ein vernachlässigtes Stück Land in Escondido, eine Dreiviertelstunde mit dem Auto von San Diego entfernt.

Ein Wall von wehrhaften Schlangen bewacht das Rund. Das Rund wird aus Tausenden von Kieselsteinen gebildet. Die Schlangen, die sich um das Rund winden, sind besetzt mit unzähligen Mosaikstücken. Die Figuren, die die Schlangen so aggressiv bewachen, sind aus Polyester gemacht.

Zum ersten Mal lässt sich Niki de Saint Phalle hier von einem Unternehmen aus Kalifornien unterstützen: Akribisch protokolliert Ron McPherson in La Paloma, wie seine Leute die auf Stahlrahmen konstruierten Figuren mit Polyester und dann mit Urethan überziehen, um schlussendlich mit einer Fiberglashaut abzuschließen. Modellage und Prototypen entstehen mit Hilfe eines computergestützten Verfahrens. Das ist neu – wie es weitergeht, entspricht Nikis üblichem Vorgehen, und doch ist es anders: Die Glasmosaiken waren noch nie so kunstvoll, die gebrochenen Spiegel noch nie mit solcher Souveränität angebracht. Die polierten Steine kommen aus Mexiko, nur dort gibt es diesen Reichtum. Niki bringt all ihr Wissen mit ein, ihre Vorarbeiten für die Grotte von Hannover – all diese Erfahrungen, all die Kenntnisse münden in die populäre Figurengruppe von Escondido. Sie feiert die Geschichte Kaliforniens, so wie Niki de Saint Phalle sie versteht.

Sie feiert die sagenhafte Califia als Königin inmitten mythischer Figuren. Sie stehen im magischen Zirkel. Es sind Totemfiguren, bis zu sieben Meter ragen sie in die Höhe. Niki ist euphorisch, aber sie kennt ihre Grenzen als weiße, europäische Frau. Sie holt sich Rat von einem Medizinmann, diesmal einem

Native aus Kanada. Er reinigt den Platz mit einer Räucherzeremonie, er reinigt auch Niki, er reinigt sich selbst. Dann bestimmt er, wo die Figuren stehen können, und vor allem sagt er, dass es okay ist. Das Okay der *Natives* ist von großer Bedeutung für Niki; ihre Hommage an Kalifornien ist eine Hommage an die *Natives* – aber wie viele Ehrerbietungen sind gleichzeitig übergriffig? In diese Falle will sie nicht gehen.

Nikis Königin *Califia* ist auf einem Adlerthron positioniert. Sie trägt einen goldenen Panzer und reckt einen kleineren Vogel in die Höhe. Ein Brunnen repräsentiert das ewige Werden und Vergehen, er symbolisiert Kaliforniens Kraft zur Erneuerung. Die Totemfiguren ringsumher, der Vogelkopf, der Büffelkopf und all die anderen Figuren entstammen präkolumbianischen und indianischen Kulten. Mit großem Respekt hat sich Niki de Saint Phalle den alten Mythen genähert. Sie hat sich Rat für die Gestaltung der Totems geholt. Richard West Jr., der im *Smithsonian National Museum of the American Indian* in Washington arbeitet, ist Cheyenne. Sie korrespondiert mit ihm, sie trifft ihn. Niki ist sich bewusst, dass die Aneignung der indigenen Figuren keine Vereinnahme sein darf. Es ist eine Hommage, keine Eroberung. Lange bevor *Black Lives Matter* der schwarzen Bevölkerung der USA neuen Widerstandsgeist bringen wird weiß Niki de Saint Phalle, wie mit Motiven der Identität umzugehen ist. Woher weiß sie das?

»Vielleicht, weil sie einfach zugehört hat?«, sagte Riechel jetzt. Es war spät geworden. Timmermann hatte längst ihre übliche Fasson aufgegeben und sich auf Riechels Sofa mehr oder weniger zusammengerollt, die Schuhe abgestreift. Riechel und Martha studierten die Videoaufnahmen aus Escondido.

Für Timmermann, die kaum noch die Augen aufhalten konnte, sahen sie aus wie zwei Kraniche. Die Hälse ungesund vorgestreckt, ansonsten mehr oder weniger unbeweglich. Nur manchmal streckte einer von den beiden die Hand nach einem Glas aus, das Timmermann immer wieder auffüllte. Zwei Enthusiasmierte. Zwei, denen in ihrer Begeisterung nicht zu helfen war. Morgen würde ein fürchterlicher Tag werden! Aber der diskrete Hinweis darauf, auch auf erwartete Besucher von höchst amtlicher Stelle, verpuffte.

Riechel wandte sich doch einmal vom Bildschirm ab, öffnete einen der Ordner, die herumstanden und der erstaunlich klar sortiert war. Er blätterte ein wenig.

»Jetzt hab ich's!«

Er fischte einen Notizzettel aus einer Hülle, mehrfach gefaltet, abgenutzt.

»Das war meine Wunschliste«, sagte er fast feierlich. »Ich hatte mir vorher notiert, welche Werke für uns von besonderer Bedeutung sein würden. Ich war vorbereitet. Und ich habe mich genau beobachtet, als ich Niki zum ersten Mal gegenüberstand. Wer war ich denn?«

Niki de Saint Phalle hat den jungen Kunstmanager aus Deutschland freundlich, aber nicht euphorisch empfangen. Sie erwartet nicht mehr allzu viel von den Ausstellungsprofis. Die Erfahrungen der letzten Monate haben sie gelehrt, vorsichtig zu sein.

Dann steht da dieser lässige, sichtlich aufgeregte Mann mit seiner Mozartfrisur und seinem einnehmenden Lächeln – und er überfällt sie regelrecht. Kaum haben sie sich gesetzt und den üblichen Smalltalk hinter sich gebracht, sprudelt es aus ihm heraus. Das liegt an einer ihrer ersten Fragen. Klar, er ist hier, weil er ein Museum leitet, weil eine größere Leihgabe erwogen wird – aber sie möchte doch wissen, wie er auf sie gekommen ist, was er persönlich mit ihrer Kunst verbindet. Die Frage öffnet die Tür zu einem großen inneren Haus. So beschreibt es Riechel. Er weiß selbst nicht, wie ihm geschieht. Er weiß selbst nicht, warum er Niki de Saint Phalle, der großen, vielleicht der Welt größten Bildhauerin, völlig rückhaltlos sein Leben erzählt. Denn: Sein Leben ist von ihr geprägt. Genauer: von ihren Werken ebenso wie von ihrer Erscheinung. Und Leben meint vor allem die Zeit der Jugend, die entscheidenden Jahre. Riechel nimmt Niki de Saint Phalle erzählend mit in seine jungen Jahre in Bochum. Er sagt *Boch-um*, mit ganz kurzem, hingehustetem O, das ist ihm wichtig, auch wenn Niki wahrscheinlich keine Ahnung hat, wo das liegt.

Bochum? Bei Duisburg?

Sie hat sehr wohl eine Ahnung! Niki kann sich nicht vorstellen, wie das war in den fünfziger Jahren im Ruhrgebiet. Der Dreck, die Armut, die Schufterei der Malocher, die Aussichtslosigkeit der Jugend.

Niki rechnet nach: Riechel ist ein Kind der Fünfziger? Dann kommt das mit dem jungen Mann nicht ganz hin. Riechel lässt ihrem Lächeln Zeit. Eine besondere Form der Gesprächsgalanterie, stellt Niki fest.

Bochum also. Die Freudlosigkeit der Tage, die Ereignislosigkeit der Wochenenden. Aber: Es gab ja Frankreich. Das Land der Sehnsucht. Wie besessen lernte der junge Riechel Französisch. Er überzeugte seine Kumpel, dass es lässig war, Chansons zu hören. Sie lernten Jacques Brel und Georges Brassens auswendig, schwärmten für die Piaf und mehr noch für Juliette Gréco, sie trampten nach Paris und waren verloren. Und dann – kam Niki. Eine junge, sehr schöne Brünette im weißen Schießanzug, die die Männer Mores lehrte. So eine Amazone hätten sie zu Hause auch gebrauchen können! Eine, die die Altnazis in die Flucht geschlagen hätte, die sie immer noch im Unterricht quälten, eine, die die verzagten und gedemütigten Kriegsheimkehrer mit einem Knall geweckt hätte, eine, die die Väter an ihre Verantwortung und die Frauen an ihre Möglichkeiten erinnert hätte.

»Sie«, sagt Riechel voller Überzeugung, »Sie waren meine Rettung.«

Er sagt es ganz ruhig.

»Ich wäre nie im Leben Kunsthistoriker geworden ohne Sie«,

sagt Riechel. »Und ich wäre sicher auch ein anderer Mann geworden.«

Er schweigt. Niki beobachtet, wie er durch die Erinnerungsgänge seiner Jugend läuft.

Endlich klatscht sie in die Hände. Genug jetzt! Genug des feierlichen Redens! Zeit, an die Arbeit zu gehen. Und sie steht auf, erstaunlich behände und nimmt mit entschiedener Geste Riechels Wunschliste, die er einstweilen neben sich gelegt hatte, an sich.

Noch im Stehen wirft sie einen Blick darauf, liest, runzelt die Stirn. Die Missbilligung ist nicht zu übersehen. Plötzlich kippt die Stimmung. Riechel hält den Atem an. Hat er etwas falsch gemacht? Ist die Liste zu … ausführlich?

Da ist viel vom Frühwerk aufgeführt – klar, aus den Gründen, die er eben angeführt hat. Aber auch, weil er Niki politischer versteht, als das viele ihrer Sammler und Galeristen tun. Er weiß nicht recht, ob er jetzt etwas sagen soll, aber Niki kommt ihm zuvor. Das ist nicht gut, findet sie und schüttelt den Kopf, nein, so wird das überhaupt nicht gehen! Sie tippt mit dem Finger die einzelnen Positionen ab und zählt auf französisch mit. *Vingt-deux, vingt-quattre, vingt-cinque* … Wie – das ist alles? Das soll alles sein?

Niki bietet mehr, viel mehr.

Die nächsten Tage sind ein Rausch. Zusammen mit Niki und ihren irritierten Mitarbeitern sieht Riechel alles durch, was es an Werken von Niki de Saint Phalle in den USA gibt. Gemeinsam studieren sie die Werkliste der Plastiken und Objekte, die zudem in Depots in Frankreich und in der Schweiz lagern.

Niki ermutigt ihn, auszuwählen. Sie freut sich an seiner Begeisterung, an seinem Tatendrang. Sie weiß nicht so recht, warum, aber sie glaubt diesem immerjungen Mann in den Fünfzigern, dass er Ernst machen wird, dass er tatsächlich so, wie er es sagt, einen Großteil der Leihgaben dauerhaft ausstellen wird.

Und so wird aus der Leihgabe – eine Schenkung. Und aus den Einzelwerken eine ausgewachsene Sammlung. 365. Auf diese

Zahl kommen sie am Ende. 365 Reliefs, Plastiken, Objekte, Environments, Gemälde, Zeichnungen, Grafiken.

Für jeden Tag des Jahres ein Geschenk von Niki.

Für Hannover ist das eine Sensation. Nie ist die Stadt derart bedacht worden. Hannover zieht an Paris und Nizza vorbei. Es ist viel, es ist unendlich großzügig, es ist, wie die Amerikaner ein ums andere Mal sagen, *breathtaking*. Riechel telegrafiert nach Hause. Er könnte auch anrufen, aber ausnahmsweise fehlen ihm die Worte. Er ist erschöpft, aber glücklich.

»Du kannst dir das nicht vorstellen«, sagte Riechel jetzt zu Martha. »So ein Glück für mich als Museumsdirektor. Solch eine Freude für die Stadt. Und ...« – jetzt schlug er sich vor Freude auf die Schenkel – »... und schon ein dreiviertel Jahr später war Weihnachten!«. Da kamen die Werke aus aller Welt in Hannover an.

Man möchte sich nicht ausmalen, wie es um das Nervenkostüm der Museumsleute bestellt ist. Am 8. November 2000 ist das Museum noch leer, hier muss man wirklich von *gähnender Leere* sprechen. Die Kunst schippert auf dem Ozean, irgendwo zwischen New York und Rotterdam, aber vielleicht schippert sie auch nicht, sondern ist längst untergegangen, abgesoffen, während hier in Hannover die Plakate gehängt, die Flyer gedruckt, die Leute eingeladen sind, die Presse aufgescheucht wird: *La fête. Die Schenkung Niki de Saint Phalle.*

Riechel tapert durch sein Museum wie ein eingesperrter Tiger. Noch zehn Tage bis zur Eröffnung und nichts, buchstäblich nichts ist da, das auf eine Ausstellung hindeuten könnte.

So war das. Sagte Riechel.

Als Martha am nächsten Tag nach der Arbeit nach Hause kam, wartete eine Überraschung auf sie. Hatte sie nicht schon im Innenhof, als sie ihr Fahrrad nachlässig abstellte, gehört, wie oben im dritten Stock ein Fenster geöffnet wurde und jemand rief: »... ist da!«? Wahrscheinlich hatte sie sich getäuscht. Sie schleppte sich selbst und ihren Rucksack nach oben, schloss auf – und da standen sie: Marie und ihre Mutter.

»Na getz staunste, Kleinet?«

Die Mutter vor lauter Aufregung im breitesten Pott-Deutsch.

»Entschuldige ... das mit dem Schlüssel!«, sagte Marie eilig und nahm Martha in die Arme. »Aber ich weiß, wie viel du zu tun hast, und dein Vermieter war so nett ...«

»Na, einer Mutter wird er ja wohl glauben!«, sagte die Mutter energisch und zog Martha weiter: »Hömma, du hass getz ganz schön viel Schisselameng! Wird ne Weile dauern ...«

Sie wies auf die Kartons hin, die fein säuberlich in der Flurmitte gestapelt waren. Gestern, als das Umzugsunternehmen alles einfach abgeladen hatte, war hier kein Durchkommen mehr. Jetzt war es voll – aber ... irgendwie ... ordentlich.

»Kriege mer schon hin«, sagte die Mutter, jetzt wieder versöhnlich.

»Schöne Wohnung!«, sagte Marie. »Komm, wir essen erst mal was, und dann sagst du, was wohin kommt.«

»Nich, datte denks, wir gehen dir auffe Nerven«, fügte die Mutter hastig hinzu. »Gibt hier ne feine Pension, gleich ume Ecke. Richtig vornehm. Da werd ick poofen. Marie kann dir hier Gesellschaft leisten. – Nee, keine Widerrede!«

Martha war überwältigt. Sie hatte selbst nicht gewusst, wie sie neben der neuen Arbeit auch noch die neue Wohnung angehen sollte. Es gab belegte Brote, Bütterken, wie die Mutter sagte, belegt mit Leberwurst und kleinen Gurkenscheiben, Jürkchen. Je weiter weg sie von zu Hause war, desto mehr fiel sie in ihr Heimatidiom. Aber wie sie anpackte! Sie war, kaum dass die letzte Scheibe Brot verdrückt war, überaus aktiv geworden.

»Sag mal, wo watt hinkommt!«

Es waren 85 Kisten. Sie waren durchnummeriert. Es gab ein Buchstabensystem für die drei Zimmer.

»Nicht schlecht!« Marie pfiff durch die Zähne. »Echt super!«

Wochenlang waren Marthas Sachen verpackt und eingelagert gewesen. Ihr Herz klopfte. Womit anfangen? Mit der Küche vielleicht? Oder doch lieber erst die Regale, die als Brettersammelsurium im Flur lehnten, zusammenbauen? Vielleicht nicht am Abend? Martha ging unschlüssig um die Kistenberge herum. Es war so viel! Und es war so viel – Gesellschaft. Marie sah, dass Martha, die Praktische, Martha, die immer gern die Kontrolle behielt, überfordert war.

»Komm, setz du dich mal hin«, sagte sie geradezu mütterlich. »Wir fangen mit der Küche an. Wo sind die Kartons für die Küche?«

»32-38«, sagte Martha automatisch. »… steht auch noch K davor, K wie Küche.«

»Na denn!«, sagte Marie munter und verschwand. Martha hörte es poltern und rumoren. Hier wurde ihr Zuhause gebaut.

Am 9. November 2000 kommen Nikis Container auf Tiefladern in Hannover an. Riechel hat das Hoftor so weit geöffnet, wie es geht. Am ersten Container wird die Plombe aufgeschnitten, die Tür öffnet sich, die ersten Kisten werden sichtbar: *Crate* 19 steht darauf. Ein Gabelstapler kommt herbei, *Crate* 19 wird angehoben, ausgeladen, abtransportiert. *Crate* 10. Schön, dass alles durchnummeriert ist – aber es gibt keine Liste aller Kunstwerke, das heißt, vermutlich gibt es sie, aber keiner weiß, wo. Die Fahrer zucken die Achseln, sie haben ihren Job erledigt. Riechel packt selbst mit an:

»Passt doch auf!« Jeder passt hier höllisch auf. Jedem ist klar, dass hier gerade ein Vermögen ankommt.

Die Küche entstand. Die einfachen Möbel waren schon in der Woche zuvor geliefert worden; Martha hatte nicht viel Geld ausgeben können – und wollte das auch nicht. Sie war keine große Köchin. Aber nun verschwanden nicht nur Töpfe und Pfannen in den vorgesehenen Schubladen, auch Keramikgefäße für die Kräuter, die es noch zu kaufen galt, Halter für Geschirrhandtücher und Papierrollen wurden den Kisten entnommen und – »Nein, das machen wir gleich richtig!« – von Mutter und Marie an ihre zukünftigen Plätze gestellt. Martha kam sich ein wenig überflüssig vor.

Riechel fegt. Er fegt sein Museum, als gelte es, gleich ein Picknick vom Boden zu essen. Der Kunststoffbelag glänzt, aber noch immer ist Riechel nicht zufrieden. Pete schnappt sich einen zweiten Besen. Pete ist so fein angezogen an diesem Tag, als erwarte er Niki selbst, dabei hat sich die Künstlerin erst für eine Woche später angekündigt. Aber eigentlich ist sie ja heute schon da, eigentlich ist heute ihr erster Auftritt: der Auftritt der Werke. Pete trägt also sehr passend Anzughose und weißes Hemd, darüber eine Brokatweste und glänzende, spitze Schuhe. Die Absätze hallen in dem großen Saal. Da biegt der Gabelstapler um die Ecke mit *Crate 10*. Einige Helfer folgen. Sie legen Hand an die Kiste, sie öffnen sie, sie hieven gemeinsam eine Art Turm heraus, ein langes, ovales Ding, vielfach eingewickelt.

»Vorsicht!«

Riechel muss plötzlich kichern, in die angespannte Stille hinein. Die anderen sind kurz irritiert. Aber nur er hat ja sofort erfasst, was in dem Paket ist: ein riesiger Phallus, mit Hunderten von Spiegelmosaiken belegt, irrlichternd und irrwitzig. Der Spiegelobelisk ist über drei Meter hoch. Vier Männer mühen sich damit ab.

Aus einer Kiste staubt es ganz gewaltig. Drinnen liegen merkwürdige Stoffbahnen, sorgsam um Papprollen drapiert, grün und grau und zottelig.

»Vorsicht!«

Es ist der Refrain des Tages, diesmal für das Kostüm des Filmdrachen. Riechel hat sorgsam aus allen Werkgruppen etwas ausgesucht, also auch Horrorelemente aus *Un rêve plus long que la nuit*.

Riechel hält sich den langen Schwanz des Filmmonsters vors Gesicht und tut, als wollte er seine Restauratorin erschrecken:

»Buhu, das Schlossgespenst.«

Die Restauratorin aber lässt sich keineswegs beeindrucken, sie zieht weiter mit ihrem Staubsauger, um mit der feinen Bürste behutsam die ersten *Nanas* vom Reisestaub zu befreien. Die *Nanas* sind auch da. Riechel wird es warm ums Herz, er hat Lust zu steppen, er hat Lust, jemanden zu umarmen! Es trifft Rico, Nikis Assistenten, der seit gestern in der Stadt ist.

»Komm her, Rico, altes Haus!« Rico hat selber feuchte Augen.

Die Mutter wischte und wischte. Sie machte sich am Kühlschrank zu schaffen, der seit ein paar Stunden zufrieden brummte. Irgendwann konnte Martha es nicht mehr mit ansehen und nahm ihr den Lappen aus der Hand.

»Jetzt setzt du dich mal hin!«

Sie machten weiter, immer weiter.

Marie schickte sich an, nochmals Kaffee zu kochen. Es ging auf elf Uhr zu. Martha öffnete den Kühlschrank, um wenigstens halbherzig darin sauberzumachen. Sie schaute hinein – und musste lächeln: Da lagen, sorgsam zu einer Art Gipfelhaufen drapiert, etliche Tafeln ihrer Schweizer Lieblingsschokolade! Und eine Flasche Weißwein. Dazu ein Zettel: *Willkommen! Wir bleiben, solange Du uns hier haben willst.* M + M.

Den Transport aus der Schweiz hat Rico überwacht. Ganz in der Nähe von Fribourg, wo Rico wohnt, ist eines von Nikis Depots. Von dort ist eines der kostbarsten Objekte gekommen, monumental ist es und besonders fragil: eine weiße, tief verschleierte Braut aus Spitze und Gaze und Gips im Damensitz auf einem Pferd. Pferd und Reiterin sind über drei Meter lang und über zwei Meter hoch. Das Pferd schreitet, die Braut stützt sich mit beiden Händen ab. Das Pferd ist ein Fabelwesen, es ist über und über mit Stofffetzen, Spielzeugen, Haushaltsgegenständen geschmückt oder beladen, wer will das schon sagen. Das Pferd könnte aus einem Kinderalbtraum stammen. Das ist keine romantische Hochzeitsfantasie, das ist eher eine Szene, wie sie sich ein moderner Shakespeare-Regisseur hätte ausdenken können. Die Braut lenkt den Gaul, aber der Gaul könnte sie auch entführen. Die Braut ist festlich gekleidet, aber sie ist erstarrt in ihrer Pracht – und sie hat kein Gesicht! Sie ist steif wie eine Puppe – und genau so anonym. Was bewegt der Gaul da durch die Gegend, was schleppen die beiden mit? Und wie falsch ist die bunte Fröhlichkeit, die man auf den ersten Blick hat erkennen wollen? Es ist eine beängstigende Erscheinung – und die Männer im Museum stellt sie vor veritable Herausforderungen. Wie soll man dieses zottige, zerbrechliche Ding an den vorgesehenen Platz bekommen? Wie aufstellen? Es hilft nichts, dass die Figur vorläufig in zwei Teilen daliegt. Braut und Pferd sind noch getrennt, und Pete ertappt sich bei dem Wunsch, die Braut zu packen – und einfach davonzulaufen. Durchbrennen mit der Braut.

Das wär was, oder?

Riechel versteht seine Fantasie. Er versteht, dass Nikis Werke immer wilde Assoziationen in den Leuten auslösen – positive und negative. Und er glaubt obendrein, den Hintergrund von Petes Fluchtwunsch zu kennen, aber das hier ist jetzt nicht der Ort. Das hier ist der Ort des Arbeitens. Hier wird die *Fête* vorbereitet, Nikis große Party. In sechs Tagen wird die Künstlerin dazukommen, in sieben Tagen wird die Ausstellung eröffnet.

Am nächsten Morgen wurde Marie von Geklapper geweckt. Es kam von der Straße. Schlaftrunken stand sie auf, schob sich an der Matratze vorbei, auf der Martha tief zu schlafen schien und riss das Fenster weit auf.

»He!« Martha bewegte sich unter ihren Decken, protestierte.

»Schau mal!« Marie lehnte sich hinaus.

Unten auf der Straße sah man zwei Polizistinnen. Aber sie gingen nicht etwa oder fuhren im Streifenwagen – nein, sie thronten auf zwei stattlichen Rössern. Die Frauen trugen Uniformen, und unwillkürlich schaute Marie, ob vielleicht auch die Pferde irgendwelche Abzeichen trugen. Es waren ganz normale, nur ziemlich große Braune, die sie da geweckt hatten.

»Bescheuert!«, sagte Martha, die neben sie getreten war. »Wie kann man Pferde für den Polizeidienst abrichten.«

»Vielleicht macht es ihnen Spaß?«

»Auf dem Asphalt? Tagein, tagaus?«

»Aber sie haben einen Job!«

»Das Zeitalter der Pferde ist vorbei«, sagte Martha nüchtern. »Das war zuletzt im Krieg. Und dann noch ein bisschen Landwirtschaft. Der Rest ist Nostalgie. Oder Märchen. Oder Hollywood. Komm rein! Ganz schön zugig.« Sie zog Marie zurück ins Zimmer. »Ein Kaffee? Ich muss bald los.«

Die *Nanas*! Sie gehören nicht zu Riechels liebsten Objekten, aber jetzt wirken sie auf ihn wie vertraute Freundinnen. Und er weiß, dass sie wichtig sind fürs Publikum. Vor allem für sein Publikum in Hannover. Längst haben die Bürger der Stadt die drei Ladys am Leine-Ufer nicht nur akzeptiert, sondern lieben gelernt, längst sind sie zu Wahrzeichen der Stadt geworden. Jetzt, im Jahr der Weltausstellung, gehören die *Nanas* zu den am meisten fotografierten Sehenswürdigkeiten, sie sind Botschafterinnen für das neue, das farbigere Hannover. Farbig sind auch die *Nanas* im Museum. Farbig ist das, was Riechel nun höchst persönlich auspackt: viele kleine Maquetten der *Nanas*. Es sind sehr frühe Varianten darunter, raue, rohe *Nanas*, zerzauste, ungeglättete, eine viergeteilte *Nana*, die aussieht wie eine beschädigte Ringerin, eine schwarze *Nana* im grünen Badeanzug. Und da sind auch die Modelle für den Tarot-Garten! *Der Mond* ist da, *der Teufel*, der schöne Engel *Mäßigung*. *Der Teufel* ist das, wovon du aufbrichst, *Die Mäßigung* das nie erreichbare Ziel. Riechel packt aus und packt aus. Er wird immer stiller. Er wird immer nachdenklicher. Er sieht neue Verbindungen. Er sieht alte Verletzungen. Er beschäftigt sich mit der Summe von Nikis Leben. Er geht leise in sein Büro. Er setzt sich und überlegt eine Weile. Dann schreibt er ein langes Fax an Niki de Saint Phalle. Seine ganze Dankbarkeit liegt darin, seine Aufregung, seine Jugend, sein Wissen um die Bedeutung der Sammlung.

»So, das wäre alles.«

Die Mutter meinte: Sie haben es erst einmal geschafft. Aber Martha verstand es auch anders: Das ist nun alles, was da ist. Alles, was sie hat.

In der neuen, recht großen Wohnung war noch viel Platz. Viel hatte sie in ihrem Leben bisher nicht angesammelt. Sie räumten die drei Zimmer in zwei Tagen ein, und Marie hat für Wohnlichkeit gesorgt. Es war ein Anfang.

»Das ist eine Wohnung zum Bleiben«, sagte Marie und schaute sich zufrieden um.

»Es ist auch eine Stadt zum Bleiben«, sagte Martha, »zumindest zum Ankommen«, fügte sie schnell hinzu.

»Danke!«

Sie brachten die Mutter, die recht erschöpft war, zum Bahnhof. Davor stand ein merkwürdiges Reiterdenkmal, das einen Fürsten zeigte. Im Vorbeieilen wies die Mutter darauf. Sie las und lachte los:

»*Dem Landesvater sein Volk* – na, dat is ja ma 'ne Grammatik!«

»Ernst August«, sagte Martha, als sei sie zuständig für Tourismus.

Marie blieb noch. Sie hatte zwei Tage Urlaub und wollte sich umsehen. Sie begann, diese unterschätzte Stadt zu mögen. Sie machte Martha den Anfang leicht. Sie machte überhaupt alles leicht.

»Wann wachsen bei dir eigentlich Flügel?«, fragte Martha, als sie die Freundin wieder einmal umarmte.

Und dann ist da noch der *Meditation Room*. Ein Raunen geht durch die Arbeiterschaft, als die entsprechenden Kisten geöffnet werden, obwohl die Plastik vorläufig noch in vier Teile zerlegt ist. Es ist dennoch offenkundig, was da vor ihnen liegt: ein Totenschädel. Zusammengebaut wird er fast zweieinhalb Meter auf über drei Meter messen. Er glitzert und funkelt, er wirkt wie mit Diamanten besetzt, kostbar, als sei der Tod ein Skulpteur von Herrlichkeiten. Erst siebzehn Jahre später allerdings wird der amerikanische Künstler Damian Hirst einen Totenschädel mit echten Diamanten bauen lassen. Er setzt die Diamanten dicht an dicht auf einen lebensechten Totenkopf aus Platin. Er wird für seinen *Skull* hundert Millionen Dollar von einer Investmentgruppe kassieren und wird gleichzeitig hohnlachen über die Gier der internationalen Kunstkundschaft. *For the Love of God!* Niki de Saint Phalles Totenschädel ist deutlich größer, überdimensioniert, er ist mit goldenen, roten, grünen und blauen Mosaiksteinen besetzt, Kristalle funkeln auf vielen kleinen Totenschädeln, die sich aus der sonst glatten Form erheben. Irrwitzig glänzen zwei Zahnreihen im leicht geöffneten Mund, die Augen sind mit verschiedenfarbigen Steinen besetzt und glotzen jetzt die Arbeiter von unten aus der Kiste an. Es ist obszön, es ist gewalttätig, es ist herrlich! Riechel beaufsichtigt den Aufbau, und er ist auch der erste Gefangene, der sich in die seltsame Zelle begeben wird. Ja, der vermeintliche Totenschädel birgt einen begehbaren Raum, eine Art Klause, die einladen will zur Einkehr, zur Besinnung: *Meditation Room*. Eine Einladung, über die eigene Vergänglichkeit nachzudenken in geborgenem Halbdunkel. Schon wird die Tür eingehängt, schon schlüpft Riechel aus seinen Schuhen und geht hinein. Er besteht darauf, dass man die Tür schließt, nicht nur anlehnt.

Die Geräusche der anderen dringen leise und wie durch Watte gedämmt zu ihm herein, es scheint, dass sie sich entfernen? Riechel horcht in sich hinein, hört das eigene Herz klopfen, das Blut in den Adern rauschen. Oder rauscht es im Totenkopf?

Unmöglich natürlich. Er beruhigt sich, er versucht, sich umzuschauen, aber es ist wirklich ziemlich dunkel hier. Riechel kämpft. Er kämpft auf dem kleinen, eingebauten Bänkchen mit der Einsamkeit, mit einer Vielzahl von Sinnestäuschungen, er kämpft mit der Enge und der Dunkelheit, er kämpft – mit sich. Nach einer Weile beruhigt sich alles in ihm. Er sitzt nun da, die Hände im Schoß gefaltet, weil er nicht weiß, wohin mit ihnen, die Knie leicht angezogen. Jetzt müsste man ein Lied kennen oder ein Gebet.

»Wie war's?«, fragen die anderen.

Riechel klopft sich die Erde, die es nicht gibt, von der Hose.

»Der da«, sagt er und weist mit dem Daumen auf den Totenschädel, »der da kommt neben den Phallus.« Und er lacht dröhnend. Die anderen stimmen ein. Und am lautesten lacht Rico Weber.

Am 16. November ist die Ausstellung fertig, und Niki de Saint Phalle reist an.

Am 17. November erhält sie die Ehrenbürgerwürde der Stadt Hannover, als erste und bisher einzige Frau. Sie nimmt den Preis im Namen aller Frauen an, sagt sie beim Festakt im Rathaus. Eine Jazzband spielt. Pete sitzt in der zweiten Reihe, hinter Niki und hinter dem strahlend zufriedenen Oberbürgermeister, der Niki küsst und alle küssen könnte.

Am 18. November wird die große Ausstellung eröffnet: *La fête. Die Schenkung Niki de Saint Phalle.*

Es ist ein großer Ball für die Figuren, ein Tanz, aber die Künstlerin selbst sitzt im Rollstuhl. Sie trägt eine feine Jacke und Samthandschuhe mit Brokatmuster. Sie nickt huldvoll und gibt fortwährend Autogramme. Das ist neu für sie: Hier ist sie ein regelrechter Star; wo sie hinkommt, gibt es Applaus. Niki, Niki! Das Publikum ist ergriffen von ihrer Fragilität, die in so schönem, herbem Gegensatz steht zur Vitalität der Figuren, und nur wenige sehen, wie Niki hin und wieder Pete zuwinkert. Ja, es geht ihr nicht gut, ja, sie kann sich tatsächlich nur augenblicksweise aus dem Rollstuhl erheben, aber das hat gute Gründe. Die Gründe heißen Party und *Mole Poblano*, denn gestern Abend haben sie gefeiert, heftig gefeiert, der enge Kreis: Niki und Pete und Pep mit seiner neuen, energischen Frau, dazu Robert Frost, der Große Gärtner, und Frido Riechel mit seiner gestressten Restauratorin und natürlich Rico Weber und Luc, der französische Assistent, der aus Paris gekommen und für die Grotte in Herrenhausen zuständig ist. Andächtig verputzen sie das Huhn in scharfer Chili-Schokoladensoße, trinken den besten chilenischen Rotwein, den der Wirt in seinem Keller findet, reden und lachen. Tauschen sie Erinnerungen aus? Gewiss, aber mehr noch beschäftigt sie die Zukunft. Niki ist voller Pläne und voller Tatendrang. Sie spricht über ihre Arbeit, immer spricht sie über die Arbeit, im Grunde kennt sie kein anderes Thema. Eine *Working Woman* der ganz besonderen Art, denkt Riechel, der wieder einmal fließend von Deutsch zu Englisch, Französisch und mit dem Wirt zu Spanisch wechselt.

Schon hat Niki sich wieder eine Serviette gegriffen, kramt nach ihren Stiften, und dann stecken sie und Frost die Köpfe zusammen und beraten kritzelnd und kichernd die nächsten Schritte für die Grotte von Herrenhausen. Die ist mitten im Bau, ständig ist etwas zu ändern, das Gemäuer war wesentlich feuchter als ohnehin schon befürchtet, es muss angepasst, verworfen, neu projektiert werden, aber Niki hat neue Ideen, andere Figuren, nie dagewesene Figuren, der eine Raum silbern, der andere golden, der dritte in einem irrlichternden, abendlichen, leuchtenden Blau, einem Kosmos-Blau. Für Niki und Frost sind die anderen jetzt verschwunden, das gehört dazu, dass jeder, mit dem sich Niki beschäftigt, sich ganz allein gemeint fühlen darf, so zieht sie jeden in ihren Bann, auch den kühlen, intellektuellen Frost, der jetzt lacht und selbstvergessen Rotwein nachschenkt, sich und Niki. Er nimmt seine schwere Brille ab, wischt sich über die Stirn, Nikis Ideen beflügeln seine eigenen, denn er hat noch viel vor mit dieser Stadt. Die Stadt soll grüner werden, nicht grün dekoriert, nicht grauer Beton mit grünem Anstrich oder ein paar Parkwegen mehr für das schlechte Gewissen, nein, Frost träumt von einer wirklich ökologischen Stadt, von Pfaden über Dächer, von hängenden Gärten; er träumt von einem ästhetischen und funktionalen Gesamtkunstwerk aus Gebäuden und Wegen, Parkanlagen, kunstvoll verwilderten Wiesen, von Bienennahrung und Nahrung für betonmüde Hirne und Herzen. Nikis Schwung gibt ihm Kraft. Er schaut sie mit einer Dankbarkeit an, die sie für einen Augenblick irritiert. Dann geht es weiter, sie kritzeln wieder und kichern. Pete nimmt seinen Stuhl und kommt zu ihnen. Bald sitzen sie alle dicht gedrängt und schauen und geben Tipps. Neuer Wein wird gebracht. Der Wirt macht die Musik lauter. Es heißt, sie haben getanzt. Es heißt, Niki und Pete seien irgendwann verschwunden.

Spät in der Nacht ist Niki in ihrem Hotelzimmer gestürzt. Böses Erwachen. Eine Wunde am Kopf. Aber Niki wäre nicht Niki de Saint Phalle, wenn sie nicht gegen beinahe jede Malaise gewappnet wäre – mit dem richtigen Hut. Und so nimmt Niki de Saint Phalle die Ehrenbürgerwürde der Stadt Hannover mit einem selbst für ihre Verhältnisse recht exzentrischen, goldfarbenen Federhut entgegen, neigt sich, wie es scheint, besonders aristokratisch und nur ganz leicht ihren Bewunderern entgegen – dabei tut ihr einfach der Schädel weh, und es gilt zu verhindern, dass das Kopfkunstwerk verrutscht.

Pete weiß es. Frost weiß es. Rico weiß es. Sie sorgen sich, und sie können sich das Lachen dennoch kaum verkneifen. Sie hat sie alle unter den Tisch getrunken. Sie hat sie alle unter den Tisch gelacht. Sie hat ihnen allen gezeigt, was Leben ist.

18.

Es kann nicht sein! Es kann, verflixt noch mal, nicht möglich sein! Martha rüttelte an der Tür. Keine Chance. Verschlossen. Neben der Tür gab es eine Tafel mit Ziffern darauf. Hier musste man den Code eingeben. Zweimal. Dann öffnete sich die Tür. Aber nicht jetzt. Nicht nach 22 Uhr. Das hatten Riechel und Timmermann ihr eingeschärft. Das Depot, das Lager für die Kunstwerke des Museums, schloss unerbittlich um 22 Uhr, auch für die Angestellten. Hier war alles doppelt und dreifach gesichert. Erst den großen Lastenfahrstuhl mit der Chipkarte in Bewegung versetzen, dann das dritte Kellergeschoss mit derselben Chipkarte betreten, schließlich den Code für das eigentliche Depot. Die nüchternen, weiß gestrichenen und sehr hohen Räume sind das Herz des Museums – oder eigentlich der Bauch. Hier wird gelagert, was zurzeit nicht gezeigt werden kann, was aber den Wert des Museums ausmacht. Seine Sammlung. Seit der Jahrtausendwende lagert hier das meiste aus der Schenkung Niki de Saint Phalle. Und für die meisten der Werke ist es nicht nur ein Lager, sondern eher eine Art Hospital. Seufzend hat Martha zur Kenntnis genommen, in welchem Zustand etliche der Reliefs sind, die Schießbilder, ja sogar einige der *Nanas*.

Sie altert nicht gut.

Das war ihr erster Eindruck vom Schutzengel. Die Form dafür, das Vorbild liegt vor ihr. Der Engelin geht es gut. Schlimmer ist es um die Reliefs bestellt. Es sind großartige Werke, fantastische Werke, Martha wünschte sich, alle könnten sehen, was sie sieht. Sie sieht, mit welcher Wildheit und mit welcher Wucht Niki de Saint Phalle hier verschiedene Materialien kombiniert hat. Einfach zwei Bretter zusammengenagelt und dann ihrer Leitidee gefolgt. Haushaltsgegenstände, Spielzeug, künstliche Blumen. In Gips auf Holz und von vielerlei Drähten durchbohrt. Mehr Komposit geht gar nicht. Einfach irgendein Träger, darauf Gips und Kükendraht, dann die *Ready Mades*, also die Objekte.

Oberflächenfarbe, Farbbeutel. Und bäng! Ohne Rücksicht auf Verluste. Der Gips, in dem Draht steckt. Das ist das Problem. Das ist ein eigentlich nicht zu lösendes Problem.

Konservatorisch ist der Adhäsionsverlust die Herausforderung. Die Haftung zwischen Farbauftrag und Untergrund geht verloren. Und: Der Draht sprengt den Gips, wenn er rostet, unweigerlich. Korrosionssprengung ist der Albtraum schlechthin, das ist irreversibel. Also sind die Schießbilder erst einmal in den Keller gewandert. Korrosion braucht Feuchtigkeit. Menschen produzieren Feuchtigkeit. Menschen atmen. Zunehmend besorgt, ja wütend hatte Martha die Besucher im Museum beobachtet. Sie können nichts dafür! Aber wenn sie sich den vermeintlich aggressiven und in Wahrheit so fragilen Schießbildern näherten, musste sich Martha im Hintergrund zwingen, nicht einzugreifen. Nicht weil die Besucher mit spitzen Fingern auf die Details der Reliefs wiesen, sondern weil sie ihnen einfach zu nahe kamen. Zu nahe mit ihrem Dunst und ihrem Schweiß und ihren Nasen und Mündern. Also: Weg mit den frühen Werken von Niki, befahl Martha. Erst einmal eine Bestandsaufnahme machen.

Und nun saß sie hier drinnen fest. Sie konnte hier an der Tür rütteln, so viel sie wollte, sie hätte den Hocker dagegen werfen können, sie konnte schreien und toben – niemand würde sie hören. Das Handy! Aber nein – hier unten gab es keinen Empfang. Martha wurde es für einen Augenblick schwindlig. Kein Grund, Platzangst zu bekommen. Die Kellerräume waren weit und hoch, die klinische Pathologie für die empfindlichen Kunstwerke. Und mitten im Depot: die Werkstatt. Ihr persönliches Refugium. Endlich hatte sie alles so penibel anordnen können, wie es ihr entsprach. Endlich konnte sie abends die Sachen so stehenlassen, wie sie sie am nächsten Morgen wieder brauchen würde, wenn sie mit neuem Elan, mit immer neuer Neugierde zu ihren Objekten zurückkehrte. Wenn. Zurückkehren. Im Augenblick sah es eher so aus, als ob es kein Entrinnen gäbe. Martha streifte an den Regalen entlang, als gäbe es hier einen geheimen Ausweg. Da, im zweiten Fach, lagerte der *Skull*. Nicht der ganze Totenschädel. Aber die Tür zum *Meditation Room*. Die hatte sich über die Jahre hoffnungslos verbogen. Zu schwer der Belag aus Glasmosaiken und Steinen. Ab damit ins Depot!, hatte Martha bestimmt – und sich zum ersten Mal mit Riechel in die Haare bekommen.

»Das kannst du nicht machen!«, hatte Riechel gesagt. »Wir brauchen den Schädel in der Ausstellung.«

Zentrales Objekt und so weiter. Tatsächlich zog ausgerechnet der Totenschädel die Besucher an; seit Handys in der Ausstellung zugelassen wurden, war der Totenschädel zum Selfie-Point geworden. Junge Mädchen fotografierten sich davor, den Mund zu Karpfenmäulern aufgeworfen, die langen Haare auf einer Seite kunstvoll über die Schulter drapiert. Und im Hintergrund grinste der Tod. »Instagram-Meditations!«, sagte Riechel, nicht ohne Sympathie für die jungen Leute. Und denen, den wichtigen jungen Besuchern, konnte man ihren Tod doch nicht nehmen!

Also Kompromiss. Nur die Tür in den Keller – und die dann ganz vorsichtig mit Gewichten beschwert, Stück für Stück, Tag für Tag, damit sie buchstäblich wieder ins Lot kommen sollte. Holz und Polyester. Das ging ja noch. Aber das Spiegelmosaik war mit Silikon verfugt. Die Intarsien. Der ganze Totenschädel glasiert.

Martha strich mit der Hand darüber. Es fühlte sich kühl an, rau. Martha dachte an Niki und ihre Materialien. An ihre Unerschrockenheit. An ihren Willen, etwas auszuprobieren. Einfach machen. An ihre Lust am Prozess. Sie hatte an keiner Akademie studiert. Sie hatte, wie so viele Künstler der Gegenwart, nicht gelernt, wie man Farbe anreibt, wie Mischungsverhältnisse idealerweise sein sollten, so viel Wissen ging verloren. Und doch. Hätte Niki de Saint Phalle mit mehr Wissen anders gearbeitet? Rücksichtsvoller mit dem Material – und vor allem rücksichtsvoller gegen sich selbst? Sie war nicht, wie es so oft hieß, an den Dämpfen gestorben, die beim Anfertigen ihrer Plastiken entstanden waren, aber diese Dämpfe, das menschenfeindliche Polyester, Glaswolle und Kunststoffe hatten das Asthma verschlimmert, die Atemnot, die Herzprobleme. Nie hatte sich Niki darüber beklagt. Das war der Preis. Sie hatte ihn bereitwillig bezahlt.

Das Licht im Depot erlosch. Um Himmels willen! Martha erschrak. Dann fiel ihr ein, dass um Mitternacht das gesamte Licht im Kellergeschoss zentral und automatisch ausgeschaltet wurde. Martha begann zu schwitzen. Es war stockfinster. Sie tastete in der Jackentasche nach ihrem Handy, schaltete es ein. Wenn es schon nicht als Telefon dienen konnte, dann wenigstens als Lampe. Strom immerhin gab es ja, sie konnte das Handy aufladen.

Ein paar Stunden fand sich Martha Grünhold, die neue Restauratorin des Sprengel Museums, auf einem der Regalböden liegend. Etliche Lagen Blister-Folie bildeten ihre Matratze, die bei jedem Atemzug leise knisterte. Sie hatte große Papierbögen über die Beine gelegt, und ein Buch diente als Kissen. Na dann! Martha schloss die Augen. Sie öffnete sie wieder: Nichts änderte sich. Plötzlich musste sie leise kichern. Aus dem Kichern wurde ein Lachen, erst leise, dann immer lauter, ein Gelächter, so laut, wie sie es an sich nicht kannte. Sie konnte damit gar nicht wieder aufhören – und spürte, wie ihr irgendwann Tränen die Wangen herunterrollten. Irgendwann wurde sie ruhiger und schlief ein.

19.

Robert Frost steht in der Grotte in Herrenhausen und fotografiert. Er hat es eilig. Er hat es eilig, für Niki den Fortschritt zu dokumentieren. Er weiß, dass es ihr seit Monaten nicht gutgeht. Sie liegt in einem Krankenhaus in San Diego und kämpft mit ihren vielen Malaisen, mit der Luftnot, mit einer immensen Müdigkeit, die immer mehr Besitz von ihr ergreift. Frost fotografiert und fotografiert. Seit einem Jahr dauern die Arbeiten in der Grotte nun schon an, und er weiß, es wird noch eine Weile brauchen. Sie haben sehr lange mit den Materialien experimentiert. Sie sind weggekommen von den Intarsien, die Niki ursprünglich vorgesehen hatte. Nun also Glasmosaike, aber das ist nur scheinbar einfacher. Als besonders tückisch erweist sich der dritte Raum, der mit seinem Nachtblau die Spiritualität verkörpern soll. Mit viel Mühe haben Frost und Luc das perfekte blaue Glas gefunden, in Süddeutschland. Aber Niki lehnt es zu ihrer Verwunderung rundheraus ab. Keine Perfektion, Frost! Das Wunderschöne braucht ein Geheimnis. Also werden die letzten handgezogenen Gläser aus Frankreich und aus Tschechien bestellt. Die lagern nun und warten darauf, von Nikis französischen Mosaikspezialisten unter der Leitung von Luc zurechtgeschnitten und eingebaut zu werden. Aber das Publikum! Und die Politik! Frost hat sich mit einer Teileröffnung einverstanden erklären müssen. Der erste Raum, der silberne, wird der Öffentlichkeit präsentiert. Frost versucht, seine Ungeduld zu verbergen: Die Zeremonien halten die Arbeiten empfindlich auf. Woher die Eile? Frost hasst es, Dinge nicht in einem Zug zu Ende zu bringen. Seine Konzentration ist berüchtigt, er kann völlig in einer Sache verschwinden, in einem Baum, einer Staude ebenso wie in einer aufwändigen Planung für ein Kräuterlabyrinth. Die Grotte ist auch für ihn eine bauliche Herausforderung. Aber das ist es nicht. Er fühlt sich innerlich gedrängt, er nimmt eine Eile wahr, die er nicht an sich kennt. Frost betrachtet die Plastiken, die geliefert worden sind. Für den Raum, der den Tag und das Leben symbolisiert: ein Gesicht, offenkundig ein Selbstportrait der Künstlerin. Im Entwurf hatte dieses Gesicht noch Tränen gezeigt. Tochtertränen. Tränen über die Mutter, so hatte es Niki verraten, die sie nicht beschützt hat. Über alle Mütter, die ihre Töchter leichtfertig preisgeben. Die Tränen sind verschwunden. Nicht gänzlich: Es gibt sie noch als einzelnes Element, als Ornamente – aber sie sind nicht mehr mit der Niki-Figur verbunden. Es ist überwunden. Niki schreibt von einem Traum. Sie verwandelt sich in einen goldenen Buddha. Alles wird golden: Auch das Skelett in einem der Räume der Grotte leuchtet in Gold, es ist ein Skelett aus einzelnen voneinander getrennten Teilen, ein heiteres, goldenes Knochenmosaik. Nacht und Tag, schreibt Niki. Der Tod existiert nicht, schreibt Niki. Das Leben ist ewig.

Niki de Saint Phalle träumt sich in den blauen Raum. Da steht eine dreigeteilte Frau, da gibt es ein gelbes Herz, man sieht sogar die Vene und die Herzkammern. Wenn man sehr still ist, sieht man das Herz leise pumpen. Tanzende Frauen schweben über die Wände. Die Wände aus tiefblauen Kacheln schimmern und glänzen. Niki weiß, dass hier am Nachmittag besondere Stimmung herrscht, das hat ihr Frost geschrieben. Er hat ihr geschrieben, wie er manchmal dasitzt, für die Mitarbeiter verschwunden. Er nimmt sich einen Hocker und setzt sich in die Mitte des blauen Raums. Er wartet, dass die nimmermüden Wolken von Hannover der Sonne eine Chance geben. Wenn sie tief steht, ist es am schönsten. Dann leuchtet der blaue Raum auf, als würde er von innen illuminiert. Ultramarin, Violett, Azurblau – unerhörte Farben, vor denen sich die sonnengelben Tanzenden abheben. Bald wird es hier plätschern. Das liegt am Brunnen der Göttin Ganesha, die sich Niki gegönnt hat. Ein Wesen, halb Frau, halb Elefant, bunt gemustert, ein Bein erhoben, denn auch die gewichtige Ganesha versteht es zu tanzen. Eine Sternschnuppe! Eine rothaarige Tänzerin greift nach ihr.

Plötzlich kommen Frost die Tränen. Er muss sofort nach Hause, er muss sehen, wie es seinen Liebsten geht. Nur mit Mühe kann er sich beruhigen. Was ist mit ihm los? Am nächsten Tag zieht es ihn hinaus in seinen kunstvoll gestalteten Garten. Es gibt einiges zu tun, jetzt im Frühjahr, aber Frost findet keinen rechten Anfang; er spaziert langsam auf und ab, er hält manchmal inne, als warte er, dass jemand etwas zu ihm sagt. Dann lauscht er, aber da ist nichts außer dem entfernten Rauschen der Stadt. Da, an einem prominent platzierten Stein, lehnt eine recht große Spiegelkachel. Sie ist übriggeblieben von der Grotte, er hat sie geborgen. Sanftes, blaues Licht. Wieder bricht die Sonne durch, diesmal sehr plötzlich und mit Wucht. Ein kräftiger Lichtstrahl trifft auf die blaue Kachel, der Schein wird zurückgeworfen, trifft Frost, blendet ihn für einen Moment. Da weiß er, Niki hat es geschafft.

Pep erfährt es von Pete. Pete kann die Nachricht noch ordentlich überbringen, aber dann verschwindet er für ein paar Tage, und niemand wagt, nach ihm zu suchen. Trauerfeiern werden abgehalten, Nachrufe geschrieben:

»Tod einer Kunstschützin« und »Die Erfinderin der Nanas ist tot« und »Sie war eine Terroristin der Kunst«.

Niki im weißen Schießanzug, Niki im weißen Pelzmantel, Niki, die Hände in die Hüften gestemmt, vor einer Phalanx von Männern.

Pete hält ein anderes Foto in den Händen: Niki am Strand von San Diego. Mit ihrer Tochter und der Enkelin. Eine Dynastie von Frauen. Es sieht aus, als steckte eine die andere an, mit ihrer Schönheit, mit ihrer Kraft.

Ein paar Jahre später stirbt auch Pete. Er erhält einen Trauerumzug im sonst so nüchternen Hannover, als sei man in New Orleans. Passend dazu wirft sich eine schreiende Schönheit über seinen Sarg, die behauptet, seine Witwe zu sein, aber gebettet wird er neben einer anderen, neben Natascha. Am Tag seines Todes verschwindet eine Plastik von Niki de Saint Phalle aus seinem schmucklosen Büro in der Innenstadt: Louis Armstrong spielt nicht mehr Trompete.

Im Jazz Club kommen sie nicht darüber hinweg. Sie richten eine Ecke für Pete ein, für Nikis *guardian angel* und seine Musik.

Pep hält es nicht aus, nichts zu tun. Er benennt eine Straße nach Niki: Niki-de-Saint-Phalle-Promenade. Es ist ein unterirdischer Gang, er führt vom zentralen Platz der Stadt zum Bahnhof, die Leute schütteln den Kopf über die Idee – Niki im Dunklen?

Auch Rico Weber stirbt. Das verwundert niemanden. Vollkommen schutzlos hat er in seinen Kunststoffmassen gerührt, hat mit Eisen, mit Stahl, mit Glaswolle hantiert. Nun, da Niki nicht mehr da ist, frisst ihn der Krebst umso eiliger auf. Er nimmt Videos auf. Er spricht halbnackt in die Kamera. Niemand versteht mehr von Fotografie als er, sagt er in einem seltsamen, bitter klingenden Trotz. Niemand beschäftigt sich so viel. Der hagere, bärtige Mann auf dem Videobild sieht aus wie ein heiliger Sebastian, aber niemand weiß, wessen Geliebter er ist.

In Zürich wird Nikis Engel der Mäßigung von Staub und Ablagerungen der Stadt gereinigt. Eine Taube sitzt auf der Schulter des Engels wie zu Urzeiten der sagenhafte Vogel auf der Schulter der Königin Califia.

Eine Reisende glaubt, Musik zu hören. Sie bleibt stehen und schaut nach oben. Sie schaut eine ganze Weile, sie dreht sich, sie geht langsam ein paar Meter, betrachtet die Figur von neuem, den Kopf in den Nacken gelegt. Sie lächelt, schultert schließlich ihre Tasche und geht zum Gleis, mit immer leichteren, immer schnelleren Schritten.

Alle Frauen sind Königinnen. Alle können fliegen.

»What more could I ask
There's nothing left to be desired
Peace came upon me and it leaves me weak
So sleep, silent angel
Go to sleep
Sometimes, all I need is the air that I breathe.«

DANKE

Noch nie waren Recherchen für einen Roman angenehmer als für diesen. Das lag an den überaus freundlichen Menschen, die meine Zeugen wurden, mich mit ihren Erinnerungen an Niki de Saint Phalle und mit umfangreichem Material unterstützt haben. Einige von ihnen haben sich zudem zu dem Risiko bereit erklärt, als kaum verfremdete Figuren in diesem Roman wiederaufzutauchen. Diesen noch lebenden Zeitzeugen habe ich neue Namen gegeben. Nicht verändert habe ich hingegen die Namen von Künstlerinnen und Künstlern und von verstorbenen Zeitzeugen. Nur einer, der großartigen Amerikanerin Kara Walker, habe ich eine Episode »angehext«, die nie stattgefunden hat, nämlich die Beschädigung einer Zeichnung, die in diesem Buch von Marie restauriert wird. Die anderen Ereignisse rund um die Kunst haben so oder so ähnlich stattgefunden.

Ich habe vielen zu danken. Einige der vielen Fachleute oder Zeugen seien hier genannt:

Prof. Dr. Ulrich Krempel war bis 2014 der langjährige Direktor des Sprengel Museums in Hannover. Ohne ihn wäre dieses Buch ein anderes geworden. Bei zahlreichen Gesprächen hat er äußerst großzügig Material und Erinnerungen ausgebreitet und sich als wunderbarer Gastgeber gezeigt.

OB Herbert Schmalstieg ist angeblich seit 2006 im Ruhestand. Der aufrechte Sozialdemokrat setzt sich aber nach wie vor für unterdrückte Menschen ein, er ist ein viel gefragter Mediator und Berater – und hat sich dennoch viele Stunden Zeit für die Autorin und ihre zahllosen Fragen genommen.

Die Restauratoren Petra Helm und Christian Marty aus dem schweizerischen Küsnacht haben mir Kniffe und Tricks aus dem Restauratorenleben verraten. Geduldig haben sie Begriffe und Techniken beschrieben und Stunden mit mir im Bahnhof Zürich unter dem Engel verbracht.

Bianca Floss ist die junge Restauratorin im Sprengel Museum. Die Gespräche im Depot des Museums haben mir die Delikatesse der Werke von Niki de Saint Phalle, aber auch den Ehrenkodex der Restauratoren vor Augen geführt.

Dr. Reinhard Spieler ist der Direktor des Sprengel Museums. Großzügig hat er sein Haus für umfangreiche Recherchen geöffnet und mich persönlich durch die aktuellen Ausstellungen geführt.

Kathleen Rahn, die Direktorin des Kunstvereins in Hannover, hat die Akte zur Ausstellung von Niki de Saint Phalle zur Verfügung gestellt und so manches Mal die Verhältnisse zurechtgerückt.

Ronald Clark ist der charismatische Direktor der Herrenhäuser Gärten in Hannover, ein Landschaftsarchitekt, der präzise Visionen vom Leben in der Stadt entwickelt. Für dieses Buch rekapitulierte er die Geschichte der Grotte von Niki de Saint Phalle und gab entscheidende Hinweise auf bedeutende Personen.

Uwe Thedsen vom Jazz Club Hannover ist einer davon. Er war dabei, als Niki de Saint Phalle sich für die Musik und den Musikmacher der Stadt begeistert und hat in einem langen Interview aus dem Jazz-Club und von seinem Freund berichtet, der hier im Roman »Pete« heißt.

Vanessa Erstmann ist die Erste Vorsitzende des Jazz Clubs. Ihre ausgezeichnete Dissertation über das Image der Stadt Hannover sollte jeder lesen, der in einer unterschätzten Stadt lebt. Ihrem Archiv verdanke ich ungewöhnliches Fotomaterial über das Leben in Hannover in den 1960er Jahren.

Wolfgang Kemp, mein Doktorvater, Mentor und stetes Vorbild, ist immer Ansporn für mein Schreiben. Seine Fragen haben mich weitergebracht.

Die Filmemacherin Ulrike Brenning hat im Auftrag des NDR den, wie ich finde, erhellendsten und sensibelsten Film über Niki de Saint Phalle gedreht. Er sollte überall zu erwerben sein.

Dies liegt auch an den Bildern von Walter Gerlinski. Der Kameramann hat nicht nur die Bilder für die Filme von Ulrike Brenning gemacht, er hat mir auch den Tarot-Garten in Garavicchio und den Stravinsky-Brunnen in Paris ganz anders nahegebracht.

Auch Stefan Hugentobler ist Filmemacher. Der Schweizer hat einen intensiven und traurigen Dokumentarfilm über Nikis Assistenten Rico Weber gedreht – so intensiv, dass ich mir erlaubt habe, den viel zu früh verstorbenen Künstler als steten Schatten durch dieses Buch wandern zu lassen. Der Film heißt »Rico Weber – Spurensuche im magischen Kabinett«.

Bloum Cardenas ist die Enkelin von Niki de Saint Phalle, die die anspruchsvolle Aufgabe meistert, ihr Erbe zu verwalten. Ohne sie gäbe es weder Stiftung noch Kontrolle. Sie empfahl mir, Cathérine Francblins Biografie über Niki de Saint Phalle zu lesen: »La révolte à l'œuvre«.

Peter Klucken, der ehemalige Redakteur der Rheinischen Post, hat Artikel über den Duisburger Brunnen von Niki de Saint Phalle aus seinem Archiv gesucht und stand mit Rat und Tat zur

Geschichte des Brunnens dort und zur Industriestadt Duisburg zur Seite, ebenso wie Barbara Gerdes von der Stadt Duisburg.

Rachel Pollack ist eine der bedeutendsten Fachleute für die Kunst des Tarot. Für dieses Buch konnte ich die Expertin in New York lange interviewen.

Ruba Katrib zeichnete als Kuratorin für die große Niki-de-Saint-Phalle-Ausstellung des Museum of Modern Art in New York verantwortlich. Das Rahmenprogramm der Ausstellung war wichtig, um zu erkennen, welche ganz neuen Interpretationsansätze die jungen Kunsthistorikerinnen bei Niki de Saint Phalle haben.

Überdies: Die lange Beschäftigung mit Werk und Leben von Niki de Saint Phalle hat klargemacht, dass man mühelos eine Kunstgeschichte der Frauen schreiben könnte, in der man keinen Mann vermissen würde. Diese vielen Künstlerinnen, die erst jetzt, zu Beginn des 21. Jahrhunderts, und auch dann nur einzeln und oft genug zufällig, entdeckt und gewürdigt werden, verdienen mehr Anerkennung und Respekt. Dass sie so lange übersehen, ignoriert, bewusst totgeschwiegen, verfolgt, als Hexen oder Furien verschrien wurden, ist eine gesellschaftliche Schande. Ihnen den Platz einzuräumen, den sie verdienen, ist eine Verpflichtung für uns alle. Durch dieses Buch habe ich einen großen Reichtum neu entdecken können – die Pracht der Frauen.

Es scheint, dass Niki de Saint Phalle alle Menschen, mit denen sie je zu tun hatte, zu Großzügigkeit und Aufrichtigkeit inspiriert hat. Insofern habe ich besonders einer Person zu danken: Niki de Saint Phalle.